图书在版编目（CIP）数据

《哲学笔记》与唯物辩证法 / 黄枬森著．—北京：中央编译出版社，2018.8
（2022.9 重印）
ISBN 978-7-5117-3573-7

Ⅰ．①哲⋯
Ⅱ．①黄⋯
Ⅲ．①《哲学笔记》-列宁著作研究
Ⅳ．①B821.24

中国版本图书馆 CIP 数据核字（2018）第 123053 号

《哲学笔记》与唯物辩证法

责任编辑	杜永明
美术编辑	王洪广　吴成英
责任印制	刘　慧
出版发行	中央编译出版社
地　　址	北京市海淀区北四环西路 69 号（100080）
电　　话	（010）55627391（总编室）　　（010）55627319（编辑室） （010）55627320（发行部）　　（010）55627377（新技术部）
经　　销	全国新华书店
印　　刷	佳兴达印刷（天津）有限公司
开　　本	710 毫米 ×1000 毫米 1/16
字　　数	363 千字
印　　张	24.5
版　　次	2018 年 8 月第 1 版
印　　次	2022 年 9 月第 3 次印刷
定　　价	99.00 元

新浪微博：@中央编译出版社　　　微　　信：中央编译出版社（ID：cctphome）
淘宝店铺：中央编译出版社直销店（http://shop108367160.taobao.com）（010）55627331

本社常年法律顾问：北京市吴栾赵阎律师事务所律师　闫军　梁勤
凡有印装质量问题，本社负责调换，电话：（010）55626985

马克思主义研究文丛

《哲学笔记》与唯物辩证法

黄枬森◎著
徐春　黄萱◎编

中央编译出版社
Central Compilation & Translation Press

五月五 🤝

出版说明

黄枬森（1921年11月29日—2013年1月24日），著名哲学家，北京大学哲学系资深教授、博士生导师。北京大学哲学系原主任、《北京大学学报》（哲学社会科学版）原主编、中国马克思主义哲学史学会原会长、中国人学学会原会长、中国恩格斯学会原会长，曾兼任国务院学位委员会学科评议组成员、国家社会科学规划领导小组哲学学科评议组成员等职。

由于户籍登记技术缘故，多年来，黄枬森先生一直用"黄楠森"之名。本书收录了黄枬森先生20世纪60年代至21世纪初有关唯物辩证法的12篇重要文献，这些文章，按照年代顺序编排而成，其核心是"《哲学笔记》注释"、"《哲学笔记》与辩证法"。

列宁留下来的十册关于哲学问题笔记，含有丰富的辩证法思想。黄枬森先生的《〈哲学笔记〉与辩证法》一书，1984年由北京出版社出版，"是我国关于《哲学笔记》的第一部研究性专著"，该书在"广泛吸收国内国际研究成果的同时，提出了许多独立的见解"，"抓住了《哲学笔记》的本质特征：是列宁构思唯物辩证法体系的'实验室'，又是他利用'《资本论》的逻辑'来改造黑格尔逻辑学的'实验室'"（见王东、张翼星《列宁〈哲学笔记〉研究中的新探索》文），同时，作者对列宁和黑格尔的许多范畴进行了深入细致的对比分析和研究，对列宁怎样改造黑格尔辩证法的问题进行了系统总结，这对于人们全面深入地理解和把握列宁片段式摘录的黑格尔哲学、列宁辩证法思想，提供了极大的便利。

多年来，人们买不到《〈哲学笔记〉与辩证法》一书。为满足读者需求,我们不仅完善了原书的引文信息(黄枬森教授生前已核实确认)、更正了原来的错别字纰漏,而且把黄枬森先生有关唯物辩证法的重要文章收录其中,这对于了解和研究唯物辩证法尤其是列宁《哲学笔记》与辩证法思想,而且对于了解和研究黄枬森先生的相关思想,提供了进一步的便利。

今年,既是马克思诞辰200周年,也是黄枬森先生逝世五周年。中央编译出版社郑重推出"马克思主义研究文丛"之"马克思诞辰200周年特辑",故此我们选编了黄先生这部作品,以志真诚的纪念和由衷的敬意。

徐 春 黄 萱
2018年春于北大朗润园

目 录
CONTENTS

列宁如何批判地继承黑格尔的辩证法？ ……………………………… 1
读列宁论辩证法十六要素 …………………………………………… 9
坚持客观地运用唯物辩证法 ………………………………………… 18
《哲学笔记》注释 ……………………………………………………… 29
要区别辩证法和辩证法的核心 ……………………………………… 62
一个以列宁的《哲学笔记》为根据的唯物辩证法体系草图 ……… 66
《哲学笔记》与辩证法 ………………………………………………… 84
初学唯物辩证法应该注意的几个问题 ……………………………… 311
七对概念辨析 ………………………………………………………… 317
关于唯物辩证法的核心问题 ………………………………………… 322
唯物辩证法与市场经济 ……………………………………………… 333
辩证唯物主义世界观只会被发展而不会被消解 …………………… 336

附录一
黄枬森的哲学思想及其由来 ………………………………………… 348

附录二
恭祭马克思主义哲学家黄枬森先生　朱传棨 ……………………… 368

索　引 ………………………………………………………………… 374

列宁如何批判地继承黑格尔的辩证法？[1]

列宁的《哲学笔记》不仅在指导人民群众的革命斗争和发展马克思主义哲学方面有着重大的意义，而且在如何批判地继承人类优秀的文化遗产方面，也是一个卓越的榜样。因此，学习《哲学笔记》可以学习列宁怎样批判地继承过去优秀的文化传统，即学习他对待唯心主义和形而上学的不可调和的斗争性和他对待过去哲学遗产中任何合理因素的小心谨慎的态度。特别是在对黑格尔哲学遗产的批判继承问题上，《哲学笔记》更是一个值得我们学习的榜样。在经典著作中，还没有一本著作像《哲学笔记》那样对黑格尔著作进行了如此细致的系统的分析解剖。列宁在若干具体问题上怎样评价黑格尔，怎样唯物主义地改造黑格尔的辩证法、颠倒黑格尔的辩证法，怎样打碎他的唯心主义的形而上学的体系而拯救出其中合理的辩证的内核等等，都是值得我们研究和学习的。本文想在这方面提出一些学习的体会。

列宁对黑格尔哲学的评价决定他对黑格尔哲学的态度，这里先谈谈他的评价。

列宁对黑格尔哲学的批判继承，主要表现在《黑格尔〈逻辑学〉一书摘要》中。黑格尔的《大逻辑》是黑格尔的最主要的著作。这本书被西方哲学家们称作"黑格尔主义的圣经"，也受到马克思主义经典作家们的极大重视。列宁对这部书非常重视，他所作的摘录和评语之多，《哲学笔记》

---

[1] 原载《北京大学学报》（人文科学）1963年第6期。

一书中是最突出的。列宁对这本书的评价可以代表列宁对黑格尔哲学的评价。列宁对这本书的唯心主义体系的指责是毫不容情的，但对其中合理之处也从不吝惜他的赞赏，他对这本书的总评是："黑格尔逻辑学的总结和概要、最高成就和实质，就是辩证的方法，——这是绝妙的。还有一点；在黑格尔这部**最唯心**的著作中，唯心主义**最少**，唯物主义**最多**。'矛盾'，然而是事实！"（第203页）① 列宁提"辩证的方法"，意在指明绝妙的并不是黑格尔的现成的理论，它不是需要打碎的，而是贯穿在他的理论中的合理内核，即辩证的方法。这部著作在黑格尔的著作中是最唯心的，因为它所处理的对象是绝对观念本身，是毫无人间烟火味的纯粹虚无缥缈的东西。但是，就是在这本最唯心的著作中，唯物主义最多，唯心主义最少，这是矛盾的，然而是事实，因为黑格尔在这本书中谈到的概念的逻辑发展在许多地方实质上反映了客观世界的辩证过程，或者反映了人类认识的辩证过程。用恩格斯的话来说，黑格尔的体系是颠倒过来的唯物主义。

　　列宁不止一次提到过恩格斯的这一说法（第86、202页）。这话是什么意思呢？这话绝不是说，唯心主义就是倒立着的唯物主义（因为二者对思维和存在的关系的观点是正好对立的）；更不是说，黑格尔学说是个倒立着的现成的唯物主义，只要把它扶正过来就行了。而是说，黑格尔颠倒了物质和意识的关系，把意识说成是客观的东西，并把这种客观的观念说成客观事物的基础；不仅如此，他同时实际上用这种客观观念的发展、运动、联系反映了客观世界和认识的辩证法，反映了科学和工业的日益强大的发展。恩格斯的原话是这样的："……在从笛卡儿到黑格尔和从霍布斯到费尔巴哈这一长时期内，推动哲学家前进的，决不像他们想象的那样，只是纯粹思维的力量。恰恰相反，真正推动他们前进的，主要是自然科学和工业的强大而日益迅猛的进步……黑格尔的体系只是一种就方法和内容来说唯心主义地倒置过来的唯物主义。"② 黑格尔对于这一点当然是坚决不承认的。他坚持就他的体系是纯粹观念的独立发展的产物，这个发展不但不是人类实践的反映，人类历史反而是这个发展的表现。但是这一点黑格

---

① 203，指《列宁全集》第55卷（人民出版社1990年版）页码，以下同。
② 《马克思恩格斯文集》第9卷，人民出版社2009年版，第290页。

尔自己也是掩盖不住的,黑格尔著作的一个显著的特点就是:在纯粹思辨地抽象地进行论述的过程中,他往往加进去一些自然科学的事例来说明他的观点,他提供了很多证明辩证法观点的恰当的例子。列宁指出黑格尔著作中的一个有趣的现象,就是黑格尔在逻辑学的正文中只谈抽象的理论,而把事实、实例、具体的东西都放到注释中去,费尔巴哈会嘲笑黑格尔把自然界放逐到注释中去了。这反映了黑格尔一方面不愿意承认人类实践和科学对哲学发展的决定性的作用,而事实上又不能不低头的矛盾心情。因此,倒置过来的唯物主义说的就是倒置过来的辩证法,被扭曲的辩证法,即用唯心主义形式表述出来的辩证法,被唯心主义歪曲了的神秘化了的辩证法。这同马克思的名言"在黑格尔手中神秘化了,辩证法是倒立着的。必须把它倒过来……"① 是一个意思。

在这里,我们要强调指出马克思主义哲学的一个根本观点,即辩证法必须和唯物主义相结合,只有唯物辩证法才能够是真正科学的辩证法。列宁说:"**事物**的辩证法创造**观念**的辩证法,而不是相反。"(第 166 页)黑格尔的辩证法实际上是从人类实践的成果中,人类认识世界的历史中提取出来的,但他硬要把辩证法看成是什么绝对观念的运动,硬要把辩证法思想塞进一个思辨的神秘主义的体系中去,其结果就是一个充满了许多牵强附会、荒唐可笑、神秘莫测的观点的黑格尔哲学。但毕竟黑格尔的体系中还包含了丰富的辩证法内容,我们才有可能加以批判地继承。

其次谈谈列宁对黑格尔哲学的态度。

列宁对黑格尔的态度可以概括为两点:(一)实事求是地肯定黑格尔哲学中的合理思想。列宁对黑格尔哲学中,特别是《逻辑学》中的合理思想作了细致的鉴定工作,一段话一句话地鉴定。只要是合理的因素,列宁就毫不迟疑地加以肯定,在这些地方列宁对于这个绝对唯心主义大师从不吝惜自己的赞美之词。"深刻"、"卓绝"甚至"纯粹唯物主义"等词句,屡见不鲜。

但是,(二)列宁对黑格尔的态度也是坚持马克思主义哲学党性原则

---

① 《马克思恩格斯文集》第 5 卷,人民出版社 2009 年版,第 22 页。

的典范。列宁对黑格尔的唯心主义采取了毫不妥协的立场。列宁决没有因为黑格尔是历史上最大的辩证法大师而放弃对他的唯心主义的揭露和指责。列宁坚定地认为黑格尔哲学的根本立场是唯心主义，并不因为黑格尔说出了一些唯物主义的论断就认为在他的哲学中既有唯心主义，也有唯物主义。因为这些唯物主义论断只是从黑格尔哲学中割裂出来，才是唯物主义的，而在黑格尔体系中则是作为唯心主义体系的构成部分存在的。客观唯心主义、绝对唯心主义、更彻底的唯心主义、神秘主义，这些就是列宁对黑格尔哲学体系的称呼。在若干地方，列宁一方面肯定黑格尔的合理思想，一方面又明确指责他的唯心主义的根本立场。例如，康德降低理性的力量，否认人类理性能够认识自在之物，黑格尔反对康德，认为人类的抽象思维能力能够把握真理。对此，列宁一方面说："**实质上**，黑格尔对康德的驳斥是完全正确的。"一方面又指出："黑格尔推崇知识，硬说知识是关于上帝的知识。""更彻底的唯心主义者抓住了**上帝**！"（第142、143页）一方面说，"在这里黑格尔实质上也是**正确的**：价值是'没有感性材料'的范畴，可是它比供求规律**更具有真理性**。"同时又指出："不过黑格尔是个唯心主义者，由此而有'**构成性的东西**'之类的胡说。"（第144页）这样的地方是很多的。因此，对黑格尔的《逻辑学》中明显的唯心主义胡说，列宁常常加以无情的揭露，如黑格尔认为，《逻辑学》的第一个范畴"纯存在"是"绝对"的第一个或最纯粹的最抽象的规定。以后黑格尔经常提到这个或那个范畴是"绝对"的定义。绝对是纯存在，绝对是本质，绝对是概念，等等。这个"绝对"即是绝对观念，即是神，每一范畴都是绝对观念的一个发展的阶段。这一套唯心主义的胡说，列宁指出是"关于绝对的呓语"（第86页）。黑格尔把机械性看成是精神、概念的异在，列宁指出这是"空洞类比的无聊游戏（第153页）"！黑格尔说，"精神不仅比自然界无限地丰富，而且……概念中对立物的绝对统一构成精神的本质"，列宁在摘录了这段话后左面批一个"神秘主义！"右面批一个"神秘主义！"黑格尔在《哲学史讲演录》中大肆吹捧唯心主义者而极力贬低唯物主义者，甚至把唯物主义者歪曲成唯心主义者，对于黑格尔这种唯心主义偏见，列宁也一一加以揭露。例如列宁指出，"黑格尔不厌其详地叙述柏拉图的'自然哲学',荒谬透顶的理念的神秘主义……这是非常典型的!神秘主义者—唯心主义者—唯灵论者黑格尔(也像我们时代的一切御用的、僧侣主义—唯心主义的哲学一样)吹捧和咀嚼哲学史中的神秘主义——唯心主义,忽略和蔑视唯物主义。参看黑格尔论德谟克利特——没有说什么!!而关于柏拉图则讲了一大堆神秘主义的陈词滥调。"(第241页)"黑格尔完全像后母那样对待德谟克利特"(第226页)。列宁还指出,黑格尔把唯物主义者留基伯的"一的原则"说成"完全是观念的",是黑格尔所说的"自为存在",把留基伯说成是唯心主义者,这是"唯心主义者黑格尔的**牵强附会**,当然是牵强附会"(第225页)。所有这些例子都说明,列宁是如何毫不留情地斥责黑格尔的唯心主义的基本观点。

最后谈谈列宁根据他对黑格尔哲学的态度而进行的具体的改造。

黑格尔的哲学是辩证法和唯心主义的统一整体,简单地加以继承或抛弃的做法都是错误的。对黑格尔哲学,同对任何人类优秀文化遗产一样,马克思主义的态度是:批判地继承,具体点说,唯物主义地改造黑格尔的辩证法。用列宁的话来说,就是"用唯物主义观点来阅读黑格尔"(第86页),就是"揭示、理解、拯救、解说、澄清"黑格尔的辩证法(第117—118页),就是把十之八九的外壳、皮屑去掉而把十之一二的合理内核剥出来。如果在黑格尔著作中,唯心主义和辩证法是截然分开了的,这个改造的工作将变得简单轻易,但事实上二者在黑格尔哲学中是完全纠结在一起的,改造绝不是像剥掉花生皮取出花生仁,或把一张倒立着的书桌颠倒一下那样简单的机械动作。那么,究竟怎样对黑格尔辩证法进行唯物主义的改造或颠倒呢?对这个工作,从原则上谈谈是容易的,但具体做起来,这是一个非常复杂而艰巨的工作。由于黑格尔的哲学中有着丰富深刻的辩证法思想,由于他的辩证法采取了如此神秘而荒诞的形式,非常容易陷入两种偏向,或者被它弄得头晕目眩,做了俘虏,或者把它视作一派无稽之谈,轻易抛弃。要做好这个工作,必须有唯物主义的坚定立场、犀利的分析能力、细致耐心的态度。关于这个工作,马克思和恩格斯作过一般的指示并提供过一些具体的例子,列宁在《哲学笔记》中更提供了大量具体的例子。他游刃于黑格尔的著作之中,以坚定的唯物主义的立场对黑格尔哲学思想一个一个地作了具体的唯物主义解剖，然后根据每一思想的具体情况作出不同的唯物主义改造。研究《哲学笔记》中有关材料，将使我们对于如何唯物主义地改造黑格尔获得一个正确的了解，并从而获得一些教益。根据初步的研究，我认为列宁在对黑格尔辩证法进行唯物主义改造时，区别不同情况作了以下几种对待：

第一，黑格尔有些论断，虽然完全是在他的绝对唯心主义基础上讲的，但如果砍头去尾地从其体系中割裂出来，则是完全正确的。在《哲学笔记》中，列宁提供了相当数量的这一类的例子。例如黑格尔说："正像同一句格言，从完全正确地理解了它的年轻人口中说出来时，总没有在阅历极深的成年人中所具有的那种含义和广度，后者能够表达出这句格言所包含的全部力量。"（第83页）列宁摘录了这个论断，并认为这个论断是"唯物主义的"。

第二，黑格尔的某些论断中包含着合理的因素，但黑格尔唯心主义地颠倒了这种合理的因素，因而还须加以唯物主义地颠倒，才能为我们所吸取。例如黑格尔说，"被生物征服的无机界之所以被征服，就是因为**自在**的无机界和**自为**的生命是一样的。"（第172页）这里，黑格尔认为有机界和无机界是同一的，因为它们都是绝对观念的不同环节。因此，生物能征服、同化无机界，把无机界作为它发育成长的场所。黑格尔肯定无机界和有机界的同一性是正确的，但他把同一性的基础看作绝对观念。因此，应该颠倒过来，把同一性的基础看作客观物质世界，而无机界和有机界是它在发展过程中的不同环节或阶段。因此，列宁说，"倒转过来＝纯粹的唯物主义。卓越、深刻、正确！"（第172页）这种例子，在《哲学笔记》中很多，有的列宁明确指出要颠倒，有的没有明确指出。其实，不仅对黑格尔的某些论断应该唯物主义地颠倒，他的整个辩证法都须唯物主义地颠倒。

第三，黑格尔的某些论断中包含有合理的因素，但这些论断不仅是他的唯心主义体系的构成部分，而且其中就明显包含有唯心主义的概念，在这种情况下，仅仅割裂出来就不够了，还须抛掉这些唯心主义的概念。例如黑格尔说，"不论在天上，在自然界，在精神中，不论在哪个地方，**没有什么东西不是同时包含着直接性和间接性的**。"（第85页）列宁很重视黑格尔这句话，认为它提出了关于世界的普遍的有规律的联系的思想，但必须抛去其中明显的唯心主义概念。列宁说，"（1）天——自然界——精神。打倒天：唯物主义。（2）一切 vermittelt = 都是经过中介，连成一体，通过过渡而联系的。打倒天——**整个世界（过程）的有规律的联系**。"（第85页）列宁又说，"我大抵抛弃上帝、绝对、纯观念等等"。（第86页）这是列宁对这类论断的一般态度。

但是，第四，在许多地方，唯物地改造黑格尔的辩证法比上面提到的要复杂一些。在上面提到的几种情况下，黑格尔的论断经过改造以后还在不同程度上保存着原来的表述形式，但在另外一些地方，黑格尔的论断中虽然有着合理的因素，但他使用了纯粹思辨的抽象的晦涩的语言，这些论断经过改造之后，就不大看得出原来的样子了。这种情况在《哲学笔记》中并不为少，而就黑格尔《大逻辑》全部著作来说，大部分恐怕都是属于这种情况。例如《概念论》第一篇的第一、二章（《概念》和《判断》），列宁没有作什么摘录，并认为这些部分"是极其抽象的和'**费解的**'"，是"引起头痛的最好办法！"（第147页）但这并不是说其中没有任何合理的东西，只是这些东西被极端抽象的纯粹思辨的逻辑推演掩盖住了，只有透过这些神秘的迷雾才能把其中合理的东西揭露、解救出来。对于这些部分的合理东西，列宁写道："看起来，对黑格尔来说，这里主要的也是**把过渡**指出来。从一定观点看来，在一定条件之下，普遍是个别，个别是普遍。不仅是（1）一切概念和判断的**联系**、不可分割的联系，而且是（2）一个东西向另一东西的**过渡**，并且不仅是**过渡**，而且是（3）**对立面的同一**——这就是黑格尔的主要东西。然而这是穿过**迷雾**般的极端'费解的'叙述才'透露出来的！'"（第148页）在《概念论》的摘录中，列宁还采取了一种新的方式来表明这种改造，即在左边摘录下黑格尔的原话，在右边相应地方写下经过改造的，亦即唯物主义辩证法的观点，例如列宁在左边摘录了黑格尔谈论机械性、化学性和目的性的关系的一段话，在右边相应地写下了经过改造的，亦即唯物主义辩证法关于主观与客观、认识和实践的关系的观点。比较黑格尔的话和列宁的话，可以看出，二者是大不相同的，但后者又确乎是前者中合理思想的唯物主义的表述（第157—

158页）。其他相似的例子（第163—164、165、182—183页）也在不同程度上表明了这种情况。

从以上可以看得出来，所谓唯物主义地改造黑格尔的辩证法，就是在有着合理因素的地方，把掩藏在黑格尔唯心主义辩证法中的客观辩证法或认识辩证法的内容挑选出来，而挑选的方式则视情况而异。上面那些例子，绝大部分都是挑出客观辩证法内容。有必要指出，列宁也很强调从黑格尔辩证法中挑选出认识论内容。他说："不能原封不动地应用黑格尔的逻辑；不能现成地**搬用**。**要挑选**其中逻辑的（认识论的）成分，清除**观念的神秘主义**。"（第225页）例如黑格尔认为，从存在到本质的发展是一个客观的过程，是绝对观念的发展过程，这当然是神秘主义的。列宁认为黑格尔描述的实质上是认识的过程，他说："概念（认识）在存在中（在直接的现象中）揭露本质（因果、同一、差别等等规律）——整个人类认识（全部科学）的真正的**一般进程**确实如此。"（第289页）但是，黑格尔把这个一般进程神秘化了。又如黑格尔说概念"是概念和客观性（'一般的东西'）的符合（一致）"，这个概念在黑格尔是一个客观的神秘的东西，他同时描述了观念的自我同一的矛盾过程（第164—165页）。列宁指出，"观念（要读作：人的认识）是概念和客观性（'一般'）或一致（符合）。"从而把观念的自我同一的过程改造成为主观与客观的矛盾发展过程。黑格尔的原话是极其神秘晦涩的，经过列宁的唯物主义的改造，即挑出其认识论成分，清除掉它的神秘观念，这段话被改写成为描述认识的辩证过程的一段很精彩的话。这种例子在《哲学笔记》中是很多的。

总之，所谓唯物主义地改造黑格尔的辩证法是一个复杂的工作，对黑格尔的不同论断要采取适当的不同的做法。但是，整个说来，必须打碎黑格尔的整个体系，才能把其合理的东西揭发、拯救出来。认为只要把唯心主义立场"改变"为唯物主义立场，黑格尔的体系就可以完整地为我们所利用的观点是极其荒谬的，立场的改变并不是简单地改变一下说话的角度。正如恩格斯所指出的，黑格尔哲学按其原来的样子是完全不适用的。

读列宁论辩证法十六要素[①]

列宁提出的辩证法十六要素是由黑格尔的一句话引起的，但事实上，这是列宁当时哲学研究工作的一个总结，是列宁反对第二国际修正主义及其诡辩论的斗争的一个总结，是列宁建立唯物辩证法的草图，值得我们逐条加以详尽研究和发挥。本文只谈谈对辩证法十六要素的一个总的了解，即谈谈列宁提出辩证法十六要素时的思维过程和几点结论。这只是一些粗浅的意见，可能有错的地方，甚至完全错了，希望读者批评。

列宁提出辩证法十六要素是由这样一句话引起来的："这个既是分析的又是综合的判断的环节，——由于它（环节），最初的物性［一般概念］从自身中把自己规定为对自己的他一般，——应当叫作辩证法的环节。"（第190页）[②] 在这里，黑格尔谈的是逻辑学的方法问题。

黑格尔区别两种认识：一、经验科学和数学，二、哲学或逻辑学。他把前者叫作有限认识，把后者叫作无限认识或绝对认识。经验科学使用的方法是分析方法，即从事实材料上升到一般的规定、从具体到抽象的方法；数学使用的是综合方法，即从一般的公理、定义到特殊的原理、从抽象到具体的方法。他说："分析方法从个体出发以进展至普遍。反之综合方法以普遍性（作为界说）为出发点，经过特殊化（分类）而达到个体（定理）。"[③] 无论分析方法或综合方法都不适用于哲学，洛克和所有经验

[①] 原载于《北京大学学报》（人文科学）1964年第2期。
[②] 这句话中的"（环节）"和"（一般概念）"都是列宁加的解释。190，指《列宁全集》第55卷（人民出版社1990年版）页码，本文以下同。
[③] ［德］黑格尔：《小逻辑》，贺麟译，商务印书馆1959年版，第413页。

论者把分析方法用于哲学，斯宾诺莎把综合方法用于哲学，都没有得到成功，因为哲学或逻辑学是关于客观真理的科学，是关于绝对观念的科学，是绝对观念的自我认识，是绝对的无限的认识，用研究有限事物的方法来研究无限事物当然是无济于事的。哲学或逻辑学的方法，只能是绝对的方法，即同时是分析的又是综合的方法。黑格尔说："如果方法是指自直接的有开始而言，便是自直观和知觉开始，——这就是有限认识的分析方法的出发点。如果方法是指自共相开始而言，这是有限认识的综合方法的出发点。但逻辑的理念既是共相，又是存在，既是理念的前提，亦是理念的直接自身，所以它的开始既是综合的又是分析的开始。"① 这就是说，黑格尔的逻辑概念既是抽象的又是具体的，因而逻辑概念的进展既是从具体到抽象，又是从抽象到具体。如《逻辑学》的第一个范畴"存在"，就它是存在而言，就它潜在地包含以后的一切概念而言，是具体的；就它是一个概念言，就它是**纯存在**言，是抽象的。因此，从"存在"到"无"的转化，就"无"是作为"存在"的一个潜在的环节而被展现出来而言，是从具体到抽象；就"无"是一种更具体的存在而言，是从抽象到具体。从"无"到"生成"的转化以及其他概念的转化都是如此。概念的这种转化，不是人为的，而是客观的，是客观概念的自我发展；分析和综合是概念之间的客观的关系。作为方法，分析和综合是和这种客观的关系完全一致的。黑格尔在上面那句话中所说的"那最初的普遍性从自身中把自己规定为对自己的他者"，正是指的这种情况。用我们的话来说，这就是以客观矛盾的发展为依据的矛盾分析的方法。黑格尔的整个哲学体系就是用这种方法建立的，用黑格尔的话来说，它也是客观概念的自我发展的忠实的描述。这种方法，黑格尔认为就是辩证法的环节，即辩证法的规定。

列宁认为，黑格尔在这些言论中提出了辩证法的规定，即辩证法的要素问题，这是值得重视的。但是，黑格尔的观点不仅是唯心主义的，而且他所提规定不是明确的（第190页）。因此，列宁唯物主义地把黑格尔的观点发挥为辩证法的三个要素。② 他说：

---

① ［德］黑格尔：《小逻辑》，贺麟译，商务印书馆1959年版，第423页。
② 对黑格尔关于分析和综合的观点的评价，见后。

"（1）来自概念自身的概念的规定'应当从事物的关系和事物的发展去观察事物本身'；

（2）事物本身中的矛盾性（自己的他物），一切现象中的矛盾的力量和倾向；

（3）分析和综合的结合。

大概这些就是辩证法的要素。"（第190页）

第一条是关于辩证法的客观性问题，这点黑格尔是强调的，但他所谈的客观性是来自客观概念，而不是来自物质世界，列宁唯物主义地加以改造，指出辩证法是事物本身的反映，从而就划清了唯物主义和唯心主义的界限；列宁还指出，"应当从事物的关系和它的发展去观察事物本身"。第二条谈的是事物的矛盾性。第三条谈的是认识的辩证法、认识中的矛盾。这三条已经谈到辩证法的基本内容；辩证法的客观性、辩证法的基本原则——联系和发展原则、辩证法的核心——对立面的统一和认识的辩证法。显然，这还是比较概括的规定，列宁进一步加以具体化，把三条发挥成十六条，即有名的辩证法十六要素。

列宁首先把三要素发挥为七条，这七条就是：

"（1）考察的**客观性**（不是实例，不是枝节之论，而是自在之物本身）。

（2）这个事物对其他事物的多种多样的**关系**的全部总和。

（3）这个事物（或现象）的**发展**、它自身的运动、它自身的生命。

（4）这个事物中的内在矛盾的**倾向**（和方面）。

（5）事物（现象等等）是**对立面**的总和与**统一**。

（6）这些对立面、矛盾的趋向等等的**斗争**或展开。

（7）分析和综合的结合，——各个部分的分解和所有这些部分的总和、总计。"（第190—191页）

显然可见，第一、二、三条是前第一条的发挥，第四、五、六条是前第二条的发挥，第七条是前第三条的发挥。在第一条中，列宁除了指出辩证法的观察的客观性而外，还特别指出这个客观性不是来自表面现象或个别的实例，而是来自自在之物本身，即来自事物的本质、整体。第二条是事物的普遍联系的原则，第三条是事物自己运动的原则。这就是列宁在《黑格尔〈哲学史讲演录〉一书摘要》里谈的"一、发展原则"和"二、统一原则"（第216页）。第四条谈的是矛盾的内在性，第五条谈的是对立面的统一，第六条谈的是对立面的斗争。这些都是对立统一规律的基本内容。在第七条中，列宁对"分析和综合的结合"作了解释。

这七条是列宁在较详尽地考虑辩证法要素时的第一个阶段，这不仅从思想内容上可以看出，从列宁的手稿也可看出（这七条自成一个段落）。看来列宁认为把三要素发挥为七要素之后还不够详尽，于是他又补充起来。他首先以第八条来补充第二条，然后以第九条来补充第五条。在这两条中，列宁写道：

"（8）每个事物（现象等等）的关系不仅是多种多样的，并且是一般的、普遍的。**每个**事物（现象、过程等等）是和其他的**每个**事物联系着的。

（9）不仅是对立面的统一，而且是**每个**规定、质、特征、方面、特性向**每个**他者'向自己的对立面？'的**过渡**。"（第239页）

这两条分别对第二、五条作了更深入的规定。第八条强调从事物的多种多样的关系中区别出一般的普遍的关系，也就是区别出本质的必然的内在的联系，而这是辩证法所应特别重视的。这一条同第二条的联系是一目了然的，列宁自己用"×"表示了二者的联系。

第九条特别把对立面的转化指出来。大家知道，对立面的同一或统一有两个方面：对立面的相互依存和相互转化。但列宁以及黑格尔有时谈到对立面的统一时，指的仅仅是对立面相互依存于一个统一体中，列宁在第五条中谈的"对立面的总和与统一"指的就是对立面的相互依存，因而列宁认为有必要把对立面的相互转化特别用单独一条指出来。这两条的联系不仅从这两条的内容可以看出来，列宁在其他地方也往往是把二者并列的①；列宁在第五条上面写下了一个联系的符号"#"，但另一个不见，看来这一个即在第九条上面，列宁忘记写了。

---

① 参考（第90页）和（第166页）。

接着，列宁写下了关于认识的辩证法的三条：

"（10）揭示**新的**方面、关系等等的无限过程。

（11）人对事物、现象、过程等等的认识深化的无限过程，从现象到本质、从不甚深刻的本质到更深刻的本质；

（12）从并存到因果性以及从联系和相互依存的一个形式到另一个更深刻更一般的形式。"（第191页）

这三条谈的都是认识的辩证过程，一条比一条更具体更深入地揭露了认识过程的辩证性质。第十条指出认识过程是一个从不知到知，从少知到多知的无限过程。第十一条进一步揭露认识过程是从现象到本质、从第一级本质到第二级更深的本质的无限过程。第十二条谈的是范畴的发展过程，即范畴发展史。按照列宁在其他方面的指示（第146页），范畴发展史是"思想史的精华"，"思想史的结果和总结"，它也就是从现象到本质、从第一级本质到第二级本质的无限认识过程的逻辑概括，它也就是逻辑学的内容。列宁在这里没有详尽地论述这个范畴的体系，只是举出了两个例子：一、从并存到因果性；二、从联系和相互依存的一个形式到另一个更深刻更一般的形式。

这三条看来是第七条的补充或发挥。这不仅是因为这三条和第七条谈的都是认识论问题，而且因为这三条和第七条结合起来就比较完整地概括了认识的辩证法。可以说，第七条是认识过程的横剖面，这三条是认识过程的纵剖面。为了说明这点，我们认为有必要说明一下列宁对分析和综合的理解。

在前面，我们已经简略地叙述过黑格尔关于分析和综合的观点。从这个叙述可以看出，分析和综合在黑格尔哲学中有着极其重要的地位。当然，黑格尔的观点是唯心主义的，这表现在他把分析和综合看作所谓客观概念的自我发展，表现在他形而上学地割裂经验科学、数学和哲学，从而认为经验科学仅仅是分析的，数学仅仅是综合的，只是哲学才是既综合又分析的，表现在否认哲学的经验的起源。黑格尔的唯心主义使他关于分析和综合的观点变得颇为神秘和晦涩。但是他把分析和综合结合起来的做法，把分析和综合同对立统一联系起来的做法，把分析和综合放在重要位置的做法，是极其深刻的。列宁赞同的正是这一方面。

列宁也认为，分析和综合不是**一种**辩证的认识方法，而是基本的辩证的认识方法，其他认识方法都是这个方法的环节、方面或表现。这从列宁在辩证法十六要素中怎样安排分析和综合的地位可以看出。无论在三要素中还是十六要素的前七条中，它都是作为辩证法一个主要方面，即辩证的认识论方面而出现的。因为分析和综合的过程，就是矛盾的分析与综合的过程，就是对立统一规律在认识过程中的完整表现和运用，就是辩证的认识过程的横剖面。

列宁把分析和综合解释为"各个部分的分解和所有这些部分的总和、总计"，这绝不是说，分析是把一个整体机械地划分为若干部分，而综合则是把各个部分都凑成一个整体。列宁说，黑格尔"卓绝地叙述了分析的方法（'分解''现存的具体的'现象——'赋予'现象的各个方面以'抽象的形式'……）"（第203页）。分析就是从具体到抽象的过程，就是从具体事物中分析出一般的本质的属性，而综合则是从抽象到具体，就是把若干一般的本质的属性综合为原来的具体事物。这个具体事物还是原来的具体事物，但是人们对它的了解就同过去大不相同了，它是人们对其本质、内部联系、规律有了全面认识的具体事物。它不是最初的简单的具体，而是与抽象统一的具体。分析与综合就是具体与抽象、个别与一般、特殊与普遍之对立与统一，也就是感性与理性、实践与认识、客观与主观之对立与统一。

黑格尔把分析和综合仅限于哲学，认为其他科学的方法只是分析的或只是综合的，这是不对的。任何科学认识，如果不只是些片面的零碎的材料，就必须把分析和综合结合起来。但是不可否认，黑格尔强调二者的结合，是有其合理之处的。

总起来说，从第八条到第十二条都是前七条的补充或发挥。这五条在列宁考虑辩证法要素的过程中自成一个段落，这也可从手稿上看出。

接着列宁又写了四条，这是列宁考虑辩证法要素的过程的又一个阶段。这四条是：

"（13）在高级阶段上重复低级阶段的某些特征、特性等等，并且

（14）仿佛是向旧东西的复归（否定的否定）。

（15）内容对形式以及形式对内容的斗争。抛弃形式，改造内容。

（16）从量到质和**从质到量**的过渡。（15 和 16 是 9 的**实例**）"（第 191 页）

列宁说，"15 和 16 是 9 的实例"。这就是说，内容和形式的辩证关系与量变和质变的辩证关系都是对立面的相互转化的表现。我们可以这样来了解：不仅第十五、十六条，而且第十三、十四条，都是对立统一规律的表现。第十三、十四条谈的是否定之否定的规律，但列宁抛开黑格尔的三分法的公式，而直接指出发展过程的前进性和重复性的对立统一，亦即否定与肯定的对立统一。不难了解，肯定与否定、内容与形式、量变与质变的辩证关系都是由对立统一规律决定的。总之，我们可以把这四条看作第四、五、六、九条的补充和发挥。

最后，列宁用一句话总结了他所提出的十六要素："可以把辩证法简要地规定为关于对立面的统一的学说。这样就会抓住辩证法的核心，可是这需要说明和发挥。"（第 192 页）这就是说，对立面的统一的学说就是辩证法的核心，是把一切辩证法要素联系起来的最根本的原则。

总起来说，列宁提出辩证法十六要素的过程经过了五个阶段：一、最初的三要素，二、十六要素中的前七条，三、其次的五条，四、最后的四条，五、总结。在这个过程中，列宁的思想一步比一步具体，一步比一步深入，越到后面，离开黑格尔原话的内容越远。十六要素已完全成为列宁建立唯物辩证法的一个草图，而不是单纯对黑格尔思想的改造，是列宁遗留下来的极为宝贵的哲学财富之一。

根据上面对辩证法十六要素产生过程的分析，我们认为可以作出以下一些结论：

第一，毫无疑问，十六要素是比较全面地反映了列宁关于辩证法的思想，但还不能认为它已经是一个完整的体系。根据前面的分析，列宁还只是在考虑辩证法有哪些规定、要素、环节，还没有对这些要素加以安排、整理，形成一个严整的体系。

第二，十六要素本身虽然没有形成一个严整的体系，但是由于列宁比较全面地考虑了辩证法的各个方面，十六要素已经包括了辩证法的主要内容，而前七条甚至提供了一个辩证法体系的雏形。根据这个模型安排全部辩证法要素，就是：

一、辩证法的客观性和普遍性（第一条）

二、辩证法的基本原则：

（一）普遍联系原则（第二、八条）

（二）自己运动原则（第三条）

三、辩证法的规律：

（一）对立统一规律

1. 矛盾的内在性（第四条）

2. 对立面的统一和斗争

①对立面的相互依存（第五条）

②对立面的相互转化（第九条）

③对立面的斗争（第六条）

（二）量变质变规律（第十六条）

（三）肯定否定规律（第十三、十四条）

（四）内容和形式的辩证关系（第十五条）

四、认识论：

（一）认识过程是分析与综合相结合的过程（第七条）

（二）认识过程是从不知到知、从少知到多知的无限过程（第十条）

（三）认识过程是从现象到本质、从第一级本质到第二级本质的无限过程（第十一条）

五、逻辑学：逻辑学的内容是认识史的精华，即范畴的发展（第十二条）

六、辩证法的核心——对立统一规律

从以上安排可以看出，十六要素已包括今天我们所了解的辩证法的全部内容。列宁没有提出辩证法基本规律这一观点，这是恩格斯提出的（在《自然辩证法》中，列宁逝世后，此书才出版），但这三个基本规律，列宁都谈到了，而且列宁特别指出对立统一规律是辩证法的核心，这是列宁的杰出的贡献。有许多范畴列宁没有提到，但从第十二条可以看到，列宁是把全部辩证法范畴都考虑进去了的。关于认识论，当然还有些问题列宁都没有直接谈到，但关于认识的整个辩证过程的轮廓，列宁是提供了，从而也就接触到了认识论的全部基本问题。

第三，可以从辩证法十六要素看列宁关于辩证法、认识论和逻辑学的统一的观点。关于三者统一问题，列宁作过不少论述，在这个问题上也存在着不少争论。作为唯物辩证法建设草图，十六要素应该提供一个三者统一的模型，使我们能够具体看看列宁所了解的三者统一究竟是怎样的。列宁在十六要素中的确是提供了这样一个模型。我们认为，从三者统一的观点来了解十六要素，可以把十六要素按下表排列：

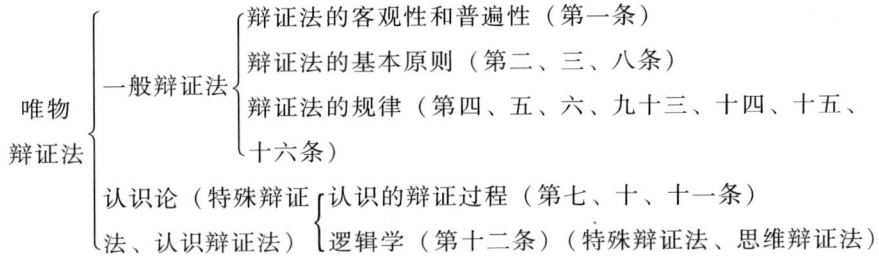

从上可见，三者统一是说三者形成一统一的整体——唯物辩证法，其中包括，一、一般辩证法，二、一般辩证法在认识中的表现——认识论，三、一般辩证法在思维中的表现——逻辑学，后二者都是特殊辩证法。三者统一并不等于说三者完全是一个东西，这点从十六要素还是看得很清楚的。

坚持客观地运用唯物辩证法[1]

唯物辩证法是马克思主义理论体系中具有决定意义的东西，是马克思主义的精髓和活的灵魂。马克思正是"运用唯物主义辩证法从根本上来修改整个政治经济学，把唯物主义辩证法运用于历史、自然科学、哲学以及工人阶级的政治和策略"[2]，写出了《资本论》等许多闪耀着辩证法思想光辉的著作，为无产阶级革命奠定了理论基础。列宁在新的历史条件下，创造性地发展了马克思主义辩证法。他不仅把唯物辩证法运用于对帝国主义矛盾的分析中去，而且强调要"研究马克思在他的《资本论》及各种历史和政治著作中实际运用的辩证法"[3]。这说明，我们不仅要学习唯物辩证法，而且还要学会实际运用唯物辩证法。

一切从实际出发，实事求是，理论联系实际，这是我们党经过长期的革命实践而确立的一条辩证唯物主义思想路线。它是党制定政治路线和各项方针政策的指导思想，也是我国革命和建设的胜利保证。但是，一段时间以来，我们有时在某些问题上背离了这条思想路线。这不仅表现在宣扬本本主义，把唯物辩证法当作套语和标签，更为严重的是，有时为了政治需要，把唯物辩证法加以主观的运用，当作整人的工具和"斗争哲学"，或当作论证"左"的路线和掩盖错误的诡辩论。"文化大革命"期间，林彪、"四人帮"出于反革命的目的，口喊"马列主义、毛泽东思想"，手

---

[1] 原载《厦门大学学报》1980年第4期；收入黄枬森论文集《哲学的足迹》，中国社会科学出版社1987年3月出版。为黄枬森、池超波合写。
[2] 《列宁全集》第24卷，人民出版社1990年版，第276页。
[3] 《列宁选集》第4卷，人民出版社1995年版，第652页。

执"辩证法",推行极"左"路线,实行"全面专政",打倒一切,使革命辩证法沦为实行封建法西斯专政的工具。因此,反对主观地运用辩证法,坚持客观地运用辩证法,恢复马克思主义辩证法的本来面目,在理论和实践上都具有重要的意义。

马克思主义辩证法是唯物主义的辩证法。它把辩证法建立在唯物主义基础之上,这是它不同于黑格尔的唯心主义辩证法的根本之点。马克思曾经明确地指出:"我的辩证方法,从根本上来说,不仅和黑格尔的辩证方法不同,而且和它截然相反。在黑格尔看来,思维过程,即甚至被他在观念这一名称下转化为独立主体的思维过程,是现实事物的创造主,而现实事物只是思维过程的外部表现。我的看法则相反,观念的东西不外是移入人的头脑并在人的头脑中改造过的物质的东西而已。"[①] 这说明,马克思主义辩证法之所以是唯物主义的,就在于我们的主观辩证法是客观辩证法的反映,是从自然界和人类社会历史中抽象出来的,并经过人类的千万次实践检验所证明的。它也就是辩证逻辑,即辩证思维的形式及其规律。而任何一门科学都要运用辩证逻辑,都要把来自客观辩证法的主观辩证法运用到客观现实中去分析对象自身中的矛盾。而任何事物的矛盾以及矛盾运动的规律都是客观的、不以任何人的意志为转移的,因而当我们运用辩证逻辑,把主观辩证法运用到客观现实中去分析矛盾和解决矛盾的时候,必须按照客观事物的本来面目去认识事物,而不能带上任何的主观随意性。这就要求我们必须坚持唯物主义立场,坚持唯物主义和辩证法的统一,坚持一切从实际出发,客观地运用唯物辩证法,反对主观地运用唯物辩证法。主观辩证法和主观地运用辩证法完全是两回事。主观辩证法是客观辩证法的反映,而主观地运用辩证法则是离开了唯物主义立场,把唯物主义与辩证法割裂开来,主观地随心所欲地运用辩证法,玩弄辩证法,从而陷入诡辩和折中主义。列宁指出,"辩证法曾不止一次被用作通向诡辩法的桥梁"[②],这就是说,如果把辩证法加以主观运用,就会陷入诡辩。

马克思主义经典作家所以特别强调客观地运用辩证法还在于辩证法固

---

① 《马克思恩格斯文集》第5卷,人民出版社2009年版,第22页。
② 《列宁选集》第2卷,人民出版社1995年版,第693页。

然是客观规律,但也是最一般的规律,它只能告诉我们一切事物中都存在着矛盾以及矛盾运动的规律,而矛盾总是具体的,其存在和发展离不开一定的条件和关系,不具体分析具体矛盾就不能认识矛盾,也不能解决矛盾。否认矛盾的存在,拒绝分析矛盾,固然是错误的,是会在实际斗争中失败的。但承认矛盾的存在,运用矛盾分析的方法,如果不从实际出发,不在每一步的分析中坚持实事求是的科学态度,也不能正确地认识世界,在实践中获得成功。

从大量的情况来看,客观地运用辩证法比承认辩证法的客观性更困难,也更重要。对于一个马克思主义者来说,问题往往不出在能否承认辩证法的客观性,而出在能否客观地运用辩证法。马克思主义经典作家之所以伟大,固然在于他们把辩证法建立在客观规律的基础上,赋予它以科学的形态,而更重要的还在于他们坚持客观地运用辩证法,从实际出发,具体分析具体矛盾,具体解决具体矛盾;在于他们坚决反对主观地运用辩证法。

马克思是客观地运用辩证法的典范。在《资本论》中,马克思首先把社会经济形态的发展看作是一种"自然历史过程",即客观的过程,然后从各个经济形态中取出一种形态,即资本主义商品经济体系,加以研究。在这里,他不是从概念出发,而是从商品这个"普遍的存在"出发。他说:"第一,我并不是从概念出发,从而也不是由价值概念出发,所以也不曾要把它'分割'。我由以出发的,只是劳动生产物在今日社会内部依以表现的最简单的社会形态,这就是'商品'。"① 从商品出发,就是从实际出发,而从概念出发,就是社会学中的主观方法。列宁指出,马克思从商品出发,对资本主义经济形态的每一步分析中,无论是演绎的和归纳的,还是逻辑的和历史的,都坚持从实际出发,实事求是的科学态度。他说:

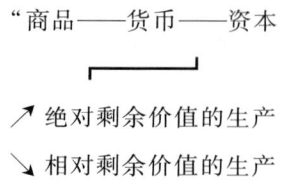

---

① 马克思:《资本论》第 1 卷,人民出版社 1956 年版,第 1018 页。

……

开始是最简单的、最普遍的、最常见的、最直接的'存在':个别的商品(政治经济学中的'存在')。把它作为社会关系来加以分析。**两重分析**:演绎的和归纳的,——逻辑的和历史的(价值形式)。在这里,在每一步分析中,都用事实即用实践来检验。"①

在《资本论》的写作过程中,马克思花了不下25年的工夫来研究大量经济材料,正是在每一步的分析中,坚持从实际出发、实事求是、客观地运用唯物辩证法,对商品经济形式的活动规律和发展规律作了极详尽的分析,把堆积如山的材料总结为普遍的密切联系的思想,具体地分析了商品的矛盾运动和资本主义发展过程的自始至终的矛盾运动,从而创立了剩余价值学说,揭示了资本主义必然灭亡、共产主义必然胜利的客观规律。因此,列宁说:"马克思把黑格尔辩证法的合理形式**运用于**政治经济学","不钻研究和不理解黑格尔的**全部**逻辑学,就不能完全理解马克思的《资本论》,特别是它的第一章。"② 在《反杜林论》中,恩格斯针对杜林攻击"马克思不依靠黑格尔的否定的否定,就无法证明社会革命的必然性",指出:"马克思只是在作了自己历史的和经济的证明之后才继续说:'资本主义的生产方式和占有方式,从而资本主义的私有制,是对个人的、以自己劳动为基础的私有制的第一个否定。对资本主义生产的否定,是它自己由于自然过程的必然性而造成的。这是否定的否定'等等。"③ 这就是说,马克思不是从原则出发,主观地运用否定之否定规律,从中引出资本主义灭亡的必然性;而是从实际出发,对资本主义发展的客观过程,作了"历史的和经济的"分析,从而揭示了资本主义必然灭亡的这种"自然过程的必然性"。

蒲鲁东是主观地运用辩证法的一个标本。在《哲学的贫困》及其他著作中,马克思对他作了深刻的揭露和批判。马克思说:"在法国,人家认为他理应是一个拙劣的经济学家,因为他在那里以卓越的德国哲学家著

---

① 《列宁全集》第55卷,人民出版社1990年版,第291页。
② 《列宁全集》第55卷,人民出版社1990年版,第149、151页。
③ 《马克思恩格斯文集》第9卷,人民出版社2009年版,第141页。

称。在德国，人家却认为他理应是一个拙劣的哲学家，因为他在那里以最杰出的经济学家著称。"① 马克思在这里说的是蒲鲁东把黑格尔的辩证法主观地运用于政治经济学，因而既是一个拙劣的哲学家，又是一个拙劣的经济学家。蒲鲁东把社会的发展看作"是一种普遍理性的自我表现"，"是在想象的云雾中发生并高高超过于时间和空间的"。为了说明这种历史的发展，他"不得不求救于虚构"，把历史的实在进程看作是"经济范畴在他头脑中的排列和次序"。因此，马克思指出："蒲鲁东先生之所以给我们提供了对政治经济学的谬误批判，并不是因为他有一种可笑的哲学；而他之所以给我们提供了一种可笑的哲学，却是因为他没有从现代社会的联结……中了解现代社会制度。"② 这就是说，蒲鲁东不是以辩证法为指导，从资本主义社会制度的经济事实出发，进行具体分析，而是站在小资产阶级立场上，从企图在保存资本主义的前提下"消灭"贫困，建立小资产阶级理想社会的愿望出发，主观地抽象地"分析"矛盾和"解决"矛盾。蒲鲁东主观地运用辩证法于政治经济学的结论就是：任何经济范畴都有好坏两个方面，好的方面和坏的方面，益处和害处加在一起就构成每个经济范畴所固有的矛盾，而任务就是保存好的方面，消除坏的方面。对此，马克思指出："蒲鲁东先生从黑格尔的辩证法那里只借用了用语。而蒲鲁东先生自己的辩证运动只不过是机械地划分出好、坏两面而已。"③ 马克思认为："两个相互矛盾方面的共存、斗争以及融合成一个新范畴，就是辩证运动的实质。谁要给自己提出消除坏的方面的任务，就是立即使辩证运动终结。"④ 蒲鲁东的主观主义的做法不是解决矛盾，而是取消矛盾，抹杀矛盾。

列宁坚持客观地运用辩证法。在《哲学笔记》中，他对客观地运用辩证法与主观地运用辩证法的对立，作了科学的规定。他说："概念的全面的、普遍的灵活性，达到了对立面同一的灵活性，——这就是实质所在。主观地运用这种灵活性=折中主义与诡辩。**客观地**运用的灵活性，即反映

---

① 《马克思恩格斯全集》第 4 卷，人民出版社 1958 年版，第 75 页。
② 以上引文见《马克思恩格斯全集》第 4 卷，人民出版社 1958 年版，第 320—325 页。
③ 《马克思恩格斯全集》第 1 卷，人民出版社 1960 年版，第 111 页。
④ 《马克思恩格斯全集》第 1 卷，人民出版社 1960 年版，第 111 页。

物质过程的全面性及其统一性的灵活性,就是辩证法,就是世界的永恒发展的正确反映。"① 对于那种否认对立面同一的灵活性的观点,即形而上学观点,列宁没有谈。这种观点无疑是错误的,把这种观点运用于认识和实践无疑得不出好的结果,列宁这里谈的是,即使承认对立面同一的灵活性,如果加以主观地运用,也会陷于折中主义与诡辩;只有加以客观地运用,才能正确反映复杂的客观过程和联系,才是真正的**辩证法**。"客观地运用"就是具体分析**对立面**在怎样的条件下相互依存于一个统一体之中,又在怎样的条件下相互转化。正如列宁所说的:"辩证法是一种学说,它研究对立面怎样才能够**同一**,是怎样(怎样成为)**同一**的——在什么条件下它们是相互转化而同一的……"② "主观地运用"则是不问条件,任意地虚构两个东西之间的联系,使它们统一起来,这就是折中主义;或者任意地使对立面无条件地转化,甚至把对立面等同起来,这就是诡辩。因此,列宁在《哲学笔记》中谈到辩证法的要素时,首先强调"观察的客观性"。列宁摘录了黑格尔的"要观察事物的本身"这句话后指出,"应当从事物的关系和它的发展去观察事物本身","事物本身中的矛盾性"③。列宁运用对立统一规律来分析20世纪初期时代的性质和战争的性质,为无产阶级革命斗争制定了正确的战略和策略,也为我们树立了客观地运用唯物辩证法的典范。当时列宁搜集和研究了世界各国政治、经济、技术、外交、殖民地问题等大量材料,做了20本摘录、札记、短评和表格的笔记,然后根据这些材料科学地分析了帝国主义内在矛盾,揭露了帝国主义本质,得出了"帝国主义是无产阶级社会革命的前夜"④ 和"社会主义不能在所有国家内同时获得胜利,它将首先在一个或者几个国家中获得胜利"⑤ 的结论,并制定了相应的无产阶级革命的战略和策略。后来十月社会主义革命的实践证实列宁的论断是正确的,它科学地反映了帝国主义的发展规律。

---

① 《列宁全集》第55卷,人民出版社1990年版,第91页。
② 《列宁全集》第55卷,人民出版社1990年版,第90页。
③ 《列宁全集》第55卷,人民出版社1990年版,第238页。
④ 《列宁选集》第2卷,人民出版社1995年版,第737页。
⑤ 《列宁选集》第2卷,人民出版社1995年版,第872页。

列宁关于主观地还是客观地运用辩证法的论点，不仅是他读黑格尔的《逻辑学》的体会，也是革命经验的总结，是针对考茨基、普列汉诺夫等人的主观主义态度说的。1914年世界大战爆发后，考茨基、普列汉诺夫等人都堕落成为社会沙文主义者，但他们却宣称他们的社会沙文主义观点是根据辩证法得出来的。他们把辩证法变成了折中主义和诡辩。例如考茨基不敢干脆否认战争的帝国主义性质，于是宣称战争既具有帝国主义性质，也具有民族性质，即对各国资产阶级说来，战争是帝国主义性质的，而对各国劳动人民来说，则是民族性质的；认为把战争说成是纯粹帝国主义性质的是非常荒谬的。他吹嘘自己的这个结论是辩证地援引了极为纷繁复杂的现实得出来的。列宁认为，这次战争中具有民族因素的只有塞尔维亚反对奥地利的战争，这对全欧的战争没有而且不可能有任何重要的意义。他说："毫无疑问，现实是极为纷繁复杂的，这是颠扑不破的真理！但同样毫无疑问的是，在这种极为纷繁复杂的现实中有两股主要的和根本的潮流：这场战争的客观内容是帝国主义的'政治的继续'，即'列强'的已经衰朽的资产阶级（和他们的政府）掠夺其他民族的'政治的继续'，而'主观的'占主导地位的思想则是为了愚弄群众而散布的'民族的'词句。"① 社会沙文主义者还有一种辩解，他们说战争最初是帝国主义性质的，开始以后就转化成为民族性质的了。对此，列宁指出，否认帝国主义战争与民族战争可以相互转化是错误的，但转化是有条件的，他说："马克思主义辩证法的基本原理是：自然界和社会中的一切界限都是有条件的和可变动的，没有**任何一种**现象不能在一定条件下转化为自己的对立面。"② "只有诡辩家才会以一种战争**可能**转化为另一种战争为理由，抹杀帝国主义战争和民族战争之间的差别。"③ 在这里列宁深刻地揭露了第二国际的社会沙文主义者由于主观地运用辩证法，把辩证法变成为折中主义和诡辩。

毛泽东同志在《矛盾论》中强调客观地运用辩证法。他指出："马克

---

① 《列宁选集》第2卷，人民出版社1995年版，第483—484页。
② 《列宁选集》第2卷，人民出版社1995年版，第693页。
③ 《列宁选集》第2卷，人民出版社1995年版，第693页。

思和恩格斯，同样地列宁和斯大林，他们对于应用辩证法到客观现象的研究的时候，总是指导人们不要带上任何的主观随意性，而必须从客观的实际运动所包含的具体的条件，去看出这些现象中的具体的矛盾，矛盾各方面的具体的地位以及矛盾的具体的相互关系。""一切矛盾都是客观存在的，我们的任务在于尽可能正确地反映它和解决它。"① 从民主革命以来，以毛泽东同志为代表的中国共产党人坚持客观地运用辩证法。他们具体分析了中国社会的阶级、阶级矛盾和阶级斗争，制定了中国共产党的革命纲领和路线，规定了武装斗争的道路和一系列方针、政策，领导全国人民取得了革命的胜利。而在我们党的历史上出现的机会主义路线总是同脱离实际的主观主义思想路线有关。在社会主义革命和建设时期，毛泽东同志十分强调辩证法对实际工作的重要意义，同时也强调要具体分析具体矛盾，具体解决具体矛盾。

但是，总结新中国成立30年来的经验，在如何运用辩证法的问题上，仍有不少教训值得汲取。我们痛切地感到，30年来，如果我们客观地运用辩证法，就能够对国内党内的形势作出符合实际的估计，制定和执行正确的路线、方针、政策，从而取得巨大的成就；反之，如果从某种一时的政治需要出发，主观地运用辩证法，就会对国内党内的形势作出错误的估计，就会犯"左"的或右的错误，造成我们事业的失败和挫折。

长期以来，把唯物辩证法加以主观运用的一个突出表现，就是离开了一切从实际出发，"具体分析具体情况"。1957年，全国人民怀着热爱党、热爱祖国的革命热情和搞好社会主义革命和建设的良好愿望，帮助党整风。人民群众对党和国家机关内存在的封建专制主义、家长制作风、官僚主义、特权思想表示强烈不满，提出了中肯的批评。本来，我们就应当正视这个事实，把反封建的任务摆在党和国家活动的应有地位，坚持不懈地为肃清封建遗毒而斗争。但是，相反的，我们却不能正视这样的基本事实，在"以阶级斗争为纲"的错误思想指导下，把辩证法加以主观的运用，主观地把人群分为左、中、右，并且任意地规定了一个百分比，从而

---

① 《毛泽东文集》第7卷，人民出版社1995年版，第242页。

使反右派斗争扩大化，严重地混淆了两类不同性质的矛盾，造成了严重的恶果。1958年，我们在经济工作的指导上违背了客观规律，离开了深入调查研究，一切经过试验的原则，犯了"瞎指挥"、"浮夸风"和"共产风"的错误，使我国国民经济遭受了严重的破坏。彭德怀同志面对当时的客观事实，向党中央领导同志提出了批评意见，表现了一个共产党员尊重唯物辩证法的马克思主义原则态度。但是，在反对所谓右倾机会主义的斗争中，为了掩盖经济工作指导上的错误，压制党内民主，再一次把辩证法加以主观地运用。当时不顾大量的全局性的客观事实，提出所谓区分主流和支流、九个指头和一个指头的"一分为二"观点，以此来批判敢于上书直言的彭德怀等同志所谓的主观唯心主义和形而上学的世界观，从而把唯物辩证法篡改为颠倒是非、混淆黑白的诡辩论。这就使我们不可能正确认识1958年在经济工作指导上所犯的错误，总结经验，接受教训，使当时"左"的错误及时得到纠正。"文化大革命"期间，封建遗毒恶性暴发，唯意志论达到疯狂的地步，无视新中国成立以来社会主义革命和社会主义建设取得的巨大胜利，对党内和国内形势作了违反实际的估计；而且完全从某种政治需要出发，随心所欲地在全党和全国进行一系列"切西瓜式"的所谓"一分为二"，提出在中国共产党内存在着无产阶级和资产阶级，革命路线和反革命修正主义路线，无产阶级司令部和资产阶级司令部，"革命"派和走资派，"造反"派和保皇派，并据此提出所谓无产阶级专政下继续革命的"理论"；把所谓走资派和反动学术权威作为这个"革命"的对象，把一大批党政军领导干部诬蔑为资产阶级司令部的代理人，统统打倒，从而变无产阶级专政为封建法西斯专政，给中国人民带来了深重的灾难。在这过程中，我们党坚持辩证唯物主义思想路线的优良传统被摧残殆尽。"四人帮"被粉碎后，在党中央的直接关怀和领导下，这个优良传统才逐步恢复起来。

把辩证法加以主观地运用在理论上的另一个突出表现，就是把唯物辩证法歪曲为"斗争哲学"。长期以来，把唯物辩证法的规律归结为一个规律，即对立统一规律，又把对立统一规律归结为一个"斗"字。什么是对立统一规律，它的具体内容是什么？列宁说："发展是对立面的'斗争'"，"发展是对立面的统一"，"对立面的统一是相对的，对立面的斗争是绝对的"。这就揭示了对立统一规律的基本内容。在对立面的统一和斗争中，列宁很重视对立面的统一，他说：辩证法是这样一种学说，它研究对立怎样能够是同一的，又怎样成为同一的。斯大林在讲辩证法的四个特征时，只讲对立面的斗争，不讲对立面的统一，这当然是片面的，不科学的。毛泽东同志曾经指出："对立面的这种斗争和统一，斯大林就联系不起来。"但是，多年来，我们比斯大林走得更远。林彪、"四人帮"为了他们的反革命政治需要，鼓吹所谓"斗争哲学"，只许讲斗争，不许讲统一，提出所谓"斗则进，不斗则退，不斗则垮，不斗则修"，把整个唯物辩证法仅仅归结为一个"斗"字。但是，更为严重的还在于对"斗争"这一概念的理解。列宁所说的"发展是对立面的'斗争'"，这个"斗争"是加引号的。它是哲学范畴，不是政治术语，这里所说的对立面的"斗争"，是指客观事物内部最普遍的辩证关系，即相互排斥、相互对立的趋向，它是一个具有最普遍意义的哲学范畴。它不仅表现于纷繁复杂的社会关系中（其中也包括阶级关系和阶级斗争），也表现于自然界各种事物内部的相互作用。斯大林不但不讲对立面的统一，强调对立面的斗争，而且把对立面的斗争归结为新东西与旧东西之间的斗争。这样，就把对立面的斗争的丰富内容简单化了。斯大林的这种观点在苏联和我国的政治生活中都产生了深远的影响。林彪、"四人帮"就利用了这一点，把它推向极端。他们不仅把对立面的"斗争"变成政治术语、政治口号，甚至提出了所谓"打翻在地，再踩上千万只脚，叫他永世不得翻身"这样极端野蛮的口号，把我国人民投入血腥的恐怖之中，造成灾难性的后果。

总之，唯物辩证法认为，事物就是矛盾，而任何矛盾以及矛盾运动的规律都是客观的，不以任何人的意志为转移的。所谓客观地运用唯物辩证法，就是坚持一切从实际出发，深入实际，调查研究，掌握全局性的材料，用"一分为二"的观点，具体分析对象自身中的矛盾，把握"事实的全部总和"，把握事物的内在联系，把握对立面转化的条件，在对立面的统一中把握对立面的斗争，从而揭示矛盾运动的客观规律，促成事物的发展，达到革命的目的。具体地说，就是列宁所说的"马克思在他所写的

《资本论》及各种历史和政治著作中实际运用的辩证法"，就是《资本论》中的逻辑，即从商品这个"普遍的存在"出发，把它当作社会关系来加以分析。这种分析是演绎和归纳的统一，逻辑和历史的统一，抽象和具体的统一，而且在每一步分析中，都坚持用事实即实践来进行检验。而所谓主观地运用辩证法，指的是口头上承认辩证法，但在实际运用时却违反辩证法的客观性，带上主观随意性，从主观意志或某种政治需要出发，脱离实际，不调查，不研究，离开了"事实的全部总和"，离开了事物的内在联系，随心所欲地抓住现实生活中的一些个别事实，对事物进行违反实际的所谓"一分为二"；离开了对立面的统一强调所谓对立面的斗争；不考虑具体条件，主观地规定事物的性质；离开了具体条件讲对立面的转化，抹杀事物质的区别，甚至颠倒是非，混淆黑白，从而陷入诡辩。具体地说，就是蒲鲁东那种"辩证法"，就是那种诡辩论，"分"和"斗"的哲学。这种"辩证法"与马克思主义唯物辩证法是根本对立的。列宁指出："我们始终是辩证论者，我们同诡辩论作斗争的方法……是在**某一事物**的环境和发展中对它进行具体分析。"① 因此，区别客观地运用辩证法和主观地运用辩证法最根本之点就在于：是否坚持一切从实际出发，全面地理解和把握对立统一规律，具体分析具体矛盾。

马克思主义哲学是无产阶级科学的世界观和方法论，唯物辩证法是无产阶级的"革命代数学"。新中国成立30年来，中国人民的伟大实践证明，不是马克思主义哲学不灵了，唯物辩证法不灵了，而是马克思主义哲学被主观地运用，唯物辩证法被主观地运用，从而造成了灾难性的后果。这就从反面证明了，马克思主义哲学及其理论体系中有决定意义的东西——唯物辩证法的科学性和真理性。历史辩证法是无情的，20多年来我们主观地运用辩证法所造成的灾难性的后果，正是历史辩证法对我们的惩罚。因此，为了实现四个现代化，我们一定要认真汲取这个教训，再不能把辩证法加以主观运用了。我们不能满足于仅仅在理论上掌握辩证法，还要坚持辩证唯物主义思想路线，客观地运用辩证法。

---

① 《列宁选集》第2卷，人民出版社1995年版，第693页。

《哲学笔记》注释[①]

辩证法的要素（简介）

列宁的《辩证法的要素》十六条写于1914年，是列宁的重要哲学著作《黑格尔〈逻辑学〉一书摘要》中的一部分。它是列宁研究黑格尔的《逻辑学》中的辩证法的总结，也是列宁当时反对第二国际修正主义的诡辩论的初步总结，同时又成为列宁反对第二国际修正主义的诡辩论的锐利武器。

辩证法要素十六条是列宁读到黑格尔《逻辑学》的最后一个范畴"绝对观念"时提出来的，比较全面地列举了辩证法的要素。这些要素列宁在前面的摘要和评语中都提出来过，到这里才加以一一列举。但是列宁还没有对这些要素加以系统地整理、安排，使之形成完整的体系。这十六条可以按问题性质大致合并为五个部分：

一、辩证法的客观性（第一条）
二、辩证法的两条基本原则
　　（一）普遍联系原则（第二、八条）
　　（二）自己运动原则（第三条）

[①] 《〈哲学笔记〉注释》一书中"二、辩证法的要素（简介）"、"八、谈辩证法问题（简介和注释）"两部分由黄枬森撰写。全书由黄枬森主编，北京大学出版社1981年12月出版。为阅读方便，编选时把"二"、"八"删除。

三、对立统一规律及其表现
  （一）对立统一规律
    1. 一切事物都包含着内在矛盾（第四条）
    2. 对立面的相互依存（第五条）
    3. 对立面的相互转化（第九条）
    4. 对立面的斗争（第六条）
  （二）量转化为质和质转化为量（第十六条）
  （三）否定的否定（第十三、十四条）
  （四）内容与形式的辩证关系（第十五条）

四、认识的辩证法
  （一）认识过程是分析与综合相结合的过程（第七条）
  （二）认识过程是从不知到知，从少知到多知的无限过程（第十条）
  （三）认识是从现象到本质的无限过程（第十一条）
  （四）认识过程中范畴的发展与转化（第十二条）

五、对立统一规律是辩证法的核心。

下面按照这一安排分为十个问题加以简单介绍。

一、辩证法的客观性（第一条）

第一条　观察的客观性（不是实例，不是枝节之论，而是自在之物本身）

这一条说明：马克思主义辩证法是客观辩证法的反映，马克思主义辩证法是和唯物主义统一的，是和唯心主义辩证法对立的；要贯彻观察的客观性，必须掌握事物的本质、全体，即自在之物本身，而诡辩论只抓住事物的表面现象和枝节。

列宁所说的"观察的客观性"是指由于辩证法是客观的，所以我们要客观地应用辩证法，要研究事物的客观的辩证联系和辩证运动。列宁曾多次谈到过这一思想。列宁说，"逻辑和认识论应当从'全部自然生活和精神生活的发展'中引申出来"①，"事物的辩证法创造观念的辩证法，而不

---

① 列宁：《哲学笔记》，人民出版社1974年版，第84页。

是相反"①，都是指辩证法的客观性。因此列宁指出，主观地运用概念的灵活性是折中主义和诡辩，而马克思主义强调客观地运用。② 马克思主义关于辩证法的客观性的观点说明辩证法不能离开唯物主义，马克思主义辩证法就是唯物辩证法，是和黑格尔的唯心辩证法根本对立的。马克思就明确地指出过这种对立："我的辩证方法，从根本上来说，不仅和黑格尔的辩证方法不同，而且和它截然相反。在黑格尔看来，思维过程，即他称为观念而甚至把它转化为独立主体的思维过程，是现实事物的创造主，而现实事物只是思维过程的外部表现。我的看法则相反，观念的东西不外是移入人的头脑并在人的头脑中改造过的物质的东西而已。"③ 因此，我们观察客观事物时一定要贯彻客观性原则，要深入实际，调查研究，从实际材料出发，而不能从主观臆想出发。只有这样才能发现事物的辩证法，正确地应用辩证法。但是要怎样才能做到这一点呢？怎样才能真正贯彻观察客观性的原则呢？列宁在括号中针对第二国际修正主义的诡辩论回答了这一问题："不是实例，不是枝节之论，而是自在之物本身。"

第二国际机会主义的头目们为了替本国资产阶级政府的战争政策辩护，就是以枝节之论来冒充辩证法，把本国政府所从事的掠夺战争说成是正义战争，宣扬"保卫祖国"的沙文主义口号。考茨基认为第一次世界大战不仅具有帝国主义战争的性质，而且具有民族战争的性质，并说自己的这个结论是"辩证地"援引了"极为纷繁复杂的现实"而得出来的。而普列汉诺夫则认为，德奥是战争的"祸首"，所以俄国是反抗侵略的，是正义的。似乎他们都是很客观的，是从事实出发的。然而，事实上他们是抓住了一些零星的个别的材料，加以夸大，而掩盖了事物的本质。这是枝节之论，是诡辩，而绝不是观察的客观性。

列宁指出："能够证明战争的真实社会性质，确切些说，证明战争的真实阶级性质的，自然不是战争的外交史，而是对所有交战大国统治阶级的客观情况的分析。为了说明这种客观情况，应当利用的，不是一些例子

---

① 列宁：《哲学笔记》，人民出版社1974年版，第210页。
② 列宁：《哲学笔记》，人民出版社1974年版，第112页。
③ 《马克思恩格斯选集》第2卷，人民出版社1995年版，第111页。

和个别的材料（社会生活现象极其复杂，随时都可以找到任何数量的例子或个别的材料来证实任何一个论点），而必须是关于所有交战大国和全世界的经济生活基础的材料的总和。"① 列宁还指出："在社会现象领域，没有哪种方法比胡乱抽出一些个别事实和玩弄实例更普遍、更站不住脚的了。挑选任何例子是毫不费劲的，但这没有任何意义，或者有纯粹消极的意义，因为问题完全在于，每一个别情况都有其具体的历史环境。如果从事实的整体上、从它们的联系中去掌握事实，那么，事实不仅是'顽强的东西'，而且是绝对确凿的证据。如果不是从整体上、不是从联系中去掌握事实，如果事实是零碎的和随意挑出来的，那么它们就只能是一种儿戏，或者连儿戏也不如。"② 只有这种本质的全局性的东西才是"自在之物本身"，才不是枝节，才不是单纯的实例。

列宁把观察的客观性列为辩证法要素的第一条并对此作了深刻的解释是很有意义的。这一条教导我们要坚持辩证法的客观性，而只有运用辩证法去揭露事物的本质和全局，才能贯彻客观性的原则。

二、普遍联系原则（第二、八条）

第二条 这个事物对其他事物的多种多样的关系的全部总和。

第八条 每个事物（现象等等）的关系不仅是多种多样的，并且是一般的、普遍的。每个事物（现象、过程等等）是和其他的每个事物联系着的。

这两条合在一起说明辩证法的一条基本原则——普遍联系的原则。列宁曾明确指出辩证法有两个原则："发展原则"和"统一原则"③。统一原则就是普遍联系原则，它表明自然界、思维、物质、运动等等都处于普遍联系之中，形成一个相互制约的统一的整体。列宁在这两条的旁边都划上"X"，以示这两条内容是紧密联系着的。

列宁在这两条中说明的普遍联系原则包含这样几点思想：（1）一个事物与其他事物之间有着多种多样的关系；（2）在这些多种多样的关系中要

---

① 《列宁全集》第27卷，人民出版社1990年版，第326页。
② 《列宁全集》第28卷，人民出版社1991年版，第364页。
③ 列宁：《哲学笔记》，人民出版社1974年版，第280页。

区别出一般的普遍的关系，即本质的必然的内在的联系；（3）任何事物与其他一切事物通过直接的或间接的联系而形成一个统一的整体。

整个人类的实践和科学的发展都向我们指明，任何事物的存在和发展绝不是孤立的，而是以其他事物为条件，与其他事物处于多种多样的关系中，只有掌握了这些关系的全部总和，我们才能理解这一事物的存在和发展。列宁进一步指出，不仅要看到这些关系，而且要看到其中的一般的普遍的关系，即内在的本质的必然的联系，辩证法主要地就是要掌握这种联系。

自然界和人类社会中的每一事物都不仅同其他某些事物处于这种复杂的关系中，而且同其他任何事物都处于这种关系中。当然，并不是每一事物同其他一切事物之间都有着直接的关系，但总是有着间接的关系或间接而又间接的关系。整个宇宙中的事事物物就是通过这种直接或间接的关系而形成一个统一的整体。整个宇宙就是由其中一切事物之间的复杂关系构成的一个普遍联系的画面。科学的任务就在于具体地揭露事物之间的一般的普遍的本质的必然的联系。

列宁在《黑格尔〈逻辑学〉一书摘要》中曾多次阐发过普遍联系的原则。一开头，列宁就指出过："一切都是互为中介，连成一体，通过转化而联系的。"① 后来，在读到黑格尔的关于普遍联系的合理思想时，列宁指出："万物之间的世界性的、全面的、活生生的联系，以及这种联系在人的概念中的反映——唯物地颠倒过来的黑格尔。"② 列宁还从世界的普遍联系得出了认识论的结论："真理是全面的。"③ 列宁认为概念是客观世界的反映，世界的普遍联系反映在人脑中就是概念的普遍联系，"每一概念都处在和其余一切概念的一定关系中、一定联系中"④，只有从联系中才能掌握真理。因此，列宁指出："真理就是由现象、现实的一切方面的总和以及它们的（相互）关系构成的。"⑤

---

① 列宁：《哲学笔记》，人民出版社1974年版，第103页。
② 列宁：《哲学笔记》，人民出版社1974年版，第153页。
③ 列宁：《哲学笔记》，人民出版社1974年版，第212页。
④ 列宁：《哲学笔记》，人民出版社1974年版，第210页。
⑤ 列宁：《哲学笔记》，人民出版社1974年版，第210页。

形而上学孤立地片面地看问题，否认事物之间的普遍联系，或者只承认偶然的次要的联系而否认必然的本质的联系，而诡辩论则玩弄普遍联系原则，便在没有直接联系的事物之间捏造出一些"联系"来，或者把主要联系说成次要联系，把次要联系说成主要联系。哲学史上曾经有过这种观点："如果一粒微尘被破坏了，整个宇宙就会崩溃。"黑格尔批评了这个观点，说它不过是一句同语反复，因为它夸大一粒微尘同整个宇宙的联系，而实际上是把整个宇宙等同于一粒微尘了。黑格尔的批评是正确的，列宁曾摘录过黑格尔的批评①。这是玩弄普遍联系原则的一个例子。考茨基为了掩盖第一次世界大战的帝国主义性质，硬把俄国革命同大战联系起来，认为俄国革命是大战的原因。这种玩弄普遍联系原则的做法是地道的诡辩论。

三、自己运动原则（第三条）

第三条　这个事物（或现象）的发展、它自身的运动、它自身的生命。

这一条是讲辩证法的另一条基本原则，即发展原则。这一条说明：（1）一切事物都是运动、变化、发展着的；（2）事物的运动是自己的运动，即有着内在的源泉和动力。至于运动的源泉是什么，列宁在第四条里作了回答。

形而上学否认事物的运动、变化、发展，或者只承认机械的运动、数量的增减，而否认旧东西的死亡和新东西的产生。"天不变，道亦不变"，"太阳底下无新事"，都是典型的形而上学观点。唯物辩证法根据人类实践和科学所提供的大量事实，肯定整个宇宙和每一事物都处于不断的运动、变化、发展中，整个宇宙是一个过程，各式各样的物体、动物和植物、人类社会都是物质发展的产物，这个过程是无限的、没有止境的。不仅如此，事物的运动都是自己的运动，都有着自己的内在的原因，即使是由外力推动的机械运动，也有着内在的原因，因此，事物的运动总是自己运动。当然，事物的运动离不开与其他事物的关系，但其根本原因毕竟在内

---

① 列宁：《哲学笔记》，人民出版社1974年版，第106页。

而不在外。

"自己运动"是黑格尔关于发展的动因的一个合理猜测，列宁在《哲学笔记》里关于黑格尔的"自己运动"的思想作了许多摘录和评论。例如黑格尔说："矛盾是在其本质规定中的否定的东西，它是一切自己运动的原则，而自己运动就是矛盾的表现。"① "抽象的自我同一，还不是生命力，但因为肯定的东西在自身中就具有否定性，所以它可以超越自身之外，并引起自己的变化。可见某物之所以是有生命的，只是因为它本身包含着矛盾……"② 列宁在这几段话的下面写道："运动和'自己运动'（这一点要注意！自生的〈独立的〉、天然的、内在必然的运动），'变化'，'运动和生命力'，'一切自己运动的原则'，'运动'和'活动'的'冲力'——'僵死存在'的对立面，——谁会相信这就是'黑格尔主义'的实质、抽象的和 abstrusen（晦涩的、荒谬的）黑格尔主义的实质呢？必须揭发、理解、拯救、解脱、清洗这种实质，马克思和恩格斯就做到了这一点。"③

从这一段引文可以看出，列宁十分重视黑格尔关于自己运动的思想，认为它是"黑格尔主义"的实质。由于唯心主义体系的束缚，在黑格尔那里，事物的自己运动被看作"绝对观念"的"自己运动"，因而"自己运动"的思想在黑格尔那里是被神秘化了，必须"揭发、理解、拯救、解脱、清洗"这一思想，用唯物主义观点改造黑格尔的辩证法，吸取其"合理内核"，才能使辩证法成为"革命的、批判的"，而马克思、恩格斯正是这样做的，列宁也是这样做的。

诡辩论不是像形而上学那样直接地公开地反对辩证法的发展原则，而是玩弄发展原则，以达其否认发展原则的目的。辩证法强调事物的发展时，并不否认事物的相对的静止，哲学史上的诡辩论则把发展夸大到否认相对静止的地步。古希腊素朴辩证法家赫拉克利特有一句名言："人不可能两次进入同一条河流。"而他的学生克拉底鲁则认为"连一次也不可

---

① 列宁：《哲学笔记》，人民出版社 1974 年版，第 146 页。
② 列宁：《哲学笔记》，人民出版社 1974 年版，第 146—147 页。
③ 列宁：《哲学笔记》，人民出版社 1974 年版，第 147 页。

能",列宁指出,"这位克拉底鲁把赫拉克利特的辩证法弄成了诡辩"①,这就是玩弄辩证法的一个例子。在辩证法看来,河流是不断变化着的;在克拉底鲁看来,河流的变化成了转瞬即逝、不可捉摸的东西,当然也就无所谓河流的变化了。列宁批判第二国际修正主义者的诡辩论时说:"只有诡辩家才会以一种战争可能转化为另一种战争为理由,抹杀帝国主义战争和民族战争之间的差别。辩证法曾不止一次地被用作通向诡辩法的桥梁。"② 列宁在这里所说的情况就包括克拉底鲁的例子。

四、对立统一规律（第四、五、六、九条）

第四条　这个事物中的内在矛盾的倾向（和方面）。

第五条　事物（现象等等）是对立面的总和与统一。

第九条　不仅是对立面的统一，而且是每个规定、质、特征、方面、特性向每个他者（向自己的对立面）的转化。

第六条　这些对立面、矛盾的趋向等等的斗争或展开。

这四条说明了对立统一规律的内容。这四条包含了这样一些思想：（1）一切事物中都存在着内在矛盾；（2）矛盾双方在一定条件下相互依存于一个统一体中；（3）矛盾双方在一定条件下可以相互转化；（4）矛盾双方的斗争引起矛盾的展开或发展。

列宁在第三条中指明事物的运动是自己运动，有着内在的源泉，而第四条则指明运动的内在源泉就是事物的内在矛盾。自己运动的思想和内在矛盾的思想是密切不可分的。

内在矛盾的思想是黑格尔的一个合理思想，列宁在许多地方都摘录了黑格尔的这一思想，并对它进行了唯物主义的改造。列宁所摘录的黑格尔的一些话："差别的内在的发生"③，"内在的否定性"④，"一切事物在其自身中都是矛盾的"⑤，指的都是内在矛盾。第四条正是列宁提出的对这一

---

① 列宁:《哲学笔记》，人民出版社1974年版，第390页。
② 《列宁全集》第28卷，人民出版社1991年版，第5页。
③ 列宁:《哲学笔记》，人民出版社1974年版，第95页。
④ 列宁:《哲学笔记》，人民出版社1974年版，第97页。
⑤ 列宁:《哲学笔记》，人民出版社1974年版，第144页。

思想的唯物主义的表述，后来在《谈谈辩证法问题》中列宁又作了"统一物之分为两个部分"这样的表述，并用科学事实作了论证。

形而上学否认矛盾存在，最多承认外部的对立，而对于内部矛盾则死不承认。列宁曾经摘引黑格尔嘲笑形而上学取消矛盾的一段话："通常对事物所抱的温情态度，只关心如何使事物不自相矛盾，却常常忘记，这种办法是解决不了矛盾的……"① 列宁在这一段话之后加上批语："这种讽刺真妙！（庸俗之辈）对自然界和历史'抱温情态度'，就是企图从自然界和历史中清除矛盾和斗争……"② 列宁所说的庸俗之辈就是指第二国际修正主义者，他们竭力掩盖当时的社会矛盾，企图调和阶级矛盾。他们对内主张无产阶级和资产阶级共同"保卫祖国"，对外主张帝国主义各国"放弃"争夺殖民地的战争政策，组织起来，共同剥削世界，实现没有帝国主义战争的"超帝国主义"政策。

第五、九条合起来说明对立面的相互依存和相互转化。关于这个问题，列宁有一个著名论断："辩证法是一种学说，它研究对立面怎样才能够同一，是怎样（怎样成为）同一的——在什么条件下它们是同一的、是相互转化的，——为什么人的头脑不应该把这些对立面当作僵死的、凝固的东西，而应该当作活生生的、有条件的、活动的、互相转化的东西。"③ 列宁在《哲学笔记》里曾摘录了黑格尔的一些话来说明对立面的相互依存："有许多极平凡的例子，如上和下、左和右、父亲和儿子等等以至无穷，其中每个规定都包含着对立面。上就是非下，上的规定在于它不是下，有上就是因为有下，反过来也是一样；在每一个规定中包含着它的对立面……同时每一个规定所以存在只是由于它同另一方发生关系。它们的存在是统一的存在……"④ 黑格尔谈到连续性和非连续性的相互依存时说："这两个规定，如果单独来看，没有一个是真的，只有二者的统一才是真的。"⑤ 列宁认为这是"真正的辩证法"。列宁用黑格尔的这些话说明，客

---

① 列宁：《哲学笔记》，人民出版社1974年版，第141页。
② 列宁：《哲学笔记》，人民出版社1974年版，第141页。
③ 列宁：《哲学笔记》，人民出版社1974年版，第111页。
④ 列宁：《哲学笔记》，人民出版社1974年版，第148页。
⑤ 列宁：《哲学笔记》，人民出版社1974年版，第119页。

观事物中相互对立、排斥的双方，各以对方的存在作为自己存在的前提，相互依存于一个统一体中，矛盾双方的性质和特点由双方相互规定。列宁指出，并非任何两个事物或方面都是相互依存的，相互依存是有条件的。

　　第九条指出，对立面不仅是相互依存的，而且是相互转化的。对立面相互转化的观点是辩证法的一个极端重要的观点。所谓发展，就是向对立面的转化，即从旧事物向新事物的转化，没有转化就没有发展。在《哲学笔记》中，列宁经常谈到转化。他曾指出："一般说来，辩证法就在于否定第一个论点，用第二个论点去代替它（就在于前者转化为后者，在于指出前者和后者之间的联系等等）。"① 在这里，第一个论点代表旧事物，第二个论点代表新事物，转化就是旧事物让位于新事物。第九条指出了转化的复杂情况。不仅存在着旧事物向新事物的转化，而且存在着一个事物的某个特征、规定等向这个特征、规定的他者（即对立面）的转化。当然，旧事物向着新事物的转化必然伴随着一系列特征、规定等向新的特征、规定的转化。然而某些特征、规定向新的特征、规定的转化却不一定意味着整个事物的转化。所以从半封建半殖民地的中国向社会主义的转化必然伴随着一系列特征、规定如生产力、生产关系、政权、意识形态、社会道德、风俗习惯等等方面的转化；而在1919年以后的旧中国，某些方面虽已发生转化（如马克思主义的传播、党的成立及壮大、红色政权的出现、人民军队的产生等等），但整个中国暂时仍然是旧中国。列宁还曾指出，对立面的相互转化是有条件的，不是任意的，当条件不具备时就不能实现转化。

　　形而上学否认对立面的同一性，而诡辩论则主观地应用同一性，玩弄和歪曲同一性。列宁指出："概念的全面的、普遍的灵活性，达到了对立面同一的灵活性，——这就是实质所在。主观地运用的这种灵活性＝折中主义与诡辩。客观地运用的灵活性，即反映物质过程的全面性及其统一的灵活性，就是辩证法，就是世界的永恒发展的正确反映。"② 列宁这里所说的主观的运用就是不管客观条件而随意地主观主义地玩弄和歪曲对立面的

---

① 列宁：《哲学笔记》，人民出版社1974年版，第244页。
② 列宁：《哲学笔记》，人民出版社1974年版，第112页。

同一性，而客观的运用则是如实地反映客观存在着的对立面的同一性，弄清楚同一性的条件。列宁的这些话不仅概括了哲学史的发展，也总结了当时反修斗争的经验。第二国际修正主义者关于战争性质的谬论就是由于主观地运用对立面同一的灵活性而陷入折中主义和诡辩论的活标本。前面我们已经谈到过考茨基之流在战争性质问题上的诡辩，他们脱离实际条件而侈谈从帝国主义战争到民族战争的转化，他们也是在战争性质问题上大搞折中主义，认为第一次世界大战既具有帝国主义性质，又具有民族性质，对于统治阶级来说是帝国主义性质的，对于人民群众来说又是民族性质的。对于这种不分主要方面与次要方面的折中主义，列宁曾进行了无情的驳斥，指出：''在这次战争中具有民族因素的只有塞尔维亚反对奥地利的战争''，但是，''马克思的辩证法，作为关于发展的科学方法的最高成就，恰恰不容许对事物作孤立的即片面的和歪曲的考察。塞奥战争这一民族因素对这场欧洲大战是没有而且也不可能有任何重要意义的''。列宁进一步指出，在纷繁复杂的现实中必须掌握其''根本的主流''，第一次世界大战中的''根本的主流''就是帝国主义政策。①

矛盾的双方之间不仅有同一性，而且有斗争性。如果对立只有相互依存而无斗争，就不会有矛盾的发展，也不会有对立面的相互转化。列宁在第六条中就指明了矛盾的斗争性这一方面。列宁说对立面的''斗争或展开''，就是把斗争了解为矛盾的展开，没有斗争，矛盾就不能展开，即不能发展、不能解决，新事物就不能代替旧事物。

五、量转化为质和质转化为量（第十六条）

第十六条　从量到质和从质到量的转化（第十五、十六条是第九条的实例）

这一条讲事物的发展是从量变到质变的过程，即量和质相互转化的过程。第九条讲对立面的相互转化，因此，列宁认为这一条是第九条的例证，换言之，即对立统一规律的一种表现。

任何事物都具有''质''和''量''两个方面，一事物的质指事物的本

---

① 《列宁全集》第26卷，人民出版社1990年版，第323、252页。

质，是由事物内部的特殊矛盾所决定的。一事物的量是指事物的大小、多少、发展规模、运动速度等等数量特征。形而上学把量和质绝对对立起来，认为量与质无关，量的变化不影响质，质的变化不影响量。马克思、恩格斯、列宁批判地吸收了黑格尔关于质和量的辩证统一的思想，指出质和量可以互相转化。事物的质与量是对立统一的，任何"质"都具有一定的"量"，任何"量"都具有一定的"质"，任何事物都具有一定的量的界限，而质又制约着量。固然，在一定的界限内，量的变化不引起质的变化，但超出一定界限，量就转化为质，即量变引起质变。质变总是由量变引起的。质也不是与量无关的，质变的结果是新质的产生，新质产生新的量、新的量变，于是质又转化为量。例如手工业的发展最初只是工具数目的增加、工具的改进等，这种量变的结果产生新的质——机器工业。机器工业具有的量不同于手工业的量，它的生产率、生产的规模、资金等等，都大大超过手工业。机器工业又在这样的基础上发生量变。又如社会主义新中国的出现，是半封建、半殖民地旧中国长期量变的结果，而新中国一旦出现，它就具有与旧中国大大不同的量，它的经济发展的速度、军事力量、国际地位等等都大大超过了旧中国。这就是质与量的相互转化。

量和质的相互转化，也就是旧质的消灭和新质的产生的过程，列宁在《哲学笔记》的其他地方把事物的量变阶段称为"渐进性"、"进化"，把质变阶段称为"飞跃"、"渐进过程的中断"、"革命"。列宁十分重视发展过程中的飞跃，曾指出："辩证的转化和非辩证的转化的区别在哪里呢？在于飞跃，在于矛盾性，在于渐进过程的中断，在于存在和非存在的统一（同一）。"①

新老修正主义者阉割马克思主义辩证法的革命灵魂，他们只是抽象地承认发展，但是否定发展是向对立面的转化、是飞跃、是质变、是革命。正如列宁指出的，他们是用"用'简单的'（和平静的）'演进'去代替'狡猾的'（和革命的）辩证法"②。他们是以庸俗进化论去代替革命的辩证法。同时，我们也不能忽视量变在发展过程中的作用。没有量变也就没

---

① 列宁：《哲学笔记》，人民出版社1974年版，第314页。
② 《列宁全集》第17卷，人民出版社1988年版，第13页。

有质变，为了实现革命的变革，我们要进行持久的艰苦细致的工作，反对打无准备之仗，反对"左"倾冒险主义。

六、否定的否定（第十三、十四条）

第十三条　在高级阶段上重复低级阶段的某些特征、特性等等，并且

第十四条　仿佛是向旧东西的回复（否定的否定）。

这两条讲事物的发展是否定的否定的过程，即事物发展的螺旋式过程或循环往复中的前进过程。这样的发展过程也是对立统一规律的表现。

辩证法所说的否定指新事物对旧事物的否定，即旧事物转化为新事物，而不是对旧事物的简单消灭、全盘抛弃。黑格尔把辩证的否定叫作"扬弃"，即"既被克服又被保存"，恩格斯在《反杜林论》中肯定这一思想，指出："否定不是简单地说不，或宣布某一事物不存在，或用任何一种方法把它消灭。"① 而是既克服旧事物，又保留旧事物中有益于新事物的积极的成果，只有这样，才谈得上事物的进一步发展。列宁在《哲学笔记》中也表述过同样的思想，例如列宁曾指出："扬弃＝结束＝保持（同时保存）。"② 又说："辩证法的特征的和本质的东西并不是单纯的否定，并不是任意的否定，并不是怀疑的否定、动摇、疑惑（当然，辩证法自身包含着否定的因素，并且这是它的最重要的因素），并不是这些，而是作为联系环节、作为发展环节的否定，是保持肯定的东西的，即没有任何动摇、没有任何折中的否定。"③

辩证否定的原理对于我们处理问题、执行政策都有着重大的实际意义。辩证否定告诉我们否定旧事物不应该是单纯的否定，而应该是辩证的否定，例如我们对待祖国文化遗产所抱的态度就应当是分清"精华"和"糟粕"两个部分，取其精华，去其糟粕，而那种不加分析地否定一切的虚无主义态度或肯定一切的复古主义态度都是错误的。

辩证法所说的否定的否定是说明事物的发展过程是一个反复的过程，是前进性和反复性的统一。黑格尔采用了形式主义的三分法（正、反、

---

① 《马克思恩格斯选集》第3卷，人民出版社1995年版，第484页。
② 列宁：《哲学笔记》，人民出版社1974年版，第108—109页。
③ 列宁：《哲学笔记》，人民出版社1974年版，第244页。

合）来表述否定的否定，列宁在《哲学笔记》中批评了这种形式主义，并把否定的否定比作一串圆圈、螺旋式曲线。列宁在这里指出，在高级阶段上重复低级阶段的某些特征、特性，仿佛向旧东西的回复，都是说明否定的否定不是简单的回复，而是在更高阶段上的回复，既有前进，也有重复。为什么在发展的高级阶段会有重复呢？因为事物的发展是由对立面的统一和斗争推动的。事物通过第一次否定，矛盾主要方面和次要方面易位，这时否定的方面所具有的某些特征、特性占据主导地位。通过第二次否定后，则与第一次否定时相反的某些特征、特性又占据了事物的主导方面，因此，事物在这一阶段表现为仿佛向旧东西的回复。列宁曾经指出否定的否定和对立统一规律的直接联系："一般说来，运动和生成可以不重复、不回到出发点，在这样的情况下，这种运动就不是'对立面的同一'。但是，无论天体运动，或机械运动（地球上的），或动植物和人的生命——他们都不仅把运动的观念，而且正是把回到出发点的运动即辩证运动的观念灌输到人类的头脑中。"①

七、内容与形式的辩证关系（第十五条）

第十五条　内容和形式以及形式和内容的斗争。抛弃形式，改造内容。

这一条讲内容与形式的辩证关系。

内容与形式是事物的两个方面，内容是事物的内在本质，形式是事物的外部表现。内容和形式之间有着对立统一的辩证关系。内容决定形式，形式表现内容，彼此是密切联系着的，没有无内容的形式，也没有离开形式的内容。例如生产力是内容，生产关系是形式；生产关系即经济基础是内容，上层建筑是形式；国体是内容，政体是形式；无产阶级专政是内容，中华人民共和国是形式；社会生活是内容，文学、戏剧、美术、音乐是形式；政治任务是内容，组织形式、斗争方式是形式等等。

当形式适合内容的时候，它就推动内容的发展，但这种"适合"只能是基本上适合，不会是绝对地适合，其中仍然存在着矛盾，存在着斗争。

---

① 列宁：《哲学笔记》，人民出版社1974年版，第389—390页。

形而上学观点认为形式与内容只是在不适合时才产生矛盾，而当它们相互适合时就是没有矛盾的，这种说法是错误的。形式和内容之间始终存在着矛盾，而当形式不适合内容时，矛盾就更加尖锐起来，有矛盾就有斗争，所以列宁说：内容和形式的斗争以及形式和内容的斗争。

当事物的内容进一步发展时，便会与形式不相适应，形式就落后于内容，成为事物发展的障碍。发展壮大了的新的内容要求改变旧形式，建立适合自身的新形式以代替旧形式。新形式的建立意味着矛盾的解决，意味着建立起新形式和新内容的对立统一关系，新形式将促进、推动新内容的进一步改造和发展，所以列宁说："抛弃形式、改造内容。"从这种形式和内容之间的关系可以看出，形式虽然是由内容决定的，但它绝不是消极的，无所作为的，与内容的发展无关的。它对于内容基本上适合或者基本上不适合、对内容的发展起着巨大的推动作用或阻碍作用。例如生产力与生产关系，前者是内容，后者是形式，前者是矛盾的主要方面，后者是矛盾的次要方面。当生产关系适合生产力的时候，它能推动生产力的发展，但是当生产关系不适合生产力的时候，它就束缚生产力的发展，例如当自由资本主义发展到帝国主义阶段时，生产关系便成为生产力发展的严重障碍，就要求改变旧的生产关系。因此列宁指出帝国主义是无产阶级革命的前夜，这时无产阶级就应当用暴力打碎旧的国家机器，建立新型的社会主义的生产关系，这就是抛弃形式的过程。当新型社会主义生产关系建立以后，表现出对生产力的巨大推动和改造作用，这就是生产关系对生产力的反作用，这就是改造内容的过程。

由于形式对内容的密切关系和巨大作用，在实际斗争中，我们决不可以轻视形式，但是片面强调形式，忽视内容的形式主义，也是应该反对的。

八、分析和综合（第七条）

第七条　分析和综合的结合，——各个部分的分解和所有这些部分的总和、总计。

这一条是讲认识过程中分析与综合的方法，它是对立统一规律在认识过程中的表现。

分析就是把事物分解为它的要素、部分和方面，而综合则是把事物的要素、部分和方面联系起来作为一个整体加以掌握。正如恩格斯在《反杜林论》一书中指出的："思维既把相互联系的要素联合为一个统一体，同样也把意识的对象分解为它们的要素，没有分析，就没有综合。"① 只有经过分析和综合，只有像列宁所说的那样，把分析和综合结合起来，我们对一个事物才能有正确而全面的认识。

对事物进行分析和综合的研究主要是对矛盾进行分析和综合的研究。毛泽东同志指出，分析就是分析矛盾，综合就是指明矛盾的性质，给以解决的办法："什么叫问题？问题就是事物的矛盾……要解决问题，还须作系统的周密的调查工作和研究工作，这就是分析的过程……常常问题是提出了，但还不能解决，就是因为还没有暴露事物的内部联系，就是因为还没有经过这种系统的周密的分析过程，因而问题的面貌还不明晰，还不能做综合工作，也就不能好好地解决问题。一篇文章或一篇演说，如果是重要的带指导性质的，总得要提出一个什么问题，接着加以分析，然后综合起来，指明问题的性质，给以解决的办法，这样，就不是形式主义的方法所能济事。"② 后来他又明确指出："分析的方法就是辩证的方法。所谓分析，就是分析事物的矛盾。"③ 马克思的《资本论》、列宁的《帝国主义是资本主义的最高阶段》、毛泽东同志的《新民主主义论》、《关于正确处理人民内部矛盾的问题》以及他们的其他著作都是对某一事物的矛盾进行分析和综合的典范。例如毛泽东同志在《论持久战》中应用对立统一规律对中日战争这一现象进行了分析和综合。他分析了矛盾双方的本质特点，日本的军力、经济力和政治组织力是强的，但其战争是退步的、野蛮的，人力、物力又不充足，国际形势又处于不利。中国反是，军力、经济力和政治组织力是比较弱的，然而正处于进步的时代，其战争是进步的和正义的，又有大国这个条件足以支持持久战，世界多数国家是会援助中国的。然后毛泽东同志就"依据全部敌我对比的基本因素"，进行综合，得出正

---

① 《马克思恩格斯选集》第3卷，人民出版社1995年版，第381页。
② 《毛泽东选集》第3卷，人民出版社1995年版，第839页。
③ 《毛泽东文集》第7卷，人民出版社1999年版，第277页。

确的结论：抗日战争是持久的，最后胜利是属于中国的。这就是对于抗日战争的全面的本质的认识，这个认识不经过对中日矛盾双方的分析和综合，是不能得到的。

从一定的意义上说，分析和综合的过程就是认识从具体到抽象和从抽象到具体、从个别到一般和从一般到个别的过程，而且分析和综合在认识过程中是反复地交错地进行的。只有经过分析和综合的不断反复，我们才能对事物有一个全面的本质的认识。因此列宁在辩证法要素十六条中，在谈到认识的辩证法时，把分析和综合的结合放在重要的地位。怎样才能够正确地分析和综合呢？毛泽东同志指出，必须详细地占有材料，做系统的周密的调查研究，抱实事求是的辩证唯物主义态度，在马克思列宁主义一般原理的指导之下，从客观实际中引出其固有的规律性，作为行动的向导。

社会历史领域的阶级分析法就是矛盾的分析和综合方法的运用。例如在半封建半殖民地的旧中国要分清谁是革命的动力，谁是革命的对象，谁是敌人，谁是朋友，首先必须对社会矛盾的各个侧面，即每个阶级所处的社会经济地位以及它们对革命的态度作科学的分析，然后把分析的结果综合起来从矛盾的相互关系的整体上去认清矛盾的性质，制定中国革命的路线、纲领和政策，确定中国革命依靠谁、团结谁、反对谁。

分析与综合是对立统一的、不能割裂的一对范畴，正确的分析是正确的综合的基础和前提，而正确的综合是正确的分析的完成。如果不对各个部分作分别的研究，就不可能作出正确的综合；如果不进行综合，分析的结果也只能是一些片面的零散的认识。恩格斯指出："……分析和综合……是必然相互联系着的"，要"注意它们的相互联系、它们的相互补充"。① 只有把分析与综合结合起来，既看到矛盾各个侧面的特殊性，又能从矛盾相互联系的总体上去把握事物，才能认清事物的本质、规律和趋向。所以列宁说："分析和综合的结合，——各个部分的分解和所有这些部分的总和、总计。"②

---

① 《马克思恩格斯选集》第3卷，人民出版社1995年版，第548页。
② 《马克思恩格斯选集》第2卷，人民出版社1995年版，第411页。

九、认识的辩证过程（第十、十一、十二条）

第十条　揭露新的方面、关系等等的无限过程。

第十一条　人对事物、现象、过程等等的认识从现象到本质、从不甚深刻的本质到更深刻的本质的深化的无限过程。

第十二条　从并存到因果性以及从联系和相互依存的一个形式到另一个更深刻更一般的形式。

这三条从不同方面讲认识的辩证过程。首先，认识是一个从不知到知、从少知到多知的无限过程，这是从认识的广度和深度讲的。其次，认识是一个从现象到本质、从初级本质到二级本质的无限过程，这是专从认识的深度方面讲的。第三，认识是辩证法范畴的发展、转化的无限过程，这是从认识的哲学总结方面讲的。这三条是有机联系着的。

第十条说明，客观事物的变化运动永远没有完结，新的事物、新的方面、新的关系的出现永远没有完结，因此，人们在实践中对于新的事物、新的方面的揭露和认识也永远没有完结。

马克思主义认为客观事物是第一性的，实践活动是认识的源泉，人的认识是第二性的，客观事物的运动、变化、发展是无限的，人们的实践活动是无限的，因此人们认识的发展也是无限的。不论是自然科学还是社会科学，每一个认识的领域都在不断发展，认识的内容在不断增多、不断深入，例如人们最初只知道世界上有金、木、水、火、土或地、水、火、风几种物质，后来，人们才逐渐知道了各种化学元素，再往后，人们才知道有放射性元素以及原子内部复杂的结构等等。在社会领域内也同样如此。在民主革命和社会主义革命、社会主义建设的各个不同时期，我们对中国社会的认识是不断深入、不断发展的。

第十一条专谈认识的深化过程。人们从认识现象到认识本质，是认识的深化，不仅如此，人们对本质的认识也是一个不断由浅入深的过程，这是列宁对马克思主义认识论的一个贡献。

事物具有现象和本质两个方面。事物的本质是由内部的特殊矛盾所决定的，特殊的矛盾，就构成一事物区别于他事物的特殊的本质。事物的现象则是本质的外部表现，因而是表面的、不稳定的。列宁说，"现象是短暂的、运动的、流逝的"①，而本质则是稳固的东西。人们的认识总是先从现象开始，再逐渐深入到本质，这是因为现象是本质的外部表现，是直接呈现在感官面前的，是通过眼、耳、鼻、舌、身五个官能直接接触去认识的，这就是感性认识。感性材料经过大脑的去粗取精、去伪存真、由此及彼、由表及里的改造制作功夫就成为理性认识。这种理性认识是比感性认识更深一层的认识，它已经深入到事物的全体和内部联系，抓住了现象中普遍的、规律性的东西，所以列宁说：认识是从现象到本质。

列宁还指出，认识不仅是从现象到本质，而且是从不甚深刻的本质到更深刻的本质。列宁后来也表述过同样的思想："人的思想由现象到本质，由所谓初级的本质到二级的本质，这样不断地加深下去，以至于无穷。"②这个从初级本质到二级本质的深化过程，亦即理性认识的深化过程，但是，这不是在纯粹理性认识领域中的深化过程，而是在反复回到现象、回到感性实践的过程中实现其深化的。例如人们最初只是认识到钻木可以取火、摩擦可以温暖冻僵的肢体等现象，后来才在这些感性认识的基础上认识到摩擦是热的一个源泉。这就是人们从认识现象到认识本质的过程，但这个本质是比较浅的，是初级的。实践的继续，更多的现象的发现，如空气的流动推动风车转动、水的流动推动水车转动等等，人们才进一步认识到一切机械运动都能借摩擦转化为热，这就是人们从认识初级本质到认识二级本质的过程。实践的继续，更多的现象的发现，自然科学的发展，人们更进一步认识到在每一情况的特定条件下，任何一种运动形式都能够而且不得不直接或间接地转变为其他任何运动形式。认识就是这样不断地深化下去的。马列主义、毛泽东思想的不断发展不仅是在数量上的增加，更主要的是在深度上的发展，是认识无产阶级革命规律的深化过程，即从现象到本质、从初级本质到二级本质的无限过程。

不但人类认识的发展，不但科学的发展是一个不断深化的过程，而且作为对科学的概括和总结的哲学的发展，即哲学范畴、辩证法范畴的发展，也是一个不断发展深化的过程。第十二条谈的就是这个问题。

---

① 列宁：《哲学笔记》，人民出版社1974年版，第278页。
② 列宁：《哲学笔记》，人民出版社1974年版，第278页。

并存是事物间的一种联系,即最简单最表面的联系。如地球自产生以来就和太阳共同存在,播种和收获先后存在,都是并存,认识这种联系显然是最容易的,然而也是最起码的,因为如果不认识地球和太阳的这种并存关系,当然谈不到认识其间的任何其他关系了。因果性比起并存来就深了一步。因果性即原因和结果的联系,也是事物间的一种联系。任何事物都处于因果联系中,它的存在和发展都有一定的原因,也会产生一定的结果,但并非任何有并存关系的事物都有因果联系。我们知道,太阳光的照射是地球上生物生长发育的原因,播种是收获的原因,但许多并存的事物之间并无因果联系,如彗星的出现、日食的发生与地球上某地的战争并无因果联系。因此,因果性比并存更为深刻,从而也更为本质、更为一般。

一事物的存在和发展有许多原因,不能把这些原因等量齐观。原因可分为内因和外因、必然的原因和偶然的原因、根本的原因和次要的原因,等等。人们的认识必须前进一步才能从原因中把必然的原因、根本的原因、内部的原因揭发出来,这时人们就揭发了事物的必然的内部的联系。任何事物都有其必然的内部的联系,但并非任何因果联系都是必然的内部的联系,因此,必然的内部的联系比起因果联系来,则更为深刻、更为一般。科学的任务主要在于揭发事物的内部联系。例如中华人民共和国成立前的旧中国贫穷落后,广大工农群众饥寒交迫,生活于水深火热之中,这种状况的原因是什么?有的人认为是由于中国工业不发达,有的人认为是由于中国教育不发达,有的人则认为是由于中国体育不发达,如此等等。无疑,这些因素都是旧中国贫穷落后的一些原因,但绝不是根本的原因、主要的原因。改良主义者把这些因素看成旧中国贫穷落后的主要原因,搞所谓工业救国、教育救国、体育救国之类的改良主义活动,其结果只能是失败。旧中国贫穷落后的根本原因,在于帝国主义、封建主义和官僚资本主义的残酷剥削和压迫,广大工农群众在中国共产党的领导下奋起革命,推翻了三座大山,解放了生产力,我们的工农业和文化教育事业便蓬蓬勃勃地发展起来了。显然,三座大山的统治和旧中国的贫穷落后之间有着必然的内在联系。这种联系比起因果联系来就更为深刻了。

人类认识了许多并存的现象才有并存的范畴,人类进一步认识了许多具体的因果联系才有因果性的范畴,人类又进一步认识了许多具体的必然联系才有必然性的范畴,所以新的哲学范畴的出现意味着人类认识的进步、深化。列宁说:"人对自然界的认识(='观念')的各个环节,就是逻辑的范畴。"① 逻辑的范畴即哲学的范畴、辩证法的范畴。哲学史、范畴发展史,基本上是同人类认识史、科学发展史一致的。列宁在《哲学笔记》中曾多次指出,应该研究人类认识史、科学发展史、哲学史,进而研究范畴发展的规律,他认为这是研究辩证法、认识论、辩证逻辑的一个途径。

十、对立面的统一和斗争是辩证法的核心

"可以把辩证法简要地确定为关于对立面的统一的学说。这样就会抓住辩证法的核心,可是这需要说明和发挥。"

这是列宁在写了辩证法要素第七条之后写的,也可以看作十六条的一个总结。列宁在前面已提到过辩证法是研究对立面的统一的学说,但明确指出对立统一规律是辩证法的核心,这还是第一次。这是对马克思主义辩证法的一个重大的发展。

从上述介绍,我们已经可以看出,对立统一规律是贯串十六条的一条红线。除了第一条讲辩证法的唯物主义基础而外,其余十五条讲的都是辩证法的具体内容,其中第四、五、六、九条讲对立统一规律本身,第二、八条讲普遍联系原则,而事物之间的任何联系是一种矛盾的关系;第三条讲自己运动原则,而自己运动的源泉也是对立统一规律;第十三—十六条都是对立统一规律的表现;第七、十、十一、十二条讲认识的辩证法,即认识的矛盾运动。但是,列宁认为,仅仅指出这点是不够的,人们不一定理解这个思想,还必须加以说明和发挥。我们可以把列宁后来写的著名短文《谈谈辩证法问题》看作这一著名论断的说明和发挥。后面我们对《谈谈辩证法问题》有专门介绍,这里就不多作说明了。

---

① 列宁:《哲学笔记》,人民出版社1974年版,第212页。

谈谈辩证法问题（简介和注释）

列宁的著名短文《谈谈辩证法问题》写于1915年，是列宁一年多来研究辩证法问题和反对第二国际社会沙文主义的诡辩论的总结。这是一篇笔记式的短文，内容极其丰富而深刻，在马克思主义辩证法的发展史上具有极其重要的意义。

列宁在总结他所提出的辩证法要素十六条时指出："可以把辩证法简要地确定为关于对立面的统一的学说。这样就会抓住辩证法的核心，可是这需要说明和发挥。"[①]《谈谈辩证法问题》一文就是这种"说明和发挥"。列宁把这一短文分为两部分，第一部分论述了作为客观世界的规律和认识的规律的对立统一规律，第二部分论述了认识过程的辩证法，而对立统一规律是辩证法的核心的思想则是贯穿全文的中心思想。下文按文章段落分为四部分介绍。

一、对立面的统一和斗争的规律（第1—12段）

（一）对立统一规律是辩证法的实质（第1段）

列宁在文章一开头就指出："统一物之分为两个部分以及对它的矛盾着的部分的认识……是辩证法的实质（是辩证法的'本质'之一，是它的主要的特点或特征之一，甚至是它的最主要的特点或特征）。"[②] 在这里列宁把"统一物之分为两个部分"看成对立面的统一和斗争的规律的同义语，并认为它是辩证法的实质或核心，这就是说，它是辩证法的最根本的规律，而其他规律是它的各式各样的表现。从括号中的文字可以看出，列宁在作出这一论断时是有一番斟酌的。

无疑，马克思和恩格斯十分重视事物的矛盾运动，他们有时把辩证法就称为"矛盾辩证法"，他们的著作都是对客观矛盾的深刻分析，马克思

[①] 列宁：《哲学笔记》，人民出版社1974年版，第240页。
[②] 列宁：《哲学笔记》，人民出版社1974年版，第407页。

在《哲学的贫困》中曾指出过对立面的统一和斗争是"辩证运动的实质",但这一思想后来没有得到进一步的论证和发挥。恩格斯在《反杜林论》中论述了辩证法的三个规律,在《自然辩证法》中明确指出它们是辩证法的三个主要规律,列宁没有看过《自然辩证法》(它在列宁逝世后的第二年即1925年才出版),但对恩格斯在《反杜林论》中的思想是了解的。列宁在1914年7—11月写的《卡尔·马克思》一文中谈到辩证法的内容时提出了以下几点:否定的否定,量到质的转化,矛盾是事物发展的内因,一切现象的相互联系和有规律的运动。列宁在同年9月以后写的《哲学笔记》中才第一次提到对立面的统一的学说是辩证法的核心这一思想,而在《谈谈辩证法问题》一文中经过一番斟酌把这一思想最后肯定下来,并明确地说对立统一规律是辩证法的"最主要的特点或特征"。这是列宁对马克思主义辩证法的重大发展,也是列宁对国际国内无产阶级革命斗争经验的总结。

为什么说对立统一规律是辩证法的实质呢?这个问题将在最后加以说明。

(二) 对立统一规律的客观性和普遍性(第2—7段)

列宁紧接着指出对立统一规律是自然界、人类社会和思维的一般规律,它是客观的、普遍的。列宁认为:"辩证法内容的这一方面的正确性必须由科学史来检验。"① 这就是说必须由整个人类的实践以及作为人类实践经验总结的科学史来检验。列宁列举了数学、力学、物理学、化学、社会科学中的基本矛盾来证明这一规律的客观性和普遍性。从列宁所举的事实中,我们可以看出,从物质运动的最简单的形式到最复杂的形式都普遍存在着矛盾,任何一门科学都不过是对某种物质运动形式中的矛盾的研究,科学史也就是研究各种物质运动形式中的矛盾的历史。人类认识的运动、发展也是认识的矛盾运动过程。因此列宁特别强调对立统一规律是"认识的规律(以及客观世界的规律)"②,它贯穿于各门科学和科学史中,

---

① 列宁:《哲学笔记》,人民出版社1974年版,第407页。
② 列宁:《哲学笔记》,人民出版社1974年版,第407页。

也普遍存在于客观世界之中。

但是，列宁指出，这一点往往为人们所忽视，例如普列汉诺夫就不认识对立统一规律是客观世界和认识的规律，而只把它当作实例的总和。普列汉诺夫经常以辩证法来自我标榜，有时也谈到对立面的相互转化等等，但是，他的辩证法是不彻底的，他根本不把对立面的统一作为一个普遍的规律。在他的著作中，他不敢正视矛盾，揭露矛盾，分析矛盾，而是回避矛盾，抹杀矛盾，调和矛盾，而在谈论矛盾规律时则满足于举出一些实例。

对于举例，我们应该有一个正确的态度。列宁指出，为了进行通俗的说明，举例是必要的，恩格斯也这样做过，例如在《反杜林论》中就举了许多例子来说明辩证法的规律，但不能以举例来代替论证，更不能以举例来代替规律。比较恩格斯和普列汉诺夫的论述就可以看出，恩格斯处处都是以实例来说明规律，而普列汉诺夫不过是举了一堆例子而已。

（三）对立面的统一和斗争（第8段）

对于矛盾规律，列宁有许多表述方式：一分为二、对立面的统一、对立面的同一、对立面的统一和斗争。列宁指出："同一和统一这两个名词在这里并没有特别重大的差别。在一定的意义上两个名词都是正确的。"①"统一"也许"更正确些"②。列宁可能是指"同一"也许会被人误解为简单的等同，所以不如"统一"好，但如能正确理解，两个名词都是正确的。

对于矛盾规律的内容，列宁作了如下一些解释："对立面的同一……就是承认（发现）自然界的（也包括精神的和社会的）一切现象和过程具有矛盾着的、相互排斥的、对立的倾向。"③"发展是对立面的'斗争'。"④"……发展是对立面的统一（统一物之分为两个互相排斥的对立

---

① 列宁：《哲学笔记》，人民出版社1974年版，第408页。
② 列宁：《哲学笔记》，人民出版社1974年版，第407页。
③ 列宁：《哲学笔记》，人民出版社1974年版，第407—408页。
④ 列宁：《哲学笔记》，人民出版社1974年版，第408页。

面以及它们之间的互相关联）。"① 所有这些说明都指出，任何事物都具有内在矛盾，即分为相互依存、相互联系而又相互排斥、相互斗争的两个对立面，对立面通过斗争而相互转化，引起事物的发展。

（四）两种根本对立的发展观（第8—10段）

列宁认为是否承认对立面的统一是两种发展观根本对立的关键。

列宁所说的两种发展观即是辩证法的发展观和形而上学的或庸俗进化论的发展观。列宁认为两种发展观的根本对立首先就在于辩证法发展观认为发展是对立面的统一，而形而上学发展观则否认对立面的统一，把发展看成简单的量的增减。

由于这一根本对立，便产生了第二个对立：辩证法把发展看成事物的"自己运动"，认为事物运动、发展的泉源在于事物内部的矛盾性，而形而上学则把事物运动的原因放到外面，这就是外因论或机械论的观点。列宁认为这种外因论可能导致唯心主义，因为物质世界之外的原因只能是神或主体。

由于这个根本对立，又产生了第三个对立：辩证法把发展了解为旧东西的消灭和新东西的产生，即旧东西向对立面的转化、飞跃、渐进过程的中断，因而辩证法的观点是生动活泼的、丰富多彩的、朝气蓬勃的；形而上学则把发展了解为同类事物的简单重复，实际上是否认发展，因而形而上学的观点是死板的、贫乏的、枯竭的。

列宁关于两种发展观的思想不但是总结了哲学发展的产物，也是总结了国际无产阶级革命斗争经验的产物。伯恩施坦修正主义就是形而上学发展观的一种典型的表现，对于他的机会主义公式"运动就是一切，目的是微不足道的"，列宁曾作过如下的分析，"临时应付，迁就眼前的事变，迁就微小的政治变动，忘记无产阶级的根本利益，忘记整个资本主义制度、整个资本主义演进的基本特点，为了实际的或假想的一时的利益而牺牲无产阶级的根本利益，"② 这就是说，只要一点一滴的改良，不要无产阶级革

---

① 列宁：《哲学笔记》，人民出版社1974年版，第408页。
② 《列宁全集》第17卷，人民出版社1988年版，第17页。

命和无产阶级专政，这是伯恩施坦调和阶级矛盾、取消阶级斗争的结果。考茨基的"超帝国主义"论是形而上学发展观的另一个标本。列宁指出"超帝国主义"是一个死板抽象的概念，它不是揭露而是掩饰帝国主义矛盾的深刻性。考茨基认为帝国主义不是资本主义矛盾发展的一个新阶段，而只是一种政策，在帝国主义大战结束后，各强国政府鉴于战争的破坏性就有可能放弃互相争夺乃至诉诸战争的政策，而采取联合起来统治世界的政策，这样就可达到世界和平，这就是"超帝国主义"。在这里，资本主义社会的革命变革就被取消了。

诡辩论是形而上学发展观的一种特殊形式。如果说形而上学是辩证法的公开的敌人，诡辩论则是辩证法的暗藏的敌人。诡辩论不是打着反辩证法的旗号，而是打着拥护辩证法的旗号，表现得比辩证法还要"辩证"一些，实际上是玩弄和歪曲辩证法，从而达到破坏辩证法，以形而上学取代辩证法的目的。诡辩论是貌似辩证法的形而上学，是形式上的辩证法，实质上的形而上学，因此，诡辩论往往比形而上学具有更大的欺骗性、迷惑性。

正如形而上学以对立统一规律作为主要攻击对象一样，诡辩论则以对立统一规律作为玩弄和歪曲的主要对象，因此列宁指出，主观地应用对立面的同一的灵活性就是折中主义和诡辩论。对立统一规律是辩证法的核心，也是辩证法和形而上学、诡辩论根本对立的关键。

（五）对立面的统一是相对的，对立面的斗争是绝对的（第11段）

列宁不仅把矛盾双方的关系概括为统一和斗争，而且进一步揭示了统一性和斗争性的关系，在马列主义哲学发展史上第一次明确地提出：对立面的统一是相对的，对立面的斗争是绝对的。

恩格斯在《反杜林论》中提出了运动的绝对性和静止的相对性的原理，他指出："运动是物质的存在方式……任何静止、任何平衡都只是相对的，只有对这种或那种确定的运动形式来说才是有意义的。"[①] 相对的静止是绝对的运动的一种表现。列宁把恩格斯的这一重要思想引申来说明运

---

① 《马克思恩格斯选集》第3卷，人民出版社1995年版，第399页。

动的泉源——对立面的统一和斗争，指出："对立面的统一（一致、同一、均势）是有条件的、暂时的、易逝的、相对的。相互排斥的对立面的斗争则是绝对的，正如发展、运动是绝对的一样。"① 这是一个重要的发展。

对立面的统一的相对性和斗争的绝对性原理对实际革命斗争和建设事业具有极其重要的意义，列宁指出的"经济政治发展不平衡是资本主义的绝对规律"，毛泽东同志在《关于正确处理人民内部矛盾的问题》中谈到的生产力与生产关系、经济基础与上层建筑既相适应又相矛盾的情况，都是这一原理的具体运用。

（六）辩证法和诡辩论在绝对和相对的关系问题上的根本对立（第12段）

列宁在谈到了对立面的斗争的绝对性和统一的相对性以后，论述了绝对和相对的关系，并揭示了辩证法和诡辩论在这个问题上的根本对立。

列宁曾指出："绝对和相对，有限和无限＝同一个世界的部分、阶段。不是这样吗？"② 这就是说，它们是统一物的不同的对立面，绝对和相对是对立的，也是统一的。因此列宁说："相对和绝对的差别也是相对的。""相对中有绝对。"③ 例如列宁在论述绝对真理和相对真理的关系时就把绝对真理和相对真理作为对立统一的整体。在列宁看来，绝对真理和相对真理当然是有差别的，即对立的，但又不是割裂的，而是统一的，因为绝对真理就是由无数相对真理构成的，而相对真理中就包含着绝对真理的颗粒。又如绝对的运动和相对的静止的关系、绝对的斗争性和相对的统一性的关系也是如此，相对构成绝对，相对中有绝对。

割裂绝对和相对的辩证关系的诡辩论有两种形式，一种是排斥相对的独断论，一种是排斥绝对的怀疑论或相对主义，列宁在这里只揭露了后一种。怀疑论或相对主义把相对绝对化，认为相对只是相对的，相对中并无任何绝对的东西。列宁在真理问题上曾经无情揭露了马赫主义的相对主义，马赫主义只承认相对真理，否认绝对真理，否认相对真理包含绝对真

---

① 列宁：《哲学笔记》，人民出版社1974年版，第408页。
② 列宁：《哲学笔记》，人民出版社1974年版，第107页。
③ 列宁：《哲学笔记》，人民出版社1974年版，第408页。

理的因素，从而否认客观真理，导致怀疑论和主观主义。列宁这里对相对主义诡辩论的驳斥总结了他反对马赫主义的相对主义及其他相对主义观点的斗争。

二、辩证法就是马克思主义的认识论（第13—15段）

在《谈谈辩证法问题》一文的开头，列宁曾指出矛盾规律是客观世界的规律和认识的规律。列宁在把它作为客观世界的规律进行论述之后，就把它作为认识规律来论述。

马克思主义认为，认识是人对客观世界的反映，客观世界是辩证的，认识当然也是辩证的；矛盾规律是客观世界的根本规律，当然也是认识的根本规律。恩格斯在《自然辩证法》中曾说："所谓的客观辩证法是在整个自然界中起支配作用的，而所谓的主观辩证法，即辩证的思维，不过是在自然界中到处发生作用的对立中的运动的反映……"①列宁在《哲学笔记》中也多次谈到同样的思想，例如他指出："事物的辩证法创造观念的辩证法，而不是相反。"② 因此，人的认识要正确反映客观世界，就必须反映客观世界的矛盾运动，就必须遵循认识的矛盾运动而不断前进。列宁在《哲学笔记》中曾多次举出马克思的《资本论》作为认识的矛盾运动的典范，在这里，列宁指出：马克思在《资本论》中首先分析资产阶级社会里最简单、最普通、最基本、最常见、最平凡、碰到过亿万次的关系——商品交换，它是资产阶级社会的"细胞"，其中已经包含着资产阶级社会里"一切矛盾的胚芽"③，"已经包含着资本主义的尚未展开的一切主要矛盾"④，然后马克思就一步步深入地、详尽地揭露、分析这些矛盾以及这个社会的自始至终的发展过程。在马克思看来，只有通过这样的研究，才能把握资本主义社会的整体，才能认识资本主义社会的本质和规律。

马克思把矛盾分析方法贯彻始终，《资本论》就是对从商品出现到资

---

① 《马克思恩格斯选集》第4卷，人民出版社1995年版，第317页。
② 列宁：《哲学笔记》，人民出版社1974年版，第210页。
③ 列宁：《哲学笔记》，人民出版社1974年版，第409页。
④ 列宁：《哲学笔记》，人民出版社1974年版，第190页。

本主义社会灭亡的矛盾运动的描绘。马克思首先分析了商品的内部矛盾或两重性——使用价值和交换价值（简称价值），进而分析劳动的两重性——具体劳动和抽象劳动，具体劳动产生使用价值，抽象劳动产生价值。在商品社会中，具体劳动表现为私人劳动，抽象劳动表现为社会劳动，形成了私人劳动和社会劳动的矛盾，在这里就已经产生了资本主义社会中最深刻的矛盾——占有的私人性和生产的社会性的矛盾的萌芽。然后马克思就分析价值形态和货币、货币转化为资本的矛盾运动。资本存在的主要前提是作为商品的劳动力，这种商品的使用过程就是创造价值的过程，在一定生产力水平下，劳动力能够创造比自己价值更多的价值，资本家按照（甚至低于）劳动力的价值雇佣工人，从而攫取了工人创造的那部分多出来的价值，这就是剩余价值，这就是资本剥削的秘密，这样就揭示了劳动和资本、工人阶级和资产阶级的矛盾。马克思在往后的分析中，进一步揭露了随着资本主义生产的发展而日益扩大、深入、尖锐的资本主义社会的矛盾——生产资料私人占有和生产社会化的矛盾、各个工厂的有组织生产和整个社会生产无政府状态的矛盾、资产阶级资本日益集中和工人阶级日益贫困化的矛盾，从而论证了经济危机的必然性、无产阶级革命不可避免和资产阶级必然灭亡、社会主义必然胜利的客观规律。

马克思在《资本论》中对资本主义社会所作的分析，为我们运用辩证法认识和研究客观事物树立了光辉的典范。列宁发挥了马克思的这一做法，指出"一般辩证法的阐述（以及研究）方法也应当如此（因为资产阶级社会的辩证法在马克思看来只是辩证法的局部情况）"[①]，并为我们提供了一个一般辩证法的认识或研究方法的范例。

列宁认为，一般辩证法的认识方法也应当从最简单的"细胞"开始去分析出一切辩证法要素的萌芽，列宁所说的辩证法要素即处于对立统一关系中的辩证法范畴如一般和个别、必然和偶然等等，这些范畴反映了客观世界的普遍的内在联系。列宁对一些简单的命题进行了这样的矛盾分析。

---

① 列宁：《哲学笔记》，人民出版社1974年版，第409页。

例如"伊凡是人"这个命题就是一般和个别的对立统一，伊凡是个别，人是一般，一般只是个别的一个方面，一般只能在个别中存在。客观世界是由无限多的个别的事物构成的，在这些个别事物之间存在着广泛的联系，"任何个别经过千万次的转化而与另一类的个别（事物、现象、过程）相联系"①。这其间就存在着各式各样的客观联系。例如我们从个别和一般的辩证关系，可以进一步分析出必然和偶然、本质和现象等客观关系，因为当我们说"伊凡是人"时，我们已把伊凡的年龄、高矮、胖瘦等等偶然的非本质的特征抛掉，而把"人"看作是伊凡的本质的必然的特征，这样我们就把本质和现象、必然和偶然分开了，就把伊凡看成了本质和现象、必然和偶然的对立统一。

列宁从对一个简单问题的矛盾分析得出结论："可见，在任何一个命题中，好像在一个'单位'（'细胞'）中一样，都可以（而且应当）发现辩证法一切要素的萌芽，这就表明辩证法是人类的全部认识所固有的。"②可见，对立统一规律不仅是马克思的《资本论》中的认识的规律，而且是人类认识的规律，因为既然客观世界的运动是辩证的，与客观世界的辩证运动相符合的正确的认识当然也应当是辩证的。但是应当指出，辩证的认识规律在《资本论》中是自觉地起作用的，马克思是自觉地运用对立统一规律来分析资本主义社会的矛盾运动，而在一般的人类认识中，对立统一规律则不一定是自觉地起作用的。当人们在谈"伊凡是人"时，人们当然认识到这样说是与事实符合的，但不一定认识到这是符合对立统一规律的。因此，列宁所说的"辩证法也就是（黑格尔和）马克思主义的认识论"③，不仅意味着马克思主义把对立统一规律和其他辩证法要素看作认识的规律和要素，认为认识的运动也是矛盾的、辩证的过程，而且意味着马克思主义自觉地运用对立统一规律和其他辩证法要素来认识和改造客观世界。这就是辩证法和认识论的一致。

普列汉诺夫不懂得这一点，不懂得辩证法就是马克思主义的认识论，

---

① 列宁：《哲学笔记》，人民出版社1974年版，第409页。
② 列宁：《哲学笔记》，人民出版社1974年版，第410页。
③ 列宁：《哲学笔记》，人民出版社1974年版，第410页。

就是说不懂得对立统一规律是认识的规律，不懂得矛盾分析方法就是马克思主义的认识方法。

三、认识是一串圆圈（第16—18段）

人的认识既然是对无比生动丰富的客观世界的矛盾运动的反映，既然是一个矛盾运动的过程，是对立面的相互斗争和相互转化的过程，它就不能不是复杂的、曲折的、丰富的、活生生的。这个矛盾运动过程必然表现为对立面不断反复的前进过程，即否定的否定的过程，因此，列宁经常把这一过程比作一串圆圈或螺旋形曲线，指出："人的认识不是直线（也就是说，不是沿着直线进行的），而是无限地近似于一串圆圈、近似于螺旋的曲线。"①

列宁在《黑格尔〈逻辑学〉一书摘要》中抛弃了黑格尔的"否定的否定"公式的外在形式，即表现为正反合的三段式，而保留了其中的合理因素，即对立面在不断反复中前进，并在辩证法要素十六条中称之为"仿佛是向旧东西的回复"，而在《哲学笔记》中的许多地方把这种认识过程比作一串圆圈或螺旋形，用毛泽东同志经常使用的比喻，即波浪式前进过程。所有这些比喻不外指出这种辩证运动的两个特点：前进性和反复性，它不是直线前进，也不是简单的重复或循环。

列宁指出，黑格尔和黑格尔的敌人福尔克曼都曾把认识看作一串圆圈。黑格尔的《逻辑学》企图反映人类认识的这种辩证过程，把范畴的发展描述为由许多正反合构成的一串圆圈，但由于黑格尔是个唯心主义者，他的企图未能真正实现，他所构成的这串圆圈中有不少牵强附会，乃至荒谬绝伦的地方。列宁也试图从辩证唯物主义和历史唯物主义观点来弄清楚哲学史的辩证发展，勾画出哲学史上的圆圈。但列宁只是尝试了一下，提出了几个圆圈。列宁的尝试并未包括西方哲学史上全部重要的哲学家，而且看来列宁也还没有把那些圆圈完全肯定下来。

列宁说辩证认识"包含着无数的各式各样观察现实、接近现实的成

---

① 列宁：《哲学笔记》，人民出版社1974年版，第411页。

分"①，这些成分应该就是列宁在前面所谈到的对立面的统一和斗争、绝对和相对、一般和个别、本质和现象、必然和偶然等等，每一组对立面都可以形成一串圆圈。毛泽东同志关于认识的辩证过程的论述进一步发展了列宁关于认识的反复性和前进性的思想，他提出了许多精辟的论断。毛泽东同志所提出的辩证唯物主义认识论的总公式："实践、认识、再实践、再认识，这种形式，循环往复以至无穷，而实践和认识之每一循环的内容，都比较地进到了高一级的程度。"② 就是由实践和认识这一组对立面的矛盾运动而形成的一串无限的圆圈。当然，对于某一具体问题来说，认识是有一个终结的，但它仍然是一个螺旋式上升的过程。这就是毛泽东同志所说的："……原定的思想、理论、计划、方案，部分地或全部地不合于实际，部分错了或全部错了的事，都是有的。许多时候须反复失败过多次，才能纠正错误的认识，才能到达于和客观过程的规律性相符合，因而才能够变主观的东西为客观的东西，即在实践中得到预想的结果。"③ 无论在阶级斗争中，还是在工农业生产中，一个新问题的解决，一个新规律的发现，往往都要经过实践和认识的往复循环的过程。这是认识的规律，也是认识的方法。毛泽东同志关于群众路线的领导方法的论断就是对于这一规律的生动阐述："在我党的一切实际工作中，凡属正确的领导，必须是从群众中来，到群众中去……如此无限循环，一次比一次地更正确、更生动、更丰富。这就是马克思主义的认识论。"④

　　认识的辩证过程当然不仅是实践和认识的往复循环的过程，也是物质和精神、感性认识和理性认识、个别和一般、特殊和普遍的往复循环的过程。毛泽东同志在《矛盾论》中指出，人类认识运动总是由认识个别的和特殊的事物，逐步扩大到认识一般的事物，即由认识特殊本质上升到认识共同本质，然后又以这种共同认识为指导去认识新的特殊本质，以补充、丰富和发展这种共同认识。"这是两个认识的过程：一个是由特殊到一般，

---

① 列宁：《哲学笔记》，人民出版社1974年版，第411页。
② 《毛泽东选集》第1卷，人民出版社1991年版，第296—297页。
③ 《毛泽东选集》第1卷，人民出版社1991年版，第295页。
④ 《毛泽东选集》第3卷，人民出版社1991年版，第899页。

一个是由一般到特殊。人类的认识总是这样循环往复地进行的,而每一次的循环(只要是严格地按照科学的方法)都可能使人类的认识提高一步,使人类的认识不断地深化。"这就是由个别和一般、特殊和普遍的矛盾运动所构成的一串圆圈。

要区别辩证法和辩证法的核心[1]

对于列宁所提出的《辩证法的要素》，我在《中国社会科学》1980年第6期上发表过几点看法。在这个杂志的1981年第4期上，卞敏同志不同意我的看法，并提出了一种新的理解，我衷心欢迎卞敏同志同我讨论这个问题。

卞敏同志认为，我否认整个十六条是辩证法体系的一个雏形，只承认十六条中的前七条是一个雏形，而他则认为只有整个十六条才是一个雏形，它们构成了一个完整严密的体系，只谈前七条是不够的。他认为这就是他和我的分歧所在。我认为卞敏同志对我有所误解。在我看来，十六条的前七条是一个雏形，后九条是对前七条的补充，以前七条为纲而把后九条一一纳入其中，整个十六条当然也形成了一个体系，因而也可以说十六条是一个雏形。

可见，我和卞敏同志的分歧不在于是否承认十六条是一雏形，而在于以何为纲来分析十六条的关系，理解十六条的结构。我认为根据列宁写出十六条的过程，应以前七条为纲来理解十六条的关系，而卞敏同志则以列宁的其他的话为纲来理解十六条的关系。

列宁在谈到黑格尔在其概念的辩证法中猜测到了客观辩证法后问道："辩证法是什么？"他自己回答说：一切概念的相互依赖，一切概念的相互转化，概念之间对立面的同一。[2] 而十六条谈的是辩证法的要素，卞敏同

---

[1] 原载《中国社会科学》1982年第3期；收入黄枬森论文集《哲学的足迹》，中国社会科学出版社1987年3月出版。

[2] 参见《列宁全集》第55卷，人民出版社1990年版，第166页。

志把它们的内容等同起来，以这段话为纲来分析十六条的关系。这种做法看起来似乎根据充分，结论可靠，其实不然。从字面上看，这段话所说的，是辩证法的整个内容，但是，能说辩证法就是三条：概念的相互依赖、转化和对立面的同一吗？显然不能，我认为列宁谈的实质上是对立统一规律，即辩证法的核心，而不是辩证法的整个内容。卞敏同志把这三条略加改动，写作对立面的联系、对立面的转化和对立面的同一，我认为是正确的。他还引证了列宁关于辩证法的另一说明：辩证法是研究对立面怎样能够同一和怎样相互转化而同一的学说[①]。认为这一说明同前述说明是一致的，我也认为是正确的，但这一说明实际讲的是对立统一规律，即事物的矛盾运动过程，而不是辩证法的定义。这个问题从十六条的结论可以看得更清楚。

列宁在十六条的结论中说："可以把辩证法简要地规定为关于对立面的统一的学说。这样就会抓住辩证法的核心。"[②] 按照这个说法，辩证法并不等于对立统一学说，对立统一规律并不是它的唯一的规律，而只是它的规律之一，即最根本的规律。诚然，在辩证法要素十六条以前，列宁是不止在一个地方把辩证法看作对立统一学说的。这就给我们提出了一个问题：究竟哪一种提法确切地表达了列宁的本意呢？或者说，列宁的思想是不是也有一个从不明确到明确的过程呢？如果卞敏同志也认为对十六条的结论是列宁更成熟、更明确的思想，那就应该承认，不能把十六条了解为对立统一规律的具体内容，而应该把对立统一规律贯穿到十六条之中。因为对立统一规律只是辩证法的最根本的规律，只是辩证法的一部分，而辩证法的要素十六条却是辩证法的整体，尽管它还不很完整。部分，即使是核心部分，毕竟不能等同于全体。因此，我认为卞敏同志的做法缺乏充分的根据。

下面我准备进一步考察一下卞敏同志的理解的具体内容。

卞敏同志把十六条分为四部分：第一至三条是辩证法的唯物主义基础和两个基本原理，第四至八条是对立面的联系，第九、十五、十六、十条

---

① 参见《列宁全集》第55卷，人民出版社1990年版，第90页。
② 《列宁全集》第55卷，人民出版社1990年版，第192页。

是对立面的转化，第十一至十四条是对立面的同一。我认为卞敏同志的这种安排，很难自圆其说，很难说符合列宁的原意。

卞敏同志说十六条就是十六个要素，是辩证法体系雏形的完整设想。结构是完整而严谨的，层次是连贯而分明的。果真如此，十六条的顺序就不能有任何颠倒和跳跃。可是第三、四部分就严重地颠倒和打乱了原有的顺序。

第二条和第八条谈的明明是一个问题，即联系问题。列宁不仅用"×"的符号把它们联系起来，而且用"不仅"、"并且"这些连接词把它们联系起来，这点卞敏同志也是承认的。但是，为了与他所提出的公式一致，他硬把这两条分开，一条属于基本原理，一条属于对立面的联系。那么，是不是说第二条谈的是一般的联系，第八条谈的是对立面的联系，即相互依赖，所以分开呢？可是，从原文看不出这种区别。因为这两条谈的都是一个事物与其他事物的联系。

卞敏同志用对立面的联系来概括第四至八条，尤其令人费解。第四条谈的是内在矛盾，第五条谈的是对立面的统一，第六条谈的是对立面的斗争，第七条谈的是分析和综合，第八条谈的是事物之间的联系（不仅是对立面的联系），这些内容怎么能用对立面的联系加以概括呢？当然，不能说这几条里没有联系的内容，但如果这样进行概括，哪一条辩证法原理不能概括进来呢？哪一条没有联系的内容呢？要知道，辩证法也可以说是联系的科学，有什么理由单单提出这几条用对立面的联系加以概括呢？

第三部分违背卞敏同志自己提出的原则，打乱了十六条的顺序，前已谈到，而最令人费解的是用相互转化来概括第十条。第十条谈的是认识的无限过程，其中当然包括旧的认识向新的认识的转化、真理与谬误的转化，特别是认识过程的无限性。同到处都有联系一样，到处都有转化。例如紧接着的第十一至十四条，哪一条离得开转化呢？为什么单把第十条概括进来呢？

第十至十二条明明是联系在一起的，第十条谈的是认识的量的发展，第十一条谈的是认识向纵深发展，第十二条谈的是哲学范畴的发展。这三条的关系从文字上便可得到说明，但卞敏同志却硬把第十条与另两条分开，分属于两部分。

卞敏同志文章的最后一部分概括了他所理解的辩证法体系雏形的三个主要特点：（1）体现了辩证法、认识论和逻辑学的统一；（2）体现了由浅入深的认识过程和从抽象到具体的逻辑层次；（3）体现了对立面的统一学说是辩证法的核心。这三个特点对于辩证法体系来说，是可以同意的，但卞敏同志所说的辩证法体系的雏形很难说完全体现了这些特点。第一个特点勉强说得过去，姑且不论。第二个特点就难说了，如果十六条的顺序符合从抽象到具体和由浅入深的原则，为什么第三、四部分要改变或颠倒十六条的原有顺序呢？第七条讲认识过程中的分析与综合的结合，第八条讲事物之间的一般联系，显然第七条比第八条更深刻、更具体，怎能说从第七条到第八条是从抽象到具体呢？第十一、十二条说的是认识过程，即主观的东西，而第十三、十四条谈的是客观的规律，主观的东西总是更深刻更具体吧？然而它们却摆在客观东西的前面。

在我看来，如果以前七条为纲而把后九条分别插入其中，倒是可以看出一个从抽象到具体、由浅入深、从客观到主观的体系雏形，即：（1）客观存在（从方法的角度讲是观察的客观性）；（2）普遍联系；（3）运动；（4）自己运动；（5）自己运动的动力——对立面的统一、斗争和转化（包括否定之否定、内容和形式、质和量等等，这些规律的逻辑顺序，从十六条还看不清楚）；（6）分析和综合；（7）认识的量的发展；（8）认识的深化；（9）认识史的总结（并存、因果性……）。

第三个特点更难在卞敏同志理解的体系中体现出来。因为，对立统一规律作为辩证法的核心或实质不等于辩证法，不是辩证法的全体或体系，而只是辩证法的一部分，即核心部分，但它又贯穿于辩证法的各个原理之中。但卞敏同志所提出的理论前提，只是对立统一规律的内容，十六条不过是这一规律内容的具体化。这样，对立统一规律就不是十六条的核心，而是十六条本身了，能说这是列宁的原意吗？

一个以列宁的《哲学笔记》为根据的唯物辩证法体系草图[①]

一、哲学需要一个完整的严密的科学体系

过去，一提起体系就要受批评和指责，体系被认为是教条主义和烦琐哲学的表现。现在情况有了很大改变，但体系往往仍被看作只是教学工作的需要。在有的同志看来，为了教授一门科学，固然需要一个体系，但对于这门科学本身及其发展和运用，体系并无很大意义。这种看法未必恰当。

大家都承认，客观世界是有内在联系的，它的各种规律之间也是有内在联系的，那么，正确反映客观世界及其规律的科学原理之间，是否也应该有内在联系呢？无疑是应该有的。某一门科学理论的体系不过是由这门科学的原理按照一定的内在联系而构成的严密的整体。任何一门科学的内容只有通过一个体系才能完整地表达、介绍出来，为人所了解。不仅如此，一门科学的体系的完整性和严密性是一门科学成熟程度的一个标志。体系对于一门科学来说，不是可有可无的，而是必不可少的。哲学也需要一个完整的严密的科学体系。

马克思主义哲学当然是一个思想体系，但它的创始人没有留下从正面

[①] 原载《人文杂志》1983年第1、2期。

加以全面论述的完整严密的哲学体系，列宁也没有留下这样的体系。苏联 30 年代①的体系（唯物论、辩证法和认识论三大块，或唯物论和辩证法两大块）是根据革命导师的某些论断和做法，临时凑起来的，是一种权宜之计。后来斯大林的体系取代了它，而斯大林的体系只是并列了几个原理，很难说是一个完整严密的体系。人们常常根据这种事实说明哲学体系的必要性不大。

但是，怎么解释马克思为《资本论》而构造的如此完整的严密的体系呢？大家知道，《资本论》是一个庞大的理论体系，马克思为了构造这个体系耗费了他40年光阴，有什么必要呢？如果政治经济学是一门科学而不是以一些片言只语来论证科学共产主义，如果用一门科学来为无产阶级革命事业服务，那就需要一个完整的严密的科学体系。对哲学也应该这样说。马克思、恩格斯和列宁只写过论战性的哲学著作，并不能证明他们不赞成系统地阐明他们的哲学思想。马克思曾写信给恩格斯表示要用两三个印张来叙述黑格尔逻辑学中的合理的东西，恩格斯想写一本自然辩证法，这都是大家熟悉的。列宁在哲学笔记中也有一个构造哲学体系的想法，证据是很充分的。很有意思的是，列宁在他写的另一本哲学笔记——《〈马克思和恩格斯通信集（1844—1883 年）〉提要》中就马克思的这封信写道："黑格尔《逻辑学》中合理的东西在于他的方法（马克思1858年：又把黑格尔的《逻辑学》浏览了一番，并打算用两三个印张把其中合理的东西阐述一番）。"②可见列宁十分清楚马克思有过的想法，列宁夫人也在她的《回忆录》中谈到，1922 年春天列宁在《论战斗唯物主义的意义》中热烈希望有人能继承他自己在哲学及其通俗读物方面所进行的工作，他已感精力不支，但希望这一工作不要中断。这说明列宁一直有这个心愿，但由于繁重的实际工作，这个心愿未能实现。研究列宁《哲学笔记》中关于体系的思想，将给我们很大启发。

今天大家都感到马克思主义哲学的许多概念不明确，原理的表述不准确，原理之间关系不清楚。这些问题的解决固然要依靠大家做深入细致的

---

① 指 20 世纪 20 年代。——编者注
② 《〈马克思和恩格斯通信集（1844—1883 年）〉提要》，人民出版社 1982 年版，第 34 页。

研究，总结现代科学的最新成就，但如能建成一个比较完整严密、得到多数哲学工作者赞同的哲学体系，这些问题就可解决一大部分。例如哲学基本问题、物质和存在的区别和联系等问题，大家意见都比较分歧，但如能把这些问题摆在一个体系中来考虑，问题的解决肯定要容易得多。

马克思主义哲学的情况当然比西方哲学的情况好得多。西方哲学流派繁多，各有体系，建立一个完整严密的科学体系根本无从谈起，这表明了西方哲学还远没有形成为科学。马克思主义哲学是一门科学，这就使它可能通过大家的讨论，构成一个比较完整严密、得到多数人认可的体系。这个愿望如能实现，马克思主义哲学的科学性会加强，成熟性将提高一步，它在实际工作中也将发挥出更大的威力。

今天已有许多同志在从事这一工作，这是好现象。解决这个问题的途径之一，就是充分吸取哲学史上关于体系的合理思想，特别是经典作家的体系思想。列宁在《哲学笔记》中的思想有许多是和体系有关的，能否把这些思想明确起来，并根据这些思想来构造一个哲学体系呢？作者认为不妨试一试。本文就是这样一次尝试，但问题很多，许多地方牵强生硬，不能自圆其说，大胆发表出来完全是为解决这一问题提供一个批评和讨论的材料。

二、关于马克思主义哲学的对象和内容

要构成一个科学理论体系，必须有三个前提。第一，这门科学的对象是什么？第二，这门科学的内容是什么？第三，用以构造体系的原则有哪些？因为对象决定内容，而原则决定如何安排内容，使之成为体系。

哲学的对象是什么，至今仍然是一个问题，这不是由于哲学家们的无能和懒惰，而是由于问题的性质和难度。我国大多数同志都同意哲学的对象是宇宙及其一般规律，但有的同志认为这只是辩证法的对象，哲学学说还有另一个对象，即物质和意识的关系问题，亦即哲学最高或基本问题，或者说这是唯物主义的对象，合起来才是辩证唯物主义，即哲学的对象。

第三种意见认为哲学的对象是人类的认识，因为哲学与一般科学不一样，它不直接研究客观对象，而是以自然科学和社会科学为对象，哲学是自然科学和社会科学的总结和概括，所以哲学就是对人类认识的认识。第四种意见认为哲学是认识论，哲学的对象就是思想方法或认识方法，正如恩格斯所说的，当各种具体科学一一从哲学中分化出去之后，剩下的就只有关于思维规律的科学了，即形式逻辑和辩证法。第五种意见认为哲学的对象是人和自然界的关系，一般所说的辩证唯物主义的内容，说的都是人对自然界的关系，都可以包括进去。

我不打算一一分析这些观点，后面三个观点有一共同之处，即否认哲学是宇宙观，借用一个老名词，否认哲学是本体论，并把认为哲学是宇宙观的观点叫作本体论主义。哲学能否是宇宙观呢？或者说宇宙观作为一门科学能否成立呢？

一门科学只要它的对象与其他科学可以区别开来，只要它有相对独立的研究对象，它就有可能成立，就可以作为一门科学来研究。至于研究得怎样，是否已经作为一门科学建立起来，那是另一个问题。正因此，今天出现了许多新兴科学，如科学学、哲学学、控制论、系统论、信息论，等等。既然如此，为什么宇宙一般规律不可以作为一种对象来研究，不可以有一门研究这种对象的科学叫作哲学呢？只要否定不了这种对象，就否定不了这门科学。

的确，哲学是对自然知识和社会知识的概括，但是能否由此得出结论说哲学的对象不是宇宙及其一般规律，而是人类认识呢？这里有两个问题：一是哲学的对象是什么的问题，再一个是通过什么途径来认识这个对象的问题，二者不能混为一谈。科学研究的对象主要是规律，而规律是不能直接接触的，科学只能通过感性认识去研究它。如果说，科学研究的是感性认识，那么按照这种理解，我们只能说物理学的对象只是关于物理现象的感性认识，物理学是对感性认识的认识，而不是对物理规律的认识了。不仅如此，按照这种理解，较普遍的科学的研究对象也不是客观世界及其规律，而是较特殊的科学，这样它就变成对特殊科学的认识了。这种理解显然是不妥当的。例如生物学，它通过什么研究生物的一般规律呢？

它必须通过对原始生物学、植物学、动物学、微生物学等特殊科学的总结去研究生物的一般规律,那么能否说生物学的研究对象是各种特殊生物学,而不是生命一般规律呢?我想是不能的。哲学研究的对象与生物学研究的对象都是客观规律,在这点上二者是相同的,只是普遍性程度不同罢了。不仅如此,普遍科学并非不直接研究客观现象。对普遍性程度很高的规律的认识,固然依赖于对特殊规律的认识,但也并非不能,而且需要直接从实践活动或调查研究中去总结和概括。正如生物学研究一般生命规律时,除了对各种特殊生物学进行总结而外,生物学家还要进行一些生物学实验一样,哲学研究一般规律,除了对自然知识和社会知识进行总结而外,哲学家也要进行一些实践活动或社会调查。我们知道,许多哲学家,包括革命导师和职业哲学家,在研究一般规律时,他们的实践活动对于他们的哲学观点的形成都起过重要的作用,这是不能忽视的。大家知道,毛泽东同志组织、领导和指挥人民革命战争的实践活动,不仅是他的军事思想的来源,也是他的哲学思想的来源。不管通过什么途径来研究,哲学的对象是宇宙及其一般规律是不能含糊的。

哲学无疑是认识方法或思维方法,从这种意义讲,我们说哲学是认识论或逻辑学也是可以的。这是广义的认识论或逻辑学,不是严格意义的认识论或逻辑学。但是,这种广义认识论或逻辑学并不是科学本身,而是科学的运用,即哲学的运用。作为一门科学或一种理论,哲学首先是世界观,它用各种原理来反映客观世界及其规律,而且正因为它是客观世界及其规律的正确反映,所以它才能对客观世界有效,我们才能运用它来指导我们的认识活动、思维活动和实践活动而取得预期的效果。如果撇开它的世界观的身份,只谈它是认识论或逻辑学,它就变成无源之水、无本之木,成为一种先验的东西,而这种东西是不存在的。

那么,怎么解释恩格斯所说的辩证法是思维的科学,列宁所说的辩证法是认识论呢?是的,恩格斯说过辩证法是思维科学,但是就在同一本书即《反杜林论》中和《路德维希·费尔巴哈和德国古典哲学的终结》中,他也谈过辩证法是关于自然界、人类社会和思维的一般规律的科学,而且他还多次用过"世界观"这个名词,如果辩证法是思维科学,不是世界观，这不是自相矛盾吗？我认为恩格斯这些不同的说法正好证明他把世界观和思维科学看成同一个东西，即辩证法。讲得全面一点，辩证法首先是关于世界的一般规律的科学，反过来，用它来指导我们的思维，辩证法规律便成为指导思维的规律，即思维方法，所以辩证法又是思维科学。列宁讲辩证法是认识论，有多种含义。一种含义是讲它是认识方法，这跟说它是思维方式是一个意思。第二种含义是讲认识过程是一个辩证过程，即矛盾运动的过程。还有一种含义是指辩证法的逻辑体系反映了人类认识的过程，即反映了人类认识的规律，所以是认识论。这第三种含义就是列宁在三者（逻辑学、辩证法和唯物主义认识论）是同一个东西中所指的认识论。三者同一是一门科学有三个方面，这同恩格斯把思维科学和世界观看成同一个东西的思想是一致的。从列宁对逻辑学所作的说明看，列宁也是首先指出它是"关于'一切物质的、自然的和精神的事物'的发展规律的学说"①，即世界观，然后才说它是对世界的认识的发展规律的学说，即对世界的认识的总计、总和、结论，亦即认识论。总之，哲学是世界观，这点应十分明确，在这个前提上才能说这是认识论或认识方法、逻辑学或思维方法，至于严格意义的认识论和逻辑学，由于它们有明确的对象，当然是可以同哲学分开的。

上面提到的第二种意见，也很不恰当。这种意见实际上讲了两个对象，对于两个对象的联系也没有交代，哲学于是成为两块：唯物主义和辩证法。我认为物质与意识的关系问题，可以纳入客观世界及其一般规律这个对象中去。意识当然不是客观世界中一般的东西，因为只有人或人类才有意识。但是，物质和意识的关系问题确是哲学最高问题。为什么呢？

哲学是世界观，哲学的最高概念是存在亦即世界，因为世界是一切存在的总和。哲学最高问题即第一个问题，应该是关于存在或世界的问题，即世界是否存在的问题。但是这个问题是由人提出来并由人来回答的，于是它实际上便以另一种形式表现出来：世界是客观的，还是主观的？或者说什么是第一性的，什么是第二性的？如果不是人而是动物提出并回答这

---

① 《列宁全集》第38卷，人民出版社1959年版，第89页。

个问题，它也许会转化成为：是物质产生生命，还是生命产生物质？物质与生命何者是第一性的？因此，哲学的最高问题和唯物辩证法的最高问题完全是一回事，毫无必要把哲学的对象区别为辩证法的对象和唯物主义的对象，也无必要把唯物主义和辩证法区别为两大部分，马克思主义就是辩证唯物主义或唯物辩证法。世界及其一般规律就是马克思主义哲学的对象。

这里顺便谈一下一种流行很广的提法，说哲学是关于世界观的学问。这个定义很易引起误解。这个定义是不是说哲学的对象是世界观呢？其实，哲学就是世界观。如果一定要加以区别，说哲学是系统化了的世界观，世界观是没有系统化的哲学，也未尝不可。但上述定义却很容易被误解为哲学是关于思想意识的学问，而不是关于客观世界的学问。

哲学的对象决定哲学的内容。哲学既然是关于世界及其一般规律的科学，那么哲学就应该包括那些对整个世界有一般意义的范畴，如存在和无、本质和现象、原因和结果等，这是无疑的。但是否仅仅就这些范畴呢？例如意识、认识、思维、真理，这些都不是整个世界的一般范畴，而只是精神世界的一般范畴。它们能不能是哲学的内容呢？列宁显然是把它们看作哲学的内容的。他在辩证法的要素中就提到了分析和综合、认识过程，在《再论工会、目前形势和托洛茨基、布哈林的错误》中谈到辩证逻辑的要点时就谈到了实践和真理。这些对整个世界不是普遍的东西，列宁为什么要把它们算作哲学的内容呢？这样做对不对呢？是不是需要改变哲学的定义呢？

抽象地说，哲学只谈那些一般性的问题，但是如果把自己关闭在这个范围之内而不涉及比较特殊的东西，一般性的东西是说不清楚的。所以，至少哲学应涉及几个大的分支科学的一般性问题。精神科学就是一个大的领域，其中一些一般性问题应在哲学中讲，例如不讲意识，就讲不清物质与意识的关系，也不讲清物质。当然这并不妨碍认识论或逻辑学成为一门专门科学，专门研究认识规律和思维规律。正如生物学按理只要讲生物的一般问题，但是如果它不讲动物、植物和微生物，它也讲不清生物的一般问题。这当然不是说生物学是动物学、植物学和微生物学的总和，而是为了讲清生物学的一般问题，必须讲一讲动物学、植物学和微生物学的一般问题。但是，改变定义倒也不必，因为一门科学总要有一个明确的对象，以便与别的相邻科学区别开来。

如果哲学的内容可以包含认识论的一般内容，那么它也必须包含历史唯物论的一般内容。如果离开认识论的一般内容，就讲不清楚世界观，那么离开历史唯物论的一般内容就更讲不清世界观，因为人类社会的存在显然比人类认识的存在更根本一些，离开人类社会讲不清认识或精神领域。流行的哲学体系都是先谈认识论，后谈历史唯物论，这是本末倒置了。物质与意识的关系问题实际是自然和人类社会的关系问题，没有谈清人类社会问题，怎能谈清意识问题呢？

那么怎么看自然界的一般问题呢？是否哲学应包括自然辩证法的一般内容呢？这是毫无疑问的。斯大林虽然讲辩证唯物主义是世界观，但他讲辩证法的四个特征和唯物主义的三个特征时，都说这是讲的自然界。这往往被批评为自然辩证法主义，意即以自然辩证法代替了世界观，辩证唯物主义原则仅仅被看作自然辩证法，不涉及人类社会，而后它才被推广应用于人类社会，叫作历史唯物主义。从广义说，自然界就是宇宙、世界，包括人类社会；从狭义说，自然界指人类社会以外的宇宙。由于人类社会离不开自然界，是在自然界的基础上形成的，人类社会和自然界之间也并没有明确的界限，事情并不像平常所说的那样简单，野外是自然界，城市、集镇是人类社会。过去的哲学家谈的关于自然界的哲学往往就是他的世界观或纯粹哲学，即一般哲学，因而他也顺理成章地把他的哲学思想推广应用于人类社会，论证他的历史哲学、政治哲学、道德哲学和艺术哲学。恩格斯的《自然辩证法》的部分内容固然只是关于自然界的，但也有不少内容是一般性的。他要建立的自然辩证法这门科学未必只是关于自然的东西，他很可能想通过对自然界的研究而得到一般性的结论。列宁在《卡尔·马克思》中也有这种倾向。这是否只是由于哲学史上世界观和自然观的界限不清呢？不完全如此。在人类出现之前，根本没有什么人类社会及其思想意识，自然界就是世界。人类社会出现之后，人类社会仍然附丽在自然界上，是自然界的一部分，而不是与自然界并列的东西，正如人是动物的一部分，而不是与动物并列的东西一样，当然它们也是并列的，但它们并不是像两个星球或两块土地那样并列，因此，自然界的一般东西往往就是世界的一般的东西，适用于自然界的也适用于人类社会。当然这不是说自然规律就是社会规律，而是说既然人类社会有其自然基础，自然规律当然适用于人类社会的自然基础。例如动物的某些生理规律适用于人，即适用于作为自然物的人；力学规律适用于机器，即适用于作为自然物的机器。同样道理，从自然界获得的哲学原理也适用于人类社会。这样它就不仅有自然界的一般意义，而且有宇宙的一般意义。这就是一般辩证法与自然辩证法不易分开的原因。例如物质概念，它无疑是从自然界概括出来的，但无疑也适用于人类社会，当然只是适用于人类社会的自然基础。又如运动、关系、时间、空间等等，都是如此。这些范畴是一般辩证法的范畴呢，还是自然辩证法的范畴呢？这就很难分开了。因此，我认为很难在哲学中把自然辩证法的范畴和一般辩证法的范畴分开来。但是，既然自然界和世界还是有一定区别的，作为一门特殊科学的自然辩证法仍然是可以经过深入研究而建立起来的。这里谈的只是在哲学体系中自然辩证法与世界观的关系问题。

这样，我们就可以把哲学的内容规定为三部分，即世界的一般范畴、人类历史的一般范畴和认识的一般范畴。

这里顺便谈一种做法，即把辩证法分为规律和范畴两部分，对立面的统一、量变与质变、否定之否定是规律，而本质与现象、原因与结果等是范畴，这是毫无道理的。黑格尔没有这种区分，恩格斯也没有这种区分。黑格尔把全部辩证法的内容都叫范畴或规定，也叫概念、环节等等；恩格斯有三个主要规律的叫法，这种叫法承认其他范畴也是规律，不过不是主要规律而已；列宁叫要素、特征、规律，也采用黑格尔的叫法，没有区别过规律和范畴。从道理上说，任何一门科学的内容都是规律，不讲规律就不是科学，而规律是由范畴（基本概念）来表述的。辩证法的规律是由辩证法的范畴来表述的，对立统一规律就是由统一、斗争等范畴来表述的。辩证法的范畴也是辩证法的规律，原因和结果这对范畴讲的就是因果律。范畴与规律只有形式上的区别，并无内容上的不同。因此，我们把辩证法的要素通通称为范畴,这些范畴表述的是相应的规律。

三、列宁在《哲学笔记》中提出的构成哲学体系的几个原则

哲学的内容或范围如能像上面所说的那样规定出来,那么,根据什么原则来把这些内容联系起来,形成一个严密的体系呢?在《哲学笔记》中,列宁在很多地方都说过这些原则。集中谈到这些原则的则有《黑格尔辩证法(逻辑学)纲要》、《谈谈辩证法问题》,特别是《辩证法的要素》诸篇章。

构成体系必须解决以下三个问题:第一,从何开始?第二,按照什么原则来安排全部范畴的顺序?第三,贯穿整个体系的核心是什么?

黑格尔的体系对这三个问题都有回答。(1)哲学的开端是存在,因为存在是最一般最抽象的概念,但就其潜在的内容来说,又是最丰富、最具体的概念。因此,从它开始便可把事物的辩证关系全部展现出来。(2)安排范畴顺序的原则是:从抽象到具体、从简单到复杂、从表面到内部、从客观到主观,这是一个综合过程,是同哲学史一致的。在黑格尔看来,这也是一个分析过程,即从具体到抽象的过程。但分析过程是一个潜伏着的过程,所以一般都说黑格尔的概念运动过程是一个综合过程。黑格尔是个唯心主义者,他认为这个顺序的根据是概念的思辨的本性,或辩证的本性,亦即纯逻辑推演过程,从概念到概念的过程。(3)贯穿整个体系的核心是否定之否定,即正反合三段式。黑格尔把否定之否定也看作矛盾运动过程,但他认为对立面只有结合起来才是矛盾的解决,合就是正与反的结合或统一。此外,根据列宁的理解,黑格尔还有本体论、认识论和逻辑学三者是同一个东西的思想,这一思想与黑格尔哲学体系的构成有直接关系。

所谓三者是同一个东西,说的是黑格尔的逻辑学既是思维的科学,又是本体论,又是与人类认识的历史一致的。这一思想不是否定,而是肯定

哲学是本体论，这就说明了黑格尔逻辑学的根本性质——它首先是关于客观世界的学问，当然在他那里这个客观世界从本质上说是个精神世界。同时，它又是与认识的历史一致的，这一点即上面提到的第二点。它还是逻辑学，这就说明了它在思维中的普遍意义，它的规律不仅是支配客观世界的一般规律，而且是指导思维的一般规律。

黑格尔关于体系的这些思想都是在唯心主义基础上提出来的，但他毕竟根据这些思想构造出了一个自以为完整严密的哲学体系。事实证明，在他的体系中包含着非常丰富的合理的东西；同样，在他的体系思想中也有着合理的因素，可以供我们批判地吸取。列宁正是这样做的。列宁关于哲学体系的思想是唯物主义地改造黑格尔的体系思想的结果。列宁有以下一些对于体系的思想。

（一）唯物主义辩证法、认识论和逻辑学是同一个东西

这个思想是列宁第一次明确地提出来的，虽然他是根据了黑格尔的观点和做法。从这个思想里可以引申出以下一些思想：第一，哲学首先是宇宙观，即关于宇宙及其一般规律的科学，那些根据列宁的三者同一的思想取消世界观的人们是曲解了列宁的思想。列宁在说明逻辑学是什么的时候，首先就指出："逻辑学不是关于思维的外在形式的学说，而是关于一切物质的、自然的和精神的事物的发展规律的学说"，这就十分明确地肯定了逻辑学的世界观性质。第二，这个世界观就是唯物主义辩证法，它是一个整体，并不是由唯物主义和辩证法两部分构成的。第三，这个体系的范畴的安排大体符合认识史，即符合哲学概念发展的历史，它反映了人类认识的规律。因此，这个体系的范畴的安排应是从抽象到具体、从简单到复杂、从浅到深。第四，这个体系中的原理是一般客观规律的反映，反过来又是一般思维的规律，从这个意义讲，哲学就是逻辑学。

（二）最高的概念是存在，存在是这个体系的开端

列宁并没有直接作出过这个结论，但从他的一些言论中可以看出，他是同意黑格尔的这个意见的。他摘录了黑格尔许多关于开端的论述，作了肯定的评价，例如在《黑格尔辩证法（逻辑学）纲要》中，就肯定了存在这个开端。他还提出商品概念就是《资本论》的存在。

（三）体系的安排顺序不是概念的自我发展的过程，即不是思辨的推演过程，而是对人类实践和认识进行总结和概括的结果

正如列宁对《资本论》的体系所作的评价那样，在概念发展的每一步分析中，都用事实即用实践来进行检验。哲学体系既不能像黑格尔那样靠概念推演来展开，那是思辨哲学；也不能像数学那样靠形式逻辑从公理、定义引出定理，这是欧洲理性派早已宣告失败的做法。

（四）体系的核心不是否定之否定，而是对立统一规律

对于黑格尔来讲，否定之否定当然是一个矛盾运动的过程，但它要求有一个"合"的结局，只有"合"才是矛盾的解决，即矛盾的扬弃、消解，亦即对立面的统一。所以，在黑格尔那里，与其说矛盾运动是辩证法的核心，毋宁说否定之否定过程是辩证法的核心，因为不仅是矛盾运动，而且是以统一结束的矛盾运动，是构成黑格尔体系的最根本的原则。列宁区别了否定和对立面的统一，把否定之否定了解为在更高基础上重复过去的阶段，即重复和前进的对立统一，而把对立面的统一了解为对立统一规律，并明确指出对立面的统一是辩证法的核心。列宁不像黑格尔那样把矛盾的解决局限于对立面的结合，而且包含了新的战胜、克服旧的。因此，列宁把对立统一规律看作辩证法的核心，比黑格尔更能反映出辩证过程的实质。

列宁不仅提出了以上这些构成辩证法体系的原则，而且提出了一个唯物辩证法的雏型，这就是他的辩证法的要素十六条。人们对十六条的理解，是各不相同的，我在《中国社会科学》1980年第六期曾提出过一些理解。我认为前七条是一个纲，后九条是对前七条的补充，可以分别纳入前七条中去。包括后九条于其中的前七条就形成一个辩证法体系的雏型，它大体上是符合列宁所提出的那些原则的。这个体系的雏型简单地说就是：（1）观察的客观性（第一条），（2）相互联系（第二、八条），（3）运动（第三条），（4）自我运动（第四条），（5）对立面的统一、斗争和转化（第五、六、九条），其中又包括否定之否定（第十三、十四条）、内容和形式（第十五条）、质和量（第十六条），（6）分析和综合（第七条），其中又包括认识的量的增加（第十条）、认识的深化（第十一条）、

认识史的总结（十二条），（7）总结：辩证法的核心。

很明显，不能认为这是一个完整严密的体系，但列宁提出的一些原则在一定程度上是贯彻了的。

（1）以存在为开端。观察的客观性是思想方法。这个方法的客观根据是什么呢？无疑是世界的客观存在的原理。唯物主义所说的存在当然是客观存在。

（2）从抽象到具体、客观到主观。从第（1）项到第（5）项，后项均比前项具体，并越来越具体。存在是笼统的，联系就使存在具体化了。运动是一种联系，自我运动是一种运动，而对立统一规律是自我运动的根源。第（6）项是认识，是客观过程的主观反映。

（3）概念的这种发展不是纯逻辑的推演，而是以实践和认识史为根据。

（4）对立统一规律是辩证法的核心。这点在第（5）项中表现得最明显，第（6）项中的表现也是明显的。

四、一次尝试

如果列宁提出的这些原则是可以成立的，那么，我们是不是可以根据这些原则试一试呢？下面就是这样一次尝试。这个草图中的范畴大部分来自《哲学笔记》，部分来自一般教科书。有的范畴虽然为列宁所肯定，但因与其他范畴重复，没有选入。至于许多新出现的范畴，暂不列入。

（一）整体范畴

1. 存在和无
2. 物质实体和属性、关系者和关系

（二）并存范畴

3. 空间和时间
4. 中断和连续
5. 独立和联系、直接和间接

7. 质和量

6. 部分和全体

（三）层次范畴

8. 外和内

9. 现象和本质、现象和规律

10. 形式和内容

11. 个别和一般、特殊和普遍、具体和抽象

12. 偶然和必然

13. 相对和绝对

14. 有限和无限

（四）过程范畴

15. 静止和运动、变化、发展

16. 原因和结果

17. 条件和根据、内因和外因

18. 同一和差异、统一和斗争

19. 进化和飞跃（量变和质变）

20. 重复和前进（否定之否定）

21. 可能和现实

（五）社会范畴

22. 自然界和人类社会、存在和意识

23. 社会存在和社会意识

24. 生产力和生产关系

25. 经济基础和上层建筑

26. 个人和人民群众

（六）认识范畴

27. 客体和主体

28. 实践和认识

29. 感性和理性

30. 归纳和演绎

31. 分析和综合

32. 概念和判断、判断和推理

33. 谬误和真理

34. 相对真理和绝对真理

35. 手段和目的

36. 必然和自由

这个体系草图满足了以下一些要求，或者说具有以下一些特点：

第一，在这个体系中，唯物主义和辩证法真正融为一体了，很难区别哪些是唯物主义原理，哪些是辩证法原理。更确切地说，是把过去称为唯物主义的一些原理，融入辩证法之中，例如世界的客观存在、物质和运动、时间和空间、物质和意识等原理，过去均被安排在唯物主义之内，现在都成为一些辩证法的原理。这个体系按照过去的习惯称呼，可称为辩证唯物主义，或唯物辩证法，但最好叫作一般辩证法，以区别于特殊辩证法。

第二，在这个体系中，世界观、认识论和逻辑学是同一个东西。首先它是世界观，它研究的是作为整体的世界及其一般规律，所以它的内容主要是那些最一般的规律和范畴，只是为了论证最一般原理的必要，才包括了一些低层次的范畴。作为世界观，一般辩证法最好改名为一般辩证论〔西文 Dialectics 有三个常用的含义：客观存在的一般的辩证的规律，研究和阐明客观辩证规律的理论，以及在思维中对辩证规律的运用，这三种含义可以分别译为辩证律、辩证论和辩证法。当然，一词三译在实际翻译中会产生一些困难，但与其统一译为辩证法，不如统一译为辩证律。因为规律既可以是客观规律，也可以是思维规律（客观规律或科学规律的运用），如译为客观辩证律决定主观辩证律，比译作客观辩证法决定主观辩证法为好。因为方法总是主观的，与主观世界对立起来讲的客观世界中不存在什么方法。说它是认识论和逻辑学，都是就这两个词的广义说的。理由见前，兹不赘述。但是，这并不排斥在这个体系中包括狭义的认识论和逻辑学。根据前面已经谈过的理由，在这个体系中没有一个单独的组成部分叫自然辩证论，却可以有一个单独的组成部分叫历史辩证论。因此，从严格的意义来讲，这个体系包括三大部分：第一篇至第四篇为一般辩证论，第五篇为历史辩证论，第六篇为认识辩证论，其中又包括思维辩证论，即逻辑学，但它很难与认识辩证论明显分开。

第三，六篇的排列以及每一篇中的各个范畴的排列在一定程度上体现了从抽象到具体、从简单到复杂、由浅入深、由静到动、从客观到主观的原则。说"一定程度上"，因为在有的地方，这些原则体现得明显，在有些地方则不明显，或者根本看不出来。这正是这个体系需要大大改进的地方。

第一至四篇，好比是点、线、面、体，一个比一个具体和复杂。最初的整体范畴表现了人类认识的笼统、浑沌的阶段。其次的并列范畴表现了人类对世界的差异及其关系的认识，但这种差异和关系还是最抽象最简单的。层次范畴则表现出人类的认识向纵深发展了，而过程范畴则表现了人类认识更上一层楼。从客观范畴向社会范畴过渡，然后再向认识范畴过渡，这似乎是顺理成章的。

如果六类范畴的排列还有点道理的话，每一类中的范畴就难讲了。有的可以明显看出它们的顺序符合上述原则，有的则不大看得出来。

第一类范畴中，物质实体和属性是存在的具体化，存在可以区别为两大类：物质实体和属性。实体与属性不可分割，没有无实体的属性，也没有无属性的实体，但实体是属性的承担者或载体，二者不是并列的，只能说世界统一于物质实体，不能说世界统一于存在。还有一大类，即关系，关系离不开关系者，所以关系者与关系构成一对矛盾。关系者不一定是实体，属性也可以是关系者，如物质与意识之间的关系就是高级物质和它的属性的关系。不仅如此，关系也可以作为关系者，如空间关系与时间关系的关系。

第二类并存范畴这一称呼来自列宁，它是一种关系，但却是最简单最一般的关系，首先是空间关系和时间关系。无论空间关系还是时间关系，都存在着中断和连续这一对矛盾。物质在空间中和时间中的中断和连续进一步具体化为物质整体各个组成部分之间的独立和联系，独立无疑是相对的，而联系则是绝对的，这样的联系就是普遍联系。部分和全体的并存关系是一种特殊的并存关系，因为全体中包含着部分，已有层次的因素，再进一步就是层次范畴了。我把质和量摆在这里，也因为质和量仍然是一种并存关系，但也有层次的因素；量表面上对质是并存的，但一定的量就会改变质，是更深刻的。

第三类范畴都有明显的层次。外和内可以是空间上的，这实际上是并存。真正表现出层次的是现象和本质。其余几对都是一些具体的层次，其排列顺序似乎有一个由浅入深的过程，但我说不清楚。这类范畴看来应重新加以排列。

第四类范畴都是有过程的，这不是说前三类范畴没有过程，但过程不明显。这七对范畴的顺序比较明显地符合上述原则。先是一般的运动，然后具体化为因果链条，因与果是运动、变化、发展的最简单、最一般的形式。然后具体化为内外两种因果，内因是对立面的统一和斗争，即事物变化、发展的动力，对立面的统一和斗争具体化为进化和飞跃，而进化和飞跃均采取重复和前进的具体道路，最终导致可能的东西变为现实的东西。这样就达到了一般辩证法的顶峰。为了进一步具体说明一般辩证法，还必须有第五类范畴。

第五类范畴的第一对是自然界和人类社会。我不提自然界和人，因为与自然界对立的是人类社会，其中包括人。与人对立的是动物，但提动物与人似乎太窄了。由于意识总是人类社会的意识，故把存在与意识作为一对范畴放在这里。社会存在是特殊的存在，社会意识是特殊的意识，故放在存在与意识之后。生产力与生产关系、经济基础与上层建筑这两对矛盾是社会存在与社会意识这对矛盾的具体化。以上四对矛盾是人类社会的基本矛盾，其中都贯穿了人与人之间的矛盾，特别是个人与人民群众之间的矛盾，故把这对矛盾放在最后。

意识是人类社会的产物，亦即社会实践的产物。意识包括整个主观世界的精神活动，如价值判断、审美活动、信仰活动等等，而其中最根本的是认识。认识活动决定其他一切意识活动，故在讲人类社会之后讲认识，而且只讲认识，这就是第六类范畴。

第六类范畴是认识过程中的一些矛盾，认识过程就是这些矛盾的运动过程。这些范畴的排列也体现了从抽象到具体、由浅到深的过程。最抽象、最笼统的范畴是客体和主体，而实践和认识则是主体与客体的两种关系。认识分为感性认识和理性认识，而归纳和演绎、分析和综合是从感性认识到理性认识的基本方法。理性认识的基本形式是概念、判断、推理，其结果是谬误和真理。真理区别为相对真理和绝对真理。真理决定目的及其手段，由于掌握了必然，人类就能实现从必然的王国到自由的王国的飞跃。

前面，我把列宁提出的辩证法的要素十六条理解为六点，这三十六对范畴的顺序和这六点的顺序是一致的。第一点观察的客观性相当于第一对范畴存在和无。第二点相互联系相当于第五对范畴独立和联系。第三点运动相当于第十五对范畴静止和运动。第四点自我运动相当于第十七对范畴根据和条件。第五点对立面的统一和斗争相当于第十八对范畴统一和斗争。第六点分析和综合就是第三十一对范畴分析和综合。

范畴之间的这种顺序绝不是根据什么逻辑推演，而是根据了对前人观点和实际材料的搜集和研究。

四、这个体系的核心是对立统一规律而不是否定之否定。因此，其中范畴都是成对的，都是对立统一的，而不是三段式的。

这个体系虽然凑出来了，但问题还很多，我考虑至少有以下几个问题：

（1）前面提到的列宁关于体系的思想是否真是列宁的思想？如果理解得还不错，这些思想是否正确？

（2）为什么列宁只谈到两个层次的（一般的与认识范围的）范畴，而没有谈到自然范围的和人类社会范围的范畴？在这个体系中，自然范围的范畴与一般范畴融为一体，社会范畴却是单独一部分，并放在认识范畴之前，这种做法是否合适？

（3）一般范畴分为四类是否合适？

（4）六类范畴的排列顺序和各类范畴本身的排列是否合适？

（5）怎样反映现代科学的最新成就？根据现代科学的发展，哪些范畴还应放进去？

《哲学笔记》与辩证法[①]

序　言

　　列宁的《哲学笔记》是一本很难读的书，因为它的大部分篇幅都是摘自他人哲学著作的长长短短的词句和段落，而列宁自己写的部分，除个别不很完整的短文而外，都是一些随读随写的只言片语，给人们的理解留下了极大的活动余地。但是，它又是一本马克思主义哲学史上很重要的书，不仅充满了丰富的新颖的深刻的观点，而且提出了许多至今没有解决、需作进一步研究的问题；这些思想不仅在当时通过列宁的政论和革命实践对革命发生过重要的作用，而且在今天仍然影响着我们的革命事业和马克思主义理论建设。

　　怎样学习这一本不可不读而又难读的书呢？

　　自50年代[②]接触这本书以来，我曾立下志愿，要和同志们一起为学习列宁的《哲学笔记》编写两本书，一本专门注解难点，一本阐发基本思想。前一本已在一些同志共同努力下完成，并由北京大学出版社于1982年出版，叫作《〈哲学笔记〉注释》；后一本就是本书。本书为什么不叫《〈哲学笔记〉中的辩证法思想》呢？因为本书不仅对列宁的辩证法思想作了介绍和解释，而且作了一定程度的发挥。发挥一种思想，就有脱离这

[①] 本文源自黄枬森《〈哲学笔记〉与辩证法》（北京出版社1984年版）一书。
[②] 指20世纪50年代。——编者注

种思想的危险，就《哲学笔记》来说，这种危险更大。但是，对于《哲学笔记》这样的书，不发挥、不引申，是解释不清楚的。于是我只好冒险大胆地把本书奉献给广大读者和专家。如果本书能对准确而深入地学习列宁《哲学笔记》的思想起一点推动作用，我的目的就算达到了。

本书采用了安徽大学哲学系的同志整理的我的讲课记录稿，我对此表示由衷的谢意！

第一章 列宁在1914—1916年对辩证法的研究

第一节 列宁研究哲学著作的经过

《哲学笔记》是由46篇读书摘要、札记、短文和读书批注构成的。除读书批注五篇以外，其余41篇原来是列宁的十个笔记本，其中八本写于1914年9月至1916年6月，即在第一次世界大战期间列宁流亡国外时写的，那时他先住在瑞士的伯尔尼，后住在瑞士的苏黎世。在列宁逝世后，短文《谈谈辩证法问题》曾于1925年发表，其余部分第一次在1929—1930年出版的《列宁文集》第九、十二卷中发表。此后，又在1933年、1934年、1936年、1938年和1947年出版了单行本，叫《哲学笔记》。1941年开始出版的《列宁全集》第四版把它作为第三十八卷出版，并增加了若干材料。1963年开始出版的《列宁全集》第五版把它作为第二十九卷出版，也有所增改。《哲学笔记》公开发表后不久，其中许多重要思想就流传到了我国，毛泽东的著名哲学著作《实践论》和《矛盾论》就引用了其中的《黑格尔〈逻辑学〉一书摘要》和《谈谈辩证法问题》中的许多论点，其他马克思主义哲学家的著作中也常常提到《哲学笔记》一书。1949年《哲学笔记》中的一部分的汉文译本公开出版，即《黑格尔

〈逻辑学〉一书摘要》（曹葆华译，解放社出版，其中包括《谈谈辩证法问题》），1956 年，全译本出版，即根据 1947 年俄文版译出的《哲学笔记》；1960 年出版了《列宁全集》第四版第三十八卷的汉文译本。

列宁不仅是一个伟大的无产阶级革命家，而且是一个伟大的无产阶级思想家；不仅有着丰富的革命斗争经验，而且熟悉人类知识的各个领域和人类认识的历史。无论在实际活动方面或理论活动方面，他都是我们学习的榜样。他的一生就是革命性和科学性、革命实践和革命理论高度结合的光辉典范。列宁的理论活动是从属于他的革命活动，为他的革命活动服务的；《哲学笔记》是列宁的理论活动的一个集中表现，当然不能例外。

列宁生平有三个时期对哲学进行了集中的研究。第一个时期是 1905 年资产阶级民主革命以前。在这个时期中，列宁研究了马克思、恩格斯、普列汉诺夫的哲学著作，研究了斯宾诺莎、康德、黑格尔和费尔巴哈的著作，沙皇俄国保卫局曾纪录下列宁从流放所寄给他的母亲的书籍的目录，在这个书目中有上述哲学家的著作。在这个时期中，列宁虽然没有写作专门的哲学著作，但在许多著作中表现出他已经成为一个成熟的辩证唯物主义者。第二个时期是 1908 年。在这一年，列宁为了回击俄国马赫主义者对马克思主义哲学的进攻，为了批判哲学上的修正主义，曾认真总结了费尔巴哈、马克思、恩格斯和狄慈根的认识论观点，广泛研究了国内外马赫主义者的著作和其他资产阶级哲学家的著作，并曾专程去伦敦图书馆搜集材料，其结果就是列宁的重要哲学著作《唯物主义和经验批判主义》。第三个时期就是写作《哲学笔记》的主要部分的 1914—1916 年。在这个时期中，列宁哲学研究的中心问题是辩证法，他广泛研究了哲学史上，特别是黑格尔的辩证思想，写了大量笔记。从《谈谈辩证法问题》、《辩证法的要素》等材料来看，列宁准备写一本系统地详尽地阐明唯物辩证法的书，但由于俄国革命形势发生了重大的转变，这个计划还没有着手进行，列宁就回到俄国，投身于火热的革命斗争中去了。虽然列宁在以后几年始终很关心哲学，但由于没有时间集中研究哲学，终于未能实现他的初愿，而仅仅以笔记的形式把他的丰富的唯物辩证法思想遗留给我们。

根据一些材料，我们知道列宁还有一些哲学笔记，即 1899 年给连金加的那些信（专门批判康德主义），1906年给波格丹诺夫的信（三个笔记本，题为《一个普通马克思主义者的哲学札记》），1908年研究马赫主义及其他资产阶级唯心主义的笔记（克鲁普斯卡娅在《列宁回忆录》中曾说道，列宁的伦敦之行收获甚丰）；根据列宁的读书方法，他可能还对很多马克思和恩格斯的著作如《资本论》、《反杜林论》等作有笔记。可惜，所有这些笔记都不可挽回地遗失了。

列宁遗留下来的哲学笔记所涉及的问题十分广泛。大致说来，它涉及唯物辩证法、历史唯物主义、哲学史、自然哲学等问题，但它的中心问题是唯物辩证法问题，也就是说，在1914—1916年列宁阅读大量哲学著作时所关心的中心问题是唯物辩证法。① 涉及这个问题的笔记有：《黑格尔〈逻辑学〉一书摘要》、《黑格尔〈哲学史讲演录〉一书摘要》、《黑格尔〈历史哲学讲演录〉一书摘要》、《黑格尔辩证法（逻辑学）的纲要》、《拉萨尔〈爱非斯的晦涩哲人赫拉克利特的哲学〉一书摘要》、《谈谈辩证法问题》、《亚里士多德〈形而上学〉一书摘要》和《费尔巴哈〈对莱布尼茨哲学的叙述、分析和批判〉一书摘要》等。在这些笔记中，列宁详尽地研究了辩证法的各个方面，大大发展了唯物辩证法。

列宁在这个时期中为什么以辩证法作为自己哲学研究的中心问题呢？

列宁在1914年的哲学研究开始于《卡尔·马克思》一文的写作。这篇文章写于1914年7月至11月，系为《格拉纳特百科辞典》而作。格拉纳特出版社约定列宁在当年秋天交稿，列宁在7月已动笔撰写，但由于发生了一些意外事件，无法如期交稿，列宁遂在7月21日去信推谢，请另约撰稿人。但在一星期后，局势有了新的变化，列宁又去信表示可以如约完成此稿。他写道："决定我活动的政治情势现在又突然发生了根本的改变：第一，我今天在俄国报纸上看到，圣彼得堡的紧急状态要到1914年9月4日才能解除，看来，我为其撰稿的那家报纸在这个期间就得暂时停刊；第二，看来，战争缓解了我所负担的许多紧迫的政治事务。因此现在有可能把已经动笔的介绍马克思的词条继续写下去，大概很快就能写好。

---

① 我认为列宁所说的辩证法就是辩证唯物主义，即马克思主义哲学，理由见下一章。

"① 那时列宁住在波兰的克拉科夫附近的波罗宁，离俄国边境很近，实际上指导着国内革命活动和党中央机关报《劳动真理报》的出版，工作很紧张。由于战争的迫近，列宁的实际政治活动受到阻碍，他与国内的联系日益困难。而且由于克拉科夫当时属于奥匈帝国，列宁作为一个俄国侨民势将不能长久住下去。7月28日战争爆发，不久，列宁就以俄国间谍嫌疑被捕，但很快就被保释出来了。由于再不能在克拉科夫待下去了，列宁遂于9月迁居到中立国瑞士的伯尔尼。在伯尔尼，同俄国国内联系更加困难，列宁的实际政治活动减少了，加以伯尔尼是一个非常安静的城市，有一个很好的图书馆，这些使列宁得以集中精力从事理论活动。

列宁继续撰写《卡尔·马克思》一文，同时阅读黑格尔的《逻辑学》。根据克鲁普斯卡娅的《列宁回忆录》，列宁阅读黑格尔的著作，是为了撰写《卡尔·马克思》中的两节《哲学唯物主义》和《辩证法》。但交稿之后，列宁并未中止他的哲学研究工作，在将近两年时间内，阅读了将近8000页的数十种哲学著作，并作了上述八个笔记本的笔记。

能不能认为列宁的哲学研究工作是一种单纯的理论活动呢？不能。必须看到列宁的另一方面的活动，即实际政治活动，才能充分了解列宁为什么在这个时期内特别关心辩证法问题。

第二节 第一次世界大战期间列宁反对社会沙文主义及其诡辩论的斗争

第一次世界大战的爆发，对国际共产主义运动提出了一个严重的问题：欧洲主要国家已联合为英法俄一方和德奥意一方，两个帝国主义集团互相厮杀起来了，各国社会民主党怎么办？是各自站在本国帝国主义政府一边"保卫祖国"呢？还是根本反对战争，使本国政府在战争中失败从而准备国内革命呢？早在1912年，在瑞士巴塞尔召开的国际社会党人代表

---

① 《列宁全集》第46卷，人民出版社1990年版，第527页。

大会的宣言就明确地全面地阐述了社会党人对战争的观点和策略。"宣言明确宣布,对于以大国的帝国主义掠夺政策为基础、'为了资本家的利润和王朝的利益'而进行的这种战争,是不能以任何人民的利益作为借口来为它辩护的。宣言明确宣布,战争'对各国政府'(毫无例外)是危险的,指出各国政府都害怕'无产阶级革命',非常明确地举了1871年公社和1905年10月至12月事件即革命和国内战争的例子。因此,巴塞尔宣言正是针对当前这场战争制定了各国工人在国际范围内进行反对自己的政府的革命斗争策略,制定了无产阶级革命的策略。巴塞尔宣言重申斯图加特决议的主张,认为战争一旦爆发,社会党人就应当利用战争造成的'经济和政治危机'来'加速资本主义的崩溃',也就是利用战争给各国政府造成的困难和群众的愤慨来进行社会主义革命。"① 但是,多数第二国际领袖在战争爆发时却背叛了自己通过的宣言,站在本国政府一边,号召工人"保卫祖国",鼓励他们去屠杀另一边的工人兄弟,而且他们还提出一些诡辩为他们的"保卫祖国"的口号辩护,其中威信最高、影响最大的就是考茨基和普列汉诺夫。只有列宁、布尔什维克和其他少数第二国际领袖坚持了巴塞尔宣言,坚持了无产阶级革命路线。他们当时是国际工人运动中的少数,但是,真理却在列宁和布尔什维克一边。

第二国际领袖们的叛变使第二国际分裂为互相厮杀的社会沙文主义党,第二国际破产了。列宁对于他们的叛变非常痛心、非常愤怒,但他并未因为他们是暂时的多数就放弃原则,同他们妥协,不,列宁从他们一开始背叛就同他们展开了不懈的斗争。1914年10月11日普列汉诺夫在瑞士洛桑作了《论社会党人对战争的态度》的报告,在这个报告中他斥责德国社会党人的背叛行为,却为法国社会党人的社会沙文主义立场辩护。这是普列汉诺夫对巴塞尔宣言的背叛行为的第一次暴露,他当场遭到了列宁的驳斥,列宁是当场驳斥他的唯一的一个人。自此以后,列宁就展开了各式各样的反对第二国际机会主义的斗争,作过许多讲演,写出了一系列论文来阐明有关帝国主义战争和无产阶级革命的问题,彻底粉碎了第二国际领

---

① 《列宁选集》第2卷,人民出版社1995年版,第518页。

袖们的机会主义观点。有关这一问题的著名论文有:《第二国际的破产》、《社会主义与战争》、《论欧洲联邦口号》、《社会主义和民族自决权》、《帝国主义是资本主义的最高阶段》、《论尤尼乌斯的小册子》等等。

列宁把批判第二国际领袖们的机会主义观点作为自己的主要政治任务的时候,也就是他阅读大量哲学著作、写出大量哲学笔记的时候。这两件事并不是偶然地碰在一起的。在这一时期,列宁之所以研究哲学、关心辩证法问题,正是由于政治斗争的需要。研究了列宁的《哲学笔记》和这一时期的其他著作,特别是上面举出的那些著作,这个结论是不难得出的。

为了说明列宁研究哲学和政治斗争的关系,有必要先谈一下《卡尔·马克思》一文的论述方式。在这个著作中,列宁阐明了马克思的世界观、辩证唯物主义和历史唯物主义、经济学说、社会主义理论和无产阶级的阶级斗争策略,但他不是把这些观点和策略作为彼此分离的部分来阐明的,而是把它们看作一个完整的体系,在这个体系中,后面的部分是前面的部分的证明和运用,前面的部分是后面的部分的指导思想。列宁说,"使马克思的理论得到最深刻、最全面、最详尽的证明和运用的是他的经济学说"[①],又说,"马克思是严格根据他的辩证唯物主义世界观的一切前提确定无产阶级策略的基本任务的。先进阶级只有客观地考虑到某个社会中一切阶级相互关系的全部总和,因而也考虑到该社会发展的客观阶段,考虑到该社会和其他社会之间的相互关系,才能据以制定正确的策略。这就是说,不应当把各个阶级和各个国家看作是静态的,而应当看作是动态的,即不应当看作是处于不动的状态,而应当看作是处于运动之中(运动的规律是从每个阶级的存在的经济条件中产生的)。而对运动,不仅要从过去的观点来看,而且要从将来的观点来看,并且不是像'进化论者'那样庸俗地理解,只看到缓慢的变化,而是要辩证地理解"[②]。这就是说,马克思是根据辩证唯物主义世界观来考察资本主义社会并提出自己对资本主义的观点和无产阶级革命的策略的。

列宁完全按照马克思的榜样,根据辩证唯物主义来考察帝国主义并提

[①] 《列宁选集》第 2 卷,人民出版社 1995 年版,第 428 页。
[②] 《列宁选集》第 2 卷,人民出版社 1995 年版,第 443 页。

出自己对帝国主义和帝国主义战争的观点和策略,根据辩证唯物主义来批判第二国际领袖们对帝国主义的机会主义观点和策略。而第二国际领袖们在辩护他们的机会主义观点和策略时又一再宣称他们的根据是辩证法,其实,正如列宁所一再指出的,他们所使用的武器,不过是诡辩论和折中主义,即貌似辩证法而其实反辩证法的方法。了解了这种情况,列宁在投身于反对第二国际机会主义的政治斗争的同时又进行了规模巨大的研究辩证法的工作,就毫不为奇了。可以这样说,列宁之所以特别关心辩证法,是为了以唯物辩证法为武器来考察帝国主义和帝国主义战争,并反对关于帝国主义和帝国主义战争的机会主义观点,确定无产阶级在帝国主义时代中的策略和对帝国主义战争的策略,并反对机会主义的策略,揭露机会主义观点的诡辩论和折中主义,以便彻底粉碎机会主义的全部观点。下面我们分成几点来谈一谈。

(一) 关于时代性质问题

大战正在疯狂地进行,为了确定和论证无产阶级的革命策略,必须分析大战的性质,要分析大战的性质,必须分析整个时代的政治经济关系的性质。为了分析时代的性质,列宁搜集了大量材料①,分析的结果就是1916年写作的《帝国主义是资本主义的最高阶段》。这个著作可以说是《资本论》的续篇,它在国际共产主义运动中、在马克思主义理论的发展史中,具有重大的意义。这个著作对帝国主义时代的特征作了全面的精深的分析,而它的哲学基础就是唯物辩证法。

在《哲学笔记》中,列宁曾经不止一次指出过《资本论》的哲学基础就是唯物辩证法,他说,"马克思把黑格尔辩证法的合理形式运用于政治经济学"(第190页)②,"不钻研和不理解黑格尔的全部逻辑学,就不能完全理解马克思的《资本论》,特别是它的第1章"(第191页)。列宁在分析帝国主义时运用的正是唯物辩证法。要彻底说明这点,必须钻研《帝国主义是资本主义的最高阶段》的全部内容,在这里我们仅就列宁在这本

---

① 这些材料已作为《列宁全集》第39卷出版。
② 括号内数字为《哲学笔记》人民出版社1974年版页码。以后凡引自《哲学笔记》的引文,无论是列宁的话,还是列宁的摘录,均按此方式在引文后注明1974年版页码,不另作脚注。

书中直接提到的辩证法观点来说明这个问题。

列宁首先提到的是客观的观点和全面的观点。列宁指出:"能够证明战争的真实社会性质,确切些说,证明战争的真实阶级性质的,自然不是战争的外交史,而是对所有交战大国统治阶级的客观情况的分析。为了说明这种客观情况,应当利用的,不是一些例子和个别的材料(社会生活现象极其复杂,随时都可以找到任何数量的例子或个别的材料来证实任何一个论点),而必须是关于所有交战大国和全世界的经济生活基础的材料的总和。"① 这种辩证观点,列宁十分重视,认为是辩证法的首要观点。列宁所提出的辩证法要素的第一条就是:"观察的客观性(不是实例,不是枝节之论,而是自在之物本身)。"(第238页)在《谈谈辩证法问题》一文中和《哲学笔记》的其他地方,列宁也一再提到这种辩证观点。在研究帝国主义时,列宁正是从这种客观的全面的综合材料出发的。例如,列宁自己说,他"在说明1876年和1914年世界分割的情形(第六章)以及说明1890年和1913年世界铁路分割的情形(第七章)时所引用的,正是这样一种驳不倒的综合材料"②。

列宁还提到掌握全局、抓住本质的辩证观点。列宁批评某些资产阶级学者被一大堆原始材料所压倒,"只看到一棵棵的树木而看不到森林","盲目地复写表面的、偶然的、紊乱的现象","完全没有认识这些材料的含义和意义",因为他们惊叹于帝国主义经济力量的"强大",而看不见"帝国主义是过渡的资本主义,或者更确切些说,是垂死的资本主义"。列宁认为,"隐藏在这种交织现象底下的,构成这种交织现象的基础的,是正在变化的社会生产关系"③。列宁认为,只有掌握全局、抓住本质,才能弄清楚帝国主义的历史地位,即从资本主义向更高级的社会经济制度——社会主义过渡这一历史地位。

列宁还提到暴露矛盾、分析矛盾的辩证观点。列宁认为,根据对帝国主义材料的全面而深入的分析,可以看出,帝国主义是资本主义的特殊阶

---

① 《列宁选集》第2卷,人民出版社1995年版,第577页。
② 《列宁选集》第2卷,人民出版社1995年版,第577页。
③ 《列宁选集》第2卷,人民出版社1995年版,第686—687页。

段，是现代资本主义，是资本主义的内部矛盾之进一步发展和尖锐化。列宁认为指明以下五个特征，才能揭露出帝国主义所固有的内在矛盾："（1）生产和资本的集中发展到这样高的程度，以致造成了在经济生活中起决定作用的垄断组织；（2）银行资本和工业资本已经融合起来，在这个'金融资本'的基础上形成了金融寡头；（3）和商品输出不同的资本输出具有特别重要的意义；（4）瓜分世界的资本家国际垄断同盟已经形成；（5）最大资本主义大国已把世界上的领土瓜分完毕。"① 正是在这些特征中存在着帝国主义战争和无产阶级革命的必然性。修正主义者考茨基反对把帝国主义和现代资本主义等同起来，认为不应当把帝国主义了解为经济发展的一个时期，而应当了解为财政资本所爱好的一种"政策"。至于在资本主义经济发展中将要到来的新时期，不是帝国主义，而是"超帝国主义"，即"'把卡特尔政策应用到对外政策上的超帝国主义的阶段'，也就是全世界各帝国主义彼此联合而不是互相斗争的阶段，在资本主义制度下停止战争的阶段，'实行国际联合的金融资本共同剥削世界'的阶段"②。列宁一针见血地指出，考茨基的"超帝国主义"这一死板抽象的概念"对群众进行最反动的安慰，其方法就是使人们不去注意现代的尖锐矛盾和尖锐问题"，他"不是充分暴露矛盾的深刻性，而是回避存在的矛盾，忘掉其中最重要的矛盾"；"考茨基关于超帝国主义的毫无内容的议论还鼓舞了那种十分错误的、为助长帝国主义辩护士助长声势的思想，似乎金融资本的统治是在削弱世界经济内部的不平衡和矛盾，其实金融资本的统治是在加剧这种不平衡和矛盾"③。

从以上材料可以看出，列宁在分析帝国主义时代性质时如何贯彻了唯物辩证法观点，如何把自己的辩证方法和资产阶级学者以及修正主义者考茨基的形而上学方法对立起来。

（二）关于战争性质问题

根据对帝国主义时代的内在矛盾的分析，两大同盟之间的战争的性质

---

① 《列宁选集》第 2 卷，人民出版社 1995 年版，第 651 页。
② 《列宁选集》第 2 卷，人民出版社 1995 年版，第 655 页。
③ 《列宁选集》第 2 卷，人民出版社 1995 年版，第 679、655—656 页。

就一目了然了。这个战争是帝国主义战争,是帝国主义国家重新瓜分殖民地的战争。这个战争无论就哪一方来说,都是非正义性的。这个结论是早在大战爆发之前就为各国马克思主义者所公认了的,而且被载在巴塞尔宣言及其他会议的决议中。但是在大战爆发之后,考茨基之流为了辩护自己的社会沙文主义立场,却否认这个结论。考茨基辩护自己立场所采用的方法就是貌似辩证法的诡辩论。

考茨基不敢干脆否认大战的帝国主义性质,他认为大战具有帝国主义性质,也具有民族性质,对于统治阶级来说是帝国主义性的,对于人民群众来说是民族性的,说战争是纯粹帝国主义性的是非常荒谬的。他说:"现时的战争不仅是帝国主义的产物,而且是俄国革命的产物。'民主的俄国必然会强烈地激起奥地利和土耳其统治下的斯拉夫人争取民族独立的愿望……那时波兰问题也将尖锐起来……那时奥地利就会崩溃,因为目前把彼此趋向分离的分子束缚起来的那个铁箍将随着沙皇制度的崩溃而断裂'(上面的最后一句话是现在考茨基自己从他1904年的文章中引来的)……'俄国革命……给了东方的民族要求以新的强有力的推动'。"① 列宁指出,这完全是诡辩论,是"普列汉诺夫式"的辩证法,是糟蹋马克思主义。列宁认为,"没有希望的战争也是战争"②。但是,"马克思的辩证法是最新的科学进化论,它正是不容许对事物作孤立的即片面的、歪曲的考察。塞奥战争的民族因素对全欧的战争是没有而且也不可能有任何重要意义的"③。

考茨基说,他这个结论是辩证地援引了"极为纷繁复杂的现实"而得出的。针对考茨基的这种"辩证法",列宁阐明了在纷繁复杂的现象中掌握主流的辩证方法。他说:"无论在自然界或社会中,'纯粹的'现象是没有而且也不可能有的,——马克思的辩证法就是这样教导我们的,它向我们指出,纯粹这个概念本身就是人的认识的一种狭隘性、片面性,表明人的认识不能彻底把握事物的全部复杂性。世界上没有而且也不可能有

---

① 转引自《列宁选集》第2卷,人民出版社1995年版,第481页。
② 《列宁选集》第2卷,人民出版社1995年版,第641页。
③ 《列宁选集》第2卷,人民出版社1995年版,第695页。

'纯粹的'资本主义,而总是有封建主义的、小市民的或其他的东西掺杂其间。因此,当帝国主义者分明用'民族的'词句来掩盖赤裸裸的掠夺的目的,肆无忌惮地欺骗'人民群众'的时候,有人却说战争不是'纯粹'帝国主义性质的,这种人不是愚蠢透顶的学究,就是吹毛求疵者和骗子。问题的整个实质就在于考茨基在帮助帝国主义者欺骗人民,他说,'对于人民群众(也包括无产阶级群众)具有决定性的意义的'是民族问题,而对于统治阶级来说则是'帝国主义的倾向'(第273页),同时他还援引了'极为纷繁复杂的现实'(第274页)这个似乎是辩证的论据来'充实'这一论点。毫无疑问,现实是极为纷繁复杂的,这是颠扑不破的真理!但同样毫无疑问的是,在这种极为纷繁复杂的现实中有两股主要的和根本的潮流:这场战争的客观内容是帝国主义的'政治的继续',即'列强'的已经衰朽的资产阶级(和他们的政府)掠夺其他民族的'政治'。"①

在战争性质问题上,列宁还批评了普列汉诺夫的诡辩论,并且阐明了辩证法在战争问题上的运用。普列汉诺夫这样辩护自己的社会沙文主义:为了估计具体局势,首先需要找出祸首,予以惩罚,至于其他一切问题,则留待另一种形势到来时再去解决,现在的问题是,人家侵犯了我们,我们起来自卫;无产阶级的利益要求反击欧洲和平的破坏者;德国人自己在战前就承认奥地利和德国是祸首,这就够了。② 这就是普列汉诺夫的诡辩论。抓住一点表面现象,抛弃最本质的全面的东西。列宁指出:"在用诡辩术偷换辩证法这一崇高事业中,普列汉诺夫打破了纪录。这位诡辩家任意抽出某一个'论据',而黑格尔早就正确地说过:人们完全可以替世上的一切找出'论据'。辩证法要求从发展中去全面研究某个社会现象,要求把外部的、表面的东西归结于基本的动力,归结于生产力的发展和阶级斗争。"③ 列宁就是完全按照这种辩证观点来考察战争问题的。

列宁说:"辩证法(普列汉诺夫为了取悦于资产阶级而无耻地将它歪

---

① 《列宁选集》第2卷,人民出版社1995年版,第483页。
② 《列宁选集》第2卷,人民出版社1995年版,第464页。
③ 《列宁选集》第2卷,人民出版社1995年版,第465页。

曲了）的基本原理运用在战争上就是：'战争不过是政治通过另一种〈即暴力的〉手段的继续'。这是军事史问题的伟大著作家之一、思想上曾从黑格尔受到教益的克劳塞维茨所下的定义。而这正是马克思和恩格斯始终坚持的观点，他们把每次战争都看作是有关列强（及其内部各阶级）在当时的政治的继续。"① 这种观点之所以是辩证法原理在战争问题上的运用，就因为它一下子就抓住了战争的本质、战争的阶级斗争本质。根据这个观点，第一次世界大战就是垂死的资本主义掠夺全世界、联合封建主来镇压无产阶级革命运动的政治的继续。考茨基和普列汉诺夫恰恰是否认这种继续，割断政治和战争之间的联系，仿佛战争一旦爆发，帝国主义强国对殖民地的压迫、各个强国之间为分赃而进行的竞赛、资产阶级对工人运动的分裂和镇压就立刻烟消云散了，剩下的只是赤裸裸的进攻者和防御者，对"祖国"的进攻和对"祖国"的保卫。列宁愤怒地指出，这不是辩证法，这是为了取悦资本家而对辩证法的歪曲，是对社会主义的莫大侮辱。

列宁就是这样运用唯物辩证法来分析大战的帝国主义性质，并反击机会主义者否认大战的帝国主义性质的诡辩论的。同时，列宁还认为，完全否认帝国主义战争有任何转化的可能性，完全否认帝国主义时代有民族解放战争，也绝不是辩证观点。我们不能在反对诡辩论的片面性时陷入另外一种片面性。列宁的论文《论尤尼乌斯的小册子》，谈的就是这个问题。

德国社会民主党左派的杰出领袖之一罗莎·卢森堡，为了反击机会主义者关于战争性质的观点，以尤尼乌斯的署名秘密出版了一个小册子《社会民主党的危机》。列宁对这个小册子的出现感到由衷的喜悦，认为它是一部优秀的马克思主义著作，在反对已经转到资产阶级和封建主方面去的旧社会民主党的斗争中曾经起了而且还会起到重大的作用。但是，它也有一些缺点和错误，为了进行马克思主义者不可缺少的自我批评，列宁批评了这些缺点和错误。其中之一就是完全否认帝国主义时代的民族战争。

尤尼乌斯强调帝国主义环境在这次战争中有决定性的影响，认为最重要的是同目前支配着社会民主党政策的民族战争的怪影进行斗争，列宁认

---

① 《列宁选集》第 2 卷，人民出版社 1995 年版，第 466 页。

为尤尼乌斯的这个论断是既正确而又完全恰当的。但是,尤尼乌斯夸大了这个真理,脱离了马克思主义的进行具体分析的要求,把对这次战争的估计搬到帝国主义时代可能发生的一切战争上去,宣称"'……在这猖狂的帝国主义的时代(纪元),不可能再有任何民族战争。民族利益只是欺骗的工具,以便让劳动人民群众为其死敌——帝国主义效劳……'以这个论点结尾的第5条……"① 她的理由是,世界已被瓜分完毕,任何战争,即使起初是民族战争,以后也会由于触犯帝国主义列强或联盟之一的利益而转化为帝国主义战争。列宁认为这个观点无论在理论上或实际上都是错误的。

列宁首先指出,只承认民族战争可以转化为帝国主义战争,而否认帝国主义战争可以转化为民族战争,是违背马克思主义辩证法的,他说:"马克思主义辩证法的基本原理是:自然界和社会中的一切界限都是有条件的和可变动的,没有任何一种现象不能在一定条件下转化为自己的对立面。民族战争可能转化为帝国主义战争,反之亦然。"② 列宁举出法国大革命的战争为例说明二者在一定条件下的相互转化。列宁说:"只有诡辩家才会以一种战争可能转化为另一种战争为理由,抹杀帝国主义战争和民族战争之间的差别。辩证法曾不止一次地被用作通向诡辩法的桥梁,在希腊哲学史上就有过这种情况。但是,我们始终是辩证论者,我们同诡辩论作斗争的办法,不是根本否认任何转化的可能性,而是在某一事物的环境和发展中对它进行具体分析。"③ 列宁指出,就是这次帝国主义大战,只要具备一定条件,也不是没有转化为民族战争的可能。

列宁进一步指出:"在帝国主义时代,殖民地和半殖民地方面进行的民族战争不仅很有可能,而且是不可避免的。在殖民地和半殖民地(中国、土耳其、波斯),有将近十亿人口,即世界人口一半以上。那里的民族解放运动或者已经很强大,或者正在发展和成熟。任何战争都是政治通过另一种手段的继续。殖民地反对帝国主义的民族战争必然是它们的民族

---

① 转引自《列宁选集》第2卷,人民出版社1995年版,第692页。
② 《列宁选集》第2卷,人民出版社1995年版,第693页。
③ 《列宁选集》第2卷,人民出版社1995年版,第693页。

解放政治的继续。这种战争可能导致现在的帝国主义'大'国之间的帝国主义战争，但是也可能不导致，这要取决于许多情况。"① 列宁指出的这一点是非常重要的，殖民地半殖民地和帝国主义国家之间的矛盾是帝国主义时代的主要矛盾之一，民族解放运动是无产阶级社会主义革命的伟大同盟军，尤尼乌斯完全否认民族战争的观点在政治上显然是十分错误的和有害的。

（三）关于对战争的态度问题

列宁对战争的态度也贯彻了唯物辩证法的观点，这首先见于他对战争的一般的观点。

列宁反对把战争看成单纯破坏性的和消极的东西，而认为战争是矛盾的尖锐化，其中有着积极的因素。他说："战争＝最大的危机。任何危机都意味着（尽管可能出现暂时的停滞和倒退）

（α）发展加速

（γ）（β）矛盾尖锐化

（β）（γ）矛盾暴露出来

（δ）一切腐朽的东西崩溃等等。"②

列宁讥笑考茨基对战争的恐惧心理，说他成了不折不扣的牧师。列宁认为必须对战争进行具体的分析，并根据这种分析来确定自己的态度。列宁说："是马克思主义者解决自己对战争的态度问题的必要前提。而要弄清战争的性质，首先必须判明这次战争的客观条件和具体环境是怎样的。必须把这次战争和产生它的历史环境联系起来，只有这样才能确定对它的态度。否则就会对问题作出不是唯物主义的，而是折中主义的解释。"③ 列宁对第一次世界大战的态度正是这样确定的。上面我们谈到他对大战性质的分析，下面谈谈他对大战的态度。

在这个问题上，列宁和社会民主党领袖们的分歧主要在于：是"保卫祖国"呢，还是利用战争危机来反对本国政府、变帝国主义战争为国内革

---

① 《列宁选集》第2卷，人民出版社1995年版，第694页。
② 《列宁全集》第36卷，人民出版社1959年版，第319页。
③ 《列宁全集》第26卷，人民出版社1990年版，第33页。

命战争呢？考茨基和普列汉诺夫主张前者，列宁主张后者。列宁的结论是从对历史环境的具体分析中得出来的。正如上面所分析过的，既然大战是帝国主义性质的、掠夺性的、非正义的、罪恶的战争，工人阶级当然应该反对这个战争，决不能为了资本家的利益而让法国工人去杀德国兄弟，让德国工人去杀俄国兄弟。同时，列宁还指出，马克思主义者不仅不应当支持这个战争，而且应当准备革命，以便利用本国政府的经济政治危机，利用本国政府在战争中的失败，来发动革命，推翻资产阶级的统治，这就是列宁对大战的态度，这是唯一正确的马克思主义的态度。这种观点的正确性后来为俄国的二月革命、十月革命所证实。

但是，第二国际的机会主义者则采取了社会沙文主义的态度，他们除了用上面提到过的战争的民族性质来诡辩而外，还用其他"论据"来诡辩。考茨基和普列汉诺夫引用马克思和恩格斯对历史上的某些民族战争的分析来证明马克思和恩格斯也是赞成"保卫祖国"的。列宁指出："一切诡辩家向来都爱采取这样的手法：引用一些情况分明完全不同的例子作为论据。"① 考茨基还无耻地歪曲左派的观点，捏造左派所没有的观点来攻击左派，这也是诡辩家、机会主义者的一贯手法。考茨基说："不仅要宣传社会主义（……），而且想立刻实现社会主义。这看来是很激进的，然而只能把那些不相信能立刻在行动上实现社会主义的人统统推到帝国主义阵营中。"② 在这里，考茨基把左派所主张的准备革命歪曲成立刻实现社会主义，以不能立刻实现社会主义为借口而拒绝准备，而且还把他们的背叛行为说成是左派逼迫的结果。这真是极尽了诡辩之能事！此外，列宁还揭露了普列汉诺夫为"保卫祖国"口号辩护的一个诡辩。普列汉诺夫认为："社会主义是以资本主义的迅速发展为基础的；我的国家的胜利会加速国内资本主义的发展，因而也就会加速社会主义的到来；我的国家的失败会阻碍国内经济的发展，因而也就会阻碍社会主义的到来。"③ 这种诡辩说明机会主义者已堕落到何种地步。

---

① 《列宁选集》第 2 卷，人民出版社 1995 年版，第 467 页。
② 《列宁选集》第 2 卷，人民出版社 1995 年版，第 471 页。
③ 《列宁选集》第 2 卷，人民出版社 1995 年版，第 469 页。

列宁还对另外一种片面性提出了批评，这就是左派某些同志一般地反对"保卫祖国"的观点。持有这种观点的，除了上面提到的尤尼乌斯而外，还有列宁的亲密战友和助手印涅萨·阿尔曼德等人。他们抓住《共产党宣言》上的一句话（"工人没有祖国"）打算无条件地运用它。列宁认为这是片面性和形式主义。但列宁的批评完全是同志式的。在这种批评中，列宁也运用了辩证法。列宁说："马克思主义的全部精神，它的整个体系，要求人们对每一个原理只是（α）历史地，（β）只是同其他原理联系起来，（γ）只是同具体的历史经验联系起来加以考察。"① "祖国这个概念要历史地看待。在为推翻民族压迫而斗争的时代，或者确切些说，在这样的时期，祖国是一回事；在民族运动早已结束的时期，祖国则是另一回事。"② 列宁指出，在《共产党宣言》中，不仅谈到了"工人没有祖国"，而且谈到无产阶级在民族国家形成过程中的特殊作用。如果无产阶级在民族解放战争中不保卫祖国，那将是天大的错误。马克思和恩格斯就不止一次地号召过进行民族战争。列宁在这段时期中曾对民族问题进行了深入的研究，写出了大量著作，他认为："如果认为从自决权中似乎会得出'保卫祖国'的结论，因而否认民族自决权，那是可笑的……马克思主义承认欧洲某些战争中，例如，法国大革命或加里波第战争中，保卫祖国的结论，而否定1914—1916年帝国主义战争中保卫祖国的结论，都是从分析每次战争的具体历史特点，而决不是从什么'一般原则'和纲领中某一条文得出来的。"③（在不承认帝国主义时代有民族解放战争的人中间，有些人已堕落到帝国主义辩护人的地步。）

（四）关于社会主义可能首先在一国之内取得胜利的问题

在帝国主义时代，无产阶级社会主义革命将通过怎样的道路取得胜利？即社会主义能不能首先在一国之内取得胜利？特别是由于第二国际已分裂为各个社会沙文主义派别，放弃革命，对于坚持革命道路的俄国布尔什维克来说，这个问题就显得十分尖锐。对于这个问题的解决，显示了列

---

① 《列宁全集》第47卷，人民出版社1990年版，第464页。
② 《列宁全集》第47卷，人民出版社1990年版，第464页。
③ 《列宁选集》第2卷，人民出版社1972年版，第721页注。

宁对于唯物辩证法的深刻的掌握和巧妙的运用。

马克思和恩格斯曾经认为社会主义只有在多数资本主义国家内同时发动才能取得胜利①，这个观点在大战前为各国马克思主义者共同接受。这个观点在资本主义的上升时期是正确的，因为那时各资本主义国家之间的矛盾还没有发展到最尖锐的程度，它们可以互相支援，共同镇压工人阶级的革命运动，没有各国无产阶级的协同动作，社会主义的胜利是不可能的。但是，这个结论在帝国主义时代就变得陈旧了。列宁分析了帝国主义的主要特征，指出帝国主义是垂死的资本主义，是无产阶级社会革命的前夜，它的矛盾已经尖锐到最高程度。列宁举出了帝国主义国家的政治经济力量的不平衡发展的具体数字后说："在资本主义制度下，各个经济部门和各个国家在经济上是不可能平衡发展的。在资本主义制度下，除工业中的危机和政治中的战争以外，没有别的办法可以恢复经常遭到破坏的均势。"② 在帝国主义经济政治危机条件下，在帝国主义的矛盾极端尖锐化条件下，有可能造成帝国主义体系中的某些薄弱环节，即无产阶级革命可能突破的一些缺口。因此，列宁说："经济和政治发展的不平衡是资本主义的绝对规律。由此就应得出结论：社会主义可能首先在少数甚至在单独一个资本主义国家内获得胜利。"③ 这个理论指明了革命的前途，大大鼓舞了无产阶级敢于革命敢于胜利的决心。以后革命的发展完全证实了列宁新观点的正确性。这是运用辩证法考察具体问题、用新结论代替过时了的旧结论的一个范例。

（五）关于粉碎第二国际的社会沙文主义问题

列宁在许多著作中对第二国际领袖们背叛马克思主义的各种"理论"作了无情的驳斥，但是，要彻底粉碎这些"理论"，除此以外，还需要分析社会沙文主义的思想根源、历史根源和阶级根源，而作这种分析也需要唯物辩证法。

列宁指出，政治变节在哲学上的表现就是以折中主义和诡辩论代替辩

---

① 《马克思恩格斯选集》第1卷，人民出版社1972年版，第221页。
② 《列宁选集》第2卷，人民出版社1995年版，第694页。
③ 《列宁选集》第2卷，人民出版社1995年版，第554页。

证法。考茨基和普列汉诺夫口口声声都宣称作为他们的"理论"的根据的是辩证法，其实他们的辩证法不过是貌似辩证法的折中主义和诡辩论。列宁在驳斥他们的"理论"时也毫不放松地揭露他们的折中主义和诡辩论，把真正的唯物辩证法同他们的折中主义和诡辩论对立起来。这点，在以上几个问题中已经谈得很多了，这里就不再赘述了。

列宁还认为，根据辩证法的要求，还要分析第二国际社会沙文主义的历史根源和阶级根源。他说："一般科学研究、特别是马克思辩证法的一条首要的最根本的准则，就是要求著作家去考察社会主义运动中的两个派别（即大声疾呼地唤醒人们反对叛变的派别和不认为有叛变的派别）之间现在的斗争同过去整整数十年的斗争的联系。"① 列宁给自己规定的彻底粉碎社会沙文主义的任务是："而是要研究社会沙文主义思潮的历史根源、条件、意义和力量。（1）社会沙文主义是从哪里来的？（2）什么东西给了它力量？（3）怎样同它作斗争？只有这样来提出问题才是严肃的，而把目标转移到'个人'身上，实际上不过是回避问题，耍弄诡辩家的手腕。"②

列宁认为："在社会科学中（如同在整个科学中一样），研究的是大量的现象，而不是个别的情况。"③ 他从大量事实中得出了以下的结论："第一，工人运动中的沙文主义和机会主义的经济基础是相同的，即无产阶级和小市民中从'自己'国家的资本的特权中分享一点油水的少数上层分子联合起来反对无产者群众，反对全体被压迫的劳动群众。第二，两种思潮的思想政治内容也相同。第三，第二国际时代（1889—1914 年）社会党人分为机会主义派和革命派的旧的划分，大体上是与现在分为沙文主义者和国际主义者的新的划分相一致的。"④ 列宁指出，机会主义的主要内容就是阶级合作，他们虽然在形式上还属于工人党，而在客观上已是资产阶级的政治队伍，已是资产阶级的传播者，已是资产阶级在工人运动中的代理

---

① 《列宁选集》第 2 卷，人民出版社 1995 年版，第 485 页。
② 《列宁选集》第 2 卷，人民出版社 1995 年版，第 488 页。
③ 《列宁选集》第 2 卷，人民出版社 1995 年版，第 491 页。
④ 《列宁选集》第 2 卷，人民出版社 1995 年版，第 491 页。

人，战争使阶级合作思想发挥到极致，就成为社会沙文主义，社会沙文主义是熟透了的机会主义。列宁说："请看，这就是机会主义的生动的辩证法：合法组织的单纯发展，愚蠢而诚实的庸人单纯记流水账的习惯，使得这些诚实的小市民在危机时刻成了奸细、叛徒，成了群众革命劲头的扼杀者。这不是偶然现象。"①

从以上分析可以看出，列宁在对第二国际的社会沙文主义的各种"理论"进行驳斥的同时，在确定关于帝国主义大战和无产阶级革命的理论和策略的同时，阅读了大量哲学著作，作了大量笔记，绝不是偶然的巧合。列宁当时研究哲学，正是为了反对社会沙文主义，解决当前的革命任务。当然，这绝不是说，一些古典哲学家的著作能提供现成的思想武器，但是，在列宁看来，古典哲学家著作中，特别是黑格尔著作中的辩证法思想和他们对主观唯心主义、诡辩论、折中主义的批判，经过唯物主义的改造之后，是可以加以利用的。因此，列宁在进行实际政治斗争中，正如上面材料所指出的，在不少地方利用了黑格尔的合理思想，而在《哲学笔记》中也在许多地方指明了古典哲学中辩证法思想对于研究现实问题和反对诡辩论的意义。还可以看出，列宁在写作《哲学笔记》时在若干地方从哲学上概括了实际斗争中的经验，虽然列宁在《哲学笔记》中没有明确指出这点。

第三节 列宁关于建立唯物辩证法的科学体系的一些设想

列宁在这个时期研究哲学，看来不仅是为了解决当时革命斗争提出的一些问题，也是为了对马克思主义哲学作进一步的理论建设，以建立一个唯物辩证法的完整严密的科学体系。

马克思主义哲学的体系，特别是辩证唯物主义体系，在马克思主义创

---

① 《列宁选集》第 2 卷，人民出版社 1995 年版，第 499 页。

始人那里是一个还没有彻底解决的问题。无疑，马克思主义是一个科学体系，马克思主义哲学也是一个科学体系，但是像《资本论》所表现的政治经济学体系那样完整严密的哲学体系，在马克思和恩格斯那里都没有。马克思曾经想提供这样一个体系。1858年1月14日他写信给恩格斯说："在工作方法上对我有一大劳绩的是，偶然……把黑格尔的'逻辑'再浏览一遍。如几时再有工夫做这样的工作，我要发大愿，用两三个印张，对黑[格尔]发现的、但同时也是神秘的方法，写出合理的部分，使普通人类的理智都能够懂得。"① 但这一从正面科学地系统地表述唯物辩证法的宏愿，他未能实现。恩格斯研究自然辩证法并非为了直接解决什么实际问题，而是为把哲学作为一门系统的科学来建设。《自然辩证法》一书虽然没有提供一个完整的体系，但从其《总计划草案》来看，恩格斯不仅有自然辩证法的设想，而且其中有一般辩证法的内容。他把辩证法定义为关于普遍联系的科学，并列举了它的三个主要规律，既然有主要规律，当然还有非主要规律。看来恩格斯写作自然辩证法，也想构成一个辩证法的体系。但是，恩格斯由于整理马克思的遗著——《资本论》的第二、三卷，停止了这个研究工作。《反杜林论》比较系统地表述了唯物辩证法的许多原理，但并未形成一个完整的体系。《费尔巴哈论》提供了一个由辩证法、唯物主义和历史唯物主义三部分构成的体系，但缺乏细节。我们知道，在著名的马克思主义哲学家如狄慈根、普列汉诺夫的著作中，也没有提出这种完整严密的哲学体系。

列宁说："虽说马克思没有遗留下'逻辑'（大写字母的），但他遗留下《资本论》的逻辑。"（第357页）大写字母的逻辑就是唯物辩证法的逻辑体系，《资本论》的逻辑就是政治经济学的逻辑体系，可见列宁很重视哲学体系。很有意思的是，列宁在他写的另一本哲学笔记《马克思和恩格斯1844—1883年通信集摘要》中就马克思的上述那封信写道："黑格尔逻辑学中合理的东西就是他的方法。[马克思1858年重新浏览了黑格尔逻辑学，并想用两三个印张来叙述其中合理的东西。]"② 可见列宁十分清楚

---

① 《马克思恩格斯通信集》第2卷，李季译，生活·读书·新知三联书店1957年版，第324—325页。
② 1959年俄文版，第33页。

马克思有过的想法。列宁夫人也在她的《回忆录》中谈到1922年春天列宁在《论战斗唯物主义的意义》中热烈希望有人能继承他自己在哲学及其通俗读物方面所进行的工作，他已感精力不支，但希望这一工作不要中断。这指的就是列宁在这篇被称为"哲学遗嘱"的文章中所说的系统地研究辩证法的任务，列宁说，为了把反对资产阶级思想及其世界观的斗争进行到底，"自然科学家就应该做一个现代唯物主义者，做一个以马克思为代表的唯物主义的自觉拥护者，也就是说，应当做一个辩证唯物主义者。为了达到这个目的，《在马克思主义旗帜下》杂志的撰稿人就应该组织从唯物主义观点出发对黑格尔辩证法作系统研究，即研究马克思在他的《资本论》及各种历史和政治著作中实际运用的辩证法"①。以上材料可以说明，列宁对于唯物辩证法的科学体系是有所考虑的，而且他认为在这个问题上，黑格尔的辩证法是有重要意义的。而在《哲学笔记》中，列宁对黑格尔关于哲学体系的思想的评价是与这些观点吻合的。

黑格尔的哲学是一个庞大而复杂的思想体系，从形式上看，也称得上是完整而严密的。不仅如此，黑格尔对于如何构成这个体系还提出了许多原则，至少从他自己的观点看来，这个体系是贯彻了这些原则的。对于这些原则，列宁十分注意，多处都作出了评价，似乎还按照他所了解的原则做了一些创立体系的尝试。在写作《哲学笔记》以前，列宁曾发表过两部带有系统性的哲学著作，一个是1908年写作的《唯物主义和经验批判主义》，它提出哲学党性原则和三个认识论的重要结论，使马克思主义哲学进一步系统化了，但它只限于认识论，而且它毕竟是一本论战性的著作，很少从正面考虑系统性问题。1914年秋写作的《卡尔·马克思》中，他系统地表述了辩证法和唯物主义的基本观点，但在怎么使它们构成一个体系方面考虑不多。在《哲学笔记》中，列宁不仅在谈到哲学史和黑格尔哲学的许多地方涉及体系问题，而且提出了《辩证法的要素》和《谈谈辩证法问题》，为唯物辩证法的完整严密的科学体系提供了一个雏形（详情见下一章）。

---

① 《列宁选集》第4卷，人民出版社1995年版，第652页。

因此，我认为，列宁研究哲学，写出大量笔记，固然是为了反对社会沙文主义的诡辩论的需要，也是为了哲学理论建设的需要。正如只有《资本论》的科学体系才能论证资本主义的必然灭亡和社会主义的必然胜利一样，只有一个完整严密的马克思主义哲学的科学体系才能指引我们在全世界实现共产主义的伟大理想。

第二章　唯物辩证法的对象、内容和体系

作为一门科学，唯物辩证法的首要问题，无疑是这样一些问题：它研究的对象是什么？它是怎样一门科学？它有些什么内容？这些内容是怎样构成一个体系的？对于这些问题，列宁在《哲学笔记》中均有所论述，列宁所提出来的逻辑学、辩证法和唯物主义认识论是同一个东西的原理就是直接回答这些问题的，所以我们就从这个问题谈起。

第一节　逻辑学、辩证法和唯物主义认识论是同一个东西

关于这个原理，哲学界争论好几十年了，至今没有统一的看法。它可能是马克思主义哲学史上最难的，但也是最重要的问题之一。下面分几点谈一下我的理解。

一、关于三者同一的意见分歧

关于这个问题，曾经发表过成百篇文章，我认为主要有三种意见。第一种意见认为三者同一是三门科学的统一。辩证法就是世界观，就是关于世界及其一般规律的科学。认识论是关于认识及其规律的科学。逻辑学是关于思维及其规律的科学。三门各自都有不同的对象。它们既然有不同的对象，很明显，它们是三门科学。也可以这样讲：辩证法就是一般辩证

法；认识论和逻辑学是特殊的辩证法，即认识辩证法和思维辩证法。这三门科学有共同的基础，这个基础也就是辩证法，或者是一般的规律。这种观点看起来是很清楚的，有充分的事实根据，也是容易理解、容易接受的。因此，现在比较多的同志都主张这种观点。第二种意见认为三者同一是一门科学的三个方面的同一，第一种观点同列宁原来的提法是不一致的。三者同一这个提法是从列宁那儿来的。在《哲学笔记》第357页，列宁讲："在《资本论》中，逻辑、辩证法和唯物主义的认识论（不必要三个词：它们是同一个东西）都应用于同一门科学。"这是列宁讲到逻辑、辩证法、认识论同一的唯一的地方。列宁在括号里面讲得很清楚："不必要三个词：它们是同一个东西。"连三个词都不需要，说它们是三门科学，是很牵强的。第三种意见也认为三者是一门科学的三个方面，辩证法也可以说是世界观，但世界观不是关于客观世界的科学，而是认识、研究世界的观点，即关于思维的科学，并认为这同恩格斯的观点是完全一致的，他曾说："一旦对每一门科学都提出要求，要它们弄清它们自己在事物以及关于事物的知识的总联系中的地位，关于总联系的任何特殊科学就是多余的了。于是，在以往的全部哲学中仍然独立存在的，就只有关于思维及其规律的学说——形式逻辑和辩证法。"[①] 因此，哲学就是认识论或思维科学。

究竟哪一种意见是正确的呢？我认为我们首先要弄清楚列宁的论断的原意，然后再来研究列宁的观点是否正确。怎样弄清楚列宁的原意呢？首先我们要弄清楚这个观点是从哪里来的。其次我们要完整地理解革命导师的言论，就是不仅看他在这个地方是怎么讲的，还得看他在别的地方是怎么讲的，把他的话综合起来理解。只有这样，我们才能弄清楚列宁论断的确切的含义。我们不能孤立地抓住一句话，按照我们的看法来理解，说这就是列宁的思想。我们可以不同意列宁的某个观点，但是，不能够把自己的观点强加于列宁。这样做，对于理解马克思主义哲学的发展史，对于发展马克思主义哲学，对于建立辩证逻辑这门科学，都是不利的。

---

① 《马克思恩格斯选集》第3卷，人民出版社1995年版，第738页。

二、黑格尔对形式逻辑和康德的先验逻辑的批判

黑格尔没有明确地讲过逻辑学、辩证法和认识论三者同一的论断，但他确有这个思想，而这个思想又主要表现在他对形式逻辑的改造上。立志改造旧的形式逻辑，创立新的逻辑，并不始于黑格尔，在他之前，康德就作过这种努力，并取得了一定成绩。

康德认为，形式逻辑的思维规律能够当作真理的标准，"但是，这些标准仅仅涉及真理的形式，即仅仅涉及一般思想的形式，就此而论，它们是完全正确的，但其本身是并不充分的。因为，我们的知识虽然可以是和逻辑的要求完全一致的，那就是说，不和自己矛盾，但它和它的对象矛盾却仍然是可能的。真理的纯逻辑标准，即知识和知性、理性之普遍的和形式的规律相一致，是一个不可缺少的条件，因此是一切真理的消极的条件。但是这个逻辑不能作出更大的贡献，它不能提供发现不是涉及形式而是涉及内容的错误的试金石"①。因此，康德企图建立一种新的逻辑，这个逻辑将提出一些概念和原则，它们对于知识的对象具有先天的有效性，即就知识的内容而言能提供判断的标准。他把这种逻辑称作先验逻辑。康德在其先验逻辑的分析论部分提出了十二个范畴和四类原则，它们是构成知识对象之所以为对象的条件，因此它们对于知识对象具有先天的客观的有效性。显然，康德提出来的问题，先验逻辑并未能解决，因为康德所说的对象并不是真正的客观对象，不是自在之物，而是现象，实质上仍然是主观的，至于自在之物，那是不可知的，根本不可能成为认识的对象，因而康德提供的标准并不能真正判明认识的客观真理性。

黑格尔赞同康德对形式逻辑的指责，自己对形式逻辑也进行了许多批判，但他不赞同康德的先验逻辑，也对它进行了许多批判。在此基础上，他继续康德的工作，创立了他自己的逻辑学。列宁在阅读黑格尔的《逻辑学》的序言和导言时，摘录了许多黑格尔对这些问题的论述。

黑格尔并不完全否认形式逻辑的作用和意义，他说：形式逻辑的推理的规则"在认识中有自己的领域，在这个领域中它们还是应当有自己的意

---

① [德]康德：《纯粹理性批判》，斯密斯1956年英译本，第98页。

义"（第 91 页）。黑格尔这里指的是认识的逻辑性问题，而不是真理性问题，即它们是认识在形式上正确的工具，"而不是真理的工具"。

黑格尔指出了形式逻辑的三个主要缺点。第一，形式逻辑把思维形式看作"外在的形式"，"只是附着于内容而非内容本身的形式"（第 89 页）。这就是说，形式逻辑只谈形式，只谈与内容不相干的思维形式，这种形式好像某种容器，我们可以把这种内容或那种内容放进去或取出来而对形式毫无损益。第二，这样，形式逻辑所了解的思维形式就成了主观的用具，供使用的手段，是为我们服务的。这样，思维形式就成了完全主观的东西。第三，思维形式被看成僵死的形式，它们之间没有有机的统一，没有活生生的具体的统一。在旧逻辑中，概念之间没有转化，没有发展，没有各部分之间的"内在的必然的联系"，也没有某些部分向另一些部分的"转化"（第 95 页）。黑格尔把它比作"没有生命的骨骼"（骷髅）（第 85 页），"用碎片拼成图画的儿戏"（第 94 页）。因此，黑格尔认为，形式逻辑虽然为真理的认识提供了形式上的正确性，但作为"毫无所谓的形式"，即与思维内容毫不相干的形式，它也会成为"谬误和诡辩的工具"，而不是真理的工具（第 91 页）。

列宁对黑格尔对形式逻辑的批评，没有提出明白的评语，看来列宁是同意的。黑格尔对形式逻辑的批评是尖锐的，但他并不完全否定形式逻辑，他基本上是把形式逻辑看成初级的东西，把辩证逻辑看成高级的东西。恩格斯和列宁对于这种观点是同意的。恩格斯在《反杜林论》中把形式逻辑比作初等数学，辩证逻辑比作高等数学。列宁也曾指出："形式逻辑——在中小学里只讲形式逻辑，在这些学校低年级里也应当只讲形式逻辑（但要作一些修改）——根据最普通的或最常见的事物，运用形式上的定义，并以此为限。"① 值得特别指出的是，黑格尔认为形式逻辑会成为谬误和诡辩的工具。列宁也指出，布哈林的折中主义所使用的逻辑，也正是这种逻辑，而不是辩证逻辑。这点很有现实意义。辩证逻辑是真理的工具，因此，诡辩家利用辩证法来作为他的诡辩的工具，必须歪曲辩证法，

---

① 《列宁选集》第 4 卷，人民出版社 1995 年版，第 419 页。

但他用形式逻辑来诡辩时却不一定要歪曲形式逻辑。当然，这并不是说一切诡辩都是符合形式逻辑的，有的诡辩家为了辩护自己的歪理，常常是连人类思维的起码的逻辑规律也不遵守的。

康德的先验逻辑也具有形式逻辑的那些缺点。正如上面分析过的，康德虽然企图创立一种涉及思维内容的逻辑，但由于康德割裂主观与客观、现象与本质，他的范畴和原则仍然是与客观世界、自在之物无关的主观形式，是客观对象之外的外在的形式，是主观的工具。康德的思维形式之间也是没有转化、没有发展的，虽然康德已经提出了正反合的思想（每一类范畴有三个，并呈现出正反合的关系），但就康德的整个概念体系来说，思维形式之间还没有有机的联系，上面所提到的那些对形式逻辑的批评，有的地方就是兼指康德的先验逻辑说的。因此，列宁在读黑格尔《逻辑学》的序言和导言时还摘录了黑格尔对康德割裂主观与客观的观点的批评，这种割裂是康德哲学的最主要的特征。

列宁十分重视黑格尔对康德的批判。黑格尔最常批评的哲学家之一就是康德。当然，他提出来代替康德主义的是客观唯心主义，与康德主义是一类东西，但他对康德主义的批判往往是中肯的、深刻的。列宁对这类批判做了许多摘录，而且对大部分都是赞同的。列宁对黑格尔在这里所提出的批评就是赞同的。

康德承认客观事物的存在，因为在他看来，现象世界既然是一种表现，从逻辑上可以推知必有被表现者，没有被表现者就不可能有表现。这就是他所谓的自在之物。但是，自在之物是不可知的，因为：第一，我们（认识的主体）所能接触的只是现象，而不是被表现者，现象终是现象，认识现象不等于认识被表现者。其次，现象之所以成为现象，不仅有着自在之物的作用，而且有着主体的作用，现象是由感性材料和主体的功能——时间、空间、因果性、必然性等等——共同交织而成的。因果性、必然性等都是康德的先验逻辑的范畴，被康德看成单纯的主观的工具。对于这种观点，黑格尔提出了两点批评：一、在康德那里，思维不是把主体与客体结合起来，而是把它们隔离开来了；二、康德的自在之物不过是一个空洞的抽象物，即一个毫无内容的单纯的存在。

列宁认为黑格尔对康德的这两点批评是中肯的，但是黑格尔是从客观唯心主义观点出发提出批评的。列宁在一个方框中采取了黑格尔的批评，但唯物主义地改造了黑格尔的观点，并把辩证唯物主义和康德的观点对立起来。列宁说："（1）在康德那里，认识把自然界和人分隔（隔离）开来；而事实上认识是把二者结合起来的。"（第88页）黑格尔也要把主体与客体通过思维结合起来，但他所谓主体即是主观概念，客体即是客观概念（"事物的客观概念构成事物实质本身"），二者根本是一回事情，而思维过程即逻辑发展过程，黑格尔的整个《逻辑学》要论述的就是主体与客体如何在辩证发展过程中最后达到绝对同一的过程。列宁所说的则是在实践基础上人如何认识自然的过程，人认识了自然就达到了主客观的统一。列宁又说："（2）在康德那里，自在之物的'空洞的抽象'代替了我们关于事物的知识的日益深入的、活生生的进展、运动。"（第88页）列宁在这里指的就是人认识自然的辩证过程。列宁接着解释说，这个过程就是抽象的过程，但不是康德的"空洞的抽象"，即把现实世界抽象为一个空洞的自在之物，而是"和我们对世界的认识的实际深化相符合的抽象"（第88页），即对现实世界的丰富的深刻的本质的认识，亦即科学的认识、科学的抽象。这种抽象在黑格尔那里被描写成为一个纯粹逻辑的过程。

三、黑格尔关于三者同一的思想

黑格尔的三者同一的思想就是从他对形式逻辑和先验逻辑的批判中引申出来的。黑格尔提出的逻辑学和世界观同一的观点是针对形式逻辑和先验逻辑的主观性和外在性的缺点，逻辑学和认识论同一的观点是针对形式逻辑和先验逻辑的机械性的缺点。

在黑格尔那里，逻辑学和世界观以及认识论是同一个东西，即同一门科学。从黑格尔的许多言论里面，特别是黑格尔的做法，可以看出他这个思想。黑格尔在《逻辑学》这本书（不管是《大逻辑》还是《小逻辑》）中就是这样做的，体现了三者同一。所以，尽管黑格尔没有明确地讲过三者同一，或者三者统一，但是这个思想的确是从黑格尔那儿来的。黑格尔关于这个问题的一些说法，列宁在《哲学笔记》中也引用了。这首先表现在他关于逻辑学的对象的论述中。

历来人们都认为逻辑学是研究思维及其形式和规律的，黑格尔也同意这一观点，但是，在他看来，过去的形式逻辑只研究思维形式，而不研究思维内容，就是说逻辑学所研究的思维形式是脱离内容的形式。他认为，逻辑学应该研究同内容密切结合的思维形式。脱离内容的形式，指的就是概念、判断这些思维形式，这是头脑里面才有的东西，是脱离内容的。因为形式逻辑讲的概念，不是什么东西的概念，而是概念的概念。判断也不是什么东西的判断，而是判断的概念。那么，哪些思维形式是不脱离内容的呢？黑格尔指的就是我们一般讲的辩证法的范畴。例如原因和结果，也是一种思维形式，但它所反映的是客观世界，所以这种思维形式是不脱离内容的。他认为，逻辑学就应该讲这种思维形式。总起来讲，逻辑学应该研究"绝对观念"。"绝对观念"一方面是世界的本体，另一方面也是思维形式。黑格尔是个唯心主义者，他把宇宙的本体看成是观念，所以在他那里宇宙观跟逻辑学就是一个东西了。逻辑学，作为研究宇宙本体、宇宙本质的科学，就是世界观或宇宙观，就是本体论。这样，黑格尔实际上是把逻辑学的涵义扩大了。我们还可以从列宁在《哲学笔记》中所摘录的黑格尔在《逻辑学》序言和导言中的论述来说明这个问题。

在列宁所作的这部分摘录中，黑格尔对逻辑学的对象有三种表述，列宁对这三种表述都有所肯定。一个是："思维按其必然性的'发展'。"（第92页）这同黑格尔的下述说法是一致的："对思想的王国作哲学的描述，也就是说，从它自身的（注意）内在活动或者（都是一样）从它的必然（注意）发展去描述它。"（第85页）列宁对这段话批了两个"注意"，一个"出色！"。列宁对这段话的注意之处是在于黑格尔认为逻辑学描述了思维自身的内在的必然的发展，其出色之处也在此。

另一个表述是："事物的本质、事物的概念"，"逻各斯，即存在着的东西的理性"（第91页）。"事物的概念"、"存在着的东西的理性"，这当然是唯心主义的说法，但列宁认为黑格尔强调逻辑对象不是事物，而是事物的本质，这是正确的，不过事物的本质在列宁看来不是概念，而是事物运动的规律。这两种表述在黑格尔是一回事，因为概念和思维既是主观的，也是客观的，主观的概念和思维正是客观的概念和思维在人类精神中的表现，逻辑学的对象正是"鼓舞精神、推动精神并在精神中起作用的这个逻辑的本性"（第89页）。

第三种表述是范畴发展史。黑格尔说，"本能的活动""分散在无限多样的材料中"。相反地，"智力的和意识的活动"把"动因的内容""从它和主体的直接统一中"分出来，使之"成为它（主体）面前的对象"。"在这面网上，到处有牢固的纽结，这些纽结是它的"（精神或主体的）"生活和意识的据点和出发点"（第90页）。在摘录了这些话后，列宁问道："如何理解这一点呢？"他接着回答说："在人面前是自然现象之网。本能的人，即野蛮人没有把自己同自然界区分开来。自觉的人则区分开来了，范畴是区分过程中的一些小阶段，即认识世界的过程中的一些小阶段，是帮助我们认识和掌握自然现象之网的网上纽结。"（第90页）

这一段话谈的是范畴的起源、发展和意义问题，也是逻辑的对象问题。在辩证唯物主义看来，劳动创造人，劳动创造了人的认识，人对自然的认识是在实践基础上产生的。最初只有表面的零碎的感性认识，以后才有反映自然规律性的理性认识。理性认识最初也是比较肤浅的狭窄的，以后才有更深入的更全面的理性认识，哲学是在人类生产比较发达、抽象思维能力较高阶段的产物。但是人类知道和使用哲学范畴并不是在哲学产生之后，而是远在哲学产生之前，只是在哲学产生后才对这些范畴作专门的研究。哲学先研究的是比较简单的范畴，以后才研究比较复杂的范畴，最后才有可能对范畴作系统的研究和论述。人类实践和认识发展的过程也是人类从自然界中分离出来的过程。所谓把自己从自然界中分离出来，即是对自我的意识，或自我意识。自我意识是一个过程，先是意识到自己的存在（出现"我"这一称呼），然后才能意识到自己的力量、作用、地位。对自我的意识是和对自然界的改造和认识不可分的，因为正是在对自然界的改造和认识过程中，人们才意识到自我的存在（人不再是一个自然物，而是与自然界相对立的一个东西），意识到自己的力量、作用和地位（人不仅和自然界对立，而且能认识和改造自然界，使自然界越来越能为人类利益服务）。有这种自我意识的人就是自觉的人。因此，列宁说，自觉的人则把自己和自然区分开来了。范畴的发展标志着人的自觉性的发展程度，因为对范畴的掌握的程度（掌握多少，简单还是复杂）说明了人类对自然界的认识和掌握的程度，因而列宁指出，"范畴是区分过程中的一些小阶段，即认识世界的过程中的一些小阶段"（第90页）。范畴不仅是人类认识和掌握自然界的一些里程碑、一些消极的反映，它一旦产生又成为人类进一步认识和掌握自然界的武器，用列宁的话说，"是帮助我们认识和掌握自然现象之网的网上纽结"。"纽结"，这是一个比喻，列宁以此说明，范畴所反映的并不是自然界的外部现象或某一特殊领域中的联系，而是把这些外部现象和特殊联系联结起来的普遍联系，这种普遍联系可以帮助我们把自然现象之网掌握起来，这和纲举目张（纲是网口上的绳子，目是网眼）、提纲挈领的意思差不多。这就是列宁对黑格尔原文的唯物主义的改造。可以看出，在黑格尔那里，哲学范畴或辩证法范畴的发展史也就是逻辑学的对象。

从黑格尔对逻辑对象的几种表述可以看出，逻辑学固然是关于思维的学说，也是本体论（关于存在的学说，即形而上学）。所以黑格尔说："逻辑学构成真正的形而上学或纯粹的、思辨的哲学"（第83页）。"形而上学"不是指我们现在所讲的同辩证法相对立的形而上学，而是"本体论"，就是关于世界的本质或本体的学说，就是"宇宙观"。黑格尔认为逻辑学构成真正的"本体论"，构成真正的世界观，他把世界观同逻辑学看成一个东西。黑格尔在《小逻辑》中还有很多说法，从这些说法里可以看得出来，逻辑学的对象也就是宇宙观的对象，就是本体论的对象。在《小逻辑》中，他多次谈到逻辑学的对象就是"绝对观念"，他又把它叫作"真理"、"上帝"。"绝对观念"就是黑格尔所谓的宇宙的本体，或者宇宙的本质。所以，在黑格尔那里，逻辑学跟本体论、宇宙观是一个东西。

在黑格尔那里，逻辑学和认识论是同一的，也具有特殊的含义。黑格尔本人没有明确地这样提过，但这确是黑格尔的思想。那么，逻辑学同认识论同一是什么意思呢？它指的就是逻辑学的范畴的体系同范畴的历史的发展是一致的，实际上也就是同哲学史是一致的。当然，逻辑学不是哲学史，逻辑学是逻辑学，哲学史是哲学史，这是两门科学，黑格尔也写过两本书，一本是《逻辑学》，一本是哲学史。但是，逻辑学要反映哲学的发展，也就是要反映哲学范畴的发展的规律。哲学是人类认识的总结，哲学史当然是人类认识史的总结。从这个意义讲，逻辑学反映了人类认识的规律，就是认识论，因为认识论不过就是讲认识及其规律的科学。有不少材料足以说明列宁对黑格尔关于思维形式不能离开认识过程的观点也是十分重视的。黑格尔说："只有沿着这条自己构成自己的道路……哲学才能成为客观的、论证的科学。"（第84页）对于这话，列宁解释说："'自己构成自己的道路'＝真实的认识、不断认识（从不知到知）的运动的道路（据我看来，这就是关键所在）。"（第84页）黑格尔说到逻辑的内容在科学认识中运动着时，列宁批道："科学认识的运动。——这就是实质。"（第84页）当然，黑格尔的三者一致的观点是从绝对唯心主义基础上提出来的，绝对观念是三者一致的基础，列宁对此也有说明。黑格尔说，意识的运动，"有如全部自然生活和精神生活的发展"，是以"构成逻辑内容的纯本质的本性为基础的"。（第84页）在这里，黑格尔把构成逻辑内容的纯粹本质，看作意识的运动和全部自然、精神生活的基础，也就是把逻辑学看作认识论和本体论的基础，这完全是唯心主义的。列宁所批"特色"二字即在说明这话颇能表明黑格尔辩证法的唯心主义特色。列宁认为应该"倒过来"，即以全部自然生活和精神生活的发展作为意识运动和思维运动的基础，以辩证法作为认识论和逻辑学的基础。在《哲学史讲演录》里，黑格尔也讲得很清楚。黑格尔说："历史上的那些哲学系统的次序，与理念里的那些概念规定的逻辑推演的次序是相同的。"[1] 前者指的就是认识史，后者指的就是逻辑学。这也就是说：逻辑学同认识史是一致的，逻辑学应该反映认识史，应该反映认识的规律。黑格尔《逻辑学》里讲到某个具体的哲学范畴的时候，往往就同哲学史上某个哲学家的观点联系起来。这种做法，列宁颇为欣赏。在《哲学笔记》里，列宁在好几个地方都把黑格尔这个思想记录了下来。黑格尔《逻辑学》的第一个范畴是"存在"，最后一个范畴是"绝对观念"。他认为哲学史上也是这样，第一

---

[1] ［德］黑格尔：《哲学史讲演录》第1卷，贺麟、王太庆译，商务印书馆1959年版，第34页。

个范畴是巴门尼德的存在。一般认为西方哲学史上的第一个哲学家是泰勒斯。泰勒斯是个唯物主义者,但黑格尔是个唯心主义者,看不起泰勒斯,认为泰勒斯不算真正的哲学家;为了迁就他的逻辑学,他认为哲学的真正的开始是巴门尼德的存在,而这同他的逻辑学是一致的。哲学的最高峰是什么呢?那就是黑格尔的哲学。黑格尔的哲学体系是"绝对观念"最充分的体现。从巴门尼德到黑格尔,从存在到绝对观念,中间还经过许许多多小的阶段。二者间的这些小的阶段大体上是一致的,但不完全一致,也不可能完全一致。这就是黑格尔所谓的——也是列宁所理解的——逻辑学就是认识论。

总起来看,他的《大逻辑》或者《小逻辑》,一方面是逻辑学,因为它是关于思维形式和思维规律的体系;但是,另一方面它讲的就是世界的一般的东西,所以它也是本体论,也是世界观,或者叫形而上学。而他这个逻辑学的体系同人类哲学发展的历史是一致的,反映了人类认识发展的规律,所以它也是认识论。所以,在黑格尔那儿,三者是同一个东西,是一门科学,是同一门科学的三个不同的方面。打个很浅显的比喻,一个人在家是家长,在学校是教员,他又是个党员,我们讲的不是三个人,而是一个人的三种不同身份,是讲的同一个事物的几个不同方面。黑格尔的哲学分成三个组成部分:逻辑学、自然哲学、精神哲学,三者是统一的。我们比较一下可以看得出来,黑格尔讲的逻辑学、辩证法、认识论三者同一,跟他讲的(或者跟他做的)逻辑学、自然哲学、精神哲学三者统一是不同的。黑格尔能拿出一本书对你说:这就是我的逻辑学,也是我的世界观,也是我的认识论。所以,三者是同一个东西在黑格尔那儿还是比较清楚的。

四、马克思、恩格斯关于三者同一的思想

黑格尔没有明确讲过这个问题,马克思、恩格斯也没有明确讲过。但是从他们的某些言论、从他们的某些做法来看,好像马克思、恩格斯也是同意黑格尔这种做法的。列宁也明确讲过:《资本论》就是马克思的逻辑,而且认为《资本论》这一部书就体现了三者的同一。根据列宁的这种理解,《资本论》是三者同一的一个典型,是三者同一在资本这个领域里的

表现。也就是说,《资本论》是资本的辩证法,也是资本的认识论,也是资本的逻辑学。《资本论》揭示了资本主义发展的一般的客观规律,也就是资本发展的辩证规律。《资本论》从商品开始揭露资本或者资本主义发展的一般规律,即社会生产怎样从简单的商品生产发展为资本主义的商品生产,货币怎样发展成为资本,资本主义制度的内在矛盾怎样使社会主义胜利成为必然,等等。所以它是资本的辩证法。《资本论》是一个范畴的体系,即政治经济学范畴的体系,这个体系反映了人类认识资本的历史过程,也就是反映了政治经济学的历史。譬如,人类先认识价值,以后再认识剩余价值。《资本论》也是先讲价值,以后再讲剩余价值。它是个逻辑体系,但这个逻辑体系反映了政治经济学的历史。所以它是资本的认识论。《资本论》的范畴是资本的思维形式,《资本论》是政治经济学范畴的一个逻辑体系,是从一个范畴逻辑地发展为另外一个范畴的逻辑过程,是思维规律在资本这个领域内的表现。这个意思,马克思本人也讲过。马克思在《〈政治经济学批判〉序言》里谈到了政治经济学的体系,是按照从简单到复杂、从抽象到具体这个原则来安排的。马克思说:在一定限度内,"从最简单上升到复杂这个抽象思维的进程符合现实的历史过程"[①]。抽象思维的过程,是个逻辑过程,即思维规律的表现,这个逻辑过程既符合客观规律,也符合认识的规律。所以,马克思的话不仅可以理解为《资本论》是逻辑学,而且可以理解为体现了三者的同一。总之,从列宁的理解来看,马克思是赞同黑格尔这个三者同一的观点的。

关于这个问题,恩格斯谈得更多一些、更明确一些。在《路德维希·费尔巴哈和德国古典哲学的终结》里,恩格斯谈到,黑格尔颠倒了存在和思维的关系,把历史的发展看成绝对观念的自我发展。恩格斯只是批评黑格尔把思维和存在的关系颠倒了,批评了他的唯心主义,而没有批评他关于思维和存在同一的观点,也就是没有批评他关于逻辑学同本体论(或者宇宙观)是同一的这个思想。恩格斯还进一步指出,应该把思维和存在的关系颠倒过来,把思维规律看作客观规律的反映。然后他接着讲:"这样,

---

[①] 《马克思恩格斯选集》第 2 卷,人民出版社 1995 年版,第 20 页。

辩证法就归结为关于外部世界和人类思维的运动的一般规律的科学,这两个系列的规律在本质上是同一的,但是在表现上是不同的。"① 恩格斯这样讲,实际上就是肯定了逻辑学同辩证法是同一的,因为思维规律同外部世界的客观规律是同一的。恩格斯在《自然辩证法》里也讲过:"所谓的客观辩证法是在整个自然界中起支配作用的,而所谓的主观辩证法,即辩证的思维,不过是在自然界中到处发生作用的、对立中的运动的反映。"② 这里讲的主观辩证法和客观辩证法,就是思维的规律和客观的规律。讲思维的规律的科学是逻辑学,讲客观规律的科学就是辩证法。这说明,逻辑学同辩证法是同一的。在《反杜林论》里,恩格斯对这个问题谈得就更加清楚。《反杜林论》里有两个说法。一个说法是:"在以往的全部哲学中仍然独立存在的,就只有关于思维及其规律的学说——形式逻辑和辩证法。"③ 这个辩证法很显然就是辩证逻辑。但是,恩格斯在《反杜林论》里,又对辩证法这样下定义:"辩证法不过是关于自然、人类社会和思维的运动和发展的普遍规律的科学。"④ 这就是世界观。又说它是一般规律的科学,又说它是思维及其规律的科学,而且把辩证法同形式逻辑并列,这就充分体现了这个思想:逻辑学同世界观、辩证法是同一个东西。

从前面所谈到的黑格尔、马克思、恩格斯的观点来看,关键在于:逻辑学研究的对象,是不是仅仅限于头脑里面的东西,它要不要研究客观世界里面的东西?我们现在形式逻辑所研究的只是头脑里面的东西,如概念、判断、推理。当然,概念、判断、推理也反映了客观世界,但是形式逻辑并不研究概念、判断和推理中来自客观世界的内容。从前面所引的恩格斯的话来看,辩证逻辑或者逻辑学,不仅仅研究思维里面的东西,还要研究客观世界的东西,这就打破了形式逻辑的范围。但是,恩格斯在《自然辩证法》里有段话,似乎又认为辩证逻辑只研究头脑里面的东西。这是恩格斯唯一提到"辩证逻辑"这个词的地方。他说:"辩证逻辑和旧的纯

---

① 《马克思恩格斯选集》第4卷,人民出版社1995年版,第243页。
② 《马克思恩格斯选集》第4卷,人民出版社1995年版,第317页。
③ 《马克思恩格斯选集》第3卷,人民出版社1995年版,第738页。
④ 《马克思恩格斯选集》第4卷,人民出版社1995年版,第243页。

粹的形式逻辑相反，不像后者满足于把各种思维运动形式，即各种不同的判断和推理的形式列举出来和毫无关联地排列起来。相反地，辩证逻辑由此及彼地推出这些形式，不把它们互相平列起来，而使它们互相隶属，从低级形式发展出高级形式。"① 在这段话里，他没有讲到形式逻辑只研究思维里面的东西，而辩证逻辑还要研究客观世界的东西。他只讲它们在这一点上是相同的：都研究思维形式。不同只在于形式逻辑机械地排列思维形式，而辩证逻辑则按照辩证规律从低级向高级把它们推出来。所以，这个论断似乎可以作这样的理解：恩格斯把辩证法同辩证逻辑区别开来了。但是，我们又可以反过来这样讲：这个地方恩格斯只不过是谈了辩证逻辑和形式逻辑的一个区别，他并没有肯定这是唯一的区别，并没有肯定辩证逻辑只研究思维里面的东西，即只研究思维形式不研究思维内容。所以，这个地方同恩格斯其他地方的观点还是一致的，或者至少是不矛盾的。从总的来看，恩格斯还是赞同黑格尔这个观点的：辩证法，即世界观，同逻辑学是一个东西。

逻辑学、辩证法和认识论三者是同一个东西的思想，在马克思和恩格斯的战友和学生中，是比较明确的。狄慈根就把辩证法看成既是宇宙观，也是逻辑学，也是认识论。狄慈根说："逻辑学研究的是思维，然而是真实的思维，所以它势必面向真理。"② 狄慈根的《论逻辑书简》一书并不是研究形式逻辑的，而是讨论哲学问题的，他明确地说："我们的逻辑以真理，以世界真理为对象，这种逻辑是宇宙的逻辑，是普遍的逻辑或世界观。"③ 显然，同黑格尔一样，尽管有唯物主义和唯心主义的区别，他把逻辑学扩大成为哲学了。他甚至说："这种经过推广的逻辑学……是否应与旧逻辑学叫同一名称，还是应另称为认识论或辩证法，这只是字面上的争论，可以简单地相机而定。"④ 又说："为了便于理解，我们用一个特殊的称号，用'认识论'这个专门名称来称呼这个新领域，'认识论'亦即众

---

① 《马克思恩格斯选集》第4卷，人民出版社1995年版，第332页。
② 《狄慈根哲学著作选集》，杨东莼译，生活·读书·新知三联书店1978年版，第109页。
③ 《狄慈根哲学著作选集》，杨东莼译，生活·读书·新知三联书店1978年版，第149页。
④ 《狄慈根哲学著作选集》，杨东莼译，生活·读书·新知三联书店1978年版，第347页。

所周知的辩证法。"① 如果加以仔细推敲，狄慈根的理解同列宁的理解可能不完全一样，但他把三者看成同一个东西还是很明显的。普列汉诺夫也把辩证法和逻辑学看成一个东西。1905 年他为《路德维希·费尔巴哈和德国古典哲学的终结》俄译本第二版写了一篇序言，在序言中谈到马克思主义哲学——辩证唯物主义时，就把辩证法称作"运动逻辑"、"矛盾逻辑"、"辩证思维"，并把它和形式逻辑对立起来。尽管把辩证法和形式逻辑对立起来并不恰当，这点后面还将谈到，但普列汉诺夫当时把辩证法看成一种逻辑学则是确定无疑的。

五、列宁关于三者同一的思想

前面已谈到关于列宁讲三者同一那段话的三种不同理解，我赞成第二种理解。这种理解符合黑格尔、马克思、恩格斯的原意，也符合列宁的其他有关言论。如果不死抠列宁的个别词句，而能把他的言论加以综合理解的话，列宁的意思还是很清楚的。在谈到其他言论之前，我还想对列宁那段话作些分析。

这句话的中译不很确切。原文是："В 'Капитале' приме—нена к одной науке логика, диалектика и теория позн—ания [не надо 3—х слов; ago одно и то же] материализма, ……" 中译是："在《资本论》中，逻辑、辩证法和唯物主义的认识论 [不必要三个词：它们是同一个东西] 都应用于同一门科学……"（第 357 页）单单从语法上看，这样译当然是可以的，但从内容上看，就出现一个问题：为什么单单说认识论是唯物主义的？辩证法难道不是唯物主义的吗？但如把辩证法也理解为唯物主义的，逻辑学当然也应如此，但逻辑学称唯物主义的，似也不妥。但是，如果把逻辑学理解为世界观，称它是唯物主义的，那就没有什么问题了。因此，这段话应译为："在《资本论》中，唯物主义的逻辑学、辩证法和认识论 [不必要三个词，它们是同一个东西] 都应用于同一门科学……" 当然，问题不能靠改动一下译文来解决，但译得更确切一些有助于正确的理解。

---

① 《狄慈根哲学著作选集》，杨东莼译，生活·读书·新知三联书店 1978 年版，第 341 页。

列宁在其他地方没有再明确地讲过这个问题,但是列宁有很多言论,可以说明他这个思想。有一句话一般都认为是辩证逻辑的定义,我认为实质上也是明确地表现了三者同一的思想。列宁说:"逻辑不是关于思维的外在形式的学说,而是关于'一切物质的、自然的和精神的事物'的发展规律的学说,即关于世界全部具体内容及对它的认识的发展规律的学说,即对世界的认识的历史的总计、总和、结论。"(第89页)"逻辑不是关于思维的外在形式的学说,而是……","而是"之后似乎还缺一句话,应该说,而是关于同思维内容密切联系着的思维形式的学说。这一句话列宁在前面讲了。这就是逻辑学的定义,即逻辑学是关于思维形式的学说。接着,列宁指出逻辑学是关于一般规律的学说。"一切物质的、自然的和精神的事物"是黑格尔的原话。这就是通常所讲的辩证法的定义,跟恩格斯在《反杜林论》里面给辩证法下的定义是完全相同的,只有些字面的不同。这就是世界观。这里还谈到"对世界的认识的历史的总计、总和、结论",也就是说,它是认识史的总结,反映了人类认识的规律。这就是认识论。所以,列宁关于逻辑学的这个定义,就包含了三者同一的思想:三者是同一个东西的不同的方面,它既是关于思维形式的学说,又是关于世界的一般规律的学说,又是人类认识史的总结。除此以外,列宁在《哲学笔记》里面,谈到逻辑学跟辩证法是一个东西,或者逻辑学跟认识论是一个东西,或者辩证法跟认识论是一个东西的地方是很多的,不是个别词句,而是大量的言论。当然,其中讲逻辑学同辩证法、认识论也有区别的话也找得到。这些地方要联系起来完整地看,看列宁讲到它们的区别的时候,这个区别究竟是什么,是三门科学的区别呢,还是不同方面的区别。

列宁有不少话谈到逻辑学就是辩证法或世界观。逻辑学是关于思维形式和思维规律的科学,这是毫无疑义的,问题是辩证逻辑的思维形式和思维规律是什么?在列宁看来,它们就是客观世界的普遍联系和普遍规律的反映,因而逻辑学就是一个辩证法概念、范畴的逻辑体系,一门指导人们思维的规律的科学。列宁指出,"黑格尔在概念的辩证法中天才地猜测到了事物(现象、世界、自然界)的辩证法"(第210页)。概念的辩证法即黑格尔的逻辑学,这就是说,在黑格尔的逻辑学中包含着对客观辩证法的猜测，尽管黑格尔自认为概念的辩证法是所谓纯概念的自己运动。列宁唯物主义地改造黑格尔的猜测，认为逻辑学应该科学地反映客观辩证法。他说："概念的关系（＝转化＝矛盾）＝逻辑的主要内容，并且这些概念（及其关系、转化、矛盾）是作为客观世界的反映而被表现出来的。事物的辩证法创造观念的辩证法，而不是相反。"（第 210 页）用列宁在另外一个地方的话来说，这就是："这些概念和规律等等（思维、科学＝'逻辑观念'）有条件地近似地把握着永恒运动着的和发展着的自然界的普遍规律性。"（第 194 页）"逻辑规律就是客观事物在人的主观意识中的反映。"（第 195 页）

辩证法的规律不仅是客观世界的规律和思维的规律，也是认识的规律，因而辩证法和逻辑学同认识论也是同一个东西，对此列宁也有明确的论述。除了上面举出的三者是同一个东西而外，列宁还说过："逻辑学是关于认识的学说，是认识的理论。"（第 194 页）为什么呢？因为"认识是人对自然界的反映。但是，这并不是简单的、直接的、完全的反映，而是一系列抽象过程，即概念、规律等等的构成、形成过程，这些概念和规律等等（思维、科学＝'逻辑观念'）有条件地近似地把握着永恒运动着和发展着的自然界的普遍规律性。"（第 194 页）又说："辩证法也就是（黑格尔和）马克思主义的认识论。"（第 410 页）列宁还具体指出，对立统一规律就是"认识的规律（以及客观世界的规律）"（第 407 页），其他范畴如个别和一般、偶然和必然等等构成的辩证法规律，既是客观世界的规律，也是认识、思维的规律。

关于逻辑学和认识论同一的思想，还可以从列宁关于范畴的逻辑发展和范畴的历史发展的一致的言论看出来。在存在论、本质论和概念论的摘录和评语中，列宁曾一再指出，黑格尔逻辑学中范畴发展的某些环节是和范畴发展史一致的。列宁说，逻辑"不仅是对思维形式的描述"，"而且是和真理的符合，也就是？？思想史的精华，或者简单些说，是思想史的结果和总结？？"思想史的精华即范畴发展史。这里虽然写了一些问号，但列宁显然是肯定地回答的，因此，在旁边他又写道："按照这种理解，逻辑学是和认识论一致的。这就是极重要的问题。"（第 186 页）列宁又说：

"从逻辑的一般概念和范畴的发展与运用的观点出发的思想史——这才是需要的东西!"(第188页)这里说的就是逻辑范畴的发展史。列宁还指出,从思想史着手是研究逻辑的一个新的方向,他说:"黑格尔的辩证法是思想史的概括。从各门科学的历史上更具体地更详尽地研究这点,会是一个极有裨益的任务。总的说来,在逻辑中思想史应当和思维规律相吻合。"(第355页)因此,列宁认为:"要继承黑格尔和马克思的事业,就应当辩证地研究人类思想、科学和技术的历史。"(第154页)列宁的言论说明,逻辑学和范畴发展史是两个东西,不是同一个东西,但二者是一致的,为什么二者是一致的呢?为什么可以从范畴发展史去研究逻辑学呢?就是因为思维规律和认识规律是同一个东西,逻辑学和认识论是同一个东西。

当然,《哲学笔记》中关于辩证法或逻辑学就是认识论还可以作别的理解,例如理解为:辩证法就是认识的方法,或:认识的过程就是一个辩证的过程。看来列宁也有这些思想。但最突出的还是这一思想:辩证法的体系是认识史的总结,是哲学史的逻辑的反映,是人类思维的规律性过程的反映。

如果把列宁的许多论述综合起来完整地加以研究,可以看出,列宁所讲的三者同一指三者是一个东西,不需要三个词,不是三门科学,而是一门科学的不同方面。也就是说,列宁对三者同一的理解同黑格尔是相同的。但是,黑格尔是唯心主义者,列宁是唯物主义者;三者同一的基础,在列宁这里是客观规律,在黑格尔那里虽然也是"客观规律",不过他的"客观规律"就是他的"绝对观念"。这里当然有根本的区别。列宁没有在任何地方批评他把三者完全混同起来了。列宁也是从这个观点出发理解《资本论》的。黑格尔的《逻辑学》是思辨哲学,《资本论》则以事实作为基础,以实践作为标准。列宁说:"在这里,在每一步分析中,都用事实,即用实践来进行检验。"(第357页)不像黑格尔的《逻辑学》那样,纯粹以一个概念逻辑地推出另外一个概念。但是,黑格尔《逻辑学》中的三者同一和《资本论》中的三者同一是相同的。我们根据列宁在《哲学笔记》里面所提供的一些材料,可以得出这一结论:列宁认为三者是同一个东西，不是三个东西。这同列宁谈到的辩证唯物主义和历史唯物主义是不可分的这个思想是不一样的。列宁说，辩证唯物主义和历史唯物主义是一整块钢铁铸成的，不可分的，但是二者是两个组成部分，辩证唯物主义是一般的部分，历史唯物主义是特殊的部分，是不可以截然分开的。如果三者是三门科学，那就有点奇怪了：列宁那么强调辩证唯物主义和历史唯物主义的统一，为什么列宁只讲辩证法同认识论、逻辑学的统一，而把历史唯物主义排除在外呢？为什么不讲四者统一呢？为什么不把自然辩证法也包括进去，讲一般辩证法、自然辩证法、历史辩证法、认识辩证法、思维辩证法五者统一呢？无疑，五者都可以成为相对独立的科学，其间都存在密切的内在联系，这点后面还要谈到，但是列宁讲的三者同一不是各门科学之间的内在联系的问题。看来列宁把认识论和逻辑学同宇宙观摆在一起，讲三者是同一个东西，是有他的深意的。宇宙是无所不包的，我们可以把它分成几个领域：一个是自然界，从中可以分出人类社会，从中又可以分出认识、思维。所以一般常常讲自然界、人类社会和思维。辩证法讲的是一般规律。自然辩证法讲自然界的一般规律。当然，自然界的一般规律究竟是什么，这个问题现在还没有很好解决。但是，人类历史发展的一般规律是清楚的，关于历史一般规律的科学就是历史唯物论。历史发展的一般规律是世界的一般规律在特殊领域里的表现。所以，我们不能说历史发展的一般规律跟世界的一般规律是相同的，只能说它们是一致的。但是，谈到思维或者认识，这个问题就比历史规律、人类社会的规律这个问题要复杂一些。一方面，我们当然可以这样讲，认识的规律也是一般规律在认识这个领域里的表现，所以，认识的规律是一种特殊的规律，认识的规律同一般的规律是一致的，但是并不等于一般规律。我们也可以提出一些只是属于认识领域或思维领域的规律。但这只是问题的一方面。另一方面，我们也可以这样讲，认识的规律就是客观世界的一般规律。这指的什么呢？这指的实际上是指导我们认识的规律，即客观规律。比如对立面的统一和斗争的规律是个客观规律，当我们用这个规律来指导我们认识这个世界的时候，对立统一规律就是思维规律，或者讲得更确切一点，是指导我们思维的规律。

看来,同黑格尔一样,列宁把逻辑学和认识论的含义扩大了,使辩证法、认识论和逻辑学成为同一个东西。更确切一点说,辩证法是宇宙观,也是认识论,也是逻辑学。我认为这就是列宁的观点。

六、有没有可以同辩证法区别开来的辩证逻辑和认识论

三者同一,涉及一个问题:还有没有辩证逻辑?按照前面对列宁论断的理解,辩证法就是辩证逻辑,辩证逻辑就是辩证法,二者是一个东西,这样一来,在辩证法之外就没有什么辩证逻辑了。列宁说辩证法是宇宙观,因为它是关于一般规律的科学,说它是逻辑学,或者叫辩证逻辑,因为它是关于思维的规律,或指导我们思维的规律的科学。辩证逻辑是从黑格尔开始的,黑格尔把形式逻辑加以改造,创立了一种新型逻辑,那就是所谓的辩证逻辑。前面已经谈到过,黑格尔认为自己的逻辑学克服了形式逻辑和先验逻辑的缺点,做到了形式和内容两者的统一,反映了客观事物的本质,揭示了范畴之间的联系。列宁对黑格尔的这种做法,除了批评他的唯心主义以外,没有其他批评。前面也谈到过列宁有许多言论都肯定逻辑学就是辩证法,但《哲学笔记》里并没有用过辩证逻辑这个词,列宁几年以后在《再论工会、目前局势及托洛茨基和布哈林的错误》里面,才用了这个词。他讲了辩证逻辑的四个要求。第一,要研究事物的一切方面、一切联系和中介。这就是普遍联系的观点。第二,要从运动、变化、发展中观察事物。这就是发展的观点。第三,要把人的全部实践包括到事物的完满的定义中去。这就是实践观点。第四,没有抽象的真理,真理是具体的。他没有说辩证逻辑只有这四个要求,但就这里讲的辩证逻辑来看,它同我们一般所理解的辩证法究竟有什么区别呢?没有根本的区别。在这儿我们最多只能说,这些要求是辩证法的运用。所以,从黑格尔到列宁,可以看得出来,辩证法同逻辑学,实际是同义语,它们之间没有什么根本的区别。

从上述情况来看,他们所了解的逻辑学,就不是过去形式逻辑所讲的逻辑学。或者可以这样说,他们把逻辑学这个概念扩大了。严格讲,逻辑学是关于思维及其规律的科学这个讲法,不是十分确切的。关于思维及其规律的科学,不仅仅是逻辑学,心理学也研究思维,控制论也研究思维,人工智能论也研究思维，研究思维的科学应该说是很多的。逻辑学当然是研究思维的，但它研究的是思维的形式方面。因此，它所研究的规律不是一般讲的思维的规律，而是思维形式的规律。从严格的意义来讲，逻辑学是不涉及思维内容的。这是两个问题：一个逻辑学家或使用逻辑学的人，管不管自己的论断同客观世界一致不一致，是一个问题；逻辑学作为一门科学管不管思维内容，是另外一个问题。逻辑学的任务是解决思维形式的问题，它的活动范围是思维形式，它是不管思维内容的，也是管不着的。或者说，它的思维内容就是思维形式，别的思维内容是由别的各门科学来管的。它同语法相似。我们的语言都有语法。语法作为一门科学，要不要管语言的内容？它是不管的，也管不着。不能要求语法解决语言同客观世界一致的问题。逻辑学也应该这样。但是黑格尔却把逻辑学的含义扩大了，把逻辑学变成了世界观。列宁按照黑格尔的理解，也把逻辑学这个概念扩大了，它不仅仅是关于思维形式的科学，而且是关于客观世界一般规律的科学，这就是世界观，或者叫本体论。这个逻辑，就不是形式逻辑所讲的逻辑。我们经常也把客观规律叫作逻辑，比如人民的逻辑、反动派的逻辑，其实就是发展规律。所以，逻辑学就变成了世界观。语言上这种使用当然不是不可以，但是应该弄清楚一个人使用逻辑或逻辑学一词的确切含义。这样，就有了狭义的逻辑学和广义的逻辑学。狭义的逻辑学就是形式逻辑所讲的逻辑学，广义的逻辑学就是黑格尔、列宁所讲的辩证的逻辑学。

认识论的概念也扩大了。认识论是关于认识及其规律的科学，所以认识论的对象是主观世界，不是客观世界。认识当然要涉及客观世界，但是认识论研究的还是主观如何反映客观，而不是客观世界本身。列宁这里讲的认识论却是关于人类认识发展的规律的科学，也就是认识史的总结和概括。认识史是认识客观世界的历史，认识史的总结和概括，当然也就涉及客观世界，而不仅仅是主观世界。可以这样理解：有狭义的认识论和广义的认识论。列宁所讲的认识论就是广义的认识论。狭义的认识论，列宁也不否认。例如在《唯物主义和经验批判主义》中讲的认识论就是狭义的认识论，它没有讲辩证规律，当然它讲了物质，也讲了物质和认识的关系，但物质是作为认识对象的总名出现的。在《卡尔·马克思》中，列宁把哲学唯物主义和辩证法是作为两部分来讲的，而在哲学唯物主义中包括狭义认识论的内容。

列宁扩大逻辑学的含义，认为辩证逻辑就是辩证法。那么，究竟列宁这个观点有没有道理？或者说有没有意义？列宁用辩证法和辩证逻辑指同一个东西的两个方面是有意义的。其意义就在于：辩证法一方面是关于客观规律的科学，即宇宙观；另外一方面也是关于思维规律的科学，即逻辑学。用我们大家易于理解的话来讲，辩证法一方面是理论，一方面是方法。辩证法的翻译，也引起了混乱。"辩证法"似乎当然是方法，其实，有时它指的是辩证律，即客观的辩证规律，如"历史的辩证法"指人类历史客观的辩证规律，更多时候它指的是辩证论，即作为宇宙观的辩证法。辩证律反映在思想中就是辩证论，辩证论反过来就是方法。辩证规律用于思维就是思维规律，即指导思维的规律，这种思维规律不是形式逻辑讲的思维规律。每一个理性认识，每一个规律性的认识，都可以起到指导思维的作用。我们知道，辩证法反映的是世界的最一般的规律，这些规律反过来又是指导我们思维的一般方法。所谓指导思维就是按照这些规律去进行思维。比方说，世界到处都充满了矛盾，那么，你对某个事物进行思维的时候，就要在这个思想指导下进行，也就是说，要分析它的矛盾。所以，矛盾规律是世界的规律，也是思维规律。不仅辩证法是这样，《资本论》也是这样。《资本论》提供了资本发展的规律，这是客观规律。反过来，我们可以用资本发展的规律来研究某一资本主义国家，因此资本发展的规律反过来就成为我们研究资本主义世界的思维规律。正是在这个意义上，列宁认为《资本论》就是《资本论》的逻辑。从这个含义来讲，任何科学都是逻辑。黑格尔就明确地谈到了这一点。他说，任何一门科学都是应用逻辑。举个简单的例子。几何学也可以说是几何学的逻辑，每一个几何学的定理都是对于空间形式的规律性的反映，但反过来，就成为我们研究空间形式的思维规律。例如勾股定理，一个直角三角形，直角边的平方之和等于斜边的平方，反映了空间形式，但是反过来它也是个思维规律。我们根据两个直角边有多长，就可以算出斜边多长。黑格尔认为世界观就是逻辑学，其意义就在这里。列宁这样讲，其意义也在这里。

说辩证法和认识论是同一的，又有什么意义呢？我认为也有重要的意义。说世界观就是认识论，也就是说，这个世界观，或辩证法的体系，应该反映辩证法范畴发展的历史，也就是认识史的总结，或者认识史的精华。也就是说，范畴的逻辑发展同范畴的历史发展，应该大体上是一致的。列宁认为黑格尔的这个思想，为我们研究辩证法开辟了一个新的途径。我们搞不清楚辩证法的体系，就可以从研究哲学史入手。哲学史上这些范畴出现的先后顺序是怎样的，辩证法的体系也应该怎样。这当然不能是一笔流水账，而是从历史入手，弄清楚它们之间的逻辑联系，然后再来构成辩证法的体系。所以，这个思想，对于构成辩证法的体系就很有指导意义。这个思想不仅对辩证法有意义，对任何一门科学都有意义。按照列宁的理解，《资本论》就是这样，任何科学都应该是这样，即从逻辑体系上反映该门科学的发展。当然，做没做到是另外一个问题。这个工作当然是很复杂的，要进行艰苦的研究。黑格尔提出这个原则，但是黑格尔本人做到没有？他当然认为自己是做到了，他写了逻辑学，也写了哲学史，他认为他的逻辑学和哲学史的发展的顺序大体上是一致的，但是，事实上他远没有做到这一点。他虽然力图做到逻辑和历史的统一，但是从他的唯心主义偏见出发，他对哲学史以及范畴之间的联系都有许多歪曲。所以，黑格尔虽然提供了许多有启发性的思想，但是他并没有把范畴发展的这种逻辑的联系真正给揭示出来。今天我们也没有做到，恐怕短时间内也难做到。列宁在《辩证法的要素》和《谈谈辩证法问题》这两篇文章里面，力图根据认识史大体上作些安排，但是也只是提了一点想法。比如在《谈谈辩证法问题》后边，他谈了几个圆圈。列宁提出的几个圆圈是一种尝试，想把逻辑范畴的概念的发展同逻辑范畴的历史的发展统一起来。但是看来还很不成熟，列宁在好多地方打了些问号，而且哲学史中还有不少东西没有讲到，列宁后来也没有工夫再仔细地研究这个问题。总之，如果把列宁关于三者同一的思想理解成为三门科学具有统一的关系，上述两点重要的意义就给抹杀了。为什么呢？现在所提的三者，即辩证法是一般的辩证法，认识论是认识的辩证法，逻辑学是思维的辩证法，当然是统一的，而且统一的不止三者。为什么不讲一切科学都统一呢？无疑，一切科学都是统一的，自然科学的各种分支科学应是统一的，社会科学的各种分支科学应是统一的，思维科学的各种分支科学也应是统一的，而且自然科学、社会科学、思维科学这三者也应是统一的。既然辩证唯物主义（或者唯物辩证法）是关于世界的一般规律的科学，那么，它同所有的科学当然是统一的，这应该是不言而喻的。这样讲，是否就取消了狭义的逻辑学（辩证逻辑）和认识论呢？很显然，取消不了。一门科学只要它的研究对象可以和其他科学区别开来，就可以成立，就取消不了。既然认识可以算是一个领域，为什么不能有认识论呢？既然思维可以算作认识里面更小的一个领域，为什么不可以有逻辑学呢？不但有逻辑学，而且还可以有其他的思维科学。事实上，列宁也专门讲了认识论。尽管对认识论的研究我国还比较落后，对许多认识过程里面的复杂问题我们还没有很好研究，但是它作为一门科学，是不会有什么问题的。辩证逻辑的确是个问题。现在搞辩证逻辑的同志都说，辩证逻辑就是列宁、黑格尔讲的辩证逻辑，它跟辩证法是统一的，但不等于辩证法，它有自己的特殊对象，有自己的特殊规律。这样理解的辩证逻辑是狭义的辩证逻辑，同列宁所讲的辩证逻辑不是一回事。我认为研究狭义的辩证逻辑可以说是受到黑格尔、列宁所提出的辩证逻辑的启发的结果，但二者有广义狭义之分，是不可以混为一谈的。

　　辩证逻辑能否成立的关键问题在哪里呢？就在于：它有没有既可区别于辩证法，又可区别于形式逻辑的特殊对象？有没有既可区别于辩证的规律，又可区别于形式逻辑思维规律的特殊的辩证思维的规律？前面讲到，我们说辩证法就是思维规律，意味着它是指导思维的规律，是指导我们来思维这个客观世界的规律，不是讲的思维领域本身的规律。形式逻辑的规律比较清楚。形式逻辑的思维规律，只是思维形式的规律，不涉及客观世界。比如它的同一律，不是讲客观世界是不变化的，一个东西永远就是这个东西。至于有人这样理解，那是另外一回事。它讲的是我们在思维过程里面，要保持概念的统一，一个概念不能一会儿指这个，一会儿又指那个，否则就不能正确地思维。但是我们讲的辩证法规律既是客观世界的规律，又是指导我们思维的规律。如果我们要建立一门特殊科学的辩证逻辑，这个辩证逻辑的规律就不应该是辩证法的规律，而应该只是头脑里面的辩证思维的规律。这样的规律究竟找不找得出来，这是问题的关键。直到目前为止，这个问题还没有很好解决。究竟有没有这种不同于辩证规律的辩证逻辑的思维规律？我是怀疑的。我认为应该总结一下历史的发展。形式逻辑，尽管黑格尔那么批评它，攻击它，它却没有理睬黑格尔的批评，一百多年来有很大的发展，发展为符号逻辑、数理逻辑，对计算机的制造起了很大的作用，对数学也有很大的意义。但是辩证逻辑呢？辩证逻辑，如果按照黑格尔那种理解，就是他的哲学，就是他的世界观，那么当然就没有作为一门特殊科学的辩证逻辑了。如果说辩证逻辑不是世界观，而是严格意义下的逻辑学，那么直到现在仍无令人满意的成果。现在一般说的辩证逻辑，主要是由两部分构成的：一部分就是辩证法的规律，也是三个规律，许多对范畴，看不出同辩证法有什么区别。另外一部分就是概念、判断、推理，归纳、演绎、分析、综合，就是形式逻辑讲的那些东西，实际上是形式逻辑的辩证化，即按照辩证方法来研究形式逻辑。如果说形式逻辑把概念、判断、推理做机械的排列是不对的，应该用辩证法的精神研究概念、判断、推理各种形式之间的联系，那么为什么形式逻辑不应该这样做呢？实际上我们现在讲形式逻辑的时候，也不是像从前那种讲法了，也注意到了它们的许多辩证关系。我们讲归纳和演绎、分析和综合，许多讲法跟从前也不一样。这样一来，辩证逻辑就有落空的危险。我当然不反对研究辩证逻辑，但我认为这里面的问题应该弄清楚，研究辩证逻辑才能有积极的成果。辩证逻辑如果一部分和辩证法没有什么区别，一部分和形式逻辑没有什么区别，它的出路究竟何在呢？

七、唯物辩证法是关于宇宙及其一般规律的科学

列宁关于三者同一的思想包含他关于唯物辩证法或哲学的对象和性质的观点，下面专就这个问题作一些讨论。

哲学的对象是什么，至今仍然是一个问题，这不是由于哲学家们的无能和懒惰，而是由于问题的性质和难度。我国大多数同志都同意哲学的对象是宇宙及其一般规律，但有的同志认为这只是辩证法的对象，哲学还有一个对象，即物质和意识的关系问题，亦即哲学的最高或基本问题，或者

说，这是唯物主义的对象，合起来，才是辩证唯物主义，即哲学的对象。第三种意见认为哲学的对象是人类的认识，因为哲学与一般科学不一样，它不直接研究客观世界，而是以自然科学和社会科学为对象，对自然科学和社会科学的认识进行总结和概括，所以哲学就是对人类认识的认识。第四种意见认为哲学是认识论，认为哲学的对象就是思想方法或认识方法，正如恩格斯所说的，当各种具体科学从哲学中一一分化出去之后，剩下的就只有关于思维规律的科学了，它就是形式逻辑和辩证法。第五种意见认为哲学的对象是人和自然界的关系，或者就是人，一般所说的辩证唯物主义的内容，说的都是人对自然界的关系，都可以包括进去。

我不打算一一分析这些观点。后面三个观点有一个共同之点，即否认哲学是宇宙观，借用一个老名词，否认哲学是本体论，并把认为哲学是宇宙观的观点叫作本体论主义。哲学能否是宇宙观呢？或者说，宇宙观作为一门科学能否成立呢？

一门科学只要它有相对独立的研究对象，它就有可能成立，就可以作为一门科学来研究。至于研究得怎样，是否已经作为一门科学建立起来，那是另一个问题。正因为如此，今天出现了许多新兴科学，如科学学、哲学学、控制论、系统论、信息论，等等。既然如此，为什么宇宙一般规律不可以作为一种对象来研究，不可以有一门研究这种对象的科学叫作哲学呢？只要否定不了这种对象，就否定不了这门科学。

的确，哲学是对自然知识和社会知识的概括，但是，能否由此得出结论，哲学的对象不是宇宙及其一般规律，而是人类认识了呢？这里有两个问题：一个是哲学的对象是什么的问题，再一个是通过什么途径来认识这个对象的问题，二者不能混为一谈。科学研究的对象主要是规律，而规律是不能直接接触的，科学只能通过感性认识去研究它。如果说科学研究的是感性认识，那么，按照上述理解，我们只能说物理学的对象是关于物理现象的感性认识，物理学是对感性认识的认识，而不是对物理规律的认识。不仅如此，较普遍科学的研究对象也不是客观世界及其规律，而是较特殊的科学，这样它就变成对特殊科学的认识了。例如生物学，它通过什么研究生物的一般规律呢？它必须通过对原始生物学、植物学、动物学、微生物学等特殊科学的总结去研究生物的一般规律,那么,能否说生物学的研究对象是各种特殊生物学,而不是生命一般规律呢?我想是不能的。哲学研究的对象与生物学研究的对象都是客观规律,在这点上二者是相同的,只是普遍性程度不同罢了。不仅如此,普遍科学并非不直接研究客观现象。对普遍性很高的规律的认识,固然依赖于特殊规律的认识,但也并非不能,而且需要直接从实践活动或调查研究中去总结和概括。正如生物学研究一般生命规律时,除了对各特殊生物学进行总结而外,生物学家还要进行一些生物学实验一样,哲学研究一般规律,除了对自然知识和社会知识进行总结而外,哲学家也要进行一些实践活动或社会调查。我们知道,许多哲学家,包括革命导师和职业哲学家,在研究一般规律时,他们的实践活动对于他们的哲学观点的形成都起过重要的作用,不能忽视。大家知道,毛泽东组织、领导和指挥人民革命战争的实践活动,不仅是他的军事思想的来源,也是他的哲学思想的来源。不管通过什么途径来研究,哲学的对象是宇宙及其一般规律是不能含糊的。

哲学无疑是认识方法或思维方法,从这种意义讲,我们说哲学是认识论或逻辑学也是可以的。这是广义的认识论或逻辑学,不是严格意义的认识论或逻辑学。但是,这种广义认识论或逻辑学不是科学,而是科学的运用,即哲学的运用。作为一门科学或一种理论,哲学首先是世界观,它用各种原理来反映客观世界及其规律,而且正因为它是客观世界及其规律的正确反映,所以它才能对客观世界有效,才能运用它来指导我们的认识活动、思维活动和实践活动而取得预期的效果。如果撇开它的世界观的身份,只谈它是认识论或逻辑学,它就变成无源之水、无本之木,而成为一种先验的东西,这种东西是不存在的。

那么,怎么解释恩格斯所说的辩证法是思维的科学,列宁所说的辩证法是认识论呢?前面已经作过说明,恩格斯说辩证法是思维科学,也说过辩证法是关于自然界、人类社会和思维的一般规律的科学,这些不同的说法正好证明他把世界观和思维科学看成同一个东西,即辩证法,讲得全面一点,辩证法首先是关于世界的一般规律的科学,反过来,用它来指导我们的思维,辩证法规律便成为指导思维的规律,即思维方法,所以辩证法又是思维科学。列宁讲辩证法是认识论,有多种含义。一种含义是讲它是认识方法,这跟说它是思维方法是一个意思。这同恩格斯把思维科学和世界观看成同一个东西的思想是一致的。恩格斯和列宁绝没有否认哲学是世界观,是关于宇宙及其一般规律的科学。

上面提到的第二种意见,也不很恰当。这种意见实际上讲了两个对象,对于两个对象的联系也没有交代,哲学于是成为两块:唯物主义和辩证法。我认为物质与意识的关系问题,可以纳入客观世界及其一般规律这个对象中去。意识当然不是客观世界中一般的东西,因为只有人或人类社会才有意识。但是,物质和意识的关系问题确是一个哲学最高问题。为什么呢?哲学是世界观,哲学的最高概念是存在,亦即世界,因为世界是一切存在的总和。哲学的最高问题即第一个问题,应该是关于存在的问题,即世界是否存在的问题。但是这个问题是人提出来并由人来回答的,于是它实际上便以另一种形式表现出来。世界是客观的,还是主观的?而这一问题实际上也是:是物质产生精神,还是精神产生物质?或者说,谁是第一性的,谁是第二性的?如果不是人而是动物来提出并回答这个问题,它也许会转化成为:是物质产生生命,还是生命产生物质?物质与生命,何者是第一性的?因此,哲学的最高问题和唯物辩证法的最高问题完全是一回事,毫无必要把哲学的对象区别为辩证法的对象和唯物主义的对象,也无必要把唯物主义和辩证法区别为两大部分,马克思主义哲学就是辩证唯物主义或唯物辩证法。世界及其一般规律就是马克思主义哲学的对象。这里顺便谈一下一种流行很广的提法,说哲学是关于世界观的学问。这个定义很易引起误解。这个定义是不是说哲学的对象是世界观呢?其实,哲学就是世界观,如果一定要加以区别,说哲学是系统化了的世界观,而世界观是没有系统化的哲学,也未尝不可,但上述定义却很容易被误解为关于思想意识的学问,而不是关于客观世界的学问。

第二节 辩证法的内容

要构成一个科学理论体系,必须有三个前提:第一,这门科学的对象是什么？第二，这门科学的内容是什么？第三，用以构造体系的原则有哪些？对象决定内容，而原则决定如何安排内容，使之成为体系。

哲学的对象决定哲学的内容。哲学既然是关于世界及其一般规律的科学，那么，哲学就应该包括那些对整个世界有一般意义的范畴，如存在和无、本质和现象、原因和结果等，这是无疑的，但是否仅仅这些范畴呢？能否包括那些略为具体一点的范畴呢？例如意识、认识、思维、真理，这些都不是整个世界的一般范畴，而只是精神世界的一般范畴，它们能不能是哲学的内容呢？根据哪些原则来构成哲学体系呢？列宁关于三者同一的思想涉及哲学对象问题和构成体系的原则问题，他提出的"辩证法的要素"十六条也涉及内容问题和构成体系的原则问题，有必要对十六条作一些分析。

一、怎样称呼辩证法的内容

辩证法的内容就是它的组成部分，怎样称呼呢？斯大林讲辩证法有四个特征，特征是一种叫法。现在我们用的教科书都叫规律和范畴，即三个规律、若干范畴。这样一来，就出现一个问题：规律和范畴有什么区别？报纸上发表了许多文章，对规律和范畴加以区别。根据我的了解，大体上有三种观点：（1）规律揭示事物发展的动力，而范畴揭示事物的若干侧面。按照这种观点，只有对立统一规律才是规律，其他都是范畴；（2）规律揭示整体性的东西，揭示事物发展的全过程，而范畴揭示它的一些小阶段，或小阶段的侧面。按照这种观点，三个规律是规律，其他都是范畴；（3）规律和范畴的区别只是形式上的，内容上没有区别。规律的形式是判断，范畴的形式是概念。例如，对立面的统一和斗争是事物发展的动力，这是个规律，是判断，但是统一和斗争是一对范畴，是概念。如果要把统一和斗争的关系讲清楚，结果就是规律。规律要用范畴来表述，它们在内容上没有区别，只在形式上有区别。按照这种观点，可以说辩证法的所有范畴都是规律，而所有规律都是用范畴来表现的。下面根据《哲学笔记》看看黑格尔怎么讲，列宁怎么讲。

对辩证法的内容，列宁有许多叫法。列宁把它叫作辩证法的要素，也叫特征或特点（叫特征并不是斯大林发明的，列宁也这样叫），还叫规定，也叫规律，当然也叫概念，也叫范畴，还叫原则。现在统一于两种叫法：范畴和规律。我认为，根据《哲学笔记》和黑格尔的《逻辑学》，把辩证法的内容区别为规律和范畴是没有道理的。刚才所谈的第三种观点是正确的，规律和范畴只有形式上的区别，没有内容上的不同。三个规律当然是规律，范畴之间的关系也是规律。如果只讲同一性和斗争性，而不讲它们之间的关系，这当然不是什么规律，但是这有什么意义呢？列宁不区别范畴和规律，他说："思维的范畴不是人的用具，而是自然的和人的规律性的表述。"（第87页）黑格尔把所有的《逻辑学》的概念都叫作范畴（当然也叫概念），或叫规定。黑格尔没有区分哪些是规律，哪些是范畴。那么，什么叫规律？对规律这个概念，应该有个共同的理解。不能够因为我有某种观点就来修改这个定义，让这个定义来适合我的观点。当我要说对立统一规律才是唯一的规律时，我就说规律要揭示事物发展的动力。当我要坚持三个规律才是规律时，我就给规律下个定义：要揭示整体性的东西。这样做只会产生混乱。那么，对规律有没有共同的理解呢？我认为有。自然科学说规律是什么，社会科学说规律是什么，辩证唯物主义也应说规律是什么，结论还是清楚的：规律就是具有普遍性和必然性的联系。没有共同的定义的讨论是没有意义的，因为没有共同的语言。规律和范畴实际是一回事，当我们讲范畴之间的联系的时候，就是规律；当我们举出某规律的基本概念的时候，就是范畴。三个规律当然是规律，但也是范畴，即质和量、肯定和否定、同一性和斗争性。原因和结果是范畴，但有因必有果，有果必有因，也是规律。因果律这个词，在哲学史上是经常使用的，列宁在《哲学笔记》中也讲过"因果律"。当然不是说任何原因和结果都是规律，而是说有因必有果是个规律。个性和共性是范畴，"共性寓于个性之中"，就是规律。偶然性是必然性的表现，也是规律。规律和范畴在内容上没有区别。在辩证法的这些规律和范畴里，我们要区别一下哪些更根本一些当然是可以的，但是不能把辩证法的这些内容区别为这么两部分：一部分叫作规律，一部分叫作范畴。现在规律和范畴的这种分法，实在是在没有建立起辩证唯物主义的严密的科学体系前的一种不得已的暂时的做法，是根据恩格斯在《自然辩证法》里面讲的三个规律和若干范畴而做出来的，应该加以改进。辩证法如果作为关于世界一般规律的科学，怎么可能只有一个规律呢？又怎么可能只有三个规律呢？恩格斯只讲了三个主要规律，没有讲只有三个规律。既然有主要，当然还有次要了。所以，这种分法不符合辩证唯物主义创始人的观点，也不符合黑格尔的观点，也不符合客观实际。把辩证法的一些内容叫作范畴或规律，当然都可以。但把辩证法的要素叫作规律，更恰当一些；叫作范畴更方便些。任何一门科学都是要揭示规律，不揭示规律就不叫科学，而揭示规律当然要用很多范畴。例如《资本论》也有很多政治经济学的范畴，它揭示了资本发展的各种规律。

二、列宁提出的"辩证法的要素"

列宁提出的辩证法的要素十六条是由黑格尔的一句话引起的，但事实上这是列宁当时哲学研究工作的一个总结，是列宁反对第二国际修正主义及其诡辩论的斗争的一个总结，是列宁建立唯物辩证法的草图，值得我们逐条加以详尽研究和发挥。以下只谈谈对辩证法要素的一个总的了解，即谈谈列宁提出辩证法的要素时的思维过程和几点结论。

列宁提出辩证法的要素是由这样一句话引起来的："这个既是分析的又是综合的判断的环节，——由于它（环节），那最初的普遍性〔一般概念〕从自身中把自己规定为对自己的他者，——应当叫作辩证法的环节。"（第238页）在这里，黑格尔谈的是逻辑学的方法问题。

黑格尔区别了两种认识：（1）经验科学和数学；（2）哲学或逻辑学。他把前者叫作有限认识，把后者叫作无限认识或绝对认识。经验科学使用的方法是分析方法，即从事实材料上升到一般的规定、从具体到抽象的方法；数学使用的是综合方法，即从一般的公理、定义到特殊的原理、从抽象到具体的方法。他说："分析方法从个体出发而进展至普遍。反之，综合方法以普遍性（作为界说）为出发点，经过特殊化（分类）而达到个体（定理）。"① 分析是经验科学的方法，综合是数学的方法。在黑格尔看来，单独的分析方法或综合方法都不适用于哲学，洛克和所有经验论者把

---

① 〔德〕黑格尔：《小逻辑》，贺麟译，商务印书馆1980年版，第413页。

分析方法用于哲学，斯宾诺莎把综合方法用于哲学，都没有得到成功，因为哲学或逻辑学是关于绝对观念的科学，是绝对观念的自我认识，是绝对的无限的认识，用研究有限事物的方法来研究无限事物当然是无济于事的。哲学或逻辑学的方法，只能是绝对的方法；即同时是分析的又是综合的方法。黑格尔说："如果方法意味着从直接的存在开始，就是从直观和知觉开始，——这就是有限认识的分析方法的出发点。如果方法是从普遍性开始，这是有限认识的综合方法的出发点。但逻辑的理念既是普遍的，又是存在着的，既是以概念为前提，又直接地是概念本身，所以它的开始既是综合的开始，又是分析的开始。"① 这就是说，黑格尔的逻辑概念既是抽象的又是具体的，因而逻辑概念的进展既是从具体到抽象，又是从抽象到具体。如《逻辑学》的第一个范畴"存在"，就它是存在而言，就它潜在地包含以后的一切概念而言，是具体的；就它是一个概念而言，就它是纯存在而言，是抽象的。因此，从"存在"到"无"的转化，就"无"是作为"存在"的一个潜在环节而被展现出来而言，是从具体到抽象，就"无"是一种更具体的存在而言，是从抽象到具体。从"无"到"生成"的转化以及其他概念的转化都是如此。概念的这种转化，不是人为的，而是客观的，是客观概念的自我发展，分析和综合是概念之间的客观的关系。作为方法，分析和综合是和这种客观的关系完全一致的。黑格尔在上面那句话中所说的"那最初的普遍性从自身中把自己规定为对自己的他者"，正是指的这种情况。黑格尔的整个哲学体系就是用这种方法建立的，用黑格尔的话来说，它也是客观概念的自我发展的忠实的描述。这种方法，黑格尔认为就是辩证法的环节，即辩证法的规定。

列宁认为，黑格尔在这些言论中提出了辩证法的规定，即辩证法的要素问题，这是值得重视的。但是，黑格尔的观点不仅是唯心主义的，而且他所提规定不是明确的（第238页）。因此，列宁把黑格尔的观点唯物主义地发挥为辩证法的三个要素。他说：

---

① ［德］黑格尔：《小逻辑》，贺麟译，商务印书馆1980年版，第424页。

（1）从概念自身而来的概念的规定［应当从事物的关系和它的发展去观察事物本身］；

（2）事物本身中的矛盾性（自己的他者），一切现象中的矛盾的力量和倾向；

（3）分析和综合的结合。

大概这些就是辩证法的要素。（第238页）

第一条是关于辩证法的客观性问题，这点黑格尔是强调的。但他所谈的客观性是来自客观概念，而不是来自物质世界，列宁唯物主义地加以改造，指出辩证法"应当从事物的关系和它的发展去观察事物本身"，是事物本身的反映，从而就划清了唯物主义和唯心主义的界限。列宁还指出第二条谈的是事物的矛盾性。第三条谈的是认识的辩证法、认识中的矛盾。这三条已经谈到辩证法的基本内容：辩证法的客观性、辩证法的基本原则——联系和发展原则、辩证法的核心——对立面的统一和认识的辩证法。显然，这还是比较概括的规定，列宁进一步加以具体化，把三条发挥成十六条，即有名的辩证法要素十六条。

列宁首先把三条发挥为七条，这七条就是：

（1）观察的客观性（不是实例，不是枝节之论，而是自在之物本身）。

×（2）这个事物对其他事物的多种多样的关系的全部总和。

（3）这个事物（或现象）的发展、它自身的运动、它自身的生命。

（4）这个事物中的内在矛盾的倾向（和方面）。

（5）事物（现象等等）是对立面的总和与统一。

（6）这些对立面、矛盾的趋向等等的斗争或展开。

（7）分析和综合的结合，——各个部分的分解和所有这些部分的总和、总计。（238—239）

显然可见，第一、二、三条是前第一条的发挥，第四、五、六条是前第二条的发挥，第七条是前第三条的发挥。在第一条中，列宁除了指出辩证法的观察的客观性而外，还特别指出这个客观性不是来自表面现象或个别的实例，而是来自自在之物本身，即来自事物的本质、整体。第二条是事物的普遍联系的原则，第三条是事物自己运动的原则。这就是列宁在《黑格尔〈哲学史讲演录〉一书摘要》里谈的"一、发展原则"和"二、统一原则"（第280页）。第四条谈的是内在矛盾，第五条谈的是对立面的统一，第六条谈的是对立面的斗争。这些都是对立统一规律的基本内容。在第七条中，列宁对"分析和综合的结合"作了解释。

这七条是列宁在较详尽地考虑辩证法要素时的第一个阶段，这不仅从思想内容上可以看出，从列宁的手稿也可看出（这七条自成一个段落）。看来列宁认为把三要素发挥为七要素之后还不够详尽，于是他又作了补充。他首先以第八条来补充第二条，然后以第九条来补充第五条。在这两条中，列宁写道：

×（8）每个事物（现象等等）的关系不仅是多种多样的，并且是一般的、普遍的。每个事物（现象、过程等等）是和其他每个事物联系着的。

（9）不仅是对立面的统一，而且是每个规定、质、特征、方面、特性向每个他者［向自己的对立面？］的转化。（第239页）

这两条分别对第二、五条作了更深入的规定。第八条强调从事物的多种多样的关系中区别出一般的普遍的关系，也就是区别出本质的必然的内在的联系，而这是辩证法所应特别重视的。这一条同第二条的联系是一目了然的，列宁自己用"×"表示了二者的联系。

第九条特别把对立面的转化指出来。后面将谈到，对立面的同一或统一就是对立面的相互依存的意思，列宁以及黑格尔谈到对立面的统一时，指的都是对立面相互依存于一个统一体中，列宁在第五条中谈的"对立面的总和与统一"即指此意，因而列宁认为有必要把对立面的相互转化特别用单独一条指出来。这两条的联系不仅从这两条的内容可以看出来，列宁在其他地方也往往是把二者并列的①；列宁在第五条上面写下了一个联系的符号"#"，但另一个不见，很可能这一个即在第九条上面，列宁忘记写了。

接着，列宁写下了关于认识的辩证法的三条：

（10）揭露新的方面、关系等等的无限过程。

（11）人对事物、现象、过程等等的认识从现象到本质、从不甚深刻的本质到更深刻的本质的深化的无限过程。

（12）从并存到因果性以及联系和相互依存的一个形式到另一个更深刻更一般的形式。（第239页）

这三条谈的都是认识的辩证过程，一条比一条更具体更深入地揭露了认识过程的辩证性质。第十条指出认识过程是一个从不知到知、从少知到多知的无限过程。第十一条进一步揭露认识过程是从现象到本质、从第一级本质到第二级更深的本质的无限过程。第十二条谈的是范畴的发展过程，即范畴发展史。列宁指出，范畴发展史是"思想史的精华"，"思想史的结果和总结"（第186页）。它也就是从现象到本质、从第一级本质到第二级本质的无限认识过程的逻辑概括，它也就是逻辑学的内容。列宁在这里没有详尽地论述这个范畴的体系，只是举出了两个例子：（1）从并存到因果性，（2）从联系和相互依存的一个形式到另一个更深刻更一般的形式。

这三条看来是第七条的补充或发挥。这不仅是因为这三条和第七条谈的都是认识论问题，而且因为这三条和第七条结合起来就比较完整地概括了认识的辩证法。可以说，第七条是认识过程的横剖面，这三条是认识过程的纵剖面。为了说明这点，我们认为有必要说明一下列宁对分析和综合的理解。

---

① 参见列宁：《哲学笔记》，人民出版社1974年版，第111、210页。

在前面，我们已经简略地叙述过黑格尔关于分析和综合的观点。从这个叙述可以看出，分析和综合在黑格尔哲学中有着极其重要的地位。当然，黑格尔的观点是唯心主义的，这表现在他把分析和综合看作所谓客观概念的自我发展，表现在他形而上学地割裂经验科学、数学和哲学，从而认为经验科学仅仅是分析的，数学仅仅是综合的，只是哲学才是既综合又分析的，表现在否认哲学的经验的起源。黑格尔的唯心主义使他关于分析和综合的观点变得颇为神秘和晦涩。但是他把分析和综合结合起来的做法，把分析和综合同对立统一规律联系起来的做法，把分析和综合放在重要位置的做法，是极其深刻的。列宁赞同的正是这一方面。

列宁也认为，分析和综合不是一种辩证的认识方法，而是基本的辩证的认识方法，其他认识方法都是这个方法的环节、方面或表现。这从列宁在辩证法要素中怎样安排分析和综合的地位可以看出。无论在三条中还是在十六条的前七条中，它都是作为辩证法的一个主要方面，即辩证的认识论方面而出现的。因为分析和综合的过程，就是矛盾的分析与综合的过程，就是对立统一规律在认识过程中的完整表现和运用，就是辩证的认识过程的横剖面。

列宁把分析和综合解释为"各个部分的分解和所有这些部分的总和、总计"，这绝不是说，分析是把一个整体机械地划分为若干部分，而综合则是把各个部分凑成一个整体。列宁说，黑格尔"卓绝地叙述了分析的方法（'分解''现存的具体的'现象——'赋予'现象的各个方面以'抽象的形式'……）"（第253—254页）。分析就是从具体到抽象的过程，就是从具体事物中分析出一般的本质的属性，而综合则是从抽象到具体，就是把若干一般的本质的属性综合为原来的具体事物。这个具体事物还是原来的具体事物，但是人们对它的了解就同过去大不相同了，它是人们对其本质、内部联系、规律有了全面认识的具体事物。它不是最初的感性的具体，而是与抽象统一的具体，是理性的具体。分析与综合就是具体与抽象、个别与一般、特殊与普遍之对立与统一，也就是感性与理性、实践与认识、客观与主观之对立与统一。

黑格尔把分析和综合仅限于哲学，认为其他科学的方法只是分析的或只是综合的,这是不对的,任何科学认识,如果不只是些片面的零碎的材料,就必须把分析和综合结合起来。但是不可否认,黑格尔强调二者的结合,是有其合理之处的。

总起来说,从第八条到第十二条都是前七条的补充或发挥。这五条在列宁考虑辩证法要素的过程中自成一个段落,这也可从手稿上看出。

接着列宁又写了四条,这是列宁考虑辩证法要素的过程的又一个阶段。这四条是:

(13) 在高级阶段上重复低级阶段的某些特征、特性等等,并且
(14) 仿佛是向旧东西的回复(否定的否定)。
(15) 内容和形式以及形式和内容的斗争。抛弃形式,改造内容。
(16) 从量到质和从质到量的转化。(15 和 16 是 9 的实例)(第 239 页)

列宁说,"15 和 16 是 9 的实例"。这就是说,内容和形式的辩证关系与量变和质变的辩证关系都是对立面的相互转化的表现。我们可以这样来了解:不仅第十五、十六条,而且第十三、十四条,都是对立统一规律的表现。第十三、十四条谈的是否定之否定的规律,但列宁抛开黑格尔的三分法的公式,而直接指出发展过程的前进性和重复性的对立统一,亦即否定与肯定的对立统一。不难了解,肯定与否定、内容与形式、量变与质变的辩证关系都是由对立统一规律决定的。总之,我们可以把这四条看作第四、五、六、九条的补充和发挥。

最后,列宁用一句话总结了他所提出的十六条:"可以把辩证法简要地确定为关于对立面的统一的学说。这样就会抓住辩证法的核心,可是这需要说明和发挥。"(第 240 页)这就是说,对立面的统一的学说是辩证法的核心,是把一切辩证法要素联系起来的最根本的原则。①

---

① 从手稿上看,这条总结写在第七条之后,是前七条的总结,这证明前七条是他写作十六条过程中的一个主要段落。但是,由于后九条不过是前七条的发挥和补充,我们不妨把它看作十六条的总结。

总起来说，列宁提出辩证法要素十六条的过程经过了五个阶段：（1）最初的三条；（2）十六条中的前七条；（3）其次的五条；（4）最后的四条；（5）总结。在这个过程中，列宁的思想一步比一步具体，一步比一步深入，越到后面，离开黑格尔原话的内容越远。这十六条已完全成为列宁建立唯物辩证法的一个草图，而不是单纯对黑格尔思想的改造。它是列宁遗留下来的极为宝贵的哲学财富之一。

根据上面对辩证法要素十六条产生过程的分析，我们认为可以作出以下一些结论：

第一，毫无疑问，十六条是比较全面地反映了列宁关于辩证法的思想，但还不能认为它已经是一个完整严密的体系。对辩证法要素十六条有一个习惯的称呼，即"十六要素"，这一称呼很容易引起误解，似乎列宁认为辩证法有十六个要素。列宁显然没有这个意思，一来有的要素这里没有提到，如实践、必然、偶然，二来有的两条合起来才是一个要素，如第十三、十四条。而且，根据前面的分析，列宁还只是在考虑辩证法有哪些规定、要素、环节，还没有对这些要素加以安排、整理，形成一个严整的体系。

第二，十六条本身虽然没有形成一个严整的体系，但是由于列宁比较全面地考虑了辩证法的各个方面，十六条已经包括了辩证法的主要内容，而前七条甚至提供了一个辩证法体系的雏形。根据这个模型安排全部辩证法要素，其顺序可以排列如下：

1. 观察的客观性（第一条）

2. 普遍联系（第二、八条）

3. 运动（第三条）

4. 自己运动（第四条）

5. 对立面的统一、斗争和转化（第五、六、九条）

（1）否定之否定（第十三、十四条）

（2）内容和形式（第十五条）

（3）质和量（第十六条）

6. 分析和综合（第七条）

（1）认识的量的增加（第十条）

（2）认识的深化（第十一条）

（3）认识史的总结

7. 总结：辩证法的核心

第三，如果这十六条可以算作一个体系雏形的话，从中可以看出列宁构造唯物辩证法体系的一些原则：

1. 以存在为开端。观察的客观性是思想方法，这个方法的客观根据是什么呢？无疑是世界的客观存在的原理。唯物主义所说的存在当然是客观存在。

2. 从抽象到具体，从客观到主观。从第一项到第五项，后一项均比前一项具体，越来越具体。存在是笼统的，联系就使存在具体化了，运动是一种联系，自我运动是一种运动，而对立统一规律是自我运动的根源。第六项是认识，于是客观过渡到主观。

3. 概念的这种发展不是纯逻辑的推演，而是以实践和认识史为根据而作出的一种安排。

4. 对立统一规律是辩证法的核心。这点在第五项中表现得最明显，第六项中表现也是明显的。

5. 唯物主义和辩证法不是两块，而是一个整体。

6. 辩证法、认识论和逻辑学在这个体系中是同一个东西，但狭义的认识论又可以作为这个体系的一个组成部分而存在。

在对辩证法的要素作了这番分析之后，下面专门谈一谈辩证法的内容问题，下一节再谈构造体系的原则问题。

三、辩证法的内容

那些在普遍性上低一级的东西，列宁显然也把它们看作哲学的内容。他在辩证法的要素中就提到了分析和综合、认识过程，在《再论工会、目前局势和托洛茨基、布哈林的错误》中谈到辩证逻辑的要点时就谈到了实践和真理。这些对整个世界不是普遍的东西，列宁为什么要把它们算作哲学的内容呢？这样做对不对呢？是不是要改变哲学的定义呢？

抽象地说，哲学只谈那些一般性的问题，但是，如果把自己关闭在这个范围之内而不涉及比较特殊的东西，一般性的东西是说不清楚的，至少哲学应涉及几个大的分支科学的一般性问题。精神科学就是一个大的领域，其中一些一般性问题应在哲学中讲。例如不讲意识，就讲不清物质与意识的关系，也讲不清物质。当然，这并不妨碍认识论或逻辑学成为一门专门科学，专门研究认识规律和思维规律。正如生物学按理只要讲生物的一般问题，但是如果它不讲动物、植物和微生物，它也讲不清生物的一般问题。这当然不是说，生物学是动物学、植物学和微生物学的总和，而是为了讲清生物学的一般问题而必须讲一讲动物学、植物学和微生物学各自的一般问题。但是，改变定义倒也不必，因为一门科学总要有一个明确的对象，以便与别的相邻科学区别开来。

如果哲学内容可以包含认识论的一般内容，那么它也必须包含历史唯物论的一般内容。如果离开认识论的一般内容，就讲不清楚世界观，那么离开历史唯物论的一般内容就更讲不清楚世界观，因为显然人类社会的存在比人类认识的存在更根本一些，离开人类社会谈不清认识或精神领域。一般哲学体系都是先谈认识论，后谈历史唯物论，这是本末倒置了，物质与意识的关系问题实际是自然和人类社会的关系问题，没有谈清人类社会问题，怎能谈清意识问题呢？

那么怎么看自然界的一般问题呢？哲学是否应包括自然辩证法的一般内容呢？这是毫无疑问的。斯大林虽然讲辩证唯物主义是世界观，但他在讲辩证法的四个特征和唯物主义的三个特征时，却说这是讲的自然界，这往往被批评为自然辩证法主义，意即以自然辩证法代替了世界观，辩证唯物主义原理仅仅被看作自然辩证法，不涉及人类社会，而后它才被推广应用于人类社会，叫作历史唯物主义。这种指责不是完全公正的。自然界这个概念本来就不太明确。从广义说，自然界就是宇宙世界，包括人类社会，从狭义说，自然界指人类社会以外的宇宙。由于人类社会离不开自然界，是在自然界的基础上形成的，因此人类社会和自然界之间并没有明确的界限，事情并不像平常所说的那样简单，野外是自然界，城市集镇是人类社会。过去的哲学家谈的关于自然界的哲学往往就是他的世界观或纯粹哲学，即一般哲学，因而他也顺理成章地把他的哲学思想推广应用于人类社会，论证他的历史哲学、政治哲学、道德哲学和艺术哲学。恩格斯的《自然辩证法》的部分内容固然只是关于自然界的，但也有不少内容是一般性的。他要建立的自然辩证法这门科学未必只是关于自然界的东西，他很可能想通过对自然界的研究而得到一般性的结论。列宁在《卡尔·马克思》一文中也有这种倾向。这是否只是由于哲学史上世界观和自然观的界限不清呢？不完全如此。在人类出现之前，根本没有什么人类社会及其思想意识，自然界就是世界。人类社会出现之后，它仍然附丽在自然界上，是自然界的一部分，而不是与自然界并列的东西，正如人是动物的一部分，而不是与动物并列的东西。当然，它们也是并列的，但他们的并列并不是像两个星球或两块土地那样并列。因此，自然界的一般的东西往往就是世界的一般的东西，适用于自然界的也适用于人类社会。当然这不是说，自然规律就是社会规律，而是说，既然人类社会有其自然基础，自然规律当然适用于人类社会的自然基础。例如动物的生理规律适用于人，即适用于作为自然物的人，力学规律适用于机器，即适用于作为自然物的机器。同样道理，从自然界获得的哲学原理也应适用于人类社会。这样它就不仅有自然界的一般意义，而且有宇宙的一般意义。这就是世界辩证法与自然辩证法不易分开的原因。例如物质概念，它无疑是从自然界概括出来的，但无疑也适用于人类社会，当然，只是适用于人类社会的自然基础。又如运动、关系、空间、时间等等，都是如此。这些范畴是一般辩证法的范畴呢？还是自然辩证法的范畴呢？这就很难分开了。因此，我认为很难在哲学中把自然辩证法的范畴和一般辩证法的范畴分开来。

这样，我们就可以把哲学的内容规定为三部分，世界的一般范畴、人类历史的一般范畴和认识的一般范畴。这些范畴表述的是相应的辩证法的规律。

第三节 辩证法的体系

哲学的内容或范围如能像上面所说那样规定出来，那么，根据什么原则来把这些内容联系起来，形成一个严密的整体呢？在《哲学笔记》中，列宁在很多地方都谈到过这些原则，集中谈到的有《黑格尔辩证法（逻辑学）的纲要》、《谈谈辩证法问题》，特别是《辩证法的要素》。

一、黑格尔关于辩证法体系的思想

列宁关于哲学体系的思想，基本上是唯物主义地改造黑格尔的思想的结果。因此，有必要先分析一下黑格尔关于哲学体系的思想。

要构成哲学体系，必须解决以下问题：第一，从何开始？第二，用什么方法来构造哲学体系？第三，体系的核心是什么？黑格尔的体系尽管是唯心主义的，对这几个问题都有回答。

第一，在黑格尔看来，哲学的开端是存在，因为存在是最一般最抽象的概念，但就其潜在的内容来说，又是最丰富最具体的概念，因此，从它开始便可把全部辩证关系一一展现出来。这个问题将在下一章作较详细的说明。

第二，存在的具体内容怎样展现出来呢？用什么方法来构成体系呢？构成逻辑学体系的方法，就是逻辑学体系的形式。用黑格尔的话来说，"方法就是对于自己内容的内部自己运动的形式的觉识"（第95页）。在黑格尔，这个方法也是研究逻辑学的方法。

黑格尔提出了一个重要的原则。方法决定于内容，因此他：（1）反对把数学的方法用于逻辑学；（2）反对把经验科学的方法用于逻辑学；（3）认为辩证逻辑的方法应该是辩证的方法。

黑格尔说："这样的方法只能是在科学认识中运动着的内容本性，并且正是内容的这个反思本身第一次确定并产生出这个内容的规定。"（第83页）这里的科学认识即是哲学认识或逻辑学认识，在这种认识中运动着的内容即是客观概念，其本性即是辩证的本性。客观概念的反思或反映就是概念的矛盾运动，其结果就是一系列的逻辑规定或范畴。由于内容是辩证的，各个范畴的运动也是辩证的，黑格尔逻辑学就是对范畴的辩证运动的描述。因此，黑格尔认为数学的方法，即从抽象到具体的综合方法，是和哲学、逻辑学不相称的。数学的方法是欧洲理性派哲学家们笛卡儿、斯宾诺莎等人所采用的方法。他们认为数学是最可靠的科学，如果能像数学那样建立哲学，那么，哲学就可能成为可靠的科学。他们企图从一些公理、定义出发来推演出各种哲学命题，建立起自己的体系。但是，由于他们找到的公理、定义等并不能像数学公理那样得到人们的公认，他们并没有实现他们的初愿——使哲学成为一种公认的可靠的学问。黑格尔根本反对这种做法。他认为数学对于哲学来说是从属的科学，而哲学是科学的科学。这种低级科学的方法对于高级科学当然是不相称的，采用这种方法来处理哲学问题，当然是要失败的。黑格尔把数学看成从属科学、哲学看成科学的科学，是错误的，但他认为不能用数学的方法来建立哲学体系的观点是可取的。

经验科学的方法，即从具体到抽象的分析方法，也是和辩证逻辑的内容不相称的。在黑格尔看来，这也就是形式逻辑的方法或形而上学的方法。这种方法把各个范畴看成固定的彼此不相关联的概念，只知道机械地排列各个范畴，而不了解范畴之间的联系、转化，不了解范畴的矛盾运动。黑格尔所说的"悟性提出规定"，就是指这种方法说的，所以这种方法也可称作知性的方法。

哲学的方法应该既是分析的，又是综合的，既是从具体到抽象，又是从抽象到具体。黑格尔的意思不是说有时是分析方法，有时是综合方法，而是说，每一步都既是分析的，又是综合的，概念运动的全过程都既是从具体到抽象，又是从抽象到具体。因此，作为开端的存在既是最具体的，又是最抽象的；作为结束的绝对观念，既是最抽象的，又是最具体的。换言之，在黑格尔那里，任何概念都既是抽象的，又是具体的，是抽象性与具体性的统一。黑格尔反对把概念看成单纯抽象的观点，认为这是知性的观点，这就是黑格尔关于具体概念的思想。

黑格尔认为具体性一词有两种含义，除感性的具体性之外，还有概念的具体性。抽象的概念是肤浅的、贫乏的、静止的、简单的概念，具体的概念是深刻的、丰富的、发展的、矛盾的概念，它"不只是抽象的普遍，而且是自身体现着特殊、个体、个别东西的丰富性的这种普遍"（第98页），即它是与个别和特殊结合着的普遍。因此，一个相同的概念，在不同的观点看来，有着大不相同的内容。黑格尔在这里提出这个思想是为了说明他的逻辑概念间的关系。他认为在他的逻辑学中，前面的概念是比较抽象的，后面的概念是比较具体的，因为后面的概念包含前面一切概念的内容于其中，反过来，也可以说，就其潜在内容来讲，前面的概念是比较具体的，后面的概念是比较抽象的。因此，要理解一个逻辑概念的具体内容，不仅要掌握它所包含的逻辑概念，而且应掌握一切特殊科学的有关知识，因为逻辑概念是一切物质的和精神的东西的本质，而一切物质的和精神的东西则是逻辑概念的表现。因此，黑格尔认为只有掌握了全部科学知识的人，才能真正掌握逻辑概念，也就是说，逻辑概念对他们才不是空洞的抽象的东西，而是内容丰富的具体的东西。这一套说法显然包含着唯心主义的杂质，但却道出了一个深刻的辩证法的道理：普遍的东西必须和特殊的、个别的东西相结合，没有抽象的真理，真理总是具体的。例如物质这个概念，作为感性具体性，它就是各种自然现象，即五光十色的感性世界。作为抽象概念，它就是既非这种东西，也非那种东西，既非生物，也非无生物的客观存在物。作为具体概念，它就是为辩证唯物主义和各种具体科学所揭明了的各种物质形态、各种运动形式及其规律的整体。又如自由、平等、民主、人民等概念，在阶级社会中都有具体的阶级的内容，资产阶级人道主义则把这些概念作为抽象概念来玩弄，极力剥除它们的阶级内容，这是反辩证法的。列宁十分称许黑格尔的这一思想，说它"微妙而深刻！"，是"绝妙的公式"，"好极了！"，是"唯物主义的"（第97—98页），可见列宁对这一思想的评价是很高的。

但是，由于在黑格尔的逻辑学中，后面的概念包含前面的概念是现实的，而前面的概念包含后面的概念是潜在的，所以他更强调的是概念发展的综合方面，一般也说概念运动是一个综合过程，即从抽象到具体的过程。黑格尔认为人类认识的发展，即认识史，其中包括认识史的总结——哲学史，都是这样的。从抽象到具体的过程，也是从简单到复杂、从贫乏到丰富、由浅入深、从低到高的过程。

第三，造成概念从抽象到具体这种运动的根据是什么？即体系的核心、贯穿整个体系的根本原则是什么？黑格尔说是思辨的本性，即否定之否定或正反合三段式。

诚然，黑格尔的概念运动也可以说是一个矛盾运动，因为他认为概念运动之所以成为自己运动就是由于存在着概念内部的矛盾，矛盾的展开就是概念的运动。事物的运动也是由于矛盾的推动。黑格尔说："矛盾却是一切运动和生命力的根源；某物只因为在本身之中包含着矛盾，所以它才能运动，才有冲动和活动。"（第145页）在黑格尔看来，矛盾是事物发展的动力、源泉，矛盾"是辩证法的灵魂"（第246页）。灵魂和核心都是一些形象的说法，意思指最根本的东西。但是这个观点在黑格尔那里并不是贯彻始终的，因为他认为矛盾并不是最高的，最高的是矛盾的调解、融合、解决，即对立面的统一，也就是否定之否定。黑格尔的哲学体系是按照正、反、合的公式安排的，是一系列否定之否定的过程。最初是正题、肯定，其中潜伏着反题、否定；反题是正题中矛盾暴露的阶段，是对正题的分化、异化、外化，对肯定的否定，于是正题与反题、肯定与否定就公开地对立起来了、矛盾起来了；合题是矛盾的扬弃，是对立面的统一，即否定之否定。所以，黑格尔把矛盾放在《本质论》，而把否定之否定放在《概念论》，放在最高、最后的地方。在黑格尔看来，矛盾是重要的，没有矛盾就没有发展，但是矛盾总得统一，矛盾必须消融、必须溶解，就是必须统一，结合起来。所以，在黑格尔那儿，最高的东西是否定之否定，而不是矛盾。黑格尔的正、反、合三个阶段，实际上也就是同一、矛盾、矛盾的统一。他认为只有这样构成哲学体系，才能够掌握那个"绝对观念"。在他看来，如果你的思维只达到第一阶段，只认识同一——抽象的同一，你的思维就是形而上学思维或形式思维、一种低级的思维。如果你的思维达到第二阶段，认识矛盾，这就比较高级了，就达到辩证法了，但这还不是最高的，最高的是否定之否定，即矛盾的统一。他说："逻辑思想就形式而论有三方面：（a）抽象的或知性的［理智］方面，（b）辩证的或否定的理性的方面，（c）思辨的或肯定理性的方面。"① 否定的理性或辩证的理性系指康德主义意义下的理性或辩证法。康德的先验逻辑的第二部分叫先验辩证论，在这部分中，康德研究了理性的功能。他

---

① ［德］黑格尔：《小逻辑》，贺麟译，商务印书馆1980年版，第172页。

认为理性把宇宙、灵魂、上帝等当作知识问题来处理，必然陷入矛盾，即二律背反，如宇宙是有限的和宇宙是无限的，二命题都可证明为正确的，但这是不可能的，因此不能把这些问题看作知识问题，而只能看作信仰问题。列宁的批语："康德：限制'理性'和巩固信仰"（第99页），即指此言。康德由于在这里处理的是理性矛盾问题，故称辩证论，辩证论的结论是消极的、否定的。西方哲学史上有一种传统的偏见，即把辩证法看成一种主观的辩证方法，它通过对敌对观点的矛盾的揭露来推翻它。黑格尔认为康德的巨大功绩就在于他使辩证法脱离"任意性的假象"，因为康德认为理性的矛盾是必然地发生的，而不是谁主观地任意地造成的。但是，把理性仅仅了解为消极的东西，把辩证法看作只能得出否定的结果，是不对的，辩证法和理性也可以是积极的肯定的，这就是精神或思辨的积极的理性。它是积极和消极、肯定和否定的结合，是否定之否定。黑格尔认为，应该用否定之否定的方法来建立他的逻辑学，即使逻辑范畴成为一个肯定—否定—否定之否定的体系，按照否定之否定的公式运动，这就是"精神的运动"，就是范畴的辩证运动。因此，他说："只有沿着这条自己构成自己的道路……哲学才能成为客观的、论证的科学。"（第84页）但是，在黑格尔那里，这种概念运动完全是思辨地进行的，即纯粹是采用逻辑的抽象的推演来进行的，它在实际上、在一定程度上是反映了客观的辩证运动，反映了人类认识的辩证运动，但黑格尔认为它是反映了绝对观念的运动，因此，列宁在肯定这些思想有着合理因素的同时，又强调要"倒过来"，即要唯物主义地加以改造，把逻辑概念的运动放在客观的辩证运动的基础上，放在"全部自然生活和精神生活的发展"的基础上。

二、列宁关于辩证法体系的思想

列宁关于哲学体系的思想是唯物主义地改造黑格尔的体系思想的结果。前面关于辩证法、认识论和逻辑学三者同一的论述已经涉及这一问题，下面概括地谈谈列宁对于上述三个问题的回答。

第一，最高的概念是存在，存在是这个体系的开端。列宁并没有直接作出过这个结论，但从他的一些言论可以看出，他是同意黑格尔的这个意见的。他摘录了黑格尔的许多关于开端的思想,作了肯定的评价。例如在《黑格尔辩证法(逻辑学)纲要》中就肯定了存在这个开端,他还提出商品概念就是《资本论》的"存在"。

其次,哲学范畴的排列符合从抽象到具体、从简单到复杂、从浅到深的顺序。这一点在前面谈到辩证法就是认识论时已较详细地谈到过。这个思想无疑来自黑格尔,但这一顺序并不是思辨过程,即逻辑推演过程,而是人类认识史特别是哲学史的反映,是人类认识规律的反映。正如列宁对《资本论》的体系所作的评价那样,在概念发展的每一步分析中,都用事实即用实践来进行检验。

第三,辩证法体系的核心不是否定之否定,而是对立统一规律。在黑格尔那里,与其说矛盾运动是辩证法的核心,毋宁说否定之否定过程是辩证法的核心,因为不仅是矛盾运动,而是以统一为结局的矛盾运动,是构成黑格尔体系的最根本的原则。列宁区别了否定之否定和对立面的统一,把否定之否定了解为在更高基础上重复过去的阶段,即重复和前进的对立统一,而把对立面的统一了解为对立统一规律,并明确指出对立面的统一是辩证法的核心。列宁不仅像黑格尔那样把矛盾的解决局限于对立面的结合,而且包含了新的战胜、克服旧的。因此列宁把对立统一规律看作辩证法的核心,比黑格尔更能反映出辩证过程的实质。

对立统一规律是辩证法的核心,这一思想是不是列宁的贡献?对这个问题,哲学界存在着意见分歧,我认为这个思想是列宁的独特贡献。在马克思、恩格斯以及黑格尔那里,不是没有这个思想,但是这个思想并不明确。明确地把这个思想提出来,作为辩证唯物主义的一个原理,而且加以论证的,还是列宁。为什么在黑格尔、马克思、恩格斯那儿这个规律的作用不是很明确的?主要就在于对立面的统一和否定之否定这两个规律没有很好地区别开来,而列宁把它们很明确地区别开来了。

黑格尔关于这一问题的思想前面已经谈到,以后谈否定之否定时还要谈。下面谈一下马克思和恩格斯。

现在我们引用最多的就是马克思在批判蒲鲁东不懂辩证法时说的一句话:"两个相互矛盾方面的共存、斗争以及融合成一个新范畴,就是辩证运动的实质。"① 有的同志认为，马克思在这里已经把对立统一规律作为辩证运动的实质，也就是辩证法的实质或核心。但是，仔细地推敲一下，可以看出，马克思讲的还是否定之否定。"两个相互矛盾方面的共存"，这就是第一阶段；"斗争"，就是矛盾展开了，是第二阶段；"融合成一个新范畴"，这就是第三阶段，即否定之否定。所以从马克思这句话还不好得出结论，说马克思就已经很明确地有了对立统一规律是辩证法的核心这个思想。当然，我们不能说马克思根本没有觉察到这一点，没有意识到这一点。他在《1844年经济学哲学手稿》里对这些问题也是谈得很多的。但是说这个问题在他那儿已经是很明确了，恐怕不符合事实。恩格斯在《反杜林论》里面用过"矛盾辩证法"一词，以矛盾作为辩证法的称呼。有的同志讲，他是沿用了杜林的名词，但矛盾辩证法这个名词还是说明他把矛盾看得很重要。但是，他是不是很明确地把矛盾规律看作辩证法的核心呢？也不很明确。在《反杜林论》里他是这样讲的："马克思所使用的整整一系列辩证的说法：按本性说是对抗的、包含着矛盾的过程，每个极端向它的反面转化，最后，作为整个过程的核心的否定的否定。"② 这个地方也是三段：一个是"包含着矛盾"，一个是"每个极端向它的反面转化"，第三个阶段就是"作为整个过程的核心的否定的否定"。所以，在这个地方恩格斯仍然是把否定之否定看成是辩证法的核心。恩格斯在讲辩证法的三个主要规律的时候也讲到否定之否定是黑格尔的整个体系构成的基本规律③，但他并没有批评黑格尔这个思想。所以，我认为：对马克思、恩格斯来说，什么是辩证法的核心好像是不很明确的。

也正因此，列宁在写《哲学笔记》时，反复考虑这个问题。他在《辩证法的要素》里已经讲了对立面的统一是辩证法的核心。但是在后面写《谈谈辩证法问题》时，还在琢磨：是主要特征之一呢，还是最主要的特征？看来他这个思想最后是明确下来了：对立面的统一是辩证法的实质和核心。而且他的《谈谈辩证法问题》这篇短文，对这个思想还作了论证，

---

① 见《马克思恩格斯选集》第1卷，人民出版社1995年版，第144页。
② 《马克思恩格斯选集》第3卷，人民出版社1995年版，第483页。
③ 《马克思恩格斯选集》第3卷，人民出版社1995年版，第484页。

尽管它不是一篇完整的文章。列宁主要从三个方面作了论证：第一，对立统一规律是事物发展的源泉、动力。辩证法就是讲发展、运动的。运动的源泉、动力问题当然是辩证法的核心问题，最基本的问题，这个问题弄清楚了，其他问题就好办了。其次，跟这点相联系，对立统一规律是理解其他一切辩证法规律的关键，用列宁的话来讲，就是"钥匙"。有了对立统一规律这把"钥匙"，就可以打开那些"锁"——许许多多的其他规律，就可以理解那些范畴和规律。它是动力、源泉，其他的规律是它的表现。第三，这个规律是辩证法同形而上学、诡辩论根本对立的关键问题。辩证法要进行两条战线的斗争，一方面反对形而上学，形而上学是从右面来反对辩证法，公开地反对辩证法，跟辩证法直接对立；另一方面反对诡辩论，诡辩论是从"左"面来反对辩证法，打着辩证法的招牌反对辩证法，用夸大、歪曲的方法来反对辩证法。所以，有一条辩证法的规律，就有一条形而上学的观点和一条诡辩论的观点。比如，同我们前面讲的运动是绝对的、静止是相对的这个原理相对立，形而上学认为静止是绝对的、运动是相对的。而诡辩论呢，则夸大运动、否认静止，比辩证法还要"辩证"。在这许许多多观点里面，什么是关键呢？对立统一规律。对待对立统一规律的态度是个关键。形而上学公开地从正面来反对对立统一规律，而诡辩论则夸大、歪曲它。比如形而上学否认内在矛盾和客观矛盾，而诡辩论则把互相转化夸大成无条件的转化，或否认统一、片面地夸大斗争等等。辩证法同诡辩论、形而上学的对立，最根本的就是在这个问题上的对立，其他一切对立都可以用这个对立来加以解释、加以说明。

三、一个以《哲学笔记》为根据的唯物辩证法体系的草图

如果以上原则能够成立，而列宁在《哲学笔记》中又谈到了若干辩证法范畴，那么，我们可否尝试一下，按照这些原则来安排这些范畴呢？下面就是一次很不成熟的尝试。

辩证法应该有哪些范畴呢？

黑格尔的《逻辑学》，大致有一百多个范畴。《逻辑学》里的范畴不好统计。仅从它的目录统计还不行，因为在书里面有时还有更多的层次，多的有七、八个层次。《小逻辑》只有几十个范畴。黑格尔所讲的这些范

畴，我们能不能承认它们是唯物辩证法的范畴？所谓辩证法范畴（或者叫哲学范畴，或者叫逻辑学范畴都可以），应该是些最一般的范畴，即最一般的概念，应该是对于整个世界领域都起作用的那些范畴。这些范畴当然跟其他具体科学的范畴不一样。比如，生物学的范畴只对生物这个领域起作用，经济学的范畴只对经济这个领域起作用。辩证法范畴是对任何领域都起作用的。按照我们对哲学范畴的这种理解，黑格尔《逻辑学》中有许多范畴都值得考虑。恩格斯在《自然辩证法》里提出了三个主要规律的思想，同时谈了很多范畴，如同一、差异、矛盾、因果、必然、偶然、有限、无限等。他认为这些范畴是哲学范畴，即辩证法范畴。列宁在《卡尔·马克思》这篇文章里，也提到了几个"特征"，但比较少。后来在《再论工会、目前局势及托洛茨基和布哈林的错误》这篇文章里面，讲了四个要求，也可以说就是四个"特征"、四个"要素"。列宁谈得最多的是《哲学笔记》。在《哲学笔记》里，列宁对黑格尔所谈到的这些范畴究竟是肯定还是否定呢？或者哪些肯定哪些否定呢？现在的教科书关于辩证法只讲三个规律、几对范畴，物质和意识、时间和空间、运动、静止、认识、实践等都不在内，但是这些范畴，列宁在《哲学笔记》里都作为辩证法的范畴谈到了。研究这个问题，可以从两个方面着手：一方面，主要的当然要从目前自然科学和社会科学发展的水平着手，研究哪些范畴算是哲学范畴。另一方面，也可以从哲学史着手，看在哲学史上究竟提出了哪些范畴，对这些范畴进行一个个分析、一个个研究，不仅研究黑格尔的，也要研究其他哲学家的，不但研究外国的，还要研究中国的。这也是一个途径。从《哲学笔记》来讲，究竟列宁抛弃了黑格尔哪些范畴，肯定了黑格尔哪些范畴呢？

在《哲学笔记》里，列宁研究了黑格尔所谈到的一些范畴，有的范畴列宁显然认为不应该摆在辩证法里。例如，列宁批评黑格尔把低等生物的"感受性"、"感受刺激性"，还有"繁殖"，都看作《逻辑学》的范畴。列宁认为把这些范畴"'归入'逻辑范畴，这是无聊的游戏"（第218页）。但是列宁只是在这个地方对这几个范畴明确讲了，其他地方没有明确讲。我们如果根据那个原则——辩证法的范畴是最一般的范畴，显然，有的范畴也应该排除出去。如数学范畴"正比"、"反比",以及"机械性"、"化学性"等等。这里有个比较困难的问题,就是:有些范畴所指的东西,只有主观世界里才有,客观世界里没有,它们显然不是最普遍的。这些范畴要不要摆进去?比如"概念"、"判断"、"推理",客观世界里当然没有,只有头脑里才有;"思维"、"认识",客观世界里也没有,只有头脑里才有。这些范畴要不要摆进去?黑格尔当然是摆进去了,列宁也是很明确地认为应该摆进去。我们认为,还是应该摆进去。"概念"、"判断"、"推理"这种东西,当然客观世界里是没有的,只是头脑里有的;但是,它们是对客观世界的普遍反映,属于与客观世界并立(从相对意义上说)的主观世界,不讲主观世界里的一般的东西就讲不清客观世界。根据这些原则,我从《哲学笔记》里一共挑了30对,加上空间和时间,共31对。有了范畴,就可按照列宁所提出的原则(或者是列宁唯物主义地改造了黑格尔的原则以后所提出的原则)把它们排列起来。

要排列范畴,首先就要对范畴分类。可以先看看黑格尔是怎么分的。黑格尔的范畴是一个体系,但也是分了类的。他的范畴不仅仅是逻辑学的范畴,还有自然哲学和精神哲学的范畴。黑格尔把逻辑范畴主要分成两大类:一类是客观逻辑的范畴,一类是主观逻辑的范畴。客观逻辑就是他的"存在论"和《本质论》;主观逻辑就是他的"概念论"。但是在主观逻辑里面,实际上也有些是属于客观逻辑的范畴。它们是交叉的。客观逻辑范畴又分成两大类:一类是"存在论"的范畴,他叫作直接性的范畴;一类是《本质论》的范畴,他叫作间接性的范畴。在他看来,"存在论"的每一个范畴都是可以单独存在的,而《本质论》的范畴都是相对存在的,都是对立统一的。当然不是说"存在论"的范畴就不是对立的统一,但是,在"存在论"里面,这些范畴的对立统一是潜在的,是没有展开的,而在《本质论》里面,这种对立统一关系就展开了。所以,他说《本质论》里面的范畴都是成对的,如"原因"和"结果"、"偶然"和"必然"。实际上,"存在论"里面的范畴也是成对的,而《本质论》里面的范畴也不完全是成对提出的。50年代图加林诺夫有一本书,讲唯物辩证法的范畴,他没有把这些范畴构成体系,但是他对范畴作了分类,他把范畴分为三大类：一类叫作"实体范畴"，一类叫"属性范畴"，一类叫"关系范畴"。"实体范畴"指自然界、存在、物质、现象这些东西。"属性范畴"指运动、变化、发展、时间、空间等。"关系范畴"指对立统一的范畴，如"原因"和"结果"、"偶然"和"必然"、"同一"和"斗争"等等。他的分法有一定的道理，但是，这种分法没有贯彻对立统一的原则，同时也没有构成一个体系。

前面已经谈到，关于人类社会的一般范畴也应包括进去。我挑了五对，总计 36 对。这 36 对范畴，分为六类，并按列宁提出的原则排列如下：

（一）整体范畴：

1. 存在和无

2. 物质实体和属性、关系者和关系

（二）并存范畴：

3. 空间和时间

4. 中断和连续

5. 独立和联系、直接和间接

6. 部分和全体

7. 质和量

（三）层次范畴：

8. 外和内

9. 现象和本质、现象和规律

10. 形式和内容

11. 个别和一般、特殊和普遍、具体和抽象

12. 偶然和必然

13. 相对和绝对

14. 有限和无限

（四）过程范畴：

15. 静止和运动、变化、发展

16. 原因和结果

17. 条件和根据、外因和内因

18. 同一和差异、统一和斗争

19. 进化和飞跃、量变和质变

20. 重复和前进（否定之否定）

21. 可能和现实

（五）社会范畴：

22. 自然界和人类社会、存在和意识

23. 社会存在和社会意识

24. 生产力和生产关系

25. 经济基础和上层建筑

26. 个人和人民群众

（六）认识范畴：

27. 客体和主体

28. 实践和认识

29. 感性和理性

30. 归纳和演绎

31. 分析和综合

32. 概念和判断、判断和推理

33. 谬误和真理

34. 相对真理和绝对真理

35. 手段和目的

36. 必然和自由

这个体系草图满足了以下一些要求，或者说具有以下一些特点：

（1）在这个体系中，唯物主义和辩证法真正融为一体了，很难区别哪些是唯物主义原理，哪些是辩证法原理，更确切些说，是把过去称为唯物主义的一些原理融入辩证法之中，例如世界的客观存在、物质和运动、空间和时间、物质和意识等原理过去均被安排在唯物主义之内，现在都成为一些辩证法的原理。这个体系按照过去的习惯称呼可称为辩证唯物主义，或唯物辩证法，但最好叫作一般辩证法，以别于特殊辩证法。

（2）在这个体系中，世界观、认识论和逻辑学是同一个东西。首先它是世界观，它研究的是作为整体的世界及其一般规律，所以它的内容主要是那些最一般的范畴和规律，只是为了论证的必要，才包括一些次一层次的一般原理。作为世界观，一般辩证法最好改名为一般辩证论。英文 dialectic（s）有三个常用的含义：客观存在的一般的辩证的规律，研究和阐明客观辩证规律的理论，以及在思维中对辩证规律的运用，这三种含义可以分别译为辩证律、辩证论和辩证法。当然，一词三译在实际翻译中会产生一些困难，但与其统一译为辩证法，不如统一译为辩证律，因为规律既可以是客观规律，也可以是科学规律（对客观规律的反映），又可以是思维规律（客观规律或科学规律的运用），如说客观辩证律决定主观辩证律，比译作客观辩证法决定主观辩证法为好，因为方法总是主观的，与主观世界对立起来讲的客观世界中不存在什么方法。说它是认识论和逻辑学，都是就这两个词的广义说的。但是，这并不排斥在这个体系中包括狭义的认识论和逻辑学。根据前面已经谈过的理由，在这个体系中没有一个单独的组成部分叫自然辩证论，却可以有一个单独的组成部分叫历史辩证论。因此，从严格的意义来讲，这个体系包括三大部分：第一至四部分为一般辩证论，第五部分为历史辩证论，第六部分为认识辩证论，其中又包括思维辩证论，即逻辑学，但它很难与认识辩证论明显分开。

（3）六部分的排列以及每一部分中的各个范畴的排列在一定程度上体现了从抽象到具体，从简单到复杂、由浅入深、由静到动、从客观到主观的原则。说"在一定程度上"，因为在有的地方，这些原则体现得明显，在有的地方则不明显，或者根本看不出来，这正是这个体系需要大大改进的地方。

第一至四部分，好比是点、线、面、体，一个比一个具体和复杂。最初的整体范畴表现了人类认识的笼统、混沌的阶段，其次的并列范畴表现了人类对世界的差异及其关系的认识，但这种差异和关系还是最抽象最简单的，而层次范畴则表现出人类的认识向纵深发展了，而过程范畴则表现了人类认识更上一层楼。从客观范畴向社会范畴过渡，然后再向认识范畴过渡，这似乎是顺理成章的。

如果六类范畴的排列还有点道理的话，每一类中的范畴就难讲了。有的可以明显看出它们的顺序符合上述原则，有的则不大看得出来，这是需要改进的。

第一类范畴中，物质实体和属性是存在的具体化。存在可以区别为两大类：一类是物质实体和属性，还有一大类，即关系。关系离不开关系者，所以关系者与关系构成一对矛盾。关系者不一定是实体，属性也可以是关系者，如物质与意识之间的关系就是高级物质和它的属性的关系。不仅如此，关系也可以作为关系者，如空间关系与时间关系的关系。

第二类范畴中，"并存"这一称呼来自列宁（第239页），是一种关系，但是最简单的最一般的关系，首先是空间关系和时间关系。无论空间关系还是时间关系，都存在着中断和连续这一对矛盾。物质在空间中和时间中的中断和连续进一步具体化为物质个体或个体的组成部分之间的独立和联系，独立无疑是相对的。而联系则是绝对的，这样的联系就是普遍联系。部分和全体的并存关系是一种特殊的并存关系，因为全体中包含着部分，已有层次的因素，再进一步就是层次范畴了。我把质和量摆在这里，也因为质和量仍然是一种并存关系，但也有层次的因素。量表面上与质是并存的，但一定的量就会改变质，是更深刻的。

第三类范畴都有明显的层次。层次这一概念也来自列宁。列宁把同一层次的范畴叫作同一序列或同类的范畴，例如本质和必然就是同一序列的范畴，现象和偶然也是同一序列的范畴，但本质和现象则是不同序列的范畴，它们有深浅之分。最简单的层次范畴是外和内。外和内可以是空间上的，这实际上是并存。真正表现出层次的是现象和本质。其余几对都是一些具体的层次，其排列顺序似乎有一个由浅入深的过程，但我说不清楚。这类范畴看来应重新加以排列。

第四类范畴都是有过程的，这不是说以前三类范畴没有过程，但过程不明显。这七对范畴的顺序比较明显地符合上述原则。先是一般的运动，然后具体化为因果链条，因与果是运动、变化、发展的最简单、最一般的形式。然后具体化为内外两种因果，内因的动力是对立面的统一和斗争，对立面的统一和斗争具体化为进化和飞跃，而进化和飞跃均采取重复和前进的具体道路，最终导致可能的东西变为现实的东西。这样就达到了一般辩证法的顶峰。为了进一步具体说明一般辩证法，还须有第五类范畴。

第五类范畴的第一对是自然界和人类社会，我不提自然界和人，因为与自然界对立的是人类社会，其中包括个人。与人成对的应是动物，但提动物与人似乎太窄了。由于意识总是人类社会的意识，故把存在与意识作为一对范畴放在这里。社会存在是特殊的存在，社会意识是特殊的意识，故放在存在与意识之后。生产力与生产关系、经济基础与上层建筑这两对矛盾是社会存在与社会意识这对矛盾的具体化。以上四对矛盾是人类社会的基本矛盾，其中都贯穿了人与人之间的矛盾，特别是个人与人民群众之间的矛盾，故把这对矛盾放在最后。

意识是人类社会的产物，亦即社会实践的产物。意识包括整个主观世界的精神活动，如价值判断、审美活动、信仰活动等等，而其中最根本的是认识，认识活动决定其他一切意识活动，故在讲人类社会之后讲认识，而且只讲认识，这就是第六类范畴。

第六类范畴是认识过程中的一些矛盾，认识过程就是这些矛盾的运动过程。这些范畴的排列也体现了从抽象到具体、由浅到深的过程。最抽象、最笼统的范畴是客体和主体，而实践和认识则是主体与客体的两种关系，认识分为感性认识和理性认识，而归纳和演绎、分析和综合是从感性认识过渡到理性认识的基本方法，理性认识的基本形式是概念、判断、推理，其结果是谬误和真理，真理区别为相对真理和绝对真理。真理决定目的及其手段，由于掌握了必然，人类就能实现从必然王国到自由王国的飞跃。

前面我们曾把列宁提出的辩证法的要素十六条理解为六点，这 36 对范畴的顺序和这六点的顺序是一致的，第一点观察的客观性相当于第一对范畴存在和无，第二点相互联系相当于第五对范畴独立和联系，第三点运动相当于第十五对范畴静止和运动，第四点自我运动相当于第十七对范畴根据和条件，第五点对立面的统一和斗争相对于第十八对范畴统一和斗争，第六点分析和综合就是第三十一对范畴分析和综合。

范畴之间的这种顺序绝不是根据什么逻辑推演，而是根据了对前人观点和实际材料的搜集和研究。

（4）这个体系的核心是对立统一规律而不是否定之否定，因此，其中范畴都是成对的，都是对立统一的，而不是三段式的。

这个体系虽然凑出来了，但问题还很多，我考虑至少有以下几个问题：

①对前面提到的列宁关于体系的思想理解得是否正确？

②为什么列宁只谈到两个层次的（一般的与认识范围的）范畴，而没有谈到自然范围的和人类社会范围的范畴？在这个体系中，自然范围的范畴与一般范畴融为一体，社会范畴却是单独一部分，并放在认识范畴之前，这种做法是否合适？

③一般范畴分为四类是否合适？

④六类范畴的排列顺序和各类范畴本身的排列顺序是否合适？

⑤怎样反映现代科学的最新成就？根据现代科学的发展，哪些范畴还应放进去？

第三章　整体范畴——唯物辩证法的开端

第二章提出来的体系只是根据列宁关于体系的思想和《哲学笔记》提供的范畴，再加上作者的一些粗浅的补充而构成的，远不是一个完整严密的体系，要形成这样一个体系，特别是写出一本充分体现这个体系的书，为时尚早。但是，其中某些问题，列宁有所论述，有的论述颇多，下面仅对列宁论述到的问题作些介绍和发挥。

第一节　唯物辩证法的开端

黑格尔在论述逻辑学本身之前，先研究了逻辑学从何开始的问题。黑格尔的回答是：从纯存在开始，纯存在"不以任何东西为前提"，"本身不包含任何内容"，"不以任何东西为中介"（第104页）。列宁认为，黑格尔的这个观点有合理的地方，因为这种做法表露了这样的思想：逻辑学的开始和认识的开始是一致的，逻辑学与认识论是一致的，与认识史是一致的。

为什么从纯存在开始呢？黑格尔在《小逻辑》中提供了一个更为明确的回答，黑格尔认为，逻辑学的对象是绝对观念，是真理，逻辑学是对绝对观念的全面的论证。就绝对观念本身来说，是无所谓开始的，它是一个浑然一体的普遍联系的整体，但要论证它就得有一个开始。当然，逻辑学不能从绝对观念开始，因为对绝对观念的全面的描写是整个逻辑学的任务，是要到逻辑学的末尾才能做到的。为了一步步论证绝对观念，只能从绝对观念之最贫乏的最空洞的最抽象的表现——纯存在开始，而逻辑学的终点——绝对观念正是纯存在之最丰富的最圆满的最具体的发展。因此，哲学有一个起点只是为了人们研究的方便。黑格尔说："……哲学开端所采取的直接的观点，必须在哲学体系发挥的过程里，转变成为终点，亦即成为最后的结论。当哲学达到这个终点时，也就是哲学重新达到其起点而回归到它自身之时。这样一来，哲学就俨然是一个自己返回到自己的圆圈，因而哲学便没有与别的科学同样意义的起点。所以哲学上的起点，只是就研究哲学的主体的方便而言，才可以这样说，至于哲学本身却无所谓起点。"①

对于这种从简单的抽象的东西开始上升到复杂的具体的东西的方法，马克思认为："后一种方法显然是科学上正确的方法。具体之所以具体，因为它是许多规定的综合，因而是多样性的统一。因此它在思维中表现为综合的过程，表现为结果，而不是表现为起点，虽然它是现实的起点，因而也是直观和表象的起点。"②马克思在肯定黑格尔的这种开始的同时，也批判了他的逻辑学的思辨性质，他说："黑格尔陷入幻觉，把实在理解成为自我综合、自我深化和自我运动的思维的结果，其实，从抽象上升到具体的方法，只是思维用来掌握具体并把它当作一个精神上的具体再现出来

---

① ［德］黑格尔：《小逻辑》，贺麟译，商务印书馆1980年版，第59页。
② 《马克思恩格斯选集》第2卷，人民出版社1995年版，第18页。

的方式。但决不是具体本身的产生过程。"① 马克思只承认在有限的范围内，这个逻辑过程才不仅反映认识过程，而且反映实际过程，如从商品到货币的发展也是一个历史过程，但整个讲来，特别是逻辑学本身，即范畴的运动，决不反映实际过程。而且，范畴的发展过程尽管是从概念到概念，但绝不只是逻辑的推演，而是在对实际材料的分析研究基础上的综合过程。

列宁也认为，黑格尔这样来开始逻辑学符合人们认识的过程，符合人类认识的历史。列宁说："概念（认识）在存在中（在直接的现象中）揭露本质（因果律、同一、差别等等）——整个人类认识（全部科学）的真正的一般进程就是如此。自然科学和政治经济学［以及历史］的进程也是如此。所以，黑格尔的辩证法是思想史的概括。"（第355页）列宁特别指出马克思的《资本论》的第一个范畴商品就同存在相当，"开始是最简单的、普通的、常见的、直接的'存在'：个别的商品（政治经济学中的'存在'）"（第357页）。列宁在黑格尔《逻辑学》的存在论这部分的开始也提到应把逻辑的主题和认识论比较，认为逻辑的主题和认识论的主题是一致的（第103页）。逻辑的主题是概念的联系和发展，而认识论的主题也是概念的联系和发展。列宁说："而辩证法，按照马克思的理解，同样也根据黑格尔的看法，其本身包括现在称之为认识论的内容，这种认识论同样应当历史地观察自己的对象，研究并概括认识的起源和发展。"② 而在这个认识的历史过程中，概念、范畴正是标志着认识发展水平的一些小阶段。因此，范畴的发展过程正是人类认识发展过程的一个概括。

黑格尔在论述范畴发展的过程中，常常和哲学史上范畴的发展相比较，并指出他谈到的范畴和哲学史上的范畴相当。尽管黑格尔在这样做时有许多牵强附会和唯心主义的歪曲捏造，但对于这种做法，列宁认为是值得重视的。他说："看来，黑格尔是把他的概念、范畴的自己发展和全部哲学史联系起来了。这给整个逻辑学提供了又一个新的方面。"（第117页）因为逻辑是"对世界的认识的历史的总计、总和、结论"（第90

---

① 《马克思恩格斯选集》第2卷，人民出版社1995年版，第18页。
② 《列宁选集》第2卷，人民出版社1995年版，第422页。

页），是和人类的认识史特别是和范畴的发展史一致的，因而研究人类的认识史和哲学史就为逻辑学的研究提供了一个新的途径。列宁在《哲学笔记》中一再提到这个研究逻辑学的新的途径。

因此，逻辑学的开端，应该与人类认识史的开端一致。黑格尔说："在科学上是最初的东西，也一定是历史上最初的东西。"（第107页）在科学上最初的东西即黑格尔逻辑学的第一个范畴存在，历史上最初的东西即哲学史上的埃利亚派的概念存在。西方哲学史开始于泰勒斯，但黑格尔认为只是在埃利亚学派里，"我们看见思想纯粹地掌握其自身，并且看见思想在概念里的运动了。我们在这里发现辩证法的起始，这就是说，思想在概念里的纯粹运动的起始"[①]。因此，在黑格尔看来，无论从逻辑上说，还是从哲学史上说，辩证法都开始于存在。列宁认为这种逻辑与历史（认识史）一致的观点，"听起来很像唯物主义！"因为从字面上看，好像黑格尔在这里是认为逻辑的东西决定于历史的东西，事实上当然不是如此，只是"听起来很像"而已。原来黑格尔谈到逻辑与历史的一致、逻辑学与认识史的一致时，同唯物主义相反，他认为起决定作用的是逻辑而不是历史，是思维而不是客观历史，他完全是从唯心主义观点提出二者的一致的。因此，我们应该唯物主义地改造黑格尔关于逻辑学与认识论、逻辑与历史一致的观点。

第二节　存在和无

如果从最抽象的东西开始这一方法是可取的，存在又是最抽象的东西，那么，唯物辩证法就应该从存在开始。为什么存在是最抽象的呢？

在黑格尔看来，存在是这个世界中一切事物的最普遍的共同点。任何一个具体事物，如果去掉它的个别的特殊的东西，保留它的一般的东西，一层层进行下去，最后一定会达到这一地步——存在。比如张三，这是一

[①] ［德］黑格尔：《哲学史讲演录》第1卷，贺麟、王太庆译，商务印书馆1959年版，第253页。

个具体的人，现在对他进行抽象，即把他的特殊性撇开，不管他是男是女、是高是矮、是瘦是胖、是老是少，而只把他的一个普遍性抽出来，例如中国人。中国人这个概念也是由特殊性和普遍性构成的，撇开它的特殊性而保留它的普遍性，则得人，人比中国人更普遍。从人再抽象，可以得动物。从动物再抽象，可以得生物。从生物再抽象，可以得物质，最后得存在。不能对存在再进行抽象，再抽象就没有了。所以存在是最普遍最抽象最空洞的概念。但是，它也是最具体最丰富的概念，只是它的具体丰富的内容没有展现出来，哲学的任务就是把它的具体丰富的内容充分地揭示出来。不过逻辑学不揭示那些具体科学要揭示的内容，而只揭示那些一般的东西。黑格尔于是从存在开始，用逻辑推演的方法，把潜在于存在中的丰富内容揭示出来，一步比一步更丰富具体，直至绝对观念。

　　前面已谈到过列宁对黑格尔的这些思想是有所肯定的，他只是批判黑格尔逻辑学的唯心主义的思辨的性质。列宁没有明确讲存在这个概念可以是唯物辩证法的一个概念，更没有明确讲它可以作唯物辩证法的开端，但从前面所引证的那些言论来看，他似乎有这个思想。我认为这里有两个问题：一个问题是，存在这个概念能不能成立？能不能作为一个独立的概念，作为一个唯物辩证法的范畴成立？其次是，能不能以它作为唯物辩证法的开始？如果这个概念根本就不能成立，那当然就说不上从它开始。在我们一般的文章和教科书里，存在这个概念是含糊的，是不明确的。有的时候，存在就是物质，存在和物质没有什么差别。我们经常这样相对起来讲："存在和思维"、"物质和意识"（或者"物质和精神"）、"自然界和精神"等等。作这种使用的时候，存在实际上就是物质或自然界。但是有的时候，似乎存在跟物质也有区别。恩格斯在《反杜林论》里讲这个概念时，存在和物质是有区别的。他认为，"世界的统一性并不在于它的存在"，是"在于它的物质性"。[①] 所以，杜林关于世界统一于存在的观点是含糊的。我们平常讲"社会存在"，没有讲"社会物质"，也说明存在同物质还是有区别的。但是，辩证唯物主义没有把它作为一个独立的概念提

---

① 《马克思恩格斯选集》第 3 卷，人民出版社 1995 年版，第 383 页。

出来单独加以论述。我认为这个概念应该成立，因为这个概念可以避免唯物辩证法里面的若干思想混乱。物质是存在，但是存在并不就是物质。物质的属性也是存在，物质之间的关系也是存在，而物质是实体。当然一切东西都不能脱离物质，但是不能讲只有物质才是存在，物质的属性同物质有区别，物质的关系同物质也有区别，而属性、关系都是存在。过去有些混乱思想就是这样造成的。比如阶级斗争是客观存在，但是不能说它是物质。时间、空间是客观存在，也不能说它是物质。所以，如果没有存在作为一个单独的概念提出来，只有物质这个概念，而且认为物质的概念就是最高的概念，就难免发生思想混乱。思维也是一种存在。当我们把存在和思维对立起来讲的时候，这个存在当然指的是客观的存在，不是指的头脑里面的存在。但思维也是客观存在的一部分，所以它也是一种存在。存在才是最高的、最普遍的概念。列宁在《唯物主义和经验批判主义》里讲过，"存在和思维、物质和感觉、物理的和心理的"这些概念是最高的概念。显然列宁是笼统讲的，并不是说存在和物质、思维和感觉没有区别。我认为，物质和意识上面应有一个更高的概念，这就是存在。存在这个概念可以成立，应该作为一个单独的概念在辩证唯物主义中得到一定的地位。

既然存在可以成立，那么，它可不可以作为唯物辩证法的开始？既然这个概念能够成立，既然这个概念是最高的、最普遍的、最抽象的概念，它当然就能够作为辩证法的开始，而且应该作为辩证法的开始。列宁没有很明确地这样讲，但他有这样的思想，证据之一是前面引过的关于《资本论》的开始的论述，证据之二是他所提出的《辩证法的要素》。列宁在《辩证法的要素》里，第一条讲的是"观察的客观性"，似乎就肯定了从存在开始。关于辩证法的要素，列宁主要是从方法这个角度来讲的，所以第一条讲"观察的客观性"。"观察的客观性"是什么意思呢？它的前提是什么呢？就是承认这个世界的客观存在。正因世界是客观存在的，所以在认识这个世界时，就要遵守观察的客观性这个原则。他把这个作为第一条，不是偶然的。所以我认为把存在作为唯物辩证法的第一个范畴，是跟列宁的辩证法的要素第一条一致的。现在的教科书从世界的物质性开始，基本上是正确的，但还不够确切，我认为可以用存在作为开始的概念，然后再进一步揭示这个世界的一般规律，揭示它的丰富的具体的内容。关于存在和物质的关系问题，下一节将进一步讨论，现在先讨论一下存在的对立面——无。

这个概念在哲学史上谈得很多，是很古老的概念。中国的老子就讲过"有无相生"，他举了好多例子，譬如碗中间是空的，才能当碗用；车轮中间是空的，才能转动；屋子中间是空的，才能住人。老子讲的无，就是虚空的意思。在《哲学笔记》中，列宁也摘录了黑格尔的一些话。黑格尔讲古代的原子论有两个原则：一个原则是有，那就是原子；还有一个原则是无，就是虚空。原子论者认为，这是两个根本的原则，只有原子而无虚空，原子就不能运动，不能组合，就没有复杂的世界。虚空的实在性并不比原子的实在性少。黑格尔说：虚空之被认为是运动的泉源，不仅在于地方空着这个意思，而且还包含有"更深一层的思想：在否定的东西中一般都包含着生成的根据，自己运动的不安的根据"（第116页）。这就是说，存在与无是不可分割的，其间有着内在的矛盾，列宁很重视黑格尔这一观点，认为是"自己运动"的原则。黑格尔关于存在与无的关系的言论，列宁作了不少摘录，把黑格尔的这些话概括起来，大概是谈了这些思想：第一，纯存在和纯无是一个东西。他认为，纯存在只是存在，没有任何其他规定性。第二，他认为无也是一种存在，无当然是非存在，但这个非存在也是一种存在，是比存在还更具体的东西，他把无看作第二个范畴，而存在是第一个范畴。第三，他特别谈到存在和无是相反相成的，正是由于存在和无的统一才有变化，才有转化。变化是什么呢？变化不外乎就是从无到有，或者从有到无，单单存在，不是变化，单单无，无所谓变化，只有存在和无的统一才提供变易。第四，他认为，有可以转化为无，无也可以转化为有，这就是第三个范畴——变易，即从有到无、从无到变易。变易就是一种具体的存在。第五，他认为一切事物都是处于存在和无的中间状态。这是什么意思呢？也就是说，一切东西都处在从无到有和从有到无的过程里面，都是处在产生和消灭的过程里面，产生是从无到有，消灭是从有到无。有许多事物看起来好像是静止的，实际上它都处在这样一个中间状态。第六，他认为，否认存在和无的统一，是诡辩，是把存在和无割裂了。对这些思想，列宁一般地没有加评语，没有说黑格尔对或者不对。但是整个看来，好像列宁对这些思想还是基本上同意的。我们认为，黑格尔哲学虽然是一种思辨哲学，但这些观点基本上是可以接受的。列宁在两个地方用他自己的话，或者是用他对黑格尔思想的转述，谈了一下存在和无的问题。一个在第112页，列宁说到"存在＝非存在"。这显然是黑格尔的观点。黑格尔讲的存在就是无，纯存在就是纯无这个思想，列宁还是赞成的，认为黑格尔这种分析还是有道理的。还有在第138页，列宁说："在自然界和生活中，是有着'发展到无'的运动。不过'从无开始'的运动倒是没有的。"看来他对黑格尔的基本思想好像还是同意的。

用我们现在的语言来讲，究竟什么是无？我认为，所谓无，有两点含义：一个含义是空的意思，就是不在这里，这个地方没有它，不是说它根本不存在。再一个含义是否定的意思，就是认为这个世界上根本没有这样的东西。这两点含义能不能成立？它有没有意义？我认为是能够成立的，而且是有意义的。譬如说："此地无银三百两"，这里的无就是空的意思。"此地无银"不是说世界上没有银，而是说这个银在别的地方，譬如说在屋子里，或者在保险柜里等等。又譬如说，"无神"、"无鬼"，这个无就不是空的意思了，而是根本就没有，就是否定神鬼的存在。从这两种含义来讲，无是不是存在的呢？无是存在的。空的意思当然是存在，这个意思好理解。如果这个东西根本不存在，为什么说无存在？否定一个东西的存在，这个东西是不存在了，但这个否定是存在的，肯定与否定是相互依存的，没有肯定固然没有否定，没有否定也就没有肯定，就不能说明这个世界，不能理解这个世界。只有从这个含义来讲，无、否定又是存在的。否定只是否定什么东西的存在，却不能否定这个否定的存在。关于肯定、否定，列宁做了不少摘录。黑格尔对这个问题也非常重视。斯宾诺莎有个说法："规定就是否定。"规定就是肯定，肯定离不开否定，你肯定它是这个东西，就是否定它是那个东西，你否定它是那个东西，就是肯定它是某种其他的东西。我们否定神的存在，也就意味着肯定另外一种东西的存在。要不，就否定不了神的存在。这另一种东西是什么呢？它是宗教的迷误，或者是迷信，或者是某种幻想，这些都是存在的。否则，压根儿就没有这个问题。所以，无这个概念是不可缺少的，空这个概念是不可缺少的。我们只能从有、存在去理解无，也只能从无去理解有、存在。

有和无的统一，提供转化，这个思想很重要，列宁专门摘录了这个思想。因为这个思想揭露了变化、运动的内在矛盾。恩格斯讲过，运动就是同时在这里又不在这里，这就是有和无的统一。只有被看成矛盾，运动才是可以理解的。黑格尔也讲过要这样理解机械运动。对于变化呢？也必须这样理解：变化也有着内在矛盾，也是有和无的统一，即又存在又不存在的统一。一个东西的产生，就是从不存在到存在，一个东西的消灭，就是从存在到不存在。这个过程就是存在和不存在、有和无的统一。如果只有一个方面，就没有变化，没有转化。

有和无不但是相互依存的，不但是统一的，而且也是相互转化的。这就涉及列宁的一段不好理解的话：有着"发展到无"的运动，但是没有"从无开始"的运动。（第138页）就是说列宁承认从有到无，但是不承认从无到有。就物质不灭来讲，当然我们可以说"无中不能生有，有也不会化为无"。这个原则当然是对的，它讲的是物质不灭，物质不会产生，也不会消灭，只能转化——一种物质变化为另外一种物质。但是，如果我们就物质的特殊形态来讲，当然有、无是可以转化的，从一种物质形态变为另外一种物质形态。从新的物质形态来讲，就是从无到有，从旧的物质形态来讲，就是从有到无。譬如，资本主义变为社会主义，从资本主义来讲，就是从有到无，从社会主义来讲，就是从无到有。列宁承认"发展到无"，即从有到无，就具体物质形态来讲，这当然是可以讲得通的。但是他又说"从无开始"的运动是没有的，就是说没有从无到有，这指什么呢？这只能指无中不能生有，即物质不灭，而不是指物质的某种形态。这样一来，一句话似乎是就物质不灭来讲的，一句话似乎是就物质形态来讲的，这就不好理解了。

无论如何，存在和无这一对范畴是能够成立的，并应作为唯物辩证法的第一对范畴出现，没有这一对范畴作为前提，其他一切范畴都无从谈起。

第三节 物质实体和属性

存在的具体化是存在的分类。存在可以分为两大类——实体和属性。可以说，存在不是实体，就是属性，不是属性，就是实体。关系当然是存在，但关系归根到底还是属性。

黑格尔把实体和属性摆在客观逻辑的结束的地方，摆在现实——《本质论》的最后一部分里。他认为实体这个概念是个比较高级的、复杂的概念，从时代来讲也是比较晚的，因为他认为代表这个概念的主要的哲学就是斯宾诺莎的哲学。我认为，这个概念还是比较初级的，是一个比较抽象的概念，只是比存在和无要具体一些，因为，如果我们只承认物质实体的话，它在哲学史的最初阶段就出现了，古希腊爱奥尼学派的基本概念就是物质实体。那么，实体是什么？属性又是什么？实体，我认为就是物质，或者叫物质实体，根本不存在精神实体，尽管有些哲学流派承认精神实体的存在。实体和属性这一对概念，是相互依存的。实体是承担属性的实体，属性是依附于实体的属性，实体和属性是不可分的。或者也可以这样讲：实体是属性的基础，是属性的承担者；属性是实体的表现。实体是斯宾诺莎哲学的基本概念。斯宾诺莎讲的实体就是自然界。斯宾诺莎的《伦理学》第三定义，就是实体的定义。他说："实体是在自身内并通过自身而被理解的东西。"也就是说，要领会它的概念不需要借助于他物的概念。这话就是讲实体只能通过它自己来被理解。也就是说，它是个独立的东西，是不依附于其他的东西的。他给属性也下了个定义，即第四个定义。他说："属性是理智认为构成实体的本质的那种东西"，也就是实体的基本特性或本质特性。他认为自然界有两个属性：一个是广延性，一个是思维。斯宾诺莎把实体理解为独立存在的东西，这个理解是正确的，这个概念也是可以采纳的。说思维是一种属性，也是对的，但是笼统讲它是自然界的属性，就不很确切。思维当然是自然界的属性，是物质的属性，但不是指整个自然界，而是指某种物质，那就是人的大脑，思维是大脑这种物质的属性，不是自然界的任何东西的属性。讲广延性是物质的一种属性，这当然是对的。广延性就是空间性。空间是种关系，把它说成一种属性，也是可以的。物质是不是只有这两种属性呢？当然不是，还有其他属性，时间是它的属性，运动也是它的属性，等等。但是不管怎样，斯宾诺莎对实体和属性的这些规定，是可以供我们吸收的。黑格尔采纳了斯宾诺莎关于实体的观点，但斯宾诺莎的实体观点是唯物主义的，而黑格尔的实体观点是唯心主义的，他进行了唯心主义的改造。他不仅采用了斯宾诺莎的实体概念，还用莱布尼兹的单子来补充斯宾诺莎的实体。他认为斯宾诺莎的实体概念有许多缺点：它是整体，不是个体；是被动的，不是主动的；是物质的，不是精神的。莱布尼兹的单子的性质同实体相反，正好加以补充。实体这个概念的最核心的东西，就是实体是独立存在的，黑格尔采纳了这个思想。这点，我也认为是应该保留的。黑格尔说，实体是"它有，因为它有"这样的有。它是"任何存在中的存在"（第167页），它存在由于它存在。这些说法是什么意思呢？不外说明它是一种独立的存在，它的存在不依赖于别的东西。他还这样讲：实体就是一切有中之有，既不是不反思的直接物，又不是一个抽象的站在存在和现象背后的东西，而是直接的现实本身。这个意思就是说：一方面，它是最根本的存在，也就是独立的存在——不依赖于其他东西的存在；另一方面，又不要把它看成是现象背后、现象之外的什么东西，某种神秘的不可知的东西，像康德的自在之物那样。他认为属性是实体的属性，是实体的某些侧面，是不能够离开实体的。黑格尔对实体和属性的这种理解显然有合理之处。

　　实体这个概念，在辩证唯物主义教科书里没有使用，是因为哲学史上实体这个概念有唯心主义的理解，有唯物主义的理解。就是说，唯物主义者讲的实体就是物质，而唯心主义者却把"精神"、"上帝"、"灵魂"这些东西也看成实体。现在看来，有没有必要恢复实体这个概念呢？我认为有这个必要。从经典作家的许多论述来看，他们也并不完全否定这个概念。马克思讲过物质是运动的主体。这个主体不是认识的主体，而是基础，就是说，物质是运动的承担者。马克思认为讲运动总要讲是什么东西在运动，虽然他没有用实体这个词。恩格斯也没有用过实体这个词，但是恩格斯讲运动和物质不可分的时候，也有这样的意思。运动是物质的属性，物质必然是运动的；没有离开物质的运动，也没有离开运动的物质；离开运动的物质和离开物质的运动都是不可思议的。在这些言论里面，实际上肯定了实体这个概念。列宁在《唯物主义和经验批判主义》里讲得更加明确。阿芬那留斯、马赫攻击物质概念和实体概念。阿芬那留斯的著作——《纯粹经验批判》的任务之一就是消灭、推翻实体概念，他认为推翻了实体概念，就把唯物主义推翻了。所以，列宁在《唯物主义和经验批判主义》里，批驳了阿芬那留斯，捍卫了实体概念。列宁批判唯能论的时候，也捍卫了这个概念，因为奥斯特瓦尔德否认运动有一个承担者或主体，即实体，我认为列宁把实体这个概念同物质这个概念是等同起来使用的，物质就是物质实体，实体也是物质实体。马赫主义者攻击实体概念时总是先把它歪曲成什么不变的最后的不可捉摸的东西，其实，实体或物质实体不过是一切具体事物的最高概括：它不仅具有客观实在性，即其存在不以意识为转移，而且实体与实体之间彼此具有独立性，即彼此的存在不以对方为条件。而因为列宁物质定义里这一点不十分明确，所以引起一些混乱。列宁讲物质就是不以人的意识为转移的、人们可以感知的客观实在。他讲的这个客观实在就是物质实体。但是，他在定义里没有明确地把这一点讲出来，所以有的人就这样讲：阶级斗争也是物质，因为阶级斗争是不以人的意识为转移的、可以感知的客观实在。我们说阶级斗争不是物质，而是物质之间的关系，因为它不是实体，它是不能独立存在的，就是说不能脱离物质实体而存在。时间、空间为什么不是物质呢？因为它们不是实体，因为时间、空间不能脱离实体而存在。但是，一个原子就是一个实体，它是承担者，它是基础，它是各种属性的主体。必须要有这个概念，才能把这些复杂的东西讲清楚，才不至于引起混乱。

没有实体这个概念，就很难同马赫主义划清界限。马赫主义认为世界是由要素构成的，亦即是由各种特点、质构成的，质、特点就是感觉，所以就是由感觉构成的。一个苹果就是由红的要素、青的要素、圆的要素、光滑的要素、甜的要素等等构成的。我们说，不对。撇开要素是感觉这一点不谈，也不对。当然苹果离不开这些东西，但是这些东西只是些质、属性，它还要依附于一个东西，这个东西叫作物质实体，就是分子，就是原子。它为什么甜呢？甜这个质哪儿来的呢？是糖的分子的属性，苹果里面有糖，所以甜。为什么你摸到它感到是光滑的呢？光滑也是分子的属性，因为它的分子是这样排列的。为什么它是圆的呢？因为它的分子排列成圆形。所以不管怎么分，不管分得多么细，一直分到什么层子，或者甚至比层子还要小的东西，总得有个东西，总得有个实体。如果不讲实体这个概念，只要有属性就行了，那么，世界就是属性的总和，这同马赫主义很难划清界限，因为马赫把世界说成只是要素的复合。

现代物理学把以波动性为主的物质叫作场，以微粒性为主的物质叫作实体物质，物质实体和实体物质会不会混淆起来呢？不会，二者在概念上还是可以区别开来的。物质实体是总名，而实体物质只是一种物质或实体，场是另一种物质或实体，例如电磁场是一种物质，即一种实体，因为它可以离开别的物质而存在，太阳光可以离开太阳而存在，无线电波可以离开电台而存在，它具有能量、质量，能运动、变化，具有时间、空间的属性等等，具有实体物质的基本特性。当然，为了避免可能发生的用词上的混淆，与其避而不用物质实体这一概念，毋宁给实体物质另起一个名称。

在《哲学笔记》里，列宁对实体概念摘录不多，评语也少，看来除了批评黑格尔的唯心主义立场而外，列宁对实体概念还是肯定的。黑格尔说："实体是观念发展过程中的重要阶段。"列宁评论说："应该读做：人类对自然界和物质认识的发展过程中的重要阶段。"（第 167 页）黑格尔把实体概念和因果关系联系起来论述，说："实体只是作为原因才具有……现实性。"列宁评论说："一方面，应该从对物质的认识深入到对实体的认识（概念），以便探求现象的原因。另一方面，真正的认识原因，就是使认识从现象的外在性深入到实体。"（第 167—168 页）这些评论说明，列宁不同意把实体看成客观观念，即不同意存在着什么精神实体，但认为实体概念的出现反映了人类对世界认识的一定水平，实体必然表现为现象，因而通过现象可以认识实体。列宁的这些思想是唯物主义地改造黑格尔实体概念的结果，足见列宁对实体概念并不是完全否定的。

属性依存于实体，没有离开实体而独立存在的属性，只有实体才能离开别的实体独立存在。但是，从某种意义来说，实体也依存于属性，这是指，实体不一定依存于某一种属性，但总有一些属性，实体总是通过一些属性来表现自己，黑格尔上面说的实体是原因、现象是结果，即指此。没有任何属性的实体是没有的。任何实体至少有时间性（连续性）、空间性（广延性）、与其他实体的关系、运动等属性。除了实体而外，凡可以在思想上被区别开来的都是属性。从属性中可以分开出来加以论述的是关系。

关系与属性表面看来有明显的区别，关系必须涉及二者，即两个关系者，而属性只涉及一方，即实体。关系至少是两个关系者的关系，属性则可以是一个实体的属性。但事实上，关系和属性是很难截然分开的。关系从某种意义说是属性，属性从某种意义说是关系，因为归根到底，关系是实体的表现，而属性表现实体离不开实体与实体、实体与属性、属性与属性之间的关系。例如前面提到的四种属性，也是四种关系。时间性意味着过去、现在、未来的关系。空间性意味着实体的组成部分之间或实体之间的位置关系。物体的颜色意味着物体和不同光波的关系。物体的音调意味着物体和敲击者的关系。因此，总起来说，实体以外都是属性，但我们仍可把关系从属性中区别开来。

有关系必有关系者，关系者至少是两个。关系者当然可以是实体，但不一定是实体。属性可以作关系者，如物质和意识的关系中的意识就是属性。关系也可以作关系者，如生产力和生产关系的关系中的生产关系就是关系者。

这样，唯物辩证法的最初几对范畴便是存在和无、物质实体和属性、关系者和关系，这些范畴是对客观世界的整体之最抽象、最简单、最表面的描写，于是，我们把这些范畴称为整体范畴。

存在概念既然是唯物辩证法的开端，而它又是最一般的最广泛的概念，那么，由它就可引出唯物辩证法的第一个命题。世界是存在的，即客观实在的。或者说，这个世界的一切都是客观实在的，因为这个世界不外是物质及其属性、关系。物质是客观实在的，它的属性、关系因而也是客观实在的。人类社会，作为世界的一部分，是客观实在的，意识、精神、思维、认识，作为世界的一部分，也是客观实在的。但是，像杜林那样，说世界统一于存在，是错误的，因为物质和属性虽然可以用存在概念加以概括，但它们不是并列的，属性从属于物质实体，必须坚持世界统一于物质这一唯物主义命题。因此，从存在开始，唯物辩证法不仅有了一个开端，而且奠定了它的唯物主义基础。

有了一个开端，唯物辩证法的具体内容就可以逐步展开了。

第四章 并存范畴

并存是一种关系，即最简单、最抽象的关系。列宁把并存摆在联系的最初阶段。他说：人类认识史是"从并存到因果性以及从联系和相互依存的一个形式到另一个更深刻更一般的形式"（第239页）。我认为空间和时间、中断和连续、独立和联系、质和量、部分和全体，都属于并存范畴，下面仅谈谈《哲学笔记》中谈得较多的两对范畴。

第一节 独立和联系

联系的原则，或普遍联系的原则，或统一的原则，是辩证法的普遍原则之一，大家都是很熟悉的。但大家谈得多的只是联系的一面，全面地看，事物之间除了联系的一面，还有非联系的一面，即任何事物都有独立的一面。独立和联系应该是一对唯物辩证法的范畴，这就是黑格尔的直接性和间接性，而列宁对这一对范畴也是肯定的。

在黑格尔的范畴表中没有直接性和间接性的地位，但实际上这对范畴的原则贯穿了整个黑格尔的哲学体系，正如否定之否定不是黑格尔逻辑学中的范畴，却贯穿了整个黑格尔的哲学体系一样。

直接和间接在日常用语中是易于理解的，它们说的都是关系，二者之间的关系如不通过第三者，就是直接关系，如通过第三者，就是间接关系，第三者就是中介，即中项。我们把感性认识叫作直接认识，因为它是由于主体直接同对象接触而产生的，把理性认识叫作间接认识，因为它是由于主体通过感性认识的中介而产生的。我亲身获得的知识叫直接知识，通过他人的介绍而获得的知识叫间接知识。但黑格尔所说的直接性和间接性与此略有不同，他把一个事物的自在的存在或独立的存在叫作直接的存在，因为在这种存在中，自己和自己发生直接的关系，把一个事物的为他的存在或被制约的存在叫作间接的存在，因为自己通过他者和自己发生关系，这里的他者相当于第三者。在他看来，任何事物都有这两个方面，即独立性和对他物的依赖，或受他物所制约。黑格尔说："不论在天上，在自然界，在精神中，不论在哪个地方，没有什么东西不是同时包含着直接性和间接性的。"（第103页）这就是说，任何东西都有它自己的独立的存在，同时又受他物的制约。用黑格尔自己举的例子来说，种子有它自己的存在，即直接的存在，同时它也有它的来源，是植物的产物，受植物制约，即间接的存在。列宁否定其唯心主义方面，肯定其中合理的东西，说："（1）天—自然界—精神。打倒天：唯物主义。（2）一切都是经过中介，连成一体，通过转化而联系的。打倒天——整个世界（过程）的有规律的联系。"（第103页）这就是说，任何事物都受他物制约，而他物也是间接的存在，受他物的他物的制约，以此类推，世界中的一切就可以通过相互制约、相互联系而形成一个整体，这就是普遍联系。

黑格尔把他的直接性和间接性的原则贯穿在他的哲学体系中，即在他的三段式中。在他看来，正题是直接的存在，反题是间接的存在，合题是直接性和间接性的统一。换一个说法，正题是自在的存在，反题是为他的存在，合题是自在和自为的存在。根据这种理解，黑格尔把存在论的范畴看作直接性范畴，把本质论范畴看作间接性范畴，这并不是说存在论范畴没有间接性、本质论范畴没有直接性，但存在论范畴的间接性是潜伏着的。许多材料证明，直接性和间接性这一对范畴在黑格尔哲学中起着重要的作用。

独立与联系是从直接性与间接性引申出来的，列宁比较强调相互联系、普遍联系的思想，多次谈到这点。列宁说："如果我没有弄错，那么黑格尔的这些推论中有许多神秘主义和空洞的学究气，可是基本的思想是天才的；万物之间的世界性的、全面的、活生生的联系，以及这种联系在人的概念中的反映——唯物地颠倒过来的黑格尔。"（第153—154页）类似的说法还很多。但列宁也没有否认直接的自在的存在这一面，即独立性这一面。当然，独立性是相对的，而与它对立的普遍联系是绝对的。必须全面承认这两个方面才是辩证的。片面强调独立性，否认普遍联系，无疑是形而上学的，而片面强调普遍联系，否认独立性，则是诡辩，是同样错误的，也是一种形而上学观点。黑格尔说："规定的、有限的存在，是和其他某物有关系的存在，这是这样一种内容，它跟其他的内容、跟整个世界处于必然性的关系中。就整体的相互规定的联系来看，形而上学是可以作出这样一个论断的（实质上是同语反复）。如果一粒微尘被破坏了，整个宇宙就会崩溃。"（第106页）这种诡辩是对普遍联系的夸大和玩弄。

第二节　质和量

黑格尔把质和量这一对范畴摆在逻辑学的第一部分，说明他把这对范畴看成是较抽象、简单的范畴。他把质摆在量的前面，说明他把量看得比质更高。当然，它们比存在都更高，因为存在没有规定性，而质和量是两个规定性。

黑格尔的这些安排有一定道理。质并不是本质，而是能为人的感性所认识的事物的外部特征或特点，如色、声、香、味、形状，等等，对质的认识是比较低级的认识，但认识量就要难一点，例如认识一个桌子的形状比较容易，而要认识它有多高多宽多长就比较难了。在化学分析中，定性分析也比定量分析容易。但不管质或者量，都是比较浅的规定性，所以把它们摆在并存范畴中。

黑格尔把质和量区别为内在规定性和外在规定性。内在规定性是质，外在规定性就是与质无关的规定性，即量。所谓内在，不是指本质，前面已谈到，而是指比较表面的东西，但失掉它，该事物也就不成其为该事物。例如水的液态，本是比较表面的东西，但失掉液态，它就不是水，而是冰或汽了。而量的多少则与质无关。但所谓无关，是在一定范围之内，超过这个范围，也要发生质的变化。这个范围就是度。所以，黑格尔认为度是质和量的统一，是在量的基础上对质的复归。度是具有一定量的质，是质对量的依赖。

质与量的对立统一的思想古已有之。古希腊已有度这一观念，中国古代的"物极必反"的思想中的"极"即是度的界限，即超过之就会向反面转化的极限。黑格尔喜欢谈的例子是谷堆论证和秃头论证。这两个论证是古希腊小苏格拉底派诡辩论者提出来证明秃头和有发的头、谷堆和没有谷堆是一样的。有发的头拔去一毛，不是秃头，但一毛又一毛，最后就成为秃头。在空地上丢下一颗谷粒，不是谷堆，但一颗又一颗，最后就出现谷堆。黑格尔指出，这并不是开玩笑，而是揭露了质和量的内在联系。但把质量关系作为一个辩证法的规律提出来，这是黑格尔的贡献。黑格尔认为，"那表现为纯粹的量的变化也会转化为质的变化"（第125页）。黑格尔在"度"这一部分的注释中举出了大量自然科学的事实和一些社会现象来说明这个问题。这些事实说明质和量之间有着内在的联系，量对于质并不是不相干的。

度容易和度量关系交错线混淆起来，二者是有区别的。度是一个范围，而度量关系交错线，黑格尔有时又称度的交错线，则是一个度和另一个度之间的界限，或一个度和另一个度发生交错关系的线，在这条线上一个度转化为另一个度，一种质转化为另一种质，这条线即飞跃线。如 0℃—100℃ 是水的度，而 0℃ 和 100℃ 就是水的度量关系交错线，是把水和冰、水和水蒸气划开的两条线。760 毫微米—787 毫微米是红色的度，而 760 毫微米和 787 毫微米则是两条度量关系交错线，前者把红色和橙色划分开，后者把可见光和红外线划分开。这样的线也可称为交错点或转折点。

在黑格尔看来，质变是一个度到另一个度的过渡，是飞跃或渐进过程的中断。黑格尔说："人们喜欢通过过渡的渐进性试图理解一种变化，但是，渐进性倒不如说恰恰是单纯的漠不相关的改变，是质变的对立面。"[1]

---

[1] ［德］黑格尔：《逻辑学》上卷，杨一之译，商务印书馆1966年版，第402页。

列宁认为，黑格尔的这个观点是很正确的，并加以发挥说："没有飞跃，渐进性是什么也说明不了的"（第127页），也就是说，仅有渐进性而没有飞跃，没有渐进过程的中断，不能说明质变。从这个思想出发，黑格尔批评了把量看作仅仅外在的东西的观点，批评了否认飞跃、把变化仅仅了解为渐进性的观点，特别有意思的是他批评了把新事物的出现了解为现成事物的量的变化的观点。他说："关于发生的渐进性的假设是建立在这样一种认识上的：正在产生的东西，是已经感性地存在着或根本在现实中就已经存在着的，仅仅由于太小而还不能被人感知……这里所谓存在着并不是指：在现存的某物中已经包含他物于自身，而是指：他物已是现有的存在，只是还看不出来而已。"（第128—129页）这就是说，形而上学不把新质的出现看作一个崭新的东西的出现，而看作在旧质中存在的现成东西的量的发展的结果，譬如植物的出现不是种子的质变的结果，而是包含在种子中的用肉眼看不见的细小植物的量的发展，即由小变大的结果。这就是17世纪的一种形而上学理论：原形先蕴论。黑格尔认为，这种观点并不是对立面相互包含的辩证观点。辩证法所说的相互包含或某物中包含他物，并不是指他物作为一个现成的细小的东西包含在某物中，而是作为某物的一个方面、一种趋势、一种因素包含在某物中。在列宁看来，黑格尔的这个观点是有其合理之处的。在我们看来，对立面相互包含并不是各自把对立面的现成形式包含在其中，如我们也可以说，资本主义中包含着社会主义作为其否定的方面，但这绝不是说社会主义已经作为一种现成的东西，即社会主义经济关系，包含在资本主义中，而是在资本主义中包含着社会主义经济关系得以出现的物质的和思想的条件，包含着埋葬资本主义建立社会主义的物质的和精神的力量，这就是大工业、工业无产阶级、共产党和共产主义思想等因素，这些就是在资本主义中产生的它的否定的方面。当然，也有这种情形，即新质采取一种现存的形式存在于旧质中，如资本主义作为一种现成的经济关系存在于封建社会中，但是资本主义的出现也绝不是这种现成形式的量的简单发展的结果，而是存在于封建母体中的资本主义的物质的和精神的全部因素经过飞跃的结果。

黑格尔还指出，在度中与质结合着的量是规律的环节，度就是规律。列宁也很重视黑格尔这个思想。黑格尔的这个思想是很晦涩的，他本人没有作什么明白的说明。列宁之所以重视它，是因为它实际上道出了量变引起质变是一种规律的思想，各种事物的度就是各种事物的规律，是量变质变规律的具体表现。

列宁在《哲学笔记》中十分重视黑格尔关于质、量、度的思想，特别是在度这一部分作了比较完整的长段摘录，以上介绍的就是列宁对黑格尔观点的评价。但是，黑格尔对这个规律的论证完全是抽象的、思辨的。黑格尔认为从质到量的转化，是从自为的存在到一、从一到多、从一与多到量，完全是一种纯粹逻辑的推演，关于从量到质的转化，列宁也指出："对于从量到质的转化所作的抽象理论的说明是如此的晦涩，竟令人莫名其妙。"（第121页）列宁指的是黑格尔在讨论限量问题时的一段话，但用这话来评判黑格尔关于质量关系的全部论证也是非常恰当的。

黑格尔由于抽象地考察质量关系问题，虽然有着丰富的辩证法思想，却还没有系统地科学地解决质量关系问题。关于量变对质变的意义，黑格尔是不明确的，他主要强调渐进性对质是不相干的，而不明确了解量变在达到交错线之前也是在为质变准备条件。

马克思主义关于量变质变的理论无疑来自黑格尔，却又远远超出了黑格尔，因此我主张把质与量、量变与质变看成两对范畴，并摆在不同的位置上，当然，真要分开，还有许多问题要研究。那么，马克思主义的理论和黑格尔的理论在这个问题有什么区别呢？除去黑格尔哲学的思辨的唯心主义的性质不谈，他关于质和量的学说有以下几个特点：（1）质和量这对范畴是比较抽象、简单、表面的范畴；（2）它们的运动过程是质变量，量变质（度）；（3）推动它们运动的是质和量的矛盾。但是，在马克思主义哲学中，量变质变学说在这几点上同黑格尔的观点有明显的区别。（1）恩格斯把它看成辩证法的主要规律之一，现在的教科书更把它摆在对立统一规律之后，这是因为它所说的质已经是本质，质变是根本性的变化，它使辩证法所理解的变化进一步具体化了。（2）变化过程是从量变开始，量变引起质变，质变又引起新的量变，与黑格尔的顺序相反。恩格斯的提法是:"量变改变事物的质和质变同样也改变事物的量。"① 列宁的提法也是:"从量到质和从质到量的转化。"(第239页)(3)马克思主义哲学不仅仅从质和量的对立统一来阐明它们的运动,而是从事物的内在矛盾来阐明事物的变化为什么呈现出量变和质变两种形态或两个阶段。斯大林明确指出:"旧东西和新东西之间、衰亡着的东西和产生着的东西之间、衰颓着的东西和发展着的东西之间的斗争,就是发展过程的内在内容,就是量变转化为质变的内在内容。"② 毛泽东也说:"无论什么事物的运动都采取两种状态,相对地静止的状态和显著地变动的状态。两种状态的运动都是由事物内部包含的两个矛盾着的因素互相斗争所引起的。"③ 至于马克思主义关于质变形式、部分质变、量变与质变的相互渗透等问题的研究和论述,就更远地超出了黑格尔关于质量关系的论述。

第五章 层次范畴

层次范畴是并存范畴的进一步具体化。层次也是一种并存,但不是一般的并存,而是深与浅的并列。在黑格尔看来,现象和本质就开始有深浅之分,这就是层次。列宁说:"规律和本质是表示人对现象、对世界等等的认识深化的同一类的(同一序列的)概念,或者说得更确切些,是同等程度的概念。"(第159页)同一类、同一序列、同等程度就是同一层次的意思。下面谈两组层次范畴。

第一节 现象和本质

现象和本质这一对范畴,黑格尔是在《本质论》中论述的。黑格尔的

---

① 《马克思恩格斯选集》第3卷,人民出版社1995年版,第469页。
② 《斯大林选集》,人民出版社1985年版,第205页。
③ 《毛泽东选集》第1卷,人民出版社1991年版,第332页。

《本质论》分成三部分：首先是本质本身，其次是现象，第三是现实——本质本身和现象的统一。实际上，黑格尔从《存在论》进入到《本质论》的时候，就是从现象进入到本质，存在就是现象。但是黑格尔认为要把现象真正讲清楚，只能跟本质结合起来讲。所以在《本质论》里，现象这个概念才正式出现。这一点，列宁也一再谈到，并且很欣赏，认为黑格尔的逻辑学从现象进入到本质，是"吹来一阵可以说是清凉的微风"（第133页）。这一过渡是符合人类认识过程的，特别在第 355 页方框里，列宁专门谈了这个问题："概念（认识）在存在中（在直接的现象中）揭露本质（因果律、同一、差别等等）。"那么，《存在论》和《本质论》的区别在哪里呢？在黑格尔看来，《存在论》里的概念是直接性的概念，《本质论》里的概念是间接性的概念。或者可以这样讲：在《本质论》里，概念分层次，在《存在论》里，这个概念还处在一条线上。在《本质论》里，我们的认识不是停留在一条线上，而是向纵深发展了。所以，黑格尔把《本质论》的范畴叫作间接性范畴，或者叫反思范畴。反思就是间接性的意思，即互为中介或相互依存的意思。反思范畴都是一些相互依存的范畴，都是成对的，都是对立统一的。在《本质论》里，黑格尔举出了许许多多反思范畴，实际上，他都是从各个不同的侧面反复论证现象和本质的关系。所以，现象和本质这一对范畴，是《本质论》里的主要范畴。

《本质论》分为三部分：第一部分讲本质本身，第二部分讲现象，第三部分讲现实。本质本身又叫一般本质，就是本质的最初阶段，即本质以它本身来表现自己，就是说它没有表现出来。他把这种表现叫作假象。黑格尔曾经这样区别本质的三种不同的表现，假象是本质的映现（scheinen），现象是本质的显现（erscheinen），现实是本质的展现（obenbaren）。①

从现象到本质的过程，黑格尔在《本质论》中还用不同的范畴在不同程度上反复加以论述。从假象到反思的规定和根据，从实存、现象到本质的关系，从部分到全体，从外到内，等等，谈的实际上都是这个问题。列

---

① ［德］黑格尔：《逻辑学》下卷，杨一之译，商务印书馆 1976 年版，第 6 页。

宁很重视黑格尔在这些论述中透露出来的辩证法思想,作了不少摘录和评语。我们抛开黑格尔的体系,把列宁的摘录和评语综合为几个问题来介绍。

一、假象和本质

什么是假象?假象是本质之最表面的最不实在的表现,即映现。黑格尔认为,本质来自存在,并与存在相对立,因而相对于本质来说,存在就成为非本质的东西,然而这种非本质的东西之所以成立,又由于本质,因此,它依赖于本质,却又不表现本质,或者说,它是本质的最粗浅的表现,是无本质的本质的表现,是没有表现出来的本质的表现,这就是本质的映现,即假象。所以假象即是相对于本质而言的无本质的存在。因此,黑格尔认为假象"有两个环节。一个是虚无性,但它又是固存性,一个是存在,但它又是环节,换句话说,就是自在的否定性以及反思的直接性。这两个环节构成了假象的环节,因而也就是本质自身的环节"(第137页)。这话很晦涩,把一些词先撇开不管,假象的两个特点是虚无性和存在。说它是虚无性,就是说它没有表现本质,说它是存在,就是说它是本质的表现。但是,黑格尔的话说得很别扭。"一个是虚无性",但是他又怕不全面,所以马上又加一句"它又是固存性","固存性"就是它存在的意思。"一个是存在",意即它是本质的表现,但是"它又是环节",就是说它只是一个环节,它还有另一个环节。后面"自在的否定性",就是讲它是虚无性。"反思的直接性",应该加一个"被"字,成为"被反思的直接性",即讲它是依存于本质的存在。所以,他这段话翻来覆去讲的是假象的两个因素:一个是虚无性,一个是存在。黑格尔说,在非本质的东西里,在假象中,有着非存在的环节(第134页),也是说的这点。

黑格尔的这一套抽象晦涩的议论说的是什么呢?他不外是说:(1)假象是不真实的和易于消失的,(2)虽然如此,它也是本质的表现,(3)因而假象是客观的。列宁也正是在这些地方肯定黑格尔的观点。列宁说:"非本质的东西,假象的东西,表面的东西常常消失,不像'本质'那样'扎实',那样'稳固'。例如:河水的流动就是泡沫在上面,深流在下面。然而就连泡沫也是本质的表现!"(第134页)又说:"假象是存在着的无、非存在的东西——作为环节的存在"（第137页），"假象的东西是本质的一个规定，本质的一个方面，本质的一个环节。本质具有某种假象。假象是本质自身在自身中的表现"（第137页），就是谈的这种情况。列宁用科学的语言提炼出了黑格尔在这里包含的合理思想。

深流与泡沫是一个很生动的例子。泡沫与深流是大不相同的东西，泡沫是深流所引起的，下面有石头，流水很急，激起了一些泡沫，泡沫当然是深流的表现，但是它又没有把深流表现出来，因为从泡沫看不出深流。所以，泡沫就好像假象一样，深流就好像本质一样。严格说来，这只是个比喻，不是个例子，因为不能说深流是本质，深流同泡沫一样是个具体的东西，都是现象。由于泡沫既表现深流，又没有表现出深流，所以列宁以这个比喻来说明假象和本质的关系。

过去有人把《哲学笔记》中列宁所讲的"假象"翻译成"外观"，这个翻译也许更好一些，不致引起误会，外观就是表面现象。但是译成假象也是可以的，问题在于怎么理解假象。现在我们对假象这个概念的理解太狭窄，只把同本质完全相反的现象叫作假象。比如，"四人帮"实际是一伙反革命阴谋家，这是他们的本质，但是他们表现得比谁都"革命"，比谁都"左"，用各种革命的词句把自己装扮起来，我们说这是假象；所以，假象和本质是完全相反的，本质是反革命，假象是"革命"。这种使用当然是正确的，因为"四人帮"的"左"和"革命"当然没有表现出他们的本质，但也是本质的表现，即反革命在革命阵营中必须画上"左"和"革命"的脸谱才能干反革命活动。但是如果把假象理解成为表面现象，即没有把本质表现出来的现象，也是可以的。它同本质不一致，但不一定直接相反。例如地球本来是圆的，但是看起来好像是平的。天空本来没有什么天，但是我们看起来好像有块蓝色的东西。这都是一些表面现象，即假象。

黑格尔还批评了怀疑论（休谟主义）和康德主义否认现象是本质的表现、否认现象的客观性的观点，这一批评是正确的。黑格尔指出，他们所说的现象也就是假象，他们承认现象的直接性和规定性，但他们否认现象是自在之物、本质的表现，因而他们就把现象说成是主观的。怀疑论者不仅把现象看成映像的集合，而且根本怀疑自在之物的存在；康德虽然承认自在之物的存在，认为既然有现象就应该有被显现者，但他又认为现象不是自在之物的表现，自在之物是完全不可知的，现象与自在之物之间有着一道不可超越的鸿沟，因而现象在康德那里归根到底成为完全主观的东西。列宁很重视黑格尔的这些批评和分析，作了一个较长的摘录，还写一个赞同的评语，并指出马赫主义在这个问题上的观点是和康德主义基本一致的。（第135—139页）

二、现象和规律

关于这个问题，列宁作了较多摘录和评语。列宁认为黑格尔关于规律的观点是极其晦涩难懂的，但也有活的思想，这就是："规律的概念是人对于世界过程的统一和联系、相互依赖和整体性的认识的一个阶段……这是反对把规律的概念绝对化、简单化、偶像化。"（第158页）① 这就是说，对某一规律的认识并不是对整个世界的认识，而只是对这个世界的认识的一个阶段。每一个新的科学规律的发现都意味着人类在认识世界的无限的途程中前进了一步，但绝不可能是对世界的最后的最完备的认识。"任何规律都是狭隘的、不完全的、近似的。"（第159页）也就是说，规律是相对的、有条件的。下面我们谈谈列宁是怎样从黑格尔的摘录中得出这个结论来的。

黑格尔把现象看成一个根据和有根据的东西的统一整体，他说："实存转回到规律，也就是转回到自己的根据，现象包含着这二者，即单纯的根据和现象宇宙的分解运动，而分解运动的本质性就是根据。"（第159页）实存是从根据转化而来的，实存是有根据的存在，实存经过事物及其特性、质料和形式等一系列范畴而转化为现象，现象或现象世界是各种具体事物相互依存、相互联结的一个整体。因此，在现象中有着这两个方面：根据和有根据的东西、独立的一方面和依赖的一方面。这前一方面，即独立的根据这一方面就是规律。黑格尔用许多概念来说明这一方面：

---

① 这个评语虽然写在一段摘录的后边，但不能仅仅把它看成这一段摘录的评语，事实上这是列宁对规律这一节的总评语。

"现象中的统一"、"现象的中介中的肯定的东西"、"持续着的固存性"、"现象中同一的东西"、"现象世界的平静的反映"、"本质的现象"（即现象的本质方面）、"现象的静止的内容"、"本质的关系"，（第158—160页）等等。概括起来就是：（1）现象比规律丰富；（2）规律是本质或本质的关系；（3）规律是肯定的东西、同一的东西；（4）规律是平静的、稳定的东西。列宁说"黑格尔在这里热衷于对词和概念的'加工琢磨'和'穿凿雕镂'"（第158页），即是指黑格尔对规律这一概念的这些说明。这些说明都是为了指出，规律只是现象的一个方面，即本质方面，"同规律相比，现象是整体，因为它包含着规律，并且还包含着更多的东西，即自己运动着的形式的环节"（第160页）。"自己运动着的形式的环节"，即"现象宇宙的分解运动"，指的是纷繁复杂、多种多样、不断运动变化的现实世界。列宁对黑格尔的这些观点都是很重视的，认为是对规律这一概念的正确的描写。这些正是规律的一些特点。应该指出，黑格尔谈的不是一般的规律，而是力学规律，他自己举的规律的例子就是引力定律（两物体间引力的大小与质量成正比，与距离的平方成反比）。因此，规律虽然是本质，却不是最高的、最后的本质，即绝对观念。所以他强调规律的相对的意义。列宁当然不会同意黑格尔把规律从属于所谓绝对观念，但对黑格尔对于规律的特点的描述显然是同意的。他除作了若干旁批之外，还指出黑格尔把规律了解为现象世界的平静的反映是"极其唯物主义的、极其确切的"（第159页）。列宁还指出规律和本质是同一类的概念，或同等程度的概念（第159页）。这些是什么意思呢？

我们知道，规律是客观事物的普遍的和必然的联系，而纷繁复杂、变化多端的自然现象和社会现象莫不受一定规律的支配，是自然规律和社会规律以及一般规律的各式各样的表现。同一个规律可以有多种多样的表现。譬如引力定律可以表现为一片树叶的飘落，可以表现为海潮的涨落，可以表现为地球之绕日。显然，引力定律是异中之同，而其各种表现是同中之异。同一，在黑格尔看来就是肯定的东西、稳定的东西，差别是否定的东西、不稳定的东西。这样，我们也就易于了解为什么现象比规律丰富，这不仅是说，规律可以表现为各式各样的现象，而且是说，即使在一种表现中，现象也比规律丰富，因为某一规律即包含在某一现象中，是某一现象的一个方面，而某一现象除了某一规律之外，还包含着更多的东西。譬如一叶的飘落，就还包含着空气的影响，如空气的浓度、空气流动的方向等等。地球绕日还包含着地球自己的运动、其他星球的影响等等。而且，除了辩证法规律以外，其他规律的作用范围都是有限的，如引力定律不适用于原子内部，欧氏几何不适用于广大的宇宙。列宁说黑格尔的观点是极其唯物主义的，并不是说黑格尔在规律问题上的观点是唯物主义的，而是说黑格尔的这些观点虽然是唯心主义的，毕竟正确地道出了规律的一些特点。至于说到规律和本质是同一序列的概念，这是指规律和本质基本上是一个东西，都是指支配着事物的外部表现的内部的东西，所谓同一序列即指事物的内部这一序列。在《第二版序言》的摘要中，列宁就曾经讲过事物的本质就是"事物运动的规律"（第91页）。列宁之所以说是同一序列，而不把二者完全相等，是因为二者还是有所差别的。其差别即在于：本质是事物的内在矛盾，而规律是这一矛盾的展开，是本质之间的关系。如资本主义必然为社会主义所代替，是资本主义的内在矛盾的展开，是资本主义和社会主义之间的关系。

在黑格尔看来，规律仅仅是本质的一个环节，它还不是观念，更不是绝对观念，它只能把握住平静的同一的方面，而绝不是整体，因而我们不能把规律绝对化，不能夸大某一规律的作用范围。这一观点是合理的。列宁要现代物理学注意这一点（第158页），就是因为现代物理学由于夸大了某些物理学规律作用的范围，而为否认规律客观性的唯心主义大开方便之门，使物理学的唯心主义猖獗一时，这是一个历史教训。但是，黑格尔对于规律不能把握整体是并不满意的，他认为这是一种缺陷。列宁指出，黑格尔似乎也承认规律能弥补这个缺陷，但不明显（第160页）。看来，列宁认为规律是能把握现象的整体的。当然，规律并不能把握现象的一切细节，但能把握现象的本质，把握现象中普遍的必然的东西，而把握住了这样的东西，就能把整个现象掌握起来，就能对事物具有全面的长远的观点。掌握了农作物生长的规律，就能把种植农作物的全局掌握起来；掌握了战争的规律，就能把战争的全局掌握起来，掌握了社会发展的规律，就能把社会革命的全局掌握起来。人们不可能掌握全部现象的细节，但为了实践，人们又必须掌握全局，怎么办呢？掌握规律以掌握全局。列宁说："表象不能把握整个运动，例如它不能把握秒速为30万公里的运动，而思维则能够把握而且应当把握。"（第246页）列宁谈的是思维而不是规律，但思维就是掌握规律的认识能力，因此，列宁这话在这里也是有效的。

三、现象和本质

黑格尔在《本质论》的第二部分第二章对现象概念作了专门的论述，这一章又分为三节，第一节讲现象的规律，对此列宁作了不少摘录和评语，已介绍如前。第二节讲现象的和自在之有的世界，第三节讲现象的消解，对第二、三节列宁主要注意黑格尔关于自在世界（或称本质世界、世界本身）和现象世界的对立统一的思想。黑格尔认为，世界本身和现象世界是对立的，但同时又是同一的。世界本身和现象世界"二者都是独立完整的实存"（第160页），不仅如此，二者还是互相对立的，二者的对立表现为：前者中的肯定的东西，就是后者中的否定的东西。现象世界中的恶，就是世界本身中的善。黑格尔在这里主要是强调二者的对立，但这种对立在黑格尔那里被夸大了，当然有这种情况，即在本质上是恶，而在表现上是善，但并非全是如此。但黑格尔认为二者又是同一的，他用思辨的方式论证二者的同一：现象是为他存在，即为他物所规定的存在，但他物也是现象，因此，现象是自我规定，即自我相关。自我相关即是本质，故现象是本质。反之，本质是自我相关，而自我相关即以自己作为自己的对立面，对立面即他物，为他物所规定即为他存在，即现象，故本质是现象。黑格尔的这一套思辨的夸张的议论有什么合理之处呢？列宁认为黑格尔关于现象世界和本质世界的辩证关系的论述，反映了人类认识从现象到本质的深化过程，这就是这套议论的合理之处。

列宁在《哲学笔记》中多次谈到过这个问题。过去我们谈到过，黑格尔逻辑学中从存在进入本质这一逻辑过程是和人类认识过程一致的，列宁对黑格尔这一思想十分重视。对于这一点，黑格尔也明确地谈过。这就是列宁摘录过的黑格尔在《本质论》导言中的一段话："存在是直接的东西。因为知识要想认识什么是自在的和自为的存在的真理，所以它并不停留在直接的东西及其各种规定上,却透过直接的东西深入到里面去,认定在这个存在的背后还有着同存在本身不一样的某物,认定这个在背后的某物构成存在的真理。"(第133页)在连篇累牍的晦涩的思辨的逻辑论述中出现这样一段明白的晓畅的论述,列宁认为是"吹来一阵可以说是清凉的微风",但是,黑格尔并不认为这仅仅是一个认识的过程,他说,这一运动、知识的路,似乎是"认识的活动",似乎是"外在于存在的",它有着客观的意义,"这个进程是存在本身的运动"(第134页),即客观概念的自我运动。这里,黑格尔把一个主观的认识过程客观化了,这是黑格尔客观唯心主义的一个表现。

黑格尔在《本质论》以及整个《逻辑学》的若干地方描写的实际上是一个认识过程,特别是在《概念论》中,列宁在《哲学笔记》中一再指出过这点,但黑格尔都把那些认识过程客观化了,列宁指出只要把黑格尔描述的"客观过程"了解为认识过程,我们就能清楚地看出黑格尔的逻辑推演中的合理思想。在《黑格尔〈哲学史讲演录〉一书摘要》中,列宁对这个问题曾原则地指出:"不能原封不动地应用黑格尔的逻辑,不能把它现成地搬来。要挑选出其中逻辑的(认识论的)成分,清除掉它的神秘观念。"(第293页)上述关于本质世界和现象世界的关系的描写,列宁也指出这实际上是认识的深化运动的描写。在摘录了黑格尔关于现象世界和本质世界的对立统一的一段话之后,列宁说:"这段话的实质是这样:现象世界和自在世界是人对自然界的认识的各个环节、(认识的)阶段、变化或深化。"(第161页)这就是说,压根儿没有什么两个世界——现象世界和本质世界,虽然现象和本质是同一个世界的不同方面。黑格尔所说的两个世界的对立及其相互转化,实际上是人们认识的两个阶段即感性认识和理性认识的对立及其相互转化。这是认识的两个环节,是认识的深化过程。

列宁接着说:"自在世界离现象世界愈来愈远的移动——这在黑格尔那里还没有看到。"(第161页)这话如何解释是一个问题。有的人解释为:自在世界离开现象世界愈来愈远的运动,指康德割裂自在之物和现象的观点,而黑格尔是没有这种观点的。这一解释显然不妥,因为一来康德的观点谈的并不是二者愈来愈远的过程；二来黑格尔对康德的这个观点是坚决反对的，列宁曾一再指出这点，根本不会有黑格尔是否会有这一观点的问题。我们认为列宁这里说的是认识的不断的深化运动，即从第一本质到第二本质以至无限的深化运动，认识越来越深，故离现象世界愈来愈远。这从上下文来看还是比较清楚的。当然，这并不是说黑格尔对此深化运动毫无所知，因为整个逻辑学就是概念的具体化即深化过程，但是黑格尔在这里还只停留在本质和现象之间的相互转化，而没有看到在本质和现象的相互转化之中，人们的认识在不断地深化。列宁不仅强调从感性认识到理性认识的深化运动，而且特别强调在理性认识中的深化运动。列宁在《辩证法的要素》中曾提到"人对事物、现象、过程等等的认识从现象到本质、从不甚深刻的本质到更深刻的本质的深化的无限过程"（第239页），在《黑格尔〈哲学史讲演录〉一书摘要》中也谈到："辩证法特别是研究自在（An-sich）之物、本质、基质、实体跟现象、'为他存在'之间的对立的。（在这里我们也看到相互转化、往返流动：本质在表现出来；现象是本质的。）人的思想由现象到本质、由所谓初级的本质到二级的本质，这样不断地加深下去，以至于无穷。"（第278页）譬如对物质结构的认识，从物体到分子，从分子到原子，从原子到电子和原子核以及质子、中子等等基本粒子，就是一个从现象到本质，从第一级本质到第二级本质的一个离现象世界愈来愈远的运动。当然这个认识是不能脱离实践的，亦即不能脱离现象世界，人们要不断以实践来检验认识的真理性，并修正认识，发展真理，但人们的认识确是愈来愈深入，以至于无穷。任何科学的过程都是如此。

第二节　有限和无限

关于黑格尔的有限与无限的对立统一的观点，列宁作了不少摘录，评价也很高。可以说，黑格尔用他的抽象的思辨的议论已经在原则上对这个问题作出了正确的解决。

应该指出，单凭观察、经验，并不能断定世界是有限的还是无限的。当然，人类知识在今天达到了空间上的某点和时间上的某点这一事实不能证明宇宙在空间上（远度或深度）和时间上的有限性，因为人类知识的界限不等于宇宙的界限，这些知识的界限是可以打破的。既然如此，那么，这些界限不断被打破是否就证明了宇宙的无限性呢？也不能，因为没有发现宇宙的界限不等于宇宙没有界限。宇宙无限这一命题，不是用经验、观察可以肯定或否定的。宇宙无限根本不是能够观察到的东西，人们能够观察到的东西总是有限的。这个问题的解决依靠全部人类实践和人类知识的发展，其中包括哲学的发展。黑格尔从唯心主义角度，在理论上、原则上提供了一个正确的解决，但其中包含的唯心主义的错误的因素必须抛弃。

黑格尔首先批判了在这个问题上的形而上学观点，即否认有限和无限的对立统一的观点，他把这种观点所了解的无限性叫作恶无限性。列宁对黑格尔所描写的"恶无限性"作了一个概括："'恶无限性'是这样一种无限性，它在质上和有限性对立，和有限性没有联系，和有限性隔绝，似乎有限是此岸的，而无限则是彼岸的，似乎无限站在有限之上，在有限之外……。"（第114页）这就是说：（1）有限和无限是没有同一性的，无限中没有有限，有限中没有无限；（2）有限和无限之间有着一条不可逾越的鸿沟，从有限不可能达到无限。黑格尔所说的恶无限性指的是康德的第一个二律背反中的反题所代表的观点和一般人的素朴观点。这种观点认为，如果世界有边，那么在这个边之外一定还有什么东西，否则这个边就不是边，因此，世界的真正的边是达不到的，也就是说，世界是无限的。一般人所了解的无限也是如此，它是空间的无限的扩展、时间的无限的绵延、数量的无限的积累，无限是达不到的、高不可攀的。黑格尔引证了哈莱的一首描写上帝的无限性的诗篇来说明这种无限性：

> 我将时间堆上时间，世界堆上世界，
> 将庞大的万千数字，堆积成山，
> 假如我从可怕的峰巅，
> 晕眩地再向你看，

> 一切数的乘方，不管乘千来遍，
> 还是够不着你一星半点。①

陈子昂的《登幽州台歌》，也表达了这种在世界的无限性面前无能为力而只有顶礼膜拜的心情：

> 前不见古人，
> 后不见来者，
> 念天地之悠悠，
> 独怆然而涕下！

由于恶的无限性之不可达到，有的哲学家就根据这点否认世界的无限性，康德第一个二律背反中的正题就是如此。这种观点认为，既然无限是不可达到的，那么，我们就只能认为世界是有限的。这种观点争辩说：如果世界没有开端，或说世界开始于无限的过去，那么，不管过去了多少年，都达不到今天，因为不管从无限的年月中逝去了多少，留下的仍然是一个无限。杜林所说的，如果认为世界是无限的，就会陷入算完不可算完的东西的矛盾，即指此。

那么，什么是真实的无限性呢？黑格尔认为真实的无限性是"有限和无限的统一"（第114页），"在有限性中包含着无限性即有限自身的他者"（第115页）；使有限转化为无限的不是外在的力量，而是它（有限）的本性（第114页）："当规定某物为界限时，就已经在超出这个界限了"（第113页）。这些都不外说明，无限和有限是一个对立统一的整体：（1）有限和无限是相互依存和相互包含的；（2）有限和无限是可以相互转化的，是可以相互过渡的。真实的无限性就是矛盾的运动，黑格尔以无限小为例说：无限小不在消失之前，这时它是限量；也不在消失之后，这时它是零。这种无限性，黑格尔说就是自为的存在。纯存在没有规定性，规定

---

① ［德］黑格尔：《逻辑学》上卷，杨一之译，商务印书馆1966年版，第247页。

的存在受他物规定，自为的存在自己规定自己，它有规定（有限），但又是自己规定自己（无限），所以它是有限和无限的统一。他认为："到无限的进展（即恶无限性——引者注），其形象是一条直线，在直线的两端界限上只是无限物，而且永远是在直线……所不在的地方……至于返回到自身的真的无限，其形象是一个圆，它是一条达到了自身的线，是封闭的，完全现在的，没有起点和终点。"① 这种无限也就是绝对精神、绝对观念，它的现实的表现就是人类的精神，就是自觉的人，因为人类精神就是对绝对精神的认识，就是绝对精神的自我认识，就是自己回到自己。这就是自由的人，自己限制自己而不为他物所限制的人。在前引哈莱的诗紧接着的两句是：

而我剥掉一切乘积，
你便全然现在我的面前。

黑格尔认为这才是真实的无限性的写照，因为这种理解抛弃了空洞的无限的进展，揭示了无限性的本性。②

对于黑格尔的这套议论，我们想根据列宁以及恩格斯的指示提出几点看法。

第一，黑格尔对过去的主张世界无限的观点的评价是不完全正确的。世界有限的主张无疑是形而上学的，因为它完全否认无限，只承认有限，有限不依存于无限，不包含无限。这种主张必然导致承认神的存在。如杜林，由于他认为时间有一个开始，从而不得不在实际上承认创世说，虽然他口口声声否认神的存在。在过去和现在，世界有限的主张往往就是为神的存在作论证。他们否认世界的无限性，是为了把无限性给予神，但世界无限的主张则已经含有辩证的因素，已经承认有限依存于无限，黑格尔把这种观点也看作完全是形而上学的，就不正确了。这种主张认为，说世界有限就意味着超出有限，意味着无限，这是很正确的。其实，黑格尔也是

---

① ［德］黑格尔：《逻辑学》上卷，杨一之译，商务印书馆1966年版，第149页。
② ［德］黑格尔：《逻辑学》上卷，杨一之译，商务印书馆1966年版，第247页。

这样议论的，前面所引"当规定某物为界限时，就已经在超出这个界限了"，说的就是这回事，对于这个观点列宁是赞同的，并作了"好极了！"的批语。恩格斯在《反杜林论》中说，"无限纯粹是由有限组成的"①，也是指此。他在《自然辩证法》中也指出，无限进展并不像黑格尔所说的那样是空漠的荒野、简单的重复，"而是发展，是前进或后退，因而它成为运动的必然形式"②。世界无限的观点是唯物主义的观点，它把物质世界了解为无限的，否认在它之外还有什么东西，或者说，否认物质世界有什么外部，这就给予神的存在一个致命的打击。作为唯心主义者，黑格尔不公平地对待了这种唯物主义的观点，而对于世界有限的观点，黑格尔所不满意的也并不是它把无限性给予神（这是黑格尔所满意的），而只是它割裂了无限和有限，因而不能解决无限如何达到有限、神如何支配世界的问题。黑格尔说，"无限怎样达到有限这个问题，有时被认为是哲学的本质"（第115页），指的就是这个问题。黑格尔自认为是解决了这个哲学的本质问题的，他解决的方法就是从对立统一中去了解有限和无限，有限中有无限，因而就没有从无限到达有限这个问题。（其实他并没有也不可能解决这个问题，因为从逻辑概念到自然界的过渡，在黑格尔仍然是一个无法克服的难关。）

第二，黑格尔在这个问题上的唯心主义观点也是十分明显的。他之所以对所谓恶无限性采取完全否定的态度，实际上是抛掉了物质世界的无限性这个实际问题，是为了把无限性完全划给绝对观念。黑格尔所谈的有限和无限不是客观的有限和无限，而是有限和无限概念本身，他所说的真实的无限性并不是客观的有限和无限的统一，而是绝对观念的有限和无限的统一。因此，他才把真实的无限性看成自为的存在、自我、自由。

但是，第三，黑格尔关于有限和无限统一的思想是深刻的，是在唯心主义观点下反映了客观世界中有限和无限的辩证关系。恩格斯、列宁之所以重视黑格尔的这个观点，原因就在此。黑格尔认为有限和无限的关系是一种内在关系，有限和无限是相互依存、相互包含的。这是很正确的。无

---

① 《马克思恩格斯选集》第3卷，人民出版社1995年版，第391页。
② 《马克思恩格斯选集》第4卷，人民出版社1995年版，第345页。

限依存于有限、包含有限,这是容易了解的,因为无限的世界就是由有限的事物构成的,没有有限的事物,当然不可能有无限的世界。但是怎么说有限依存于无限、包含着无限呢?首先,这是指前面说过的,当我们说某物的界限时就已经在超出这个界限,也就是说,有限以无限为前提,有限蕴涵无限。其次,这是指有限的事物,包含着深远的无限性。我们总把眼光放到天边去设想无限,其实眼前就有着无限——物质的深远的无限性,物质结构的不可穷尽性。黑格尔说,在有限和无限的统一中,"每一个的自身都是这种统一,每一个只是自身的扬弃"(第114页),这就是列宁指出的黑格尔对物质的深远无限性的猜测:有限和无限这个统一体的每一方面,即有限或无限,又是有限和无限的统一,而此统一中的有限或无限也是如此。这就是物质可以无限分割的思想。这是一个古老的思想。中国古代已经有"一尺之棰,日取其半,万世不竭"之说。古希腊的埃利亚学派已有无限分割的思想。有的同志认为无限分割的论断不能成立,因为所谓分割是抽象的分割,谁能真正无限地分割下去呢?所谓无限分割根本是不能证实的。这是事实。我们今天对物质的分割的确还是很有限的。我们用机械的方法分割,还达不到分子的水平,用化学的方法可以达到原子的水平,可以把元素给分出来,用高能加速器轰击原子核可以达到基本粒子的水平。但是即使是这样,离那个无限分割还遥远得很。所以,今天的确没有做到无限分割。而且我们还可以说根本就做不到。如果做到了,它就不是无限分割了。那么,抽象的无限分割究竟算不算呢?我们认为无限分割是能够成立的。虽然我们不能用行动、用实践来真正地把它分割到无限小,但我们的思维确实能做到这一点。微分就是无限分割,就是把一个有限的东西分割为无限多个无限小,积分又把无限多个无限小恢复到有限。这个过程都是在思维中进行的,但其结果是完全正确的。经过微分和积分,许多我们用初等数学无法计算的题目都给计算出来了,而且是完全精确的,这是事实,不是幻觉,我们不能不承认。所以,有限包含无限这个思想,不仅像黑格尔从概念方面讲的那样是能够成立的,即使从具体事物来讲也是应该成立的。这个思想说明,一个有限的东西同时也是一个无限的东西。一个钟头是一段有限的时间,也是一段由无限个点组成的时间。

一步远是一段有限的距离，也是一段由无数点组成的距离。一块石头是一个有限的东西，也是一块由无限多的无限小的粒子组成的。再次，有限包含无限就是指相对中包含绝对，个别中包含普遍。相对的个别的东西就是有限的东西，绝对的普遍的东西就是无限的东西。这是因为存在于相对中的绝对、个别中的普遍具有无限的意义。黑格尔把无限看作绝对精神，正是在唯心主义形式下对这一思想的猜测。列宁说："绝对和相对，有限和无限＝同一个世界的部分、阶段。不是这样吗？"（第107页）正是指此而言。恩格斯在《自然辩证法》中对这点谈得更为清楚："事实上，一切真实的、详尽无遗的认识都只在于：我们在思想中把个别的东西从个别性提高到特殊性，然后再从特殊性提高到普遍性；我们从有限中找到无限，从暂时中找到永久，并且使之确定起来。然而普遍性的形式是自我完成的形式，因而是无限性的形式，它是把许多有限的东西综合为无限的东西……自然界中的普遍性的形式便是规律，而关于自然规律的永恒性，谁也没有自然科学家谈得多……对自然界的一切真实的认识，都是对永恒的东西、无限的东西的认识，因而本质上是绝对的。"[①]

既然有限和无限是互相包含的，那么，二者显然就是互相转化的，其间并无不可逾越的鸿沟，无限并不是可望而不可即的彼岸。人们在实践和认识中已经常在实现这个转化。

人们怎样在实践和认识中从无限达到有限和从有限达到无限呢？第一，人们已经而且经常从无限达到有限。是的，地球是有限的，但有限的地球就是无限宇宙的一个阶段，它来自于无限，又投身到无限中去。杜林认为，宇宙有开头，但是没有终结，将来是无限的，但是过去一定是有限的。为什么这样看呢？因为他想不通宇宙怎么能从无限达到今天的有限呢？在他看来，这个宇宙如果说是从无限以前开始的，或者说，是没有开始的，那么，今天以前就是一个无限，时间过去一年，它是无限，过去一万年，它仍然是无限，过去一亿年，它还是无限，这样一来，历史根本达不到今天。所以，他认为总得有个有限的开头，如果承认宇宙在过去是无

[①] 《马克思恩格斯选集》第4卷，人民出版社1995年版，第341页。

限的，就会陷入一个计算了不可计算的矛盾。问题的关键在哪里呢？就在于：他认为无限不能达到有限，有限和无限之间有个不可逾越的鸿沟。恩格斯抓住他自相矛盾的一句话，批判说：你说过去是有限的，那么将来也应该是有限的，如果将来是无限的，那么过去也应该是无限的，这在逻辑上才是一致的。而杜林根本就是自相矛盾的。无限不是不可以过渡的。一个人的生命是短暂的，人类文明史不过几千年，人类的历史不过一二百万年，一个人或人类不可能经历无限的历程，但是人所经历过的却正是无限宇宙的一部分，人现在所处的时间和空间都是此无限宇宙的一点。人作为此无限宇宙的一部分是无限的宇宙达到了一定的空间与时间的产物。不仅如此，人在渡过有限的时间与空间时，也在从无限达到有限。这里顺便提一提希腊埃利亚派哲学家芝诺的一个有趣的诡辩。他认为，从逻辑上分析，人永远不能从甲地达到乙地，因为从甲地到乙地首先要经过这段距离的二分之一，而要经过此距离的二分之一首先还要经过此二分之一的二分之一，以此类推，人实际上一步也迈不出来，不，连一无限小的一点距离也迈不出来。因此，他认为，运动是虚伪的，是假象，只有绝对的静止才是真实的。在这里，他是客观上发现了运动的内在矛盾，即在同一瞬间在这一点和不在这一点的统一、连续性和非连续性的统一，但他夸大了一个方面，因而运动就成为不可了解的东西。在这里，我们还要指出，他也在客观上发现了有限和无限的矛盾，但他夸大了无限，否认无限可以过渡到有限，因而否认运动。实际上，甲地与乙地之间固然是有着无限，但此无限并不是不可超越的鸿沟，它是无限，也是有限，运动正是有限和无限的统一、有限和无限的相互转化。我们走一步路，经历一秒钟，是经历了一个有限，同时也是经历了一个无限。

第二，正如恩格斯指出的，科学认识的任务就是从有限认识无限，从相对认识绝对，这不仅是科学认识的任务，而且是科学认识的现实。辩证法的规律、物质不灭的原理、能量守恒和转化定律等等都具有无限的、绝对的意义。当然，在一定历史条件下的科学理论会包含着一些相对的甚至不正确的成分，但其中具有绝对的无限的因素则是不可否认的。因此，否认从有限可以达到无限，实际上就是否认全部科学。

第三，在社会现象中，人们由于认识了一般规律，也就认识到某些活动或行为的无限的意义或可能性。在一定条件下，人类对客观世界的认识是有限的，但认识的可能性是无限的，个人的力量和智慧是有限的，而人民群众的力量和智慧则是无限的。在一定历史条件下，生产水平是有限的，但人们征服世界的可能性是无限的。在一定条件下，人民的力量也是有限的，因而帝国主义是真老虎，要认真对待，但从长远来看，由于人民的力量是无限的，所以它又是纸老虎，是可以打倒的。人生是短促的，但为人民服务、对人民革命事业的责任是无限的。正是对无限的认识，为古往今来的无数英雄人物提供了必胜的信念和战斗的勇气，使他们见危授命、视死如归。"人生自古谁无死，留取丹心照汗青"，"杀了夏明翰，还有后来人"，这些豪言壮语和他们的慷慨就义的壮烈行动，都包含着对无限的深切认识。

第六章 过程范畴

世界是运动的，反映世界的一般属性的哲学范畴当然都是运动的，区别过程范畴和非过程范畴并不是说有的范畴运动，有的范畴不运动，而是说有的范畴反映运动，有的范畴不反映运动。在第二章所举的过程范畴中，《哲学笔记》说得较多的有以下几对。

第一节 条件和根据

关于根据，列宁的摘录比较多，关于条件，摘录很少。在黑格尔的《逻辑学》中，根据是从矛盾转化而来的，根据又转化为条件。按照黑格尔的安排，条件这个概念比根据这个概念更高、更复杂。所以，黑格尔对这两个概念的了解与现在的了解不完全一样。黑格尔把根据看成矛盾的消解，这跟我们现在的看法有一致的地方。但黑格尔把条件了解成我们现在所讲的外部条件和内部条件，也就是外部矛盾和内部矛盾的总和。他对条件这个概念的了解比我们要广泛一些。在根据内部，有一个发展过程，先是绝对的根据，然后是被规定的根据，被规定的根据是具体的根据，这两个根据的统一就是条件。关于条件，列宁只摘录了一句话，就是：根据转化为条件。这句话，对我们理解根据与条件的关系问题还是有启发的。

尽管黑格尔认为条件包含根据，但如果把根据和条件相对起来讲，那么，条件主要还是指外部条件。关于这个问题，毛泽东在《矛盾论》里有比较多的论述。他认为内因是根据，外因是条件，内因对事物的发展起决定作用，外因起推动或延缓它的发展的作用，外因通过内因而起作用。这些观点都是正确的，但我国理论界在关于内因和外因的关系问题上还存在着争论，有些问题可以作进一步研究。下面我想谈四个问题。

一、黑格尔关于根据的思想

黑格尔区别三种根据，即形式的根据、实在的根据和完全的根据，认为形式的根据实际上是同语反复，实在的根据容易导致诡辩论，完全的根据才是真正的根据。

黑格尔批评形式逻辑的充足理由律，认为它所追求的就是形式的根据，因而只是空洞的同语反复。黑格尔认为以太阳的引力、分子、以太、电的物质分别作为根据来说明地球运动、物体的结构、力的传达、电的现象等观点，就是"以同语反复的根据为出发点的形式主义的说明方式"（第152页）。应该指出，黑格尔的观点对于形式逻辑的充足理由律和上述自然科学的理论都不是完全公允的。形式逻辑的充足理由律和某些自然科学理论可以是同语反复，也可以不是，这不取决于这些理论本身，而取决于人们采取什么观点来对待这些理论。形式逻辑的充足理由律要求人们寻求深一步的根据，而不是简单的同语反复。至于物理学上的这些努力，也不能看成简单的同语反复。黑格尔举的这几个例子都是有一定意义的。譬如以太的理论，最初诚然纯粹是一种假说，后来也被实践所推翻，但以太的观念成为后来的场的理论的先导，还是有一定意义的。电的物质使事物成为有电的，如果对电的物质毫无认识，也不想去认识，这的确是一空洞的同语反复，但当人们认识到电的物质确有其物，即电子时，这就不再是同语反复,而是现实的根据了。有的假说,后来证明完全是虚构的,如热素说、燃素说等等。这诚然是机械唯物主义的形而上学的观点,但也不能说它们对于推动科学的发展毫无意义,至少它从物质本身来解释物质,就为科学地解释热和燃烧开辟了一个正确的方向。尽管如此,看来列宁对黑格尔观点的基本方面还是肯定的,黑格尔对这种形式主义的批评,不管在过去或现在都是有意义的。

而实在的根据则容易导致诡辩论。黑格尔认为,任何事物都具有许多规定、方面和关系,如果抓住一点,片面夸大,就可以提出许多赞同或反对的论据,诡辩论者正是根据自己的方便和需要,任意抓住事物的一个片面加以夸大来论证或反对某个观点的。古语形容酷吏判案说,"欲加之罪,何患无辞",诡辩论者从复杂的事物中总是可以找到一星半点的"根据"来为其谬论辩护的。这种诡辩论同形而上学的片面性观点没有丝毫差别。

因此,黑格尔认为我们在探求根据时必须避免形式主义和片面夸大,真正的根据应该不是同语反复,而是"内容的另一个规定"(第153页);不是片面夸大,而是"事物的全貌"(第153页)。尽管黑格尔从客观唯心主义出发,认为只有绝对观念才是一切事物的绝对的最后的根据,但他关于根据的议论仍有不少可取之处,因此,列宁十分重视黑格尔的这些思想,指出:"黑格尔的这些推论中有许多神秘主义和空洞的学究气,可是基本的思想是天才的。万物之间的世界性的、全面的、活生生的联系,以及这种联系在人的概念中的反映——唯物地颠倒过来的黑格尔,这些概念必须是经过琢磨的、整理过的、灵活的、能动的、相对的、相互联系的、在对立中是统一的,这样才能把握世界。"(第153—154页)这就是说,只有掌握了事物的各方面及其全面联系,特别是它的内在矛盾,才真正弄清楚了事物的根据。

二、外和内的界限问题

为了弄清楚外因和内因的关系问题,首先要弄清楚外因和内因的区别和界限,弄清楚外和内的区别和界限。

内和外的区别,如果从空间上来讲,当然是很清楚的、很明确的,如某大学的围墙之内当然就是某大学的内部,围墙之外就是某大学的外部,但是如果谈到机构，很可能它有一个机构在它的围墙之外的什么地方，应该承认这个机构是它的一个组成部分。校园里的商店却不是它领导的，而是市商业局领导的大学之外的机构，不能说商店是大学的一个组成部分，尽管它是为大学服务的，是在大学围墙之内。所以，不能仅仅从空间来区分内、外。从空间上谈内、外是比较容易的，从机构上谈内、外也还好谈，但是有些东西的内、外就不太明确了。比如说，能不能说自然界在社会之外，或者说社会在自然界之外？这个问题如果单从空间上来讲，就讲不清楚。从空间上来讲，哪是社会？哪是自然界呢？离开了自然界还有什么社会呢？社会根本离不了自然界。比如说北京市是一个社会，北京市总得在地球的土地之上，而不能在地球的土地之外。人类社会总是在自然界里，离不开自然界。所以这个问题就比较复杂了。但是，我们仍然可以讲自然界在社会之外，例如讲一个国家或者一个城市的外部条件怎样，它的自然条件怎样。为什么可以这样讲？因为自然和社会总是能区分的，尽管不能从空间上把它们分开。当然，相对于其他星球来说，地球上的自然和社会的关系是内部关系。能不能反过来说，社会也是自然界的外部条件呢？应该是可以的。既然自然界是人类社会的外部的东西，那么人类社会当然也是自然界的外部的东西，"外在"总是相互的，自然界和人类社会是相互外在的。相互外在，就是说它们各有自己的内在矛盾（自己的根据）。内、外区分问题，对自然界和社会来说，应该说还是比较清楚的。有的问题就更麻烦了。比如说，主体和客体、物质和意识，它们是不是彼此外在的东西呢？我们一般也经常讲主体的外部条件、外部世界，就是说，就认识的主体来讲，环境是外部的东西。反过来当然也可以说，对于这个环境来讲，主体也是外部的东西，尽管主体根本不能脱离这个世界。那么，能不能说主体和客体的关系也是一种内在的关系呢？应该是可以说的。就认识过程来讲，物质和意识、主体和客体，是一种内在矛盾。认识过程的发展，受这个矛盾的决定。所以，物质和意识，除了相互外在以外，它们本身也构成了一个内在矛盾。生产力和生产关系的关系是一个争论不休的问题，这个问题也牵涉到内、外的界限问题。一般认为，生产力和生产关系这一对矛盾是社会的内在矛盾。但是，既然生产力和生产关系可以区别开来，那么它们是不是也相互外在？生产力对生产关系来讲，是不是一种外在的东西？生产关系对生产力来讲，是不是也是一种外在的东西？尽管生产力和生产关系是分不开的，但是既然我们在思想上能够把它们区别开来研究，它们就可以是相互外在的。如果承认它们是相互外在的，那么就得承认它们各有自己的内在矛盾，各有自己内在的发展规律。而事实正是如此。有的同志不承认生产力和生产关系各有它自己的内在矛盾、内在规律，这是难于说得过去的。但是，也有这样的矛盾，双方只能是内在的，不能相互外在。它们当然可以区别开来，但也不能相互外在。这就是辩证法讲的那些矛盾，因为这些矛盾都是高度的抽象，它的一方不再有什么内在矛盾。比如有限和无限，只能是个内在矛盾，它们虽然可以相互区别，却不能相互外在，因为每一方都没有它的内部矛盾，或者说，无限的内部矛盾仍然是无限与有限，而有限的内部矛盾也仍然是有限与无限。

三、外因和内因是可以相互转化的

这个结论当然可以从上面引申出来。外和内既然是相对的，当然是可以相互转化的，从一个角度看是外，从另一个角度看就是内。但是我们讲的相互转化，还有更进一步的意义。外和内可以相互转化，还指外部的东西可以变成内部的东西，内部的东西可以变为外部的东西。这样，外因可以转化为内因，内因也可以转化成外因。内、外的东西相互转化这种现象是很常见的。我们要生活下去，每天都得进行内、外的转化，不断地把外部的东西变成内部的东西，把内部的东西变成外部的东西，这就是新陈代谢，或叫作"吐故纳新"，或者叫作"取其精华，去其糟粕"，等等。内在的矛盾是不是可以转化成为外在的矛盾？外在的矛盾是不是可以转化成为内在的矛盾？也是可以的。比如，帝国主义同我国的矛盾本来是外部矛盾，但是它侵入到中国社会内部来后，就变成中国社会的一个组成部分，它同中国人民的矛盾变成中国的内部矛盾之一。作为内部矛盾之一，帝国主义与中国人民的矛盾在一定程度上改变了中国社会的性质，使中国成为半封建半殖民地社会。相反，我们把帝国主义赶出去了，帝国主义同我们的矛盾也从内部矛盾变成了外部矛盾，中国社会的性质也改变了。这种事例是很多的。两个事物本来是相互外在的，组成了一个东西，双方的矛盾就变成内部矛盾了。比如德国社会民主党，原来是两个派，即爱森纳赫派和拉萨尔派，后来合并成一个党，变成一个党以后，两派的矛盾就变成内部矛盾了。反之，内部矛盾也可以转化为外部矛盾。比如在俄国的社会民主党中，布尔什维克和孟什维克的矛盾原来是内部矛盾，1912年它分成两个党，这个内部矛盾就变成外部矛盾了。这种内部矛盾和外部矛盾的相互转化，会改变事物的性质，而前面讲的新陈代谢，只是外部的东西变成内部的东西，内部的东西变成外部的东西，不会改变事物的性质。

四、关于外因的"决定作用"的问题

这个问题过去讨论得很热闹，没有得到一致的看法。近来，关于思想意识、上层建筑、生产关系等等，能不能在一定条件下起决定作用的问题，也讨论得很热闹。关于外因是否可以起决定作用的问题，跟这些问题不是一个问题，但有联系。下面专门就外因能不能起决定作用的问题，谈一些看法。

毛泽东说："事物内部的这种矛盾性是事物发展的根本原因，一事物和他事物的互相联系和互相影响则是事物发展的第二位原因。""外因是变化的条件，内因是变化的根据，外因通过内因而起作用。"① 一般都是这样理解的：内因是根本原因，它起决定作用；外因是第二位原因，它只能起延缓或推动的作用。所谓"决定作用"，是指决定事物的性质及其发展规律。因此，这种内因或内在矛盾，不是简单地指这个事物里面的矛盾，而是指这个事物的根本矛盾，它决定这个事物的性质。比如无产阶级和资产阶级的矛盾，由于是社会根本矛盾，并以资产阶级为主要方面，就决定这个社会的资本主义性质。这个社会怎么发展，就决定于资产阶级和无产阶级这对矛盾怎么发展。这叫作根据或内因。外因无疑可以影响它的发展，但并不决定这个社会的性质和发展方向，而只能推动或延缓它的发展。比如，地理环境并不能决定这个社会是资本主义社会还是社会主义社会，但是地理环境的某些因素的确推动了资本主义社会的发展，例如西欧的一些

---

① 《毛泽东选集》第1卷，人民出版社1991年版，第301—302页。

沿海国家的地理条件，的确推动了它的资本主义社会的发展，可是，这些国家的资本主义性质并不是它的地理条件决定的。

现在的问题是：外因在一定条件下能不能起决定作用？哲学的讨论有个特点：一讨论，就出现概念问题。你对这个概念有你的理解，我对这个概念有我的理解，所以你有这种观点，我有那种观点，实际上两人谈的不是一回事，思想并不交锋。外因起不起决定作用这个问题，就涉及究竟什么是决定作用的问题。具体说，这个决定作用是不是只能有上述含义？"决定"这个词，作为一个哲学术语，允不允许有别的用法？对决定一词只允许一种用法，事实上很难做到。当然，我们刚才谈的那种理解，无疑是最主要的含义，比如，一定生产力和生产关系的矛盾，一定经济基础和上层建筑的矛盾，资产阶级和无产阶级的矛盾，就决定了社会的资本主义性质及其向社会主义的发展，但是，那样一种作用，即在一定条件下有了它就这样，没有它就不这样，能不能说在这个关键的问题上，它起了决定作用？我看是可以的。我们经常讲"万事俱备，只欠东风"，这个"东风"就起着决定作用、关键作用，它来了，这一仗就能打胜；不来，这一仗就打不胜。这个决定，不是决定事物的性质，而是决定它的成败。诸葛亮借东风，东风一来，就可以火烧曹营，取得战争胜利；东风不来，就烧不着，就不能取得战争胜利。毛泽东在《矛盾论》里说："当着不变更生产关系，生产力就不能发展的时候，生产关系的变更就起了主要的决定的作用。"① 不能说这不是决定作用。当不推翻国民党反动统治就不能改变我们的经济制度的时候，推翻国民党的反动统治，对改变我国的经济制度，就起决定作用。这样说有什么不可以呢？毛泽东在《矛盾论》里讲到：生产力对生产关系、经济基础对上层建筑，一般讲来起主要的、决定的作用。反过来，在一定条件之下，生产关系可以对生产力、上层建筑可以对经济基础，起主要的决定的作用。如果把这话理解为：一般讲来，生产力决定生产关系，在一定条件下，生产关系决定生产力，这当然是错误的。如果理解为：在一定的关键时刻，生产关系的变更对生产力的发展起决定

---

① 《毛泽东选集》第1卷，人民出版社1991年版，第325页。

作用，这是可以的。有的同志认为，这是反作用。是的，是反作用；但不仅是反作用，而且是决定性的反作用。生产关系对生产力无疑是有反作用的，但反作用有各式各样，有的反作用只是促进或延缓的作用，有的反作用却是决定性作用，在这里就是说，生产关系改变了，生产力就能发展，不改变就不能发展。上述毛泽东的论述并没有讲生产关系决定生产力，生产关系决定生产力的性质和水平。经济基础和上层建筑、实践和理论之间的关系都有类似情况。

《矛盾论》在这里谈的决定作用问题不是外因的决定作用问题，但对决定作用的这种理解可以用于外因的决定作用。谈到外因的决定作用，情况相当复杂，我认为有三种情况。我们前面已经谈到，物质和意识、生产力和生产关系、经济基础和上层建筑这些东西，可以相互外在。那么，说物质决定意识、生产力决定生产关系、经济基础决定上层建筑，从某个角度来讲，是不是说外部的东西起决定作用呢？我们承认物质决定意识，承认意识有相对独立性，有其内在矛盾和内部规律，而物质又是意识外部的东西，那么怎能否认外部东西起了决定的作用呢？又如生物的变化发展，当然有它的内在规律。如鸡蛋只能变成小鸡，小鸡又可以变成大鸡，大母鸡又要下蛋，这当然是它自己内部的规律决定的，外部的条件只能起一种延缓或推动的作用。但是，我们要问：生物的变异，归根到底，来自哪里？归根到底，地球上的生物是地球的产物，所以生物变异的决定性的因素来自外部。为什么野鸡会变成今天的家鸡呢？那是人们长期培育的结果。是不是外部的东西在起决定作用呢？恐怕不能否认。生产力和生产关系、经济基础和上层建筑，都有这个问题。当然，某物一旦产生以后，就有它自己的内在矛盾，按它自己的规律发展，但是，在它没有产生以前，而且即使在产生以后，它的发展也不能完全排除外部因素的决定作用。我认为正确了解这个问题，对于我们研究哲学史、思想史很有意义。如果否认外因的任何决定作用，我们在研究思想史时只研究思想本身的发展就行了。但是历史唯物主义告诉我们，思想意识是社会存在的反映，所以仅仅研究意识形态本身是远远不够的，还要研究社会发展的全部历史——尽管我们也不能忽视思想本身自己的规律、自己的发展。以上情况所讲的"决定"，跟我们讲的内因决定事物的性质和发展的"决定"的含义是相同的。

再一种情况，是外因对于事物的性质和发展虽然不能起决定作用，只能起影响的作用，但是对于部分改变事物的性质或切断它的发展道路，外因可以起决定作用。例如，不能让母鸡下鸭蛋，也没有办法让鸡蛋孵化出小鸭。但是，对于它的特性局部地加以改变却是可以的，比如用人工方法引起小鸡或小鸭的变异，这就属于我们前面所讲的那种决定作用。我们还可以切断它的发展道路，比如把这个鸡蛋煮熟吃掉，不让它发展。当然这个作用也得通过它的内因，但是不能否认这是外因起了决定作用。这种情况很多。如小麦，不让它再发芽生长，而把它磨成面粉吃掉，我们用树木做成房屋、书架等。外因在部分改变方向方面起决定作用的事实也是很多的。比如，中国为什么不经过资本主义社会，而是经过半封建半殖民地社会进入社会主义社会？这跟外因分不开，是由于世界已进入了帝国主义和无产阶级革命的时代。当然外因没有完全决定中国的社会性质和发展道路，但是却部分地决定了它的性质和发展道路。

第三种情况，就是我们前面所谈的，在某一个问题上的决定性作用，例如决定成败、决定能不能发展等。例如，没有电，这个温箱就达不到某种温度，在这种情况下，我们就说：这个时候有电没有电，对于小鸡能不能孵化出来起决定的作用（或起关键作用）。当然，这种决定作用跟前面讲的那两种决定作用是不同的：那两种决定作用的确是决定了它的性质，或者是局部地改变了（决定了）它的性质；这种决定作用只是在某个关键时刻起的。思想能不能起决定作用？思想在一定条件下面，对于解决某个问题也可以起上述这种关键性的作用。一条政治路线，也能起决定作用。如果这个政治路线正确了，这个事业也就成功了，这个路线错了，这个事业就失败了。当然不是说路线决定一切。但是，路线的正确与否，在某种条件下，它是可以起决定作用的。我们不能够因为"四人帮"过去片面地夸大路线的作用，现在就来忽视或者否认在一定条件下路线、思想这些东西可以起决定性的作用。

这些问题，列宁在《哲学笔记》中并没有加以论述，但根据唯物辩证法的精神，似乎可以这样理解。内因与外因的关系问题颇为复杂，有必要作进一步研究。

第二节　统一和斗争

统一和斗争，或者叫同一和差异，是唯物辩证法中一个重要的问题。关于这个问题，列宁在《哲学笔记》里谈得很多，理论界的争论也很多。

对立统一规律，或者叫作矛盾规律，列宁认为是辩证法的核心。"矛盾"这个概念，自古以来许多哲学家都谈到了，谈得特别多的是黑格尔。对于这个规律的内容，黑格尔的确作了全面的深刻的充分的论述，所以他的贡献是最大的。但是对这个规律的表述，在黑格尔那里也不是很清楚的。黑格尔不仅是唯心主义地颠倒了这个规律，因而也歪曲了这个规律，就是对这个规律的具体内容，黑格尔也缺乏明确的规定。马克思、恩格斯无疑很重视这个规律，但对它的内容也没有很明确的规定。列宁继承了黑格尔、马克思、恩格斯的事业，继续探讨了这个规律的内容，在《哲学笔记》里，更加全面地、完整地论述了这个规律。毛泽东也作了进一步的论述。应该特别指出的是，广大哲学工作者对于这个规律也作了很多探讨。到今天，这个规律的要点似乎比较明确了。根据我的理解，以下几点似乎得到多数同志的承认：

第一，任何一个具体的事物都包含着内在矛盾。第二，矛盾双方之间的关系是统一和斗争。第三，对立面的统一和斗争，推动事物的发展，也就是说，使对立双方发生转化，使一个事物转化为另外一个事物。因此，事物的运动就是自己运动，总是由内在的矛盾来推动的。第四，这个规律是辩证法的核心。列宁并没有进行一次这样的概括，但是这些思想在列宁的《哲学笔记》里都有了。可以说：关于这个规律的这些思想，是列宁研究黑格尔辩证法的结果，当然也是他研究辩证法这门科学的结果。但多数同志的一致只限于上面的几点，此外还有很多不同的看法。认真研究列宁在《哲学笔记》中关于这个问题的大量摘录和评语，将有助于我们对这个规律的深入理解。

一、抽象的同一性和具体的同一性

黑格尔用形式逻辑的同一律来代表抽象的同一性，而具体的同一性就是对立面的同一、辩证的同一。黑格尔说，同一律的拥护者"由于他们死抓住这个以差别为自己对立面的呆板的同一，所以他们看不到自己这样做时就是把同一变成了片面的规定性，而片面的规定性是没有真理可言的"（第140页）。这种同一性"只包含着形式的、抽象的、不完全的真理"（第140页）。而所谓具体的同一则"包含有差别在自身内"①，"反思的每一个规定在其本身的概念中都包含着他物"（第143页），"如果某物被规定为肯定的东西，那么，从这个基础出发继续前进，它立刻就会直接转化为否定的东西，反过来，被规定为否定的东西也会直接转化为肯定的东西"（第141—142页）。因此，公式不应当是"A = A"，而应当是"A又不是A"（第140页）。黑格尔很强调这个观点的重要性，他说："不要把同一单纯认作抽象的同一，认作排斥一切差别的同一。这是使得一切坏的哲学有别于那唯一值得称为哲学的哲学的关键。"②认为辩证思维的本性，即"思辨思维的本性……完全在于：在对立环节的统一中把握它们"（第115页）。"理性矛盾的真正积极的意义，在于认识一切现实之物都包含有相反的规定于自身。因此认识甚或把握一个对象，正在于意识到这个对象作为相反的规定之具体的统一。"③

从这些言论可以看出，所谓具体的同一性就是不要把一个概念或一个事物了解为简单的自我同一，而要把它看作一个对立面的统一体，要看出同中之异，正面中之反面，肯定中之否定。这也就是对立面相互依存的意思。列宁对这个思想是很重视的。他说："这是机智而正确的。任何具体的东西、任何具体的某物，都是和其余的一切处于相异的并且常常是矛盾的关系中，因此，它往往既是自身又是他物。"（第144页）

黑格尔对待形式逻辑的同一律的态度不是完全正确的。同一律是思维

---

① ［德］黑格尔：《小逻辑》，贺麟译，商务印书馆1980年版，第250页。
② ［德］黑格尔：《小逻辑》，贺麟译，商务印书馆1980年版，第249页。
③ ［德］黑格尔：《小逻辑》，贺麟译，商务印书馆1980年版，第133页。

的基本规律，是人们进行正确思维的不可缺少的一个条件。如果人们在对某一对象进行思维时，不遵守同一律，一忽儿想的是 A，一忽儿又想的是 B，思想必然陷于混乱，说不上正确思维。同一律并不等于抽象同一性，抽象同一性乃是把同一律加以片面夸大的结果，即把事物的同一的一方夸大为排斥差别，把事物的相对稳定夸大为绝对静止的结果。尽管如此，黑格尔对两种同一性的这种区分是正确的，是划清了形而上学和辩证法之间的界线。

黑格尔说："如果任何事物都是和自身同一，那么，它就没有差别，就没有对立，也就没有根据。"（第 140 页）正是由于同一性是具体的，同一不仅是自身同一，所以就有差别，就有对立，也就有根据。但是，具体的同一最初是潜在的，从表面上看，它是抽象的同一，于是在黑格尔逻辑学中有着一个从同一到差别到对立到矛盾到根据的概念的运动。列宁也提到了这几个范畴，他是这样写的：

$$\text{同一} \longrightarrow \text{差别} \longrightarrow \text{矛盾} \begin{pmatrix} + \ [\text{对立}] \\ \text{其中包括对立} \end{pmatrix} (\text{根据})①$$

同一、差别和矛盾是本质性的三个环节，同一是正，差别是反，矛盾是二者的统一。黑格尔认为同一是具体的同一，同一中包含着差别。差别包括非本质的差别——杂多和本质的差别——对立。杂多是事物之间的这样一种差别，即甲事物和乙事物没有内在联系，甲的性质不取决于乙，乙的性质也不取决于甲，这种差别是外在的差别。对立是内在的差别，"差别的内在的发生"，甲以乙为前提，乙以甲为前提，因此，黑格尔在这里所说的对立即对立面的相互依存。黑格尔认为对立就是肯定和否定之间的关系，离开否定无所谓肯定，离开肯定无所谓否定。矛盾是肯定和否定的统一，是同和异的统一，是对立的统一，是经过了异向同的复归，是同一

---

① 《列宁全集》第 55 卷，人民出版社 1990 年版，第 112 页。

性作为一个对立面的统一体之明白的展开，这种对立面的统一也就是根据。黑格尔说："对立作为矛盾，便在自身中反思自身，并且回到它的根据里去。"① 这就是说，矛盾作为事物存在和发展的内部根源，就是根据。黑格尔说："解决了的矛盾就是根据，就是作为肯定和否定的统一的本质。"（第141页）黑格尔特别重视矛盾概念，认为它是这一概念运动的高峰，最能表现事物的真理和本质，可以把列宁的一段摘录看作黑格尔对于这几个概念之间的关系的总的说明："如果这几个最初的反思规定，即同一、差别和对立都可以用一个命题来表达，那么，不用说，它们作为转化为自己的真理向之转化的那一规定，即矛盾，更应当被包括和表现在这样一个命题中：一切事物自身都是矛盾的；并且正因为这一命题的意思是这样，所以它和其他命题比起来是能够表现事物的真理和本质的。"（第144页）

列宁对于黑格尔的这一从同一到根据的概念运动的描述没有提出什么评语，但列宁重视这一运动，肯定其中有着合理的思想，是很明显的。应该怎样评价呢？以下作几点说明。

第一，同其他地方的概念运动一样，黑格尔在这里谈的概念运动仍然是完全思辨的、抽象的。以从杂多到对立为例。黑格尔指出，杂多是没有内在联系的事物之间的差别，因此，在这些事物之间只有相似和不相似这两种关系。譬如张三和李四，一个是大学生，一个是小学生，他们之间没有什么内在联系，他们的相似之处是学生，他们的不相似之处是在大学学习和在小学学习。但是相似和不相似这两个概念本身却是相互依存的，没有相似就说不上不相似，没有不相似也说不上相似，因此，相似和不相似就不是杂多，而是对立。这样我们就从杂多转化到对立。这一套议论是纯粹抽象的思辨哲学。第二，但是，这一概念运动本身并不是毫无意义的，这一概念运动反映了人们认识的深化运动。谈到从同一到矛盾的概念运动，通常有一个争论，即在黑格尔看来，最初是不是只有同一，然后才有差别，然后才有对立，然后才有矛盾？还是同一最初就包含差别等等？从

---

① ［德］黑格尔：《逻辑学》下卷，杨一之译，商务印书馆1976年版，第27页。

前面所叙述的已可充分说明，黑格尔一再反对把同一了解为简单的自我等同，强调同中有异。那么黑格尔为什么又把从同一到矛盾看作一个运动的过程呢？这是因为在黑格尔看来，同一虽然包含差别等等，但最初这些却是潜伏着的，从同一到矛盾的过程，就是矛盾从潜伏状态逐步展开的过程。黑格尔认为这一过程是客观概念的逻辑发展过程，这完全是黑格尔的虚构，但这和人们的认识的深化过程却是符合的，即和从抽象到具体、从表面到内部的认识过程符合的。人们最初对某一事物只有一个笼统的认识，其次才认识到它是一个复杂的东西，然后人们从杂多中区别出对立，这样，人们才认识这个作为矛盾统一体的事物，而认识了事物的内在矛盾也就是认识了事物的根据。

二、客观矛盾和内在矛盾

黑格尔反对形而上学把矛盾仅仅看成主观的、外在的、偶然的，而坚持矛盾是客观的、内在的、必然的，这些都是很重要的辩证观点，列宁作了较多摘录。

黑格尔批评了否认客观矛盾和内在矛盾的观点，认为这种态度对于矛盾的解决毫无益处。他说："通常对事物所抱的温情态度，只关心如何使事物不自相矛盾，却常常忘记，这种办法是解决不了矛盾的，它只是把矛盾转移到另外一个地方，即转移到主观的反思或外在的反思那里，并且也忘记，后者实际上是把两个被扬弃的和相互关联的环节包含在自身的统一体中，而这两个环节由于这种迁徙和转移，就简单地被宣布为设定的东西。"（第141页）黑格尔在这里批评形而上学观点把矛盾看成是外在的和主观的，就是指形而上学把一个对立面看成另一对立面的外部东西（如否定是肯定之外的东西），而这样的对立面并不是客观的，而是主观所设定的。譬如光明与黑暗，一是肯定，一是否定，形而上学观点把黑暗看成单纯是光明的缺乏，因此黑暗就在光明之外，不仅如此，这种黑暗其实无所谓存在不存在，只是因为主观要给光明设定一个对立面，于是就有了所谓黑暗，这样光明与黑暗作为一对对立面就成为设定的东西。黑格尔认为这种观点把内在的客观的矛盾转变成为外在的主观的矛盾，只是逃避了矛盾，并不能解决矛盾。黑格尔还进一步指出，这种主观的或外在的反思也没有看到即使在事物的外部关系中也存在着对立面的统一,即相似和不相似这两个环节的统一。因为"相等只是彼此不相同的、不同一的事物之间的同一。不相等就是不相等的事物的关系。因此两者并非彼此毫不相干的方面或观点,而是一方映现在另一方之中"①。而外在的反思,由于把矛盾看成是外在的,把相似与不相似这两个环节看成是单纯的设定的东西,就否定了它们的客观性。

列宁很称赞黑格尔对形而上学观点的这种讽刺,他说:"这种讽刺真妙!(庸俗之辈)对自然界和历史'抱温情态度',就是企图从自然界和历史中消除矛盾和斗争"(第141页)。在这里,列宁借用黑格尔的话批评了那种掩盖矛盾、逃避斗争的调和派的观点。正确的态度只能是揭露客观矛盾,并通过斗争来解决矛盾。列宁在这里所说的"庸俗之辈"很可能是指第二国际中以考茨基为代表的中派,他们掩盖并企图调和第二国际中左派和修正主义者之间的矛盾,但在第一次世界大战爆发时他们就很快陷入为帝国主义辩护的右派立场中去了。

黑格尔还指出否定内在矛盾和否定客观矛盾的关系,认为:"通常人们总是先把矛盾从事物、从一般存在的和真实的东西中排除出去,他们断言没有任何矛盾的东西。然后,反过来又把矛盾推到主观的反思中,似乎主观的反思通过对比和比较才初次造出了矛盾。但就是在这个反思中矛盾其实也是不存在的,因为矛盾的东西是不能设想的,不可思索的。"(第145页)这就是说,形而上学由于否认矛盾的内在性,遂把矛盾推到主观中去,而且这还不是说在思想中实际存在着矛盾,因为矛盾根本是不能想象的,而是说,在思维中矛盾只是一种不正常的偶然的现象,即思想上的混乱颠倒。黑格尔对于形而上学观点的这种分析是细致的,列宁很重视这些思想。

这里谈谈"一分为二"和"合二而一"的表述问题也许是合适的。

这个问题,过去曾被作为一个政治问题来搞,对杨献珍同志进行了一场政治迫害。但是,过去围绕着这个问题也展开了许多理论方面的讨论,

---

① [德]黑格尔:《小逻辑》,贺麟译,商务印书馆1980年版,第253页。

这些讨论都涉及《哲学笔记》。从《哲学笔记》来看，一分为二和合二而一这两种说法列宁都用过，指的都是对立统一规律，都可以作对立统一规律的代名词，当然，对立面的统一和斗争这一提法还是比较准确的。

《谈谈辩证法问题》第一句话是"统一物之分为两个部分以及对它的矛盾着的部分的认识"（第407页），这不就是"一分为二"吗？但这里列宁谈的显然是对立统一规律。同时他谈到了"发展是对立面的统一"（第408页），对立面的统一不是合二而一吗？但这个"对立面的统一"指的也是对立面的统一和斗争的规律，他在括号里作了解释："统一物之分为两个相互排斥的对立面以及它们之间的互相关联"。另外，在《拉萨尔〈爱非斯的晦涩哲人赫拉克利特的哲学〉一书摘要》中，列宁摘录了斐洛的一句话："因为统一物是由两个对立面组成的，所以在把它分为两半时，这两个对立面就显露出来了。"（第396页）"因为统一物是由两个对立面组成的"，这不就是"合二而一"吗？对这个提法看来列宁是肯定的。所以，从《哲学笔记》来看，一分为二和合二而一两种说法都是可以的，都可以作为对立统一规律的代名词或代用语。

但是，如果从这两个词的字面含义来看，它们当然是有区别的。因为合二而一总是先有两个，然后合成一个；而一分为二总是先有一个，再分为两个。这两种情况，在现实生活中都是有的。的确有的矛盾是由两个东西合成的，当然也可以合三而一、合四而一，但基本上是合二而一。氢和氧合成水，不就是合二而一吗？这种例子多得很。一分为二也很多。一个东西里包含着内在矛盾，这个内在矛盾发展的结果，新东西就分化出来了，这就是一分为二。生物的繁殖、人类社会的发展、一切新东西的产生都是一分为二的过程。但是就世界的整个发展过程来讲，一分为二还是主要的。因为这个世界是一个从简单到复杂的过程，在这个过程里，既有一分为二，也有合二而一，分离不开合，合离不开分，分中有合，合中有分，但是整个过程是一个分化的过程，分化使事物越来越复杂，种类越来越多。显然，一分为二的提法更能表达内在矛盾的辩证运动。

三、对立面的同一性

什么是对立面的同一性，这是一个引起广泛争论的问题。从黑格尔的

《逻辑学》和列宁的《哲学笔记》来看，它的最主要的含义就是相互依存，或对立双方在一定条件下相互依存于一个统一体之中。尽管黑格尔和列宁都没有明确地下过这样的定义，但从黑格尔对具体同一性的理解以及其他论述，列宁对黑格尔的有关论述的评论，可以看出他们的这种理解。

黑格尔认为，康德有四种二律背反，事实上每个概念、每个范畴都是二律背反的。在黑格尔看来，概念不仅是背反的，即矛盾的，而且是对立面的统一（康德只承认四种互相对立的概念，并不承认统一）。什么叫对立面的统一？黑格尔有时用不可分性一词来代替对立面的统一，他说："'存在'和'无'的统一或不可分性（这个用语有时比统一更好）提供转化、变易。"（第107页）"不分性"原译"不可分性"，原译更确切。又说："事实上它们（有限和无限）是分不开的。它们是统一的。"（第114页）不可分就是互为存在条件、相互依存的意思。这种思想，黑格尔在谈连续性和非连续性的关系时说得更清楚，他说："这两个规定，如果单独来看，没有一个是真的，只有二者的统一才是真的。"（第119页）这就是说，分开来，它们都不真；只有从相互依存来看，它们才是真的。连续性不能离开非连续性，非连续性不能离开连续性，离开连续性就无所谓非连续性，离开非连续性就无所谓连续性。对此，列宁批道：真正的辩证法。在《哲学笔记》第210页上才出现"相互依赖"这个词，但是统一性就是不可分性，不可分性就是相互依存，这种意思还是很清楚的。

对于对立面的统一，黑格尔还使用另外一种表述方式，即对立面的同一。如他说："纯存在和纯无是……一个东西。"（第105页）他引用斯宾诺莎的话来说"规定性就是否定"（第109页）。乍看起来，这似乎是奇谈怪论。黑格尔说，这里谈的是概念、范畴、普遍的东西，而不是具体的事物。反对者之所以不理解，是因为他悄悄塞进规定的存在，以具体事物来代替概念，说，我或者有一百元，或者没有一百元，怎么能说我有一百元就是我没有一百元呢？（第106页）这个例子指的是康德。康德反对关于上帝存在的本体论证明，即从上帝的概念推出上帝的存在，认为这是荒谬的，正如一个人想一百元就以为自己真有一百元一样荒谬。他说，一个商人在自己财产数字的后面多加几个零，这一点儿也不会增加自己的财富。黑格尔拥护本体论证明，责备康德把上帝这种最高概念同一百元这种概念相提并论，简直是亵渎神明。黑格尔举一百元的例子，是想说明不能把一百元这种具体的东西的有无和逻辑范畴有无相提并论。有一百元和没有一百元，当然不是同一个东西，这是谁都知道的。他说他讲的是逻辑范畴纯有和纯无的同一性。为什么纯有和纯无是一个东西呢？黑格尔采取了完全思辨的方法，即抽象的逻辑的推演方法，而不是用事实、用科学的成就和人类的实践来论证这种思想，尽管在事实上他的这些思想是得之于人类实践和科学的发展。他说："有、纯有，——没有任何更进一步的规定。有在无规定的直接性中，只是与它自身相同，而且也不是与他物不同，对内对外都没有差异……有是纯粹的无规定性和空。——即使这里可以谈到直观，在有中，也没有什么可以直观的；或者说，有只是这种纯粹的、空的直观本身。在有中，也同样没有什么可以思维的；或者说，有同样只是这种空的思维。有，这个无规定的直接的东西，实际上就是无，比无恰恰不多也不少。"① 黑格尔就是这样抽象地思辨地论证存在和无的同一性的。为黑格尔所重视的斯宾诺莎的话"规定性就是否定"，黑格尔也是抽象地加以论证的。规定即肯定一个事物是某个事物，肯定它也就是限制它、否定它，即否定它是别的事物，因此肯定就是否定。显然，这种论证也是抽象的，即离开具体内容而把肯定与否定同一起来，其实肯定的是一种内容，而否定的是另一种内容，这里不是说此二内容是同一的，而是说肯定与否定两个概念是同一的。这同黑格尔的上述论证是一样的，即有和无的同一并不是有一百元和无一百元是同一的，而是有和无这两个概念是同一的。列宁除摘录了存在和无的对立统一外，还摘录了许多对立统一：某物与他物、自在的存在与为他的存在、原子与虚空、一与多、排斥与吸引、连续性与非连续性，等等。在黑格尔看来，说一个东西是某物，也就是说，它不是他物，因此，离开他物就不能理解某物。但是，他物也是一某物，因而某物就成为他物的他物。这样一来，某物就是他物，他物就是某物。为他的存在和自在的存在是某物的两个环节，某物即为他的存在和自

---

① ［德］黑格尔：《逻辑学》上卷，杨一之译，商务印书馆1966年版，第69页。

在的存在的统一：某物就其自我的关系，即独立的存在来讲，是自在的存在，而就其相对于他物的关系来讲，又是为他的存在。一就其部分来讲是多，多就其全体来讲是一，一与多的统一就是量。吸引是一的原则，排斥是多的原则，吸引与排斥是同一的。连续性与非连续性也是量的环节，前者使量成为一，后者使量成为多。如此等等。

从上面所述，可以看出，黑格尔是用一套抽象的论证方法，道出了对立面统一的辩证思想。他虽然在一些具体事例中采取了一些比较恰当的说明，但整个说来，他的论证方法是抽象的思辨的逻辑推演。这种思辨方法没有什么可取之处，其合理之处主要在于在这套议论中含有的对立面相互依存和相互包含的思想。从黑格尔在《本质论》中的论述也可以清楚地看出这一点。

前面谈到过，黑格尔反对抽象同一性，认为形式逻辑讲的同一性 A = A，是抽象同一性，因为这种同一性没有包含内在矛盾，不了解同一个东西里包含着它的对立面。黑格尔认为，任何同一性都是具体的。所谓具体的，就是在同一个东西里总包含着它的对立面。所以，这个同一性，从字面上来看，首先指的就是同一个东西的意思，就是 A = A，但是 A 不仅等于 A，A 也等于非 A，就是说这个东西依存于它的对立面，离不开它的对立面。他举了很多通俗的例子，列宁也做了大段的摘录。他说：上就是非下，下就是非上，上这个规定，离不开下这个规定。我们只能用下来给上下定义。反过来，只有用上来给下下定义。又如儿子和爸爸，在他看来，儿子这个概念里包含爸爸这个概念，爸爸这个概念里包含儿子这个概念。爸爸是儿子的爸爸，儿子是爸爸的儿子。离开爸爸，没法理解儿子，离开儿子，也没法理解爸爸。这不是说一个人必须有儿子，没有儿子就没有这个人，这个人的存在当然不依存于他的儿女，但如无儿女就没有作为爸爸的这个人。黑格尔这种讲法是对的。从概念讲，真理的概念包含谬误的概念，谬误的概念包含真理的概念，因为真理和谬误是两个对立的概念，这两个概念彼此离开就说不清楚。"只有二者的统一才是真的"，只有统一起来（相互依存），才能理解对立的概念。一切对立的概念，一切矛盾概念，都是如此。这就是不可分性，不可分不是说这两个对立的东西分不开，而是说这两个对立东西的概念是相互依存的,分开了就不再是它们了,合则两存,分则两亡。总之,在每一个规定中,都包含着它的对立面,叫相互包含、相互规定,也叫相互蕴涵,就是相互依存。这就是对立面的统一或对立面的同一。用黑格尔的话来说,这就是"在对立面的统一中把握对立面"(第97页)。

黑格尔讲的对立面的同一既然是对立的概念的同一,那么,这是不是说,对立面的同一不适用于具体事物呢?不是。黑格尔说,"在现实或思想的每个实例中都不难发现存在和无的这种统一","在天地间没有任何东西不在自身中包含存在和非存在这两者"。(第106页)在具体事物中的有和无的同一性,不是指有该事物就是没有该事物,而是说,在该事物中同时存在着有和无这两个因素,即肯定和否定的因素,也可以说,在肯定的东西中包含着否定的东西,或者说,肯定的东西从某种意义上说来就是否定的东西。用黑格尔自己的例子来说,黑暗并不简单地是没有光明,寒冷并不简单地是没有温暖,黑暗中有光明,光明中有黑暗,因此,黑暗就一定程度而言也是光明,光明就一定程度而言也是黑暗,离开光明的黑暗,离开黑暗的光明,都是不可思议的:"在纯粹光明中就像在纯粹黑暗中一样,看不清什么东西。"(第107页)寒冷与温暖的关系也是这样的。可见,黑格尔在思辨的论证中也采取了一些比较恰当的说明,揭示了客观事物中存在的对立统一关系。

我们认为,任何事物在它的内部都包含着它的对立的东西,都是一个具有内在矛盾的统一体。我们除了同意黑格尔那个概念的相互包含以外,认为这种理解对具体事物也是有效的。比如真理和谬误,如果抽象地理解,真理决不包含谬误,谬误也决不包含真理,但是,如果具体地考察,任何一个理论,我们说它是真理,但不能排除这个理论里会包含有谬误。任何一个错误的理论,我们也不能说它是绝对的错误,没有任何真实的东西。错误的东西里可以包含正确的东西,正确的东西里可以包含错误的东西。一本书,一个理论,不可能句句是真理,也不可能句句是谬误。任何一个具体事物都包含着它的内在矛盾,即在它里面包含着它的对立的因素,而这个因素的发展就会引起这个事物的变化和发展。同一性或统一性可以有很多含义，如相互包含、相互渗透、相互一致、相互贯通、相互联结等，但其中最主要的中心含义就是相互依存。

关于对立面相互包含的问题，往往为人们所忽视，有必要作些说明。对立面相互包含的思想就包括在相互依存的思想中。相互包含的思想在黑格尔那里是一目了然的，有中有无，无中有有，肯定中有否定，否定中有肯定，等等，是黑格尔经常表露出来的思想，黑格尔谈"内在的否定性"、"差别的内在发生"就是指在肯定中包含否定，在肯定中有着肯定与否定的差别。恩格斯也是肯定这点的，他在《自然辩证法》中把对立统一规律叫作"对立的相互渗透的规律"①。列宁说，对立面的统一就是"统一物之分为两个互相排斥的对立面以及它们之间的互相关联"（第408页），这是不是说，在此统一物中两个对立面平分秋色或统一物是二者之上的第三者呢？不是，这个统一物即是两个对立面中的一个，即主要方面，而另一个，即次要方面，则包含在统一物中，即在主要方面中。譬如生命过程就是生和死的对立统一，但由于生是主要方面，所以这个统一体就是生物。资产阶级社会是资产阶级和无产阶级的对立统一，但由于资产阶级是主要方面，所以这个统一体就是资产阶级社会。因此，生物这个统一体中包含着它的否定方面——死，资产阶级社会这个统一体中包含着它的对立面——无产阶级。列宁没有作这种解释，但根据毛泽东关于矛盾的主要方面和非主要方面的观点，这个问题是可以这样解释的。他说："矛盾着的两方面中，必有一方面是主要的，他方面是次要的。其主要的方面，即所谓矛盾起主导作用的方面。事物的性质，主要地是由取得支配地位的矛盾的主要方面所规定的。"② 主要的方面即肯定的方面，次要的方面即否定的方面，统一体的性质正是由主要方面决定的，次要方面包含在统一体中，亦即包含在主要方面中。

四、统一性和斗争性的关系

列宁提出了关于对立面的统一是相对的、斗争是绝对的观点，他说：

---

① 《马克思恩格斯选集》第3卷，人民出版社1995年版，第487页。
② 《毛泽东选集》第1卷，人民出版社1991年版，第322页。

"对立面的统一（一致、同一，均势）是有条件的、暂时的、易逝的、相对的。相互排斥的对立面的斗争则是绝对的，正如发展、运动是绝对的一样。"（第408页）关于列宁提出的这个观点，存在着广泛的争论。有的同志认为斗争当然是绝对的，但是它也有相对性。因为斗争形式在这个阶段是这种斗争形式，在那个阶段又是那种斗争形式。比如无产阶级的革命运动，在武装起义之前，采取了政治的、经济的、思想的等等斗争形式；而在条件全面成熟的时候，就采取武装斗争形式。几种斗争当然都是斗争，但是斗争形式显然是有相对性的。统一当然具有相对性，但是它就没有绝对性吗？在进行武装斗争的时候，武装斗争的双方难道没有统一性吗？如果不是在一个战场上，两军就打不起仗来。所以，尽管在双方相互转化的时候，旧的统一体是在破坏，但也不是没有统一性。所以统一既可以说是相对的，也是绝对的。列宁说过：相对和绝对的差别也是相对的。怎么能够把斗争说成只是绝对的、不是相对的，而统一只是相对的、不是绝对的呢？那么，统一是相对的、斗争是绝对的原理究竟能不能成立？如果能成立，怎么论证呢？我认为，列宁这个原理是从运动是绝对的、静止是相对的这个原理引申过来的，因此，不能单单考虑斗争性和统一性，还要考虑恩格斯关于"运动是绝对的，静止是相对的"那个原理能不能成立，从恩格斯那个原理引申到列宁这个原理，是不是正确的。

据我所知，没有同志怀疑运动是绝对的、静止是相对的这个原理，但是如果像前面那样考虑，这个原理好像也会引起问题。我们讲运动是绝对的，是讲事物总是一个运动过程，运动是从来不停止的，整个宇宙都是一个运动变化发展的过程，没有什么绝对不变的、永远不动的东西，但是这个意思并没有否认运动形式的相对性。反过来，我们讲静止是相对的，就是说，在一定条件下，或一定范围内，这个事物还仍然是这个事物，所以说它是静止的；但是条件变了，或者超出了某个发展阶段，这个事物就不再是这个事物，所以，我们说静止是相对的。但是这个静止没有绝对性吗？所谓静止有绝对性，不是说这个宇宙绝对不动、绝对不变，或者任何一个事物绝对不动不变，而是说，在一定的范围之内，这个事物始终是这个事物，在这点上它有绝对性。能不能这样说？我看是可以这样说的。比如，在资本主义发展阶段里，资本主义仍然是资本主义，在这一点上，它有绝对性，当然超出这个条件，它就变了。那么，这是不是说运动是绝对的和静止是相对的这个原理就不能成立了呢？不是这个意思，这个原理还是照样能够成立。我认为这个原理不是讲运动没有相对性，也不是讲静止没有绝对性，而是说把运动和静止比较起来讲时，运动是绝对的、静止是相对的。这就是说，整个的宇宙是一个过程，而它的静止是它的局部，是它的某些阶段，是它的表现，任何一个事物的运动与静止也是如此。这样，一方面，我们要坚持运动是绝对的，静止是相对的这个原理，但是另一方面又不否认运动在一定意义下也有相对性，静止在一定条件下也有绝对性。

斗争性和同一性有类似的情况，列宁的引申是可以成立的。统一和静止显然是相同的，或者说是相当的。这个事物具有相对静止的状态，也就是说这个事物的内部矛盾处于一种相互依存之中，形成一个统一体，这个统一体还没有破裂，所以同一（统一）同静止是相当的。这个比较好理解。既然同一和静止是相当的，那么运动和斗争也应当是相当的。斗争和同一的关系同运动和静止的关系是一致的。我们说斗争是绝对的、统一是相对的，并不是说斗争就没有相对性、统一就没有绝对性。正如前面谈过的，斗争的形式在不同阶段还有不同，从一定意义来讲，统一还有它的绝对性。但是，斗争和统一比较起来，我认为只能说斗争是绝对的、统一是相对的，正如运动是绝对的、静止是相对的一样。这就是说，整个宇宙、任何一个事物是一个运动过程，也是一个斗争过程。但是就在这个运动和斗争过程中，在一定的条件下，就出现一个一个阶段，就出现相对的静止，也就是出现相对的统一。因此，我们讲运动，斗争是绝对的，统一、静止是相对的。我认为还可以把视野扩大一点，不仅看到统一和斗争，还可以看到许多其他的概念，它们同统一和斗争这一对概念是相当的。这些概念比较起来、对比起来，差不多都可以讲一个是绝对的、一个是相对的，比如我们可以讲同一是相对的，差异是绝对的。没有任何两个事物是绝对同一的，哪怕是机器生产出来的东西也不可能绝对同一，它总是有差异的。我们讲，事物之间的一致总是相对的，而不一致是绝对的。平衡是相对的，不平衡是绝对的。这些原理能不能成立？作为唯物辩证法，应该坚持这些观点，应该坚持运动是绝对的、静止是相对的，斗争是绝对的、统一是相对的。所以，我们反对两种偏向：既反对夸大运动、夸大斗争，从而否认静止、否认统一，这是诡辩论，不是辩证法，是对辩证法的夸大和歪曲；也反对把统一和静止加以绝对化，这就会导致形而上学。黑格尔没有提出"运动是绝对的"、"斗争是绝对的"这些原理，但是他有些提法对我们还是有启发的。他特别强调观念、绝对观念是永恒的创造、永恒的生命、永恒的精神，特别强调它的运动和发展。列宁对黑格尔这个思想很重视，认为"永恒的生命"就是辩证法。辩证法应该强调运动，强调生命，强调斗争。

五、对立面的相互转化

对立面的统一和斗争是矛盾的两种主要的关系，它的第三种主要的关系就是对立面的相互转化，这是对立面的统一和斗争的结果。在《哲学笔记》中，列宁十分注意黑格尔的矛盾转化的思想。

"黑格尔认为，'存在'和'无'的统一或不可分性提供转化、变易"，"转化也就是变易"（第107页）。变易是黑格尔逻辑学的第三个概念，它是存在和无的统一，这就是说，变易包含存在和无两个环节，如果只有存在而没有无，则只有既成的固定的僵死的东西；如果只有无而无存在，则只有绝对的空虚、纯粹的零。这都是不可能的，一切东西都是过程，"没有什么东西不是在存在和无之间的中间状态"（第108页）。不仅如此，过程、运动、转化就是产生于存在和无的对立统一，正是由于存在中包含着无，包含自己的反面，才有从存在到无、到自己反面的转化，正是由于无中包含着存在、包含自己的反面，才有从无到存在、到自己反面的转化，即转化为更高级的存在，即变易。否则，开端是不可理解的（第108页），即运动是不可理解的、不可能的。

对立面的统一是自我运动的内部泉源，还可以从列宁所摘录的一段话看出：一是古老的原子（和虚空）的原则，虚空之被认为是运动的泉源，不仅在于地方空着这个意思，而且还包含有"更深一层的思想：在否定的东西中一般都包含着生成的根据，自己运动的不安的根据"（第116页）。

古希腊原子论者认为宇宙中存在着两种元素，一是原子，一是虚空，原子是存在，虚空是非存在，二者都是真实存在着的。虚空是原子运动的条件、场所，没有虚空就没有原子的运动，原子在虚空中运动，就是具体事物的生成和毁灭。因此，虚空是运动的泉源。黑格尔一方面把原子论唯心主义化，即把原子看成是精神性的东西，是自为的存在；另一方面又加以辩证的解释，列宁这里摘录的就是这种解释。黑格尔认为，说虚空是运动的泉源并不是指它是原子运动的场所，而是指虚空是原子的内部的否定的因素，正是在这种内部否定中包含着自己运动的根据，因为没有否定的因素，就没有肯定与否定的相互转化、没有运动。列宁在别的地方严厉地批评了黑格尔对原子论的歪曲，谴责他像后母对待继子一样对待德谟克利特，在这里，列宁则十分重视黑格尔关于运动泉源的思想，即把对立统一、内在否定看作运动的根据，只有在这种观点下，运动才是自己运动。因此，黑格尔在这里是正确地发挥了原子论者的自己运动的思想。

列宁还从黑格尔的自在的存在和为他的存在的对立统一的思想中，引申出自在的存在转化为为他的存在的思想。黑格尔认为康德的自在之物是一个虚假的空洞的抽象，正如列宁所转述的，"如果我们问什么是自在之物，那么问题本身就已经不知不觉地包含着不可能回答的成分了"（第110页）；因为要回答什么是自在之物不外是指出自在之物的规定，但是自在之物按其原来意义说来就是摆脱了一切规定（为他的存在）的抽象。黑格尔反对康德割裂自在之物与为他的存在，认为自在之物不能离开为他的存在而存在，他把和为他的存在处于统一中的自在之物叫作自在的存在，以示区别。他认为自在的存在和为他的存在是某物的不可分割的两个环节，某物既是自在之物（本质、自己具有特定的规定），也是为他的存在（现象、为他物所规定），自在的存在和为他的存在是同一的。列宁对于黑格尔这种思想作了引申、发挥，指出："这是非常深刻的：自在之物及其转化成为他之物（参看恩格斯）……在生活中，在运动中，一切的一切总是既'自在'，又在对他物的关系上'为他'，从一种状态转化为另一种状态。"（第110页）列宁所说的自在之物转化成为他之物是什么意思呢？列宁指的就是：（1）未知之物成为已知之物；（2）未暴露出来的本质成为暴露出来的本质。列宁所说的"参看恩格斯"指的就是第一点。恩格斯在《路德维希·费尔巴哈和德国古典哲学的终结》中曾谈到当工业已经能够把某种自在之物制造出来时，这种自在之物就变成为我之物，即为他之物了。① 列宁在下面谈到从一种状态到另一种状态的转化，指的就是第二点，这个观点，列宁在《黑格尔〈哲学史讲演录〉一书摘要》中曾经谈到："辩证法特别是研究自在之物、本质、基质、实体跟现象、'为他存在'之间的对立的。（在这里我们也看到相互转化、往返流动：本质在表现出来；现象是本质的。）"（第 278 页）本质表现出来是一个过程，一个从自在的存在到为他的存在的过程，一颗种子从发芽到长成为一棵植物、一个人从婴儿长成为一个成人，都是一个本质表现出来的过程。

列宁还谈到观念的东西转化为实在的东西的问题。列宁摘录了黑格尔的一句话："作为总体的自为的存在的观念性就这样地首先变为实在性，而且变为最抽象、最牢固、作为一的实在性。"（第 116 页）黑格尔这里谈的是从自为的存在本身到一的转化问题。存在论分为三部分：质、量、度；质又分为三章：存在、规定的存在、自为的存在；自为的存在又分为三节：自为的存在本身、一与多、排斥与吸引。存在是直接的存在，规定的存在是间接的为他的存在，自为的存在是二者的统一，是自我相关的存在（自我是直接性，相关是间接性），这样的存在就是一，因为一就是仅仅和自己相关，排斥与他物的任何关系。黑格尔把自为的存在看作本质，看作观念性的东西，认为自我、上帝、精神就是自为的存在的典型，他把一看作实在的东西（原子），但是这个一却是最抽象、最牢固的一，因为它还没有分化为多。显然，这是一套纯粹唯心主义、神秘主义的玩意儿，列宁说它"高深莫测"，即指此而言。但是在这里，黑格尔发挥了思维与存在同一的观点，从唯心主义角度发挥了主观能动性的观点。在《小逻辑》中，黑格尔在谈到自为的存在从理想性（观念性）转化为实在性时说得更清楚些："真正讲来，理想性并不是在实在性之外或在实在性之旁的

---

① 《马克思恩格斯选集》第 4 卷，人民出版社 1995 年版，第 226 页。

某种东西,反之理想性的本质即显然在于作为实在性的真理。这就是说,若将实在性的潜在性加以显明发挥,便可证明实在性本身即是理想性……惟有当理想性是某物的理想性时,则这种理想性才有内容和意义……"①因此,列宁指出:"观念的东西转化为实在的东西,这个思想是深刻的:对于历史是很重要的。并且从个人生活中也可看到,那里有许多真理。反对庸俗唯物主义。注意,观念的东西同物质的东西的区分也不是无条件的、不是过分的。"(第117页)列宁在这里谈到了两个问题:(1)认识的主观能动作用,从而引申出(2)思维和存在的同一。列宁认为认识的主观能动作用在人类历史中和个人生活中都是重要的因素。人类的实践活动,改造自然和改造社会的活动,都是把观念的东西转化为实在的东西的过程,而人类的实践过程是由许多个人参加的,因此,在个人生活中主观能动性也是一个重要的因素。庸俗唯物主义在此即指机械唯物主义或直观唯物主义,它把认识只看作消极的反映,不了解实践的意义,不了解主观能动性的作用。列宁从这里联想到观念的东西和物质的东西之间的区别不是无条件的,也就是说,不是不能相互转化的,而是有同一性的,能相互转化的。

毫无疑问,对立面的相互转化的思想在黑格尔的哲学中是无处不在的,整个概念运动就是概念的转化。列宁在整个《黑格尔〈逻辑学〉一书摘要》中,始终十分重视转化问题,并进行过一些概括,在这些概括中他都把转化和统一并列,或者和统一、斗争并列。

列宁提出的辩证法定义就比较全面地概括了事物的矛盾运动过程,列宁说:"辩证法是一种学说,它研究对立面怎样才能够同一,是怎样(怎样成为)同一的——在什么条件下它们是相互转化而同一的,——为什么人的头脑不应该把这些对立面当作僵死的、凝固的东西,而应该看作活生生的、有条件的、活动的、互相转化的东西。"(第111页)我们知道,马克思和恩格斯把辩证法规定为一门"关于外部世界和人类思维的运动的一般规律的科学",对于这个定义列宁是同意的。② 这里列宁并不是提出一

---

① [德]黑格尔:《小逻辑》,贺麟译,商务印书馆1980年版,第212页。
② 《列宁选集》第2卷,人民出版社1995年版,第422页。

个什么新的定义,而是对辩证法这门科学的核心和实质的揭露。这从本书后面一段话可以看出:"可以把辩证法简要地确定为关于对立面的统一的学说,这样就会抓住辩证法的核心,可是这需要说明和发挥。"(第240页)在列宁看来,一个完整的矛盾运动过程可以分为两个阶段,一个阶段是"对立面怎样才能够同一",那就是说,在一定条件下对立面相互依存于一个统一体之中,它们就能够同一了,第二阶段是通过相互转化达到一个新的相互依存的统一体,即达到一种新的同一。合起来,列宁讲了事物的发展过程就是从一种同一达到另一种同一的过程,即从一定的相互依存通过转化而达到另外一种相互依存的过程。这里列宁没有明确讲斗争,但既然是对立面,斗争当然就包含在其中了。

列宁对辩证法还作过这样的说明:

辩证法是什么?	=…………… 概念的相互依赖 一切概念的毫无例外的相互依赖 一个概念向另一个概念的转化 一切概念的毫无例外的转化。 概念之间对立的相对性…… 概念之间对立面的同一。(第210页)

能不能说这就是对辩证法内容的全面回答呢?恐怕很难这样说。我认为这里讲的大体上和上述列宁的辩证法定义的内容是一致的,主要讲了辩证法的实质和核心,即矛盾运动的过程——对立面的相互依赖,经过转化,而达到对立面的同一(新的相互依赖),在这里,转化和同一是并列的。

列宁提出的辩证法的要素是对辩证法内容的比较全面的描述,其中有几条谈到了对立统一规律的内容,这几条是:

(4)这个事物中的内在矛盾的倾向(和方面)。
(5)事物(现象等等)是对立面的总和与统一。

（6）这些对立面、矛盾的趋向等等的斗争或展开。

（9）不仅是对立面的统一，而且是每个规定、质、特征、方面、特性向每个他者［向自己的对立面？］的转化。（第238—239页）

这里第四条是一个总的说明，其余三条分别谈了统一、斗争和转化。此三者就是矛盾双方的三种可以相互区别开来的关系。既然客观事物中存在着对立的方面，而对立面是有同一性的，相互转化的，那么，我们的思维也必须是这样的，即在对立面的相互依存、相互转化中去把握事物、把握概念，而不可抹杀对立面的存在，抹杀对立面的相互依存、相互转化。用黑格尔的话来说："思辨思维的本性……完全在于：在对立环节的统一中把握它们。"（第115页）对于黑格尔的这种关于概念的灵活性的观点，列宁写道："机智而且聪明！对通常看起来似乎是僵死的概念，黑格尔作了分析并指出，它们之中有着运动。有限的？——就是说，向终极运动着的！某物？——就是说，不是他物。一般存在？——就是说，是这样的不规定性，以致存在＝非存在。概念的全面的、普遍的灵活性，达到了对立面同一的灵活性，——这就是实质所在。"（第112页）列宁在这里指出，在概念的全面的普遍的灵活性中，对立面的同一的灵活性是其实质、核心。这就是说，问题不在于一般地承认概念的灵活性，即概念之间的联系和概念的可变动性，而在于承认对立面的相互依存和相互转化，这才是真正的辩证的灵活性。列宁用黑格尔的几个例子来说明这点。当黑格尔提到有限这一概念时，就看到了向它的反面的转化，有限的存在意味着要转化成为非存在，意味着消灭。列宁转述黑格尔的观点，说道："当人们说事物是有限的，他们的意思就是承认：事物的非存在是它们的本性（'非存在即是它们的存在'）。"（第111—112页）这就是说，有限的事物，即具体事物，按其本性来说，就是要消灭的。当黑格尔提到某物时，就以他物与之对立起来，作为某物存在的条件，没有他物就没有某物。当黑格尔提到存在时，就看出存在中有着非存在，存在与非存在是同一的。尽管黑格尔是在用思辨的纯逻辑的推演来论证概念中的对立面的同一，但他是掌握住了对立面的同一这种概念灵活性，掌握住了辩证思维的。但是，在黑格尔那里，对立面的同一性和相互转化是指概念说的，所以它是绝对的、无条件的，而列宁讲的同一性和相互转化说的是客观事物，所以是相对的、有条件的。列宁对黑格尔合理思想的唯物主义改造并不仅仅在于把黑格尔的观点颠倒一下，即把概念中的辩证关系理解为客观事物的内在关系的反映，而主要表现在提出相对性、条件性的观点，这是黑格尔所没有的。黑格尔只是在迫不得已时才谈到具体事物中的这种关系，因此说不上什么条件性、相对性，概念中的对立面的同一和相互转化是绝对的、无条件的、超越时空的。而在唯物辩证法，首先是具体事物的对立面的同一和相互转化，然后才是概念中的对立面的同一和相互转化，而后者是前者的反映，因此，不能离开条件、离开时代、离开环境来谈什么辩证关系。对立面的同一和相互转化的条件性的思想，是列宁的创造性的贡献。

六、对立面的统一和斗争是事物发展的泉源

把矛盾看成运动的泉源，因而肯定运动是自己运动，这是黑格尔辩证法的实质所在。列宁对黑格尔的这个思想极端重视，作了详尽而完整的摘录。

黑格尔认为同一"只是简单的直接的僵死存在的规定，而矛盾却是一切运动和生命力的根源；某物只因为在本身之中包含着矛盾，所以它才能运动，才有冲动和活动"（第146页）。"矛盾是在其本质规定中的否定的东西，它是一切自己运动的原则，而自己运动就是矛盾的表现。"（第146页）这种话是很多的。为什么矛盾是自己运动的根源呢？黑格尔解释说："肯定的东西由于在自身中就具有否定性，所以它可以超出自身，并引起自己的变化。可见某物之所以是有生命的，只是因为它本身包含着矛盾，因为它正是那个能够把矛盾包括于自身并把它保持下来的力量。"（第146—147页）这就是我们过去曾经谈到的，由于肯定的东西中包含否定的东西，所以肯定的东西才可以转化为否定的东西。否定的东西也是肯定的东西，它又在自身中包含着自己的否定的东西，并转化为否定的东西。正是由于矛盾存在着，而且永远存在着（保持下来），所以才有运动，才有永恒的运动。

当然，黑格尔的这些观点是唯心主义的，他的论证是抽象的、思辨的，而且由于唯心主义的束缚，他未能充分揭露矛盾推动事物发展的具体过程，他不了解斗争的意义。因此，黑格尔的论证远不是对于这个理论的科学的论述，他不过猜测到事物的辩证发展而已。但是，矛盾是运动的泉源和运动是自己运动的思想却是当时人类辩证法思想发展的高峰，这些原则具有异常重要的意义。黑格尔关于运动泉源的思想，列宁作了长达七页的长篇摘录，并作了一个重要的评语："运动和'自己运动'（这一点要注意！自主的［独立的］、天然的、内在必然的运动），'变化'，'运动和生命力'，'一切自己运动的原则'，'运动'和'活动'的'冲力'（trieb）——'僵死存在'的对立面——谁会相信这就是'黑格尔主义'的实质、抽象的和 abstrusen（晦涩的、荒谬的？）黑格尔主义的实质呢？？必须揭发、理解、拯救、解脱、清洗这种实质，马克思和恩格斯就做到了这一点。"（第147页）马克思和恩格斯把黑格尔哲学中的辩证法思想从唯心主义的泥坑中拯救、清洗了出来，唯物主义地改造了黑格尔的辩证法，从而在总结当时阶级斗争经验和科学成就的基础上形成了与黑格尔辩证法根本对立的科学的辩证法，并把它自觉地运用来分析人类社会的自己的矛盾的运动，特别是资本主义社会的自己的必然的运动，从而建立了历史唯物主义。作为唯物辩证法的运用的历史唯物主义在《共产党宣言》中第一次公之于世，而后在《政治经济学批判》中被运用和证实。因此列宁说："普遍运动和变化的思想（逻辑学，1813年）未被应用于生命和社会以前，就被猜测到了。这一思想先公诸社会方面（1847年），而后在应用于人类方面得到证实（1859年）。"（第147—148页）[①]

在唯物主义地改造黑格尔的自己运动思想的基础上，列宁指出："要认识世界上一切过程的'自己运动'、自生的发展和蓬勃的生活，就要把

[①] "生命和社会"应译为"生活和社会"，即人类社会生活。《列宁全集》第38卷注释认为1847年指《共产党宣言》，这是对的，因为它写于1847年，发表于1848年。注释认为1859年指达尔文的《物种起源》，这是值得商榷的。第一，列宁在这里并没有谈到达尔文，只谈到马克思和恩格斯。第二，列宁讲的是应用于人类，即人类社会生活，这同整段话的意思是一致的，而不是应用于物种的发展和人类的起源。第三，列宁在《卡尔·马克思》中曾经谈到："马克思在《政治经济学批判》一书序言中，对运用到人类社会和人类社会史的唯物主义的基本原理，作了如下的周密说明。"紧接着列宁就引用了马克思关于历史唯物主义的那段著名的话。因此，我们认为，1859年指的是马克思的《政治经济学批判》的发表。

这些过程当作对立面的统一来认识。发展是对立面的'斗争'。"（第408页）毛泽东发挥了列宁及其他马克思主义哲学家的研究成果，对发展泉源问题作了更加完整、准确的表述，他说："有条件的相对的同一性和无条件的绝对的斗争性相结合，构成了一切事物的矛盾运动。"① 又说："矛盾着的对立面又统一，又斗争，由此推动事物的运动和变化。"② 得到大家公认的提法是：对立面的统一和斗争是事物发展的泉源或动力。但并不是没有分歧。这里主要有两个问题（可能还有其他问题）：一个问题是，统一和斗争结合起来成为动力呢？还是分别是动力，即斗争是一种动力、统一是一种动力？再一个问题是，统一和斗争这两个方面有没有主次之分？能不能说以哪一方面为主？

　　第一个问题比较单纯，好回答。有的同志认为，斗争单独是动力，统一单独也是动力。比如，我们经常单独讲阶级斗争是阶级社会发展的动力，斯大林也单独讲过，在社会主义社会里，政治上、思想上的一致是社会主义社会发展的动力。这些讲法无疑是正确的。但是作为辩证唯物主义的一个原理，我们应该对发展泉源问题有正确的理解。我们单单讲阶级斗争是社会发展的动力，并不意味着排斥统一，认为统一对社会发展不起什么推动作用。例如我们讲农民和地主的斗争推动封建社会发展，是指地主对农民的残酷的剥削、压榨，迫使农民起来同地主进行斗争，经过斗争推翻了旧的封建王朝，迫使代表地主阶级的新的封建王朝让步，从而发动了农民的生产积极性，这样也就推动了社会前进。过去把这种说明叫作"让步政策"论，加以批判，但是，这是事实，其中统一是起了作用的。所以，当我们讲阶级斗争是历史发展的动力的时候，并不是否认统一的作用，并非认为斗争可以脱离统一，因为任何历史的发展、社会的发展总是这样：通过斗争还要达到统一，只有在统一的局面下，生产才能够发展。不能设想两千多年来天天打仗，这样生产是不能发展的，甚至于两个阶级都会同归于尽。我们讲阶级斗争是推动社会发展的动力，不过是强调斗争这一方面，并不是否认统一这一方面。马克思、恩格斯讲阶级斗争是历史

---

① 《毛泽东选集》第1卷，人民出版社1991年版，第333页。
② 毛泽东：《关于正确处理人民内部矛盾的问题》，人民出版社1975年版，第9—10页。

发展的直接动力。为什么叫直接动力呢？因为只有阶级斗争才能把压迫、剥削劳动人民的反动统治推翻，达到新的统一，推动社会前进。至于社会主义社会中政治上、思想上的一致是社会主义社会发展的动力这个提法，谈的是政治思想、上层建筑对经济基础和生产力的反作用的问题。政治上、思想上的问题解决了，就可以进一步巩固社会主义制度，发展社会主义制度，从而推动生产，推动社会前进，并没有否认政治上、思想上的斗争。没有斗争怎么能够统一呢？作为动力，斗争和统一是不能分的。

关于第二个问题，有几种看法。一种看法认为斗争是主要的，另一种看法认为统一是主要的，第三种看法认为对于不同种类的矛盾，何者为主也不相同。对于人民内部矛盾来讲，对于非对抗性的矛盾来讲，统一是主要的；对于对抗性的矛盾来讲，对于敌我矛盾来讲，斗争是主要的。

近年来有些文章研究了矛盾的分类问题。有的同志把矛盾分为两类：一类是不能结合的矛盾，如无产阶级和资产阶级、社会主义和资本主义、真理和谬误等。第二类是能够结合的矛盾，比如工业和农业、红和专、理论和实践、民主和集中等。过去有这种倾向，一谈到矛盾，就是根本对立的矛盾，矛盾之间的斗争都是不可调和的你死我活的斗争，一方要消灭另一方。当然，我们谈到人与人之间的矛盾的时候，也谈有两类不同性质的矛盾，即人民内部矛盾和敌我矛盾。在谈到许多实际问题的时候，也常常谈到互相推动的、要结合的、相辅相成的矛盾，比如要又红又专、既要民主又要集中等。但是，对这一类矛盾却没有从理论上、哲学上进行概括。从列宁的一些论述来看，他并没有否认这两种矛盾，特别是黑格尔在《逻辑学》里所谈到的许多矛盾都是要结合的，都不能说哪一方要消灭哪一方，比如有限和无限、相对和绝对等。当然列宁也谈到新东西和旧东西的矛盾，但是列宁没有把矛盾概括为两类或多类。斯大林在《辩证唯物主义和历史唯物主义》里只谈一种矛盾，即新旧矛盾，而且不谈统一，只谈斗争。他说，旧东西与新东西之间的斗争，衰亡着的东西和产生着的东西之间的斗争，衰颓着的东西和发展着的东西之间的斗争，便是发展过程的实在内容。但是早在1925年，斯大林曾经把苏联社会中人的矛盾分成两类；一类叫外部矛盾，一类叫内部矛盾。外部矛盾指苏联和帝国主义国家之间的矛盾，内部矛盾就是工农矛盾。两种矛盾的思想后来没有很好发展。1936年时，他还谈到工农和知识分子的团结是动力，但是1938年他写上述文章的时候，就只谈一种矛盾，而且只谈斗争、不谈统一了。毛泽东在《矛盾论》里谈了对抗性矛盾和非对抗性矛盾，在《关于正确处理人民内部矛盾的问题》里谈了敌我矛盾同人民内部矛盾，但是他谈的是人与人之间的矛盾，不是一般地概括矛盾的种类。总而言之，我认为现在讨论矛盾的分类问题很有意义，这个问题谈清楚，辩证唯物主义的许多问题就比较容易讲清楚。

我们把不能结合的矛盾、一方要消灭一方的矛盾，叫作第一类矛盾，第一类矛盾的动力是不是以斗争为主？第二类矛盾就是能够结合、而且必须结合的矛盾，相辅相成的矛盾，这一类矛盾的动力是不是以统一为主？这个问题如果不加以仔细研究，给予肯定的回答似乎是合情合理的，但这是和斗争是绝对的、统一是相对的原理违背的。不管哪类矛盾，斗争都是直接的动力，它直接推动事物发生运动、变化，而统一呢，其作用在于为这种运动、变化提供条件，或者是这种运动、变化的结果。当然，没有统一不行，统一对于事物的运动、变化、发展有很大的作用，不能只是斗，但是直接的动力还是斗争。这对于第一类矛盾好理解：新旧矛盾，一个是新生的，一个是腐朽的，或者说一个是革命的，一个是反革命的，这种矛盾是以斗争为主，通过斗争才能解决问题，以统一为主是不行的，虽然也离不开统一。问题是第二类矛盾，这类矛盾双方应该结合，而且必须结合，但是怎样能够结合起来、统一起来呢？直接动力是什么？看来还是斗争。我们的国民经济一定要达到综合平衡（就是说要达到一种统一）才能推动生产发展，不平衡对于生产的发展是个很大的阻力，但是我们整个国民经济体系充满了矛盾，不但有工业和农业的矛盾，而且工业里面有重工业和轻工业的矛盾，重工业和轻工业各自也有许多矛盾，那么国民经济体系怎样解决这些矛盾？怎样达到综合平衡？这就要斗争。当然这个斗争不是你死我活的斗争、一方要消灭一方的斗争，既不能用农业消灭工业，也不能用工业消灭农业，既不能用积累消灭消费，也不能用消费消灭积累，这个斗争就是调查研究、讨论、争论、批评和自我批评、说服教育，甚至要纪律处分、法律制裁。这是极其复杂、尖锐的斗争，不斗争就不能达到综合平衡。当然，在解决这些矛盾时，还需要互相谅解、让步、协调、调和、妥协，光斗争是不行的，但主要还是斗争。通过这样的活动，才能达到团结，才能推动事物前进。我认为，这同辩证唯物主义的基本原理——斗争是绝对的、统一是相对的才是一致的。应当指出，运动是绝对的，静止是相对的，运动与斗争相当，静止与统一相当，而我们现在讨论的问题是运动的根源问题，不能忽视斗争的主要作用。列宁说："对某一物体，或在某一现象范围内或在某个社会内部发生作用的各种力量和趋势的矛盾或冲突造成发展的内因。"① 总之，不管什么矛盾，它要发展，要前进，就要斗争，斗争总是直接的动力。当然我们不能把斗争理解得太狭隘，不能把任何斗争都混同于政治上的斗争，更不能认为一谈斗争就是你死我活的斗争。同时也不能只谈斗争，不谈统一。这是唯物辩证法的基本原理，至于在某种情况下要强调什么，那是另一个问题。

七、关于把握矛盾的几种思维方式

黑格尔还谈到了把握矛盾问题，列宁对黑格尔的这一思想作了一个较详细的概括。黑格尔把人们对矛盾的把握的程度区分为三种形式或三个阶段，即表象、机智的反思和思维的理性，列宁把这三种形式概括为普通的表象、机智和智慧、思维的理性（智慧）（第148—149页）。这是人类把握矛盾的过程，也是个人把握矛盾的过程，其中只有最后一个阶段思维的理性才是对矛盾的真正的或完满的把握。黑格尔在这里所说的其实就是在第一版序言中提到的人们认识绝对观念的三种形式或阶段：知性、辩证的消极的理性和思辨的积极的理性。第一种就是外在的反思，即形而上学方法；第二种就是历史上的包括自古希腊到康德的消极的辩证法；第三种就是黑格尔的辩证法。第一种只认识抽象的同一性和杂多；第二种已认识矛盾，但把矛盾看成消极的东西，彼此抵消的东西；第三种才认识到对立面的统一，达到对真理和本质的认识，才真正把握了自己运动的根源。弄清楚了这些区别，就比较易于了解列宁的摘录和列宁的概括。

---

① 《列宁选集》第2卷，人民出版社1995年版，第423页。

大家知道，表象是感性认识的最高阶段，是从感性认识到理性认识的过渡，它还是感性的形象，但已是带有概括性的感性形象，如红的表象、白的表象、桌子的表象、树的表象。因此，表象只是概括了事物之间的外在的共同之点，对于事物的本质、对于事物的内在矛盾还无所揭露。我们对于表象的这种了解是和黑格尔一致的。在黑格尔看来，尽管表象是以矛盾为内容，即以充满了内在矛盾的事物为内容，但它只能认识抽象的同一和杂多。用黑格尔的话来说，"……在运动、冲动等等中，表象由于这些规定的单纯性，不能发现矛盾"（第148页），"……表象……受矛盾支配，并且让矛盾把自己的规定不是分化为他物就是化为无"（第147页）。这就是说，表象看不见内在矛盾，把矛盾转化为外部的关系，即把否定的东西看成外部的东西，或看成主观的实际不存在的东西。黑格尔接着说："因此，表象固然处处都以矛盾为自己的内容，可是它不能意识到矛盾；它始终是外在的反思，外在的反思是从相同转到不相同，或者从否定的关系转到各种有差别的规定的内部的反思性。外在的反思从外部使这两种规定相互对立，它所注意的只是这两种规定，而不是它们的转化，但转化却是本质的东西，本身就包含着矛盾。"（第148页）"从相同转到不相同"，即停止在指明事物之间的相同之处和不相同之处，而不能进一步揭露事物的内在矛盾。"否定的关系"即不相同，"各种有差别的规定的内部的反思性"即相同，"内部的反思性"即自我等同、单纯的同一，不同规定的自我等同即相同。因此，"从否定的关系转到各种有差别的规定的内部的反思性"即从相同转到不相同。这就是说，表象只在相同和不相同中打圈子，除了相同就是不相同，除了不相同就是相同。表象就是这样把相同与不相同对立起来，不懂得相同与不相同的对立的统一，不了解二者的相互依存和相互转化。列宁所说的"普通的表象所抓到的是差别和矛盾，而不是一方向另一方的转化，可是这却是最重要的东西"（第149页）也是上面的意思，即表象尽管以差别和矛盾为内容，但所认识到的却是杂多，不懂得杂多可以转化为矛盾。

关于机智的反思，黑格尔写道："机智的反思则是抓到矛盾、表达矛盾的。的确，机智的反思虽然没有表现事物及其关系的概念，而且只以表象的规定作为自己的材料和内容,可是它毕竟将事物置于那包含着事物的矛盾的相互关系中,从而使事物的概念通过矛盾透露出来。"(第148—149页)从黑格尔的话可以看出,机智的反思有两个方面:一方面,它还没有表现事物及其关系的概念,即本质或真理,还以表象的规定作为自己的材料和内容,就是说,这种消极的辩证法还把对立面看作是彼此外在的,把矛盾看成是主观的,因而还不能表现事物及其关系的本质,这是机智的反思与表象的相同之处。但是,另一方面,机智的反思毕竟是表达了矛盾,使概念通过矛盾显露出来,这是机智的反思高于表象之处。前面黑格尔所说的"我们应当承认古代辩证论者所指出的运动中的矛盾,但是不应当由此得出结论说,运动因此是不存在的"(第146页),就是指的这种机智的反思的两个方面。列宁也概括了机智的反思的这两个方面。

思维的理性则达到了对立面的统一,达到内在矛盾。黑格尔说:"而思维的理性,可以说是使有差别的东西的钝化了的差别尖锐化,使它们达到本质的差别,达到对立。"(第149页)在这里,黑格尔把杂多称作不尖锐的差别,把对立或本质的差别称作尖锐的差别,差别从不尖锐到尖锐,就是思维的理性或思辨的思维通过杂多而揭露矛盾的过程。这就是在对立面的统一的环节中去把握它们。掌握了对立面的统一,才能理解事物的自己运动的根源。列宁的概括包括了黑格尔在这里所表达出来的全部合理的思想。

八、辩证思维与形而上学思维、诡辩论、折中主义的根本对立

辩证思维,黑格尔又称为思辨思维,就是在对立环节的统一中把握对立面。用唯物辩证法的语言来说,就是对立统一规律的客观的运用,就是把对立面看作是同一的,以及通过相互转化而同一的,这点我们在前面已有所说明。与辩证思维对立的是形而上学思维、诡辩论和折中主义。

形而上学思维即是黑格尔所说的知性的思维或外在的反思。辩证思维的主要特点是在对立统一中把握对象,而形而上学思维的主要特点则是否认对立面的同一,把对立仅仅看作外在的关系,把对立面看作是僵死的、凝固的、互相隔绝的。巴门尼德把存在和非存在割裂开来,斯宾诺莎把绝对实体和有限的东西割裂开来,康德把自在之物和为他之物割裂开来,否认它们之间的同一性和相互转化，在黑格尔看来，这些都是形而上学思维的表现。列宁认为黑格尔的批评是中肯的。对于坚持抽象同一性、否认内在矛盾的形而上学思维，黑格尔在《本质论》中进行了更加细致的批判，列宁也作了不少摘录。列宁在《谈谈辩证法问题》这一短文中把形而上学看成是同辩证法根本对立的发展观，认为它们之间的根本对立就在于对对立统一规律的态度，他说："有两种基本的（或两种可能的？或两种在历史上常见的？）发展（进化）观点：认为发展是减少和增加，是重复；以及认为发展是对立面的统一（统一物之分为两个互相排斥的对立面以及它们之间的互相关联）。"（第408页）

诡辩论与折中主义也是和辩证法对立的，但它们并不是像形而上学那样公开否认对立统一，而是表面上承认对立统一，实际上否认对立统一，它们是假辩证法，真形而上学。这就是列宁所说的对辩证法的主观运用，即对辩证法的歪曲。列宁说，对立面同一的灵活性，如果加以主观的应用＝折中主义与诡辩（第112页），指的就是这种情况。从列宁的一些论断可以看出，折中主义和诡辩论具有两种涵义。从广义上说，折中主义指把各种观点杂乱无章地缺乏联系地凑在一起，诡辩论指颠倒是非，强词夺理。从狭义上说，折中主义指把互相对立的观点调和起来，诡辩论指把互相对立的东西等同起来，列宁这里所谈的是狭义的折中主义和诡辩论，它们不是否认对立面的同一性，而是承认它，但加以歪曲，把互相依存歪曲为调和矛盾，把互相转化歪曲为无条件转化，即直接等同。其关键都在抽去条件，搞主观运用，即歪曲。列宁的论断抓住了折中主义和诡辩论的要害。

因此，折中主义和诡辩论的一个显著的特点就是貌似辩证法，它们对辩证法表示特别热心，比辩证法似乎还更"辩证"一些，而其实是反辩证法的。列宁在《论尤尼乌斯的小册子》中指出，第二国际社会沙文主义把帝国主义战争和民族战争的相互转化夸大到否认这两种战争之间的质的差别，认为帝国主义战争就是民族战争，这就是诡辩论主观地运用概念的灵活性的一个实例。

折中主义者也是不但不公开反对辩证法，而且标榜辩证法，宣称要追求全面性，强调把对立的方面统一起来。其实他们不过是主观主义地硬把根本对立的东西调和起来，这也是对立统一的一种主观运用。列宁后来批评过布哈林的折中主义观点，他说："'又是这个，又是那个'，'一方面，另一方面'——这就是布哈林在理论上的立场。这就是折中主义。辩证法要求的是从相互关系的具体的发展中来全面地估计这种关系，而不是东抽一点，西抽一点。"① 决不能把列宁的话理解为似乎列宁认为凡是讲"一方面，另一方面"就是折中主义。列宁这话是针对布哈林讲的。布哈林认为托洛茨基从经济上看问题，列宁从政治上看问题，而他则要全面地从经济和政治上看问题。列宁指出这是把两个根本对立的原则调和起来了，托洛茨基的原则是经济主义的原则，列宁的原则是以政治领导经济的原则，把这两个原则硬扯在一起，这不是辩证法的全面性，而是折中主义。

折中主义是中间路线、中派、调和派的思想。哲学上也有过许多折中主义的体系，列宁在《唯物主义和经验批判主义》中把它们叫作杂拌、稀饭（中间状态），不可知论的各种流派，如休谟主义、康德主义、实证主义、马赫主义都带有折中主义性质。

无论诡辩论、折中主义、形而上学，都是和辩证法根本对立的。它们虽然各有其不同的表现，但归根到底都是主观地片面地夸大真实关系的某一方面，因而都是形而上学的。辩证法认为运动是绝对的，静止是相对的；形而上学认为运动是相对的，静止是绝对的；而诡辩论则把绝对的运动夸大到否定相对的静止。又如辩证法既承认事物的绝对性，又承认事物的相对性，认为"相对中有绝对"（第408页），二者是不可分割的；形而上学夸大绝对性，否定相对性；而诡辩论则夸大相对性，否定绝对性，认为"相对只是相对的，是排斥绝对的"（第408页）。辩证法认为对立面在一定条件下是可以相互转化的；形而上学割裂对立面，把对立面绝对地对立起来，否认它们的相互转化；而诡辩论则把相互转化夸大到不要任何条件，实际上否定了对立面的区别而把对立面简单地等同起来。如此等等。从这些实例可以看出，辩证法正确地，即辩证地处理了对立面的关

---

① 《列宁选集》第4卷，人民出版社1995年版，第416页。

系，而形而上学和诡辩论都错误地处理了对立面的关系，只是各趋一个极端而已。

第三节　重复和前进（否定之否定）

否定之否定这个问题，对黑格尔来讲，对《哲学笔记》来讲，都是十分重要的。关于这个问题，有许多争论，一直到现在还没有比较统一的看法。主要有两个问题：一个是这个规律的具体内容是什么？其次，它有没有普遍性？一种看法认为否定之否定指的就是发展过程具有周期性，或者叫重复性、反复性、循环性等等，就是说事物是在循环反复中前进的，所以这个规律的基本特征就是前进性和重复性的统一。按照这种理解，它的普遍性又在哪里呢？能不能说一切发展过程都是有周期性的呢？另一种意见认为这种观点是不对的，如果这样理解，它的普遍性就不能成立。为什么呢？只要举出一个例子，它不是按周期发展的，这个规律的普遍性就成问题了。这种例子可以举出很多，许多事物的发展看不出循环性或周期性。比如昆虫的发展经过以下几个阶段：卵—幼虫—蛹—成虫—卵。如果把昆虫的发展过程看成卵—虫—卵，这当然是有周期性、重复性的，但是，如看成上述五个阶段，周期性在哪里说不清楚。而这五个阶段是很自然的阶段，不承认其阶段性显然是不行的。又比如水，三个阶段很清楚：冰—水—汽，它的重复性、周期性又在哪里呢？中国朝代的变更很多，其阶段性也是很清楚的，一个朝代一个阶段，这些阶段的重复性又在哪里？当然可以说，天下合久必分，分久必合，这就是周期性。但是这些朝代呢？仍然解释不了。我们总不能说汉代重复周代，晋代重复汉代。总之，可以举出很多例子来，说明它们有周期性，也可以举出很多例子来，说明它们没有周期性。所以有的同志就说：不要讲什么周期性、重复性、循环性，某些事物有这个属性，某些事物没有，否定之否定作为一个普遍的规律，其具体内容应是曲折性和前进性的统一。循环是曲折，不是循环也可以是曲折，曲折总是普遍的。第三种意见认为事物的发展不但具有重复性或周期性,而且一个周期总包括三个阶段,正如黑格尔所说的三段式一样。究竟哪一种意见正确呢?这个规律是黑格尔提出来的,所以,要弄清楚这个问题,还是要从黑格尔那儿谈起。

一、黑格尔关于否定之否定的论述和列宁的评论

在《绝对观念》这一章中,黑格尔总结了他的《逻辑学》,其中谈到辩证法的历史、逻辑学的方法、逻辑学的体系、否定之否定等问题,而在这些问题中又以否定之否定为中心。在黑格尔看来,否定之否定就是逻辑学的方法,或构成逻辑学体系的总公式。我们知道,绝对观念就是黑格尔的神,就是黑格尔的绝对唯心主义哲学的核心,但黑格尔在谈到这个概念本身时,却没有谈什么神,而是总结全书,大谈辩证法,列宁对此感到极大兴趣,他说:"极妙的是:关于'绝对观念'的整整一章,几乎没有一句话讲到神(差不多只有一次偶然漏出了'神的''概念')①,此外——注意这点——几乎没有专门把唯心主义包括在内,而是把辩证的方法作为自己主要的对象。黑格尔逻辑学的总结和概要、最高成就和实质,就是辩证的方法——这是绝妙的。"(第253页)黑格尔在绝对观念这章中讲否定之否定,就把它提到了最高的、核心的地位,尽管黑格尔把否定之否定看作辩证法的核心是不正确的,但他所提出的这个规律的思想中却包含着丰富的辩证法因素。

列宁对黑格尔的否定之否定的思想非常重视,在《黑格尔〈逻辑学〉一书摘要》、《黑格尔〈哲学史讲演录〉一书摘要》、《拉萨尔〈爱非斯的晦涩哲人赫拉克里特的哲学〉一书摘要》和《谈谈辩证法问题》中都谈到过否定之否定这个问题,他不仅肯定了黑格尔的合理思想,而且唯物主义地改造了、发展了这个思想。

要理解黑格尔的否定之否定的思想,无疑首先要理解他的否定思想。

黑格尔指出,通常把辩证法了解为单纯消极的东西,它只具有否定的结果,而否定又被了解为简单的否定、纯粹的虚无。他认为这种看法是不对的。他认为,否定既是对第一个东西的否定,而又包含着第一个东西。

---

① 指绝对认识的概念"还只是神的概念的科学"(第252页)这句话。

他说:"……这个他物在本质上不是空洞的否定的,不是那被当作辩证法的通常结果的无,而是第一个东西的他物,是直接东西的否定,因而,它被规定为间接物,一般说来在其内部包含着第一个东西的规定。所以,第一个东西实质上也储藏和保存在他物之中。"(第243页)列宁认为"这对于辩证法的理解是非常重要的"(第243页)。同时列宁又发展了黑格尔在这里提出的合理思想。他说:"辩证法的特征的和本质的东西并不是单纯的否定,并不是徒然的否定,并不是怀疑的否定、动摇、疑惑(当然,辩证法自身包含着否定的因素,并且这是它的最重要的因素),并不是这些,而是作为联系环节、作为发展环节的否定,是保持肯定的东西的,即没有任何动摇、没有任何折中的否定。"(第244页)列宁的思想是:第一,辩证的否定不是单纯的否定,不是怀疑、动摇,折中。第二,它是保持肯定的东西于其自身的否定,这就是说,它以一个肯定的新东西来取代旧东西,并把其中合理的东西保存下来,这样,否定便不是发展的停止,而是发展的继续,不是把过去与将来绝对分开,而是把过去与将来联系起来,因此,这样的否定便成为联系的环节、发展的环节。应该指出,列宁承认在否定的东西中包含肯定的东西,是指保存合理的东西于新东西之中,而不是像黑格尔所说的那样把整个肯定的东西包含于否定的东西之中。第三,这样的否定就是辩证法最重要的因素,因为没有辩证的否定就没有运动、变化、发展,就没有新东西取代旧东西的辩证的过程。列宁对于辩证的否定的了解和恩格斯在《反杜林论》中对辩证的否定的了解是完全一致的。

显然,辩证的否定绝不是外部的否定,而是内部的否定,这种内在的否定性即内在的矛盾性,它是发展的泉源。这一点,黑格尔也指出过。他说:"刚才考察过的否定性,形成概念运动中的转折点。这个否定性是自身的否定关系的一个单纯之点,是一切活动的内在泉源,是生命的和精神的自己运动的内在泉源,是辩证法的灵魂,而所有真的东西本身都含有这种辩证法的灵魂,并且只有通过它才是真理,因为概念和实在之间的对立的扬弃,以及作为真理的那个统一,完全是以这个主观性为基础的。"(第246—247页)黑格尔在这里把否定性说成是主观性,即精神性,因为在他看来，只有精神性的东西才能成为积极的主动的东西，而物质则是消极的、被动的，这是黑格尔唯心主义的表现。但是显然这里有着深刻的思想，即这种否定性"是一切活动的内在泉源"。我们知道，对立面的统一和斗争是事物发展的泉源，这当然要以内在的否定性，即内在的矛盾性为前提，没有内部矛盾当然说不上对立面的统一和斗争。列宁把黑格尔的这个思想看作"辩证法的精华"。在此，黑格尔还透露了真理（概念和实在的统一）的获得也是由内在矛盾性所推动的，也是一个矛盾发展的辩证过程，即主观与客观这一组矛盾的辩证发展的过程，因此，列宁认为黑格尔这一段话中的重要思想就是他表述了"辩证法的特征：自己运动、活动的泉源、生命和精神的运动，主体（人）的概念和实在的一致"（第247页）。

那么，辩证法是不是完全否定外在否定的存在呢？否。形而上学的错误不在于承认外在否定，而在于只承认外在否定，不承认内在否定。正如内在矛盾和外在矛盾的关系一样，内在否定对事物发展起主要作用，外在否定起次要作用，外在否定通过内在否定而起作用，例如小麦被磨碎吃掉，小麦本身的发展过程结束了，但它作为养料而参与到人体内部的自己运动中，即人体的内在否定的过程中去了。有了这第一个否定，才有第二个否定，即否定之否定。

黑格尔讲的否定之否定就是对立面的统一，就是矛盾的扬弃、融合、调解等等。黑格尔用否定之否定来构成他的逻辑体系。他的《逻辑学》和整个哲学体系是这样前进的：肯定，否定，否定之否定。而这第三阶段又是个开头，所以否定之否定又是个肯定，然后再否定，否定之否定。他把肯定叫作正题，否定叫反题，否定之否定叫作合题。一次否定之否定全过程，就是一次"正、反、合"，这个"合"又是个"正"，然后又从它开始来一个"正、反、合"。黑格尔《逻辑学》用这种逻辑推演推出他的全部范畴。这一长串正、反、合又分成许多层次：在大的正、反、合中，正本身又是一个正、反、合，反、合也是如此，这是第二层，第三层又是这样，每个正又是个正、反、合；共有六、七层。所以，他可以列个范畴表，这个表按正、反、合排列，形成一串圆圈。有个哲学家把黑格尔的逻辑体系叫作无血无肉的非尘世的芭蕾舞。实际上它是二拍不是三拍，即正、反，正、反……像一个螺旋一样，从左边转到右边，然后又回到左边，又转到右边，不断上升。所以这一串圆圈不是指的一个一个封闭的圆圈，好像铜钱似的串在一起，而是首尾衔接的圆圈，即螺旋。

为什么概念的发展会表现为这种状态呢？黑格尔是以矛盾规律来解释的。他说："因为第一个东西或直接的东西是自在的概念，因而成为只是自在的否定东西，所以，后者的辩证环节就在于：自在地包含在它之中的差别设定在它的内部。相反地，第二个东西本身则是某种被规定的东西、差别或关系；因此，它的辩证环节就在于设定它所包含的统一。"（第244页）。黑格尔这里所说的第一个东西即正题，第二个东西即反题。正题的辩证环节在于：在正题内部潜在地（自在地）包含着反题，包含内部差别，因而正题才会向反题过渡，反题是这个差别、矛盾之公开揭露。但对立必然要归于统一，因此，反题的辩证环节在于：否定与肯定、反题与正题的统一，即从反题过渡到合题。这个统一是肯定，然而已不是原来的肯定，而是经过否定的肯定，经过差别的统一，经过间接性的直接性。可以看出，黑格尔是强调统一的，矛盾运动的目标就是统一，否定之否定就是对立面的统一之真正的实现。列宁这样解释黑格尔的话："对于简单的和最初的'第一个'肯定的论断、论点等等，'辩证的环节'，即科学的考察，要求指出差别、联系、转化。否则，简单的、肯定的论断就是不完全的、无生命的、僵死的。对于'第二个'否定的论点，'辩证的环节'要求指出'统一'，也就是指出否定的东西和肯定的东西的联系，指出这个肯定的东西存在于否定的东西之中。从肯定到否定——从否定到与肯定的东西的'统一'，——否则，辩证法就要成为空洞的否定，成为游戏或怀疑论。"（第244—245页）这是列宁对黑格尔的论述的解释，这是一个唯物主义的解释，也就是唯物主义的改造。列宁认为所谓"辩证的环节"亦即进行科学的考察或科学的思维时所要抓住的环节，这些环节是：（1）要在肯定的东西中看到否定的东西，只有了解了肯定与否定之间的差别，然后才能了解从正面到反面的转化；（2）不仅要看到肯定和否定的对立，而且要看到肯定和否定的统一，只有这样，才能了解从否定到肯定的复归。

我们可以这样说，否定之否定的过程，就是对立面的统一之展开。

尽管黑格尔在发现否定之否定规律上有着不可否认的功绩，但是在这个问题上，黑格尔不仅是唯心主义的，而且有着严重的形式主义。他把他的哲学体系安排在大大小小的正反合的圆圈中，为了形式的整齐，他不得不生拼硬凑。列宁一再指出，黑格尔在许多地方都是在玩"类比的把戏"。有的甚至连黑格尔主义者也认为无论如何说不过去，如艺术、宗教和哲学这个圆圈。

黑格尔本人也多少对自己的形式主义有所意识，他承认三分法"只是认识方式的一个完全表面的外在的方面"（第248页）；"形式主义也掌握了三分法，并且保持了他的空洞的公式。"（第248页）他还说，如果愿意的话，也可以在肯定和否定之否定之间放上两项："简单的"否定和"绝对的"否定。（第247页）这样，我们就有了四项，而不是原来的三项。黑格尔在这里的正面意见是不清楚的，因为在黑格尔来说，否定之否定就是绝对的否定，而这里他把绝对的否定作为第三项，否定之否定作为第四项，因此，列宁说："我不明了这种差别，绝对的东西不是等于更具体的东西吗？"（第247页）不管怎样，黑格尔总算多少对三分法的缺陷有所认识，虽然他在实际建立其体系时表现了极严重的形式主义。

总的来看，黑格尔这种搞法非常烦琐，很多地方牵强附会，形式主义相当严重。我们姑且不谈黑格尔的体系，因为体系本身有许多问题。黑格尔这个公式本身对不对呢？他对这个规律的理解有一定的道理，但也有片面性。一个事物的确是包含着矛盾的，矛盾就要展开，展开以后的确要达到一个新的统一；事物有矛盾，矛盾要解决，这样事物才能前进。他的公式反映了这一过程，是对的。问题是：矛盾的解决是不是一定是合？是不是等于矛盾的融合？有些矛盾的解决是对立面的结合；但是有的矛盾的解决是一方消灭另外一方，已经把它消灭了，还有什么结合呢？消灭当然也包含合的成分，但毕竟同结合有根本区别。当然还有第三个阶段，但这第三个阶段已不是原来那个东西了，很难说它是第一个阶段的重复。

概括起来，我们可以看出黑格尔关于否定之否定规律的思想具有许多缺点。马克思、恩格斯和列宁对否定之否定规律的运用和论述改造了黑格尔的思想，克服了这些缺点。第一，黑格尔的否定之否定是唯心主义的。尽管他否认它是头脑中的主观虚构，但决定概念发展的否定之否定过程的客观内容并不是物质世界的辩证运动，而是绝对观念的辩证运动。第二，它具有形而上学因素。黑格尔强调统一，而且认为否定之否定是"绝对的统一"，列宁指出过这是对发展的背叛，即对辩证法的背叛。（第186页）第三，它是形式主义的，因而黑格尔哲学体系中的许多圆圈是人为的、生硬的、牵强附会的。第四，它被看作比对立统一规律更高、更根本的东西，这就把二者的关系颠倒了。第五，黑格尔不了解对立面的斗争在否定之否定过程中的决定性作用，过分夸大了统一的作用，因而他未能揭示出否定之否定的真实内容。

二、马克思、恩格斯和列宁对否定之否定学说的唯物主义改造

否定之否定这个规律，马克思和恩格斯显然都是承认的。但是他们对于这个规律没有从理论上作一般性的论证，而主要是讲了许多事例。马克思没有专门谈这个问题。恩格斯在《反杜林论》里专门有一章谈否定之否定，但是恩格斯对于这个规律的内容究竟是什么，为什么事物呈现否定之否定的过程，没有加以论述。把马克思、恩格斯所举的一些例子仔细琢磨一下，可以看出，他们是继承了黑格尔的思想，但是也突破了黑格尔的框框。他们不仅把否定之否定放在唯物主义的基础上，黑格尔讲的是概念的发展，马克思、恩格斯讲的是客观世界的过程，而且就这个规律的内容来讲，马克思、恩格斯有新的突破。他们不仅没有用否定之否定来构造他们的体系，搞一个像黑格尔《逻辑学》那样的否定之否定的过程，而且在他们所举的事例里，有三段的，也有多段的，这同黑格尔就大不一样。在黑格尔那儿总是三段，当然《逻辑学》里也有打破三段的例子，但是很少，在极个别的地方有四段或者两段，绝大部分是三段，非常整齐。马克思、恩格斯举的例子中有的是三段，如从个人所有制到资本主义所有制，再到共产主义；从无阶级社会到有阶级社会，又到无阶级社会；从素朴的辩证法到形而上学，再到现代辩证法。他们没有讲这些例子只有三段，不会有四段、五段。但是大量的例子是多段。比如"种子、植物、种子、植物"，可以无限地循环下去。商品、货币、商品，讲的是简单商品生产；货币、

商品、货币，讲的是资本主义的商品生产，都是无限循环的过程。他们举这样的例子，看来他们对否定之否定这个规律的具体内容的理解跟黑格尔有差别，即打破了三段式的框框。但显然可以看出，他们采纳了黑格尔三段式里的一个重要思想，就是螺旋式发展这个思想。螺旋式地发展，在循环中发展，在反复中前进，都是一个意思。如果否定之否定意味着在循环中、在反复中前进，那么这个规律的基本内容就是反复性（或者叫重复性）和前进性的统一，即事物的发展既是反复的又是前进的，不是笔直前进，也不是简单循环。

列宁的贡献就在于把否定之否定这个规律的一般性内容很明确地概括出来了。列宁对黑格尔的三段式曾采取较多否定的态度，他在谈到恩格斯在《反杜林论》所举的人类社会发展的三阶段（无阶级社会—阶级社会—共产主义社会）时说："谁都明白，恩格斯立论的重心在于：唯物主义者的任务是正确地和准确地描绘现实的历史过程；而坚持辩证法，选择例子证明三段式的正确，不过是科学社会主义由以长成的那个黑格尔主义的遗迹，是黑格尔主义表达方式的遗迹而已。"① 但后来列宁的态度有了变化，他把黑格尔的否定之否定学说中的合理因素明确地概括为："发展似乎是在重复以往的阶段，但它是以另一种方式重复，是在更高的基础上重复（'否定的否定'），发展是按所谓螺旋式，而不是按直线式进行的。"② 在《哲学笔记》里，他也是这样概括的，《辩证法的要素》第十三、十四条说：

（13）在高级阶段上重复低级阶段的某些特征、特性等等，并且
（14）仿佛是向旧东西的回复（否定的否定）。（第239页）

为什么事物发展的道路是这样的呢？他说："一般说来，运动和生成可以不重复，不回到出发点，在这样的情况下，这种运动就不是'对立面的同一'。但是，无论天体运动，或机械运动（地球上的），或动植物和人的

---

① 《列宁选集》第1卷，人民出版社1995年版，第31页。
② 《列宁选集》第2卷，人民出版社1995年版，第423页。

生命——它们都不仅把运动的观念,而且正是把回到出发点的运动即辩证运动的观念灌输到人类的头脑中。"(第389—390页)从列宁这段话,大体上还是可以看得出来,他是用对立统一规律来解释回到出发点这种现象,来解释否定之否定。为什么事物的发展会是否定之否定的过程呢?就因为对立面的统一和斗争是事物发展的泉源,是事物发展的动力。前已谈到,在黑格尔那里,有时"对立面的同一"和"否定的否定"的含义是相同的,在列宁那里,二者的区分有时候也不十分明确,但是从整个《哲学笔记》来看,这两个规律是比较明显地区别开来了。否定之否定这个规律讲的是事物发展的道路是一个在循环中前进的道路,对立统一规律讲的是事物发展的动力、泉源是对立面的统一和斗争,所以我认为:从黑格尔到列宁,两个规律有一个分化的过程,这个过程到列宁这儿大体上是完成了。这两个规律,当然在恩格斯那儿已经明确地提出来了;但是在他的有些表述里,区别好像不太清楚。而由于列宁对它们作了一般性概括,这两个规律的区分就十分清楚了。

三、否定之否定规律的普遍性的论证

按照这样理解,它的普遍性能不能够论证?是不是一切事物的发展都是螺旋式的,都是在循环中前进的?回答是肯定的。如果一定要像黑格尔那样搞三段式,这的确没有普遍性。但是如果把它理解成为一切事物的发展都是螺旋式的,那么这个规律就是普遍的。怎样论证?举例是必要的,但举例不能充分论证它的普遍性。如果在对立统一规律的作用下,事物发展的过程必然是否定之否定,而对立统一规律是普遍的,那么,否定之否定就一定是普遍的。这个问题,如按两类矛盾分别加以论证,将更清楚一点。

首先讲新旧矛盾,即一方要消灭一方、一方要克服一方的矛盾。就这一类矛盾来讲,一方要克服一方、一方要消灭一方,只能够采取反复前进的道路,否则是不可能的。因为新的一方在最初总是比较弱小的,旧的一方总是比较强大的,弱小的要消灭强大的,就得使弱小的东西成长、强大的东西削弱,使新东西强大到能够把旧东西消灭掉(克服掉),这只有在残酷的斗争里新旧双方反复较量,才能够做到。关于这方面的情况,毛泽

东在他的著作里是讲得很多的,特别是早期著作。他把这种道路叫作波浪式前进。波浪式和螺旋式都是比喻,都是说的在重复中前进,没有区别。革命的力量开始总是比较弱小的,反革命的力量是强大的,革命力量怎样消灭反革命的力量呢?一个很小的红色政权怎么能够变成一个全国性的政权呢?道路必然是曲折的、反复的。正如毛泽东讲的,苏区的扩大,是在扩大和缩小的反复中实现的,而且有的时候要遭受很严重的失败。国民党方面也是有胜利有失败。但是从总的过程来讲,就是在这种反复的过程里,人民的力量越来越强大,反动派的力量越来越削弱,到了一定的时候,革命力量大到能够把反革命的力量消灭掉,革命的胜利就到来了。不仅革命如此,工业上创造一个新的工艺,农业上培育一个新的品种,也是如此,建立新的理论,也是一个反复的过程。《封神演义》描写的战争,虽然不是历史,但它是在反复中前进的一个很典型的例子。最初,殷纣王请一个神仙把周武王打败了,周武王又请来一个高明的神仙把殷纣王打败了,殷纣王又去请一个更高明的神仙……就是这样反复进行,一直到最后,两边最大的神仙都出来了,进行决战,结果殷纣王失败了。殷纣王的力量最初是强大的,周武王的力量是弱小的,但是经过多次反复,周武王的力量逐渐强大起来,最后取得了胜利。这里体现的波浪式前进或螺旋式上升,不是指周灭了殷,后来殷又灭周,而是在周灭殷的过程中有反复。从社会制度的更替来讲,不是讲封建社会被资本主义社会推翻,然后资本主义社会又被封建社会推翻,封建社会、资本主义社会、社会主义社会并不能构成一个正、反、合。而是讲资本主义消灭封建主义的过程,社会主义消灭资本主义的过程,各自是一个反复的过程,是一个在反复中、循环中前进的过程。总之,新东西要消灭旧东西的过程,亦即由量变到质变的过程,经历了在反复中前进的否定之否定的道路。这个规律进一步具体说明了从量变到质变究竟是怎样发生的——那就是在对立双方的反复的斗争过程里达到从量变到质变的。

另一类可以结合而且必须结合的矛盾,也是在矛盾双方互相推动的条件下前进的。这种例子也很多。比如认识过程,就是主观和客观相互推动、相互作用的过程。这一点,许多科学家也是有认识的。比如在《谈谈辩证法问题》里列宁谈到的福尔克曼，是黑格尔主义的敌人，是反对黑格尔的，但是在他的《自然科学的认识论原理》一书中，对否定之否定的认识过程谈得很多。这本书有一节叫作《主体和客体之间的振荡》。振荡就是波动的意思，他认为认识过程是主观与客观的相互作用的过程，首先是对象作用于主观，产生观念，然后主观又带着这些观念去进一步认识对象。在这种主观和客观的相互作用下，"不断前进的自然科学认识的发展在许多场合下都呈现为一种圆圈——但主要是在下述意义下，即认识的每一新的圆圈运动都伴随着更大的精确性和正确性"①。列宁认为他虽然是黑格尔主义的敌人，但因为他是一个科学家，总结了科学的事实，对这个问题也是有认识的。实践和认识、民主和集中、集中起来和坚持下去这些反复过程，毛泽东谈得很多，他说："实践、认识、再实践、再认识，这种形式，循环往复以至无穷，而实践和认识之每一循环的内容，都比较地进到了高一级的程度。"② 生产和消费、工业和农业、重工业和轻工业、生产水平和文化教育，都要在相互作用下才能前进。我们骑自行车，也是左脚一下，右脚一下，左脚和右脚相互推动。走路也是这样。因此，我们认为，从这两类矛盾来讲，都存在一个否定之否定的过程，叫它波浪式前进也好，螺旋式上升也好，它是有普遍性的。

现在，我们回过头来再看一看我们开头所举的那些例子。我们说看不出它们的反复性、周期性，那么否定之否定在哪里？如冰、水、汽，反复性在哪里？硬说汽是对冰的重复，汽也是一种冰，实在太勉强，这里没有反复性，反复性只能在冰变为水或水变为汽那里去找。水要变成汽，这里面就有水分子之间的吸力和斥力的相互作用的问题。首先要弄清楚是什么矛盾在推动这个事物的发展，然后否定之否定才可以比较清楚地看出来。又如昆虫的变化中，周期性或反复性不表现在卵、虫、蛹三阶段中，而表现在卵变成幼虫的过程中。这个过程得由动物学家、昆虫学家来具体研究，首先弄清楚其中的矛盾是什么，然后看这个矛盾的发展周期性何在。总之，首先得把矛盾找着，矛盾找着了，否定之否定这个过程就容易看出

---

① ［德］福尔克曼：《自然科学的认识论原理》，莱比锡1910年版，第359页。
② 《毛泽东选集》第1卷，人民出版社1991年版，第296页。

来了。这个过程不可能都是三段，很可能是多段。究竟是多少段，得看具体情况。但是黑格尔讲三段也不是毫无意义的，因为只有三段才可以看出重复性，才可以代表否定之否定。比如简单商品生产的公式：商品—货币—商品，或资本主义生产的公式：货币—商品—货币，不是说只有三段，但三段才能代表否定之否定过程，因为三段才看得出反复，二段就看不出来，四段没有必要（当然愿意写四段也行）。把这个规律叫作肯定否定规律不很合适，因这种表述法没有把这个规律的特点——反复性表达出来，还是否定之否定能够表达这个规律的特点。如果我们采取对立统一的形式，就可称这对范畴为重复性和前进性，或循环性和前进性，发展是循环（或者重复）和前进的统一。应该指出，毛泽东虽然没有专门论述过这个问题，但在他的许多著作里，关于螺旋式上升和波浪式前进的实际表现，他比谁都讲得多。这可能是因为他在非常困难的条件下领导武装斗争，对这个规律的感受很深。总之，抓住反复性和前进性来理解，否定之否定这个规律的普遍性就是可以论证的。

第七章 认识范畴

认识是一种意识现象，而且是最主要的意识现象，它对于其他意识现象如意志、感情、美感等起着主导作用。认识和其他意识现象一样，就其内容说，是外部世界的反映，就其根源说，是社会实践的产物，因此，要讲清楚认识问题不能不首先讲清楚认识和外部世界、认识和社会实践的关系问题。认识和外部世界的关系问题，或通常叫作思维和存在、意识和物质、精神和自然界的关系问题，或主体和客体（对象）、主观和客观的关系问题，但这绝不是说，它只是认识论问题，更不是说，存在、物质、自然界、外部世界这些范畴只是认识论范畴，实际上，这些范畴以及它们和认识的关系问题既有认识论意义，又有本体论意义。同理，实践以及它与认识的关系问题既有认识论意义，又有历史观意义。这里我们只把认识和外部世界、认识和社会实践作为认识论问题来讨论。黑格尔曾比较集中地论述过这些问题，列宁作了很多摘录和评论，下面就列宁谈得较多的几个问题作些介绍和解释。

第一节　存在和思维

存在和思维、物质和意识的关系问题是哲学的根本问题，这是一个古老的问题，而在近代哲学中，更是一个突出的问题。黑格尔已经意识到这个问题的重要性。在《哲学史讲演录》中，黑格尔认为思维与存在的对立统一是近代哲学的中心问题。他说："中世纪的观点认为思想中的东西与实存的宇宙有差异，近代哲学则把这个差异发展成为对立，并且以消除这一对立作为自己的任务……从这时起，一切哲学都对这个统一发生兴趣……哲学在消除对立的做法上分为两种主要形式：一种是实在论的哲学论证，一种是唯心论的哲学论证；也就是说，一派认为思想的客观性和内容产生于感觉，另一派则从思维的独立性出发寻求真理。"[①] 黑格尔这里说的实在论即唯物主义。黑格尔以解决这个问题作为自己的主要任务，并且认为："凡是配称为哲学的学说，总是以关于什么东西的绝对统一的意识为其基础，而悟性对这个东西则只有在其分离的状况下才予以承认。"（第211页）恩格斯在《费尔巴哈论》中提出的哲学最高问题或基本问题，看来是从唯物主义立场吸取和发展了黑格尔的这些思想。他说："全部哲学，特别是近代哲学的重大的基本问题，是思维和存在的关系问题……哲学家依照他们如何回答这个问题而分成了两大阵营。凡是断定精神对自然界说来是本原的，从而归根到底承认某种创世说的人……组成唯心主义阵营。凡是认为自然界是本原的，则属于唯物主义的各种学派……思维和存在的关系问题还有另一个方面：我们关于我们周围世界的思想对这个世界本身的关系是怎样的？我们的思维能不能认识现实世界？我们能不能在我们关于现实世界的表象和概念中正确地反映现实？用哲学的语言来说，这个问

[①] ［德］黑格尔：《哲学史讲演录》第4卷，贺麟、王太庆译，商务印书馆1978年版，第5、6、8页。

题叫作思维和存在的同一性问题,绝大多数哲学家对这个问题都作了肯定的回答。"① 对恩格斯的这些论述,理解各异,争论不少。有一些流行的理解:第一方面是本体论问题,第二方面是认识论问题;第一方面区别唯物主义和唯心主义,第二方面区别可知论和不可知论;第一方面没有同一性问题,第二方面才有同一性问题,就是说本体论没有同一性问题,认识论才有同一性问题。至于思维和存在的同一性命题是否可以作唯物主义理解,过去有过长期的激烈的争论。这次争论到后来同政治路线联系起来,变成了一场政治迫害。但理论上的意见分歧却是存在的。下面围绕思维和存在的同一性问题进行一些讨论。

一、黑格尔关于存在和思维的同一性的论述

黑格尔自认为彻底解决了存在和思维的同一性问题,他的整个体系就是对思维和存在怎样同一起来的论证。因此,割裂思维和存在的同一性的康德就成为他攻击的主要对象。

在《概念总论》中,黑格尔以康德作为割裂思维和存在的同一性的主要代表来批判。列宁认为,恩格斯在《费尔巴哈论》中所说的"反对康德的主要之点,凡是从唯心主义观点所能指出的,都已由黑格尔指出了",指的可能就是《概念总论》中的几页。(第180页)列宁指出,黑格尔在这里从更彻底的唯心主义观点"揭露了康德的二重性、不彻底性,揭露了康德的那种可说是在经验论(=唯物主义)和唯心主义之间的动摇"(第180页)。这实际上就是列宁对恩格斯的上述观点的解释。这就是说,黑格尔的批判击中了康德哲学的要害,但从积极方面讲,黑格尔却并没有真正科学地解决思维和存在的同一性问题,因为他走向了更彻底的唯心主义,因而他也未能真正驳倒康德哲学。

二重性、动摇性,这是康德哲学的主要特色,而这产生于对思维与存在的割裂,黑格尔准确地抓住了这点;在上述几页中,黑格尔从若干方面驳斥了康德的动摇性、二重性。

康德一方面十分明显地承认思维的客观性、概念和事物的同一,而

---

① 《马克思恩格斯选集》第4卷,人民出版社1995年版,第420—422页。

"另一方面却仍然这样肯定地断言：我们终究不能认识自在和自为之物是什么样子，真理是认识的理性所达不到的，作为客体和概念的统一的那个真理只不过是现象"（第183页）。黑格尔对于康德的批判是中肯的。

从康德的角度来看，他并不否认思维和存在的统一，相反，他的哲学的主要任务之一就是论证思维和存在的同一，即论证范畴、科学为什么具有客观有效性，主观为什么能与客观一致。在黑格尔看来，康德并没有真正解决这个问题，因为康德的办法是把客观存在的根据放在主观那里，这样，主客观表面上是同一了，但实际上是主观与主观同一，但康德又不愿意像彻底的主观唯心主义那样干脆否认自在之物的存在，于是就把存在、客观了解为现象，而另把一个本质、自在之物推到不可知的彼岸去。这样就产生了康德哲学的二重性、动摇性：承认思维的客观性，但不承认思维能达到自在之物，承认现象的可知性，但不承认本质的可知性，企图给科学知识以可靠的根据，实际上是贬损知识；表面上是把神排斥于现实世界之外，实际上是为他找寻一个更稳妥安全的领域。总之，康德并未解决思维和存在同一性的问题；从本体论来讲，存在着互相分离的两个世界：主观世界和客观世界，或现象世界和本质世界；从认识论来讲，主观永远在现象范围内，亦即主观范围内打圈子，而真正的客观存在仍然远处在认识的彼岸，可望而不可即。

黑格尔要把主观世界和客观世界、本质和现象统一起来，但并非在物质的基础上，也并非在主观的观念上，而是在绝对观念上、客观观念上统一起来。

黑格尔的整个体系要论证的就是思维和存在的同一性，逻辑学要论证的也是思维和存在的同一性。就整个体系来说，逻辑观念、自然界和人类精神就是绝对观念从思维到存在再到思维的过程，就是思维和存在对立统一的过程。思维和存在都是绝对观念的环节。这是一个客观过程，即思维的复归过程，也是一个认识过程，即思维的自我认识的过程。因此，显然只有一个世界而没有两个世界，这个世界的基础是思维（绝对观念），它表现为思维，也表现为他物——存在。这个世界当然不是不可知的，而是完全可知的。

就逻辑学来说，整个逻辑领域就是一个客观概念、客观思维的领域，就是绝对观念本身，但他有着许多环节，其中包括各种存在。逻辑学就在于论证绝对观念是包括许多环节的整体，特别是思维和存在的整体。逻辑学最后一个概念就是绝对观念，即主观性和客观性、概念和实在的绝对统一。在逻辑学中，黑格尔无时不在论述这个同一：在存在论中，这个同一是潜在的，因为本质即概念还隐藏在存在的背后；在本质论中，思维和存在的同一表现为本质和现象的统一；在概念论中，思维和存在的同一以其本来面目出现，即主观性与客观性的同一。主观性与客观性的同一，在主观性中是潜在的；在客观性中，这一同一就表现为客观性淹没了主观性，主观性变成了背后的东西，在观念中，思维和存在的同一表现为实在对概念的符合。这种符合，通过认识和实践而达到十全十美、完备无缺的绝对圆满的境界，即客观性和主观性的绝对同一，即达到绝对观念，这时，思维与存在融而为一。因此，二者的同一，在黑格尔那里，是一个客观的辩证过程，也是一个认识的辩证过程。

我们认为，应该这样了解黑格尔的思维和存在同一论。不管我们的评价如何，我们首先得把它了解为一个过程、一个体系。有的同志认为黑格尔的思维和存在同一论就是：思维等于存在，存在等于思维。这就未免把事情简单化了。黑格尔并没有把思维等同于存在，而是把思维、概念等同于事物的本质，但是，黑格尔的思维与存在同一论也决不等于思维等同于事物的本质这一句话，这是十分明显的。

二、恩格斯关于思维和存在的关系的论述

前面已引过恩格斯关于思维和存在的关系问题的两个方面的提法，这个问题为什么是哲学的最高问题呢？

所谓最高问题就是最普遍的问题。我认为，哲学的最高问题，按照前面的论述，应该是存在问题（或者说，客观存在问题），因为存在是最高概念，世界是否存在的问题当然应该是最高问题。换句话说，这个世界是什么？是否客观存在着？是最高问题，即最一般的问题。只有首先回答了这个问题，才能谈其他问题。但是，由于这个世界上只有人有思维，只有人有意识，只有人才能提出并回答这个问题，所以，尽管对这个问题有许

许多多的回答，但归根到底不外乎两个回答：一个肯定它的客观存在，一个否定它的客观存在。或者说，一个回答说它是物质的，一个回答说它是精神的。因此，精神和物质的关系问题就变成了哲学基本问题或最高问题。为什么哲学史上从古以来，特别是近代，都围绕着这个问题争论不休，为什么哲学家们归根到底分成两大阵营、两大派别，其理由就在这里。所以恩格斯的概括不但有哲学史上的事实作为根据，而且在道理上也是有充分根据的，因而是正确的。但是恩格斯的论断也提出了一些问题，值得进一步探讨。

第一，恩格斯没有在第一方面里明确提出反映问题，而是在第二方面里才提的。但他在讲第一方面时却说，什么是本原的问题是区别唯物主义和唯心主义的唯一标准，不能有其他标准。这样一来，就出现一个问题：谁反映谁是不是区别唯物主义和唯心主义的一个标准？恩格斯本人在《反杜林论》里也说过：从原则出发，是唯心主义；从事实出发，是唯物主义。这里他是用谁反映谁作为区别唯物主义和唯心主义的标准的。列宁在《唯物主义和经验批判主义》里正是从这里引申出"哲学上两条基本路线的区别。从物到感觉和思想呢，还是从思想和感觉到物？"① 看来，应该把恩格斯在不同地方的论断联系、综合起来理解，像列宁所做的那样，才能对恩格斯的思想有一个全面的了解。如果坚持认为本原问题是最高问题的唯一方面，是唯一区别唯物主义和唯心主义的标准，那么，颠倒物质和意识的关系，认为世界表现意识这种观点都不是唯心主义了。

第二，恩格斯讲到思维和存在的同一时，同一指的就是一致，他说，"用哲学的语言来说"，这个"哲学"显然指黑格尔哲学。当然讲思维和存在同一的不仅是黑格尔，但黑格尔是最突出的。思维和存在同一在黑格尔那里有多种含义，不仅有认识论的含义，而且有本体论的含义，虽然他的本体论和认识论都是唯心主义的。恩格斯仅从认识论这个角度借用同一一词，并没有完全概括黑格尔的原意。这就引起人们的误解，好像在恩格斯看来，只有第二方面才有思维和存在的同一问题，第一方面则没有同一

---

① 《列宁选集》第 2 卷，人民出版社 1995 年版，第 37 页。

问题。其实恩格斯也明确讲过精神是物质的产物，是物质世界的一个组成部分，精神和物质形成一个整体，这个整体就是这个世界。每一个人也是一个灵魂和肉体的统一体。所以，不仅哲学基本问题的第一方面对于区别唯物主义和唯心主义有意义，而且第二方面讲的反映问题对于区别唯物主义和唯心主义也有意义，而且在列宁的时代和今天比第一方面有更重要的意义。从唯物主义立场承认思维和存在的同一性决不违背恩格斯的意思。

第三，有些同志认为第二方面是区别"可知论"和"不可知论"的标准。这种观点我认为是不能成立的。没有一个派别叫"可知论"，因为主张世界可知的理论可以区别为唯物主义和唯心主义，不能构成一个派别，正如一元论不能构成一个派别一样。列宁在《唯物主义和经验批判主义》里认为不可知论是中间派别，既有唯物主义因素，也有唯心主义因素，不是超越唯物主义和唯心主义之外的第三个基本派别。这种区分很有道理，我们决不能把唯物主义和唯心主义混在一起看成一派，叫作彻底派，而把不彻底的哲学，即不可知论，同它对立起来。按照恩格斯的分析，主张世界可知的唯心主义，例如黑格尔哲学，虽然肯定地回答了世界可知的问题，但实际上它是回避了这个问题，没有真正解决这个问题，因为它认为可知的还是精神世界，并不是物质世界。真正的可知论只有唯物主义反映论。

至于说到恩格斯的那一句话："思维和存在的同一性"，是否只能指唯心主义这个问题，回答应该说是很明显的。他说："绝大多数哲学家对这个问题都作了肯定的回答。"绝大多数哲学家总不能说都是唯心主义哲学家，无疑应包括唯物主义哲学家。特别是如果把这个"同一"理解成"一致"，怎么可能把"思维和存在的同一"理解为思维等同于存在，存在等同于思维呢？

恩格斯在《自然辩证法》中对黑格尔的思维和存在的同一论也不是全盘否定的，他指出："尽管我们在这里遇到无数的任意虚构和凭空臆造，尽管这种哲学的结果——思维和存在的统一——采取了唯心主义的头足倒置的形式，可是不容否认，这个哲学在许多场合下和在极不相同的领域中证明了思维过程同自然过程和历史过程的类似之处以及反过来的情形并且证明同一些规律对所有这些过程都是适用的。"① 同样的规律就是辩证法的规律。

三、列宁对黑格尔的思维和存在同一论的评价

列宁在《哲学笔记》中并没有对黑格尔的思维和存在同一论进行过集中的综合的评论，但由于这是贯穿黑格尔整个哲学的思想，列宁在评论黑格尔的哲学时不可能不一再涉及这个问题，从中完全可以看出列宁对这一理论的态度。

列宁对黑格尔的思维和存在同一论是否全盘否定呢？

列宁在转述了黑格尔的一段话"主观性（或概念）和客体——是同一的又是不同一的"（第196页）之后，说道："关于本体论的证明、关于神的胡说！"有人从此得出结论，认为列宁对黑格尔的思维与存在同一论是完全抱否定态度的，这完全是误解。这句话见《小逻辑》，黑格尔说，主观性和客体是潜在地同一的，这是正确的，但是说主观性和客体不同一，也是正确的。"这两种说法都同样正确，也同样都不正确。"② 黑格尔的意思是说：二者既是同一的又是不同一的，正如列宁所转述的。这里没有谈到神的问题。原文下面一段才谈到神的存在的本体论证明。列宁的批语是指此说的，并非指上面那一句话。列宁之所以转述这句话，显然是由于这话中包含着辩证的因素。紧接着列宁又摘了这一句话："把主观性和客观性当作一种固定的和抽象的对立，这是错误的。二者完全是辩证的。"（第196页）列宁对这话很注意。我们认为，列宁摘录这些话，恰恰表明列宁对黑格尔的思维和存在同一论是有所肯定的。在这里，列宁并无评语，但是列宁的评价还可从其他地方看出。

黑格尔把存在看作概念的环节，列宁认为应该颠倒过来。黑格尔说："'存在和本质因而是它的'（＝概念的）'变易的环节。'"（第177页）这里，黑格尔是在唯心主义基础上肯定了思维和存在的同一。他认为存在和本质是概念的环节，因为概念是由存在和本质发展来的，是存在和本质

---

① 《马克思恩格斯选集》第3卷，人民出版社1995年版，第364页。
② ［德］黑格尔：《小逻辑》，贺麟译，商务印书馆1980年版，第373页。

的统一，包含存在和本质。列宁认为，应该倒过来，亦即应该以存在为基础来肯定思维和存在的同一，把思维看作存在的一个环节，因此，列宁说："要倒过来说：概念是人脑（物质的最高产物）的最高产物。"从这里可以看出，列宁一方面明确反对黑格尔的唯心主义观点，一方面对黑格尔关于思维和存在同一的观点有所肯定。

在有的地方，列宁对于黑格尔的思维和存在同一论不仅有所肯定，甚至认为他接近唯物主义。例如黑格尔说："在这里……应当把概念看作不是自我意识的悟性的活动，不是主观的悟性，而是既构成自然阶段又构成精神阶段的自在和自为的概念。概念出现在生命或有机界这一自然阶段上。"（第179页）这段摘录前半显然是纯粹唯心主义的，它强调概念是事物的本质，是客观的东西，不仅在自然界是如此，在精神界亦如此。但在后面这句话中，黑格尔却作了一个唯物主义的猜测：生命或有机物是概念出现的前提。在这里，黑格尔作了一个无聊的类比。存在、本质、概念是逻辑观念的三个阶段，时空、充实的时空、有机自然是与这三个阶段相当的自然界的三个阶段，概念与有机自然相当，因此有机自然是概念出现的阶段。其实，黑格尔是想指出，概念要把自己实现为概念，即以其本来面目出现，就得经过有机自然的阶段，首先作为盲目的概念出现，然后作为自觉的概念出现。意识来源于物质，这是辩证唯物主义的一个基本原理，黑格尔对此已有所觉察，提供了唯物主义可以采用的一些思想材料。黑格尔哲学中充满了辩证法内容，这为辩证唯物主义的出现提供了思想条件，故列宁说黑格尔哲学是客观唯心主义转化为唯物主义的前夜。

又如黑格尔说："被生物所征服的无机界之所以被征服，就是因为自在的无机界和自为的生命是一样的东西。"（第217页）这里是指，生命的过程是有机体不断同化无机界而使生物自己不断发育成长的过程，这就是黑格尔所说的生物征服无机界。为什么生物能征服无机界呢？能同化无机界、把无机物变成自己的东西呢？黑格尔解释说，因为"自在的无机界和自为的生命是一样的东西"，即同是客观概念的不同的环节。在黑格尔看来，无机界是"概念沉没在外在性中"，即沉没在外在性中的概念，而生物则是概念的复归，即恢复了本来面目的概念，虽然它还是个别的概念，或个别的主体，还不是一般的概念。因此，无机界与生物虽然同是概念的环节，但概念在无机界中还是自在的，即潜在的，而在生物中则是自为的，即展开了的。正是因为生物和无机物具有同一性，所以才有转化，无机物才能为生物所同化而转化为生物体的一部分。这里，黑格尔肯定了无机界和生物界的同一性，而且是在思维的基础上来肯定的，显然这完全是唯心主义的观点。但是列宁认为，把黑格尔观点"倒转过来＝纯粹的唯物主义。卓绝、深刻、正确！！还要注意：他证明'自在'和'自为'这两个用语的极度正确和中肯！！！"（第217页）列宁这个评价是很高的。这就是说，对这个观点加以唯物主义的改造，可以使它成为辩证唯物主义的观点。在辩证唯物主义看来，无机界和生物界有同一性，能相互转化，但同一的基础是物质，而不是思维，它们同是物质而不是概念的两个环节或两种形态。生物是从无机界中产生出来的，并依赖于和无机界的相互关系（新陈代谢）而发育成长，其所以如此，是因为在无机界中存在着出现生命的可能条件，存在着能满足生物的需要的物质条件。也可以说，在无机界中生命是潜在的，而在生物中才成为实现了的，因此，列宁说"自在"和"自为"这两个用语使用得极度正确和中肯。列宁在下面接着指出："如果要研究逻辑中主体对客体的关系，那就应当注意具体的主体（＝人的生命）在客体环境中存在的一般前提。"（第217页）这是对上述观点的申述，并且指出生物和无机界的同一性问题是和思维和存在、主观和客观的同一性问题紧密联系的，因为没有生物和无机界的这种同一性，也就没有人，没有人的认识，没有主体和客体的同一性。

列宁在谈到黑格尔对康德和形式逻辑割裂思维与存在的观点的批评时的态度值得注意。列宁明确地指出，黑格尔是从彻底的唯心主义提出批评的，但列宁同样明确地肯定黑格尔的批评有正确的地方，赞同他坚持思维和存在同一的观点。如黑格尔批评康德否认自在之物的可知性，把范畴看成空洞的抽象时指出，按照康德的观点，"悟性只是由于无能，才不能汲取这全部的丰富性而不得不满足于贫乏的抽象"（第180页）。对于这种批评，列宁一方面指出"黑格尔推崇知识，硬说知识是关于神的知识"（第181页），一方面又指出"实质上，黑格尔反对康德是完全正确的"

（第181页）。黑格尔批评康德"只认为概念和实在是完全脱离的，并且始终是脱离的"（第184页），列宁认为这一批评值得注意。黑格尔批评普通逻辑形式主义地把思维和客观性分离开来。"在这里思维仅仅被认为是纯粹主观的和形式的活动，客观的东西则被认为和思维相反，是某种固定的和本来就是如此的东西。但是这种二元论不是真理，并且，不问主观性和客观性的来源，就这样简单地接受这两个规定，这种做法是毫无意义的。"（第195页）黑格尔坚持思维与存在同一的观点，认为事实上，主观性仅仅是从存在和本质而来的一个发展阶段，然后这个主观性"辩证地'突破自己的界限'"，并且"通过推理展开为客观性"（第195页）。这就是黑格尔在第二版序言中谈到的思维形式不能脱离思维内容的思想，不过在这里他对二者的同一即从存在、本质到概念，从概念到客观性，作了一个论证。尽管黑格尔在这里承认"不论主观性或客观性，两者无疑地都是思想"[1]，这是他的唯心主义观点的表现，但他用这套议论强调了思维和存在的同一，认为"这里所谓主观性和它的规定、概念、判断、推论等内容，都不可认作象一套空架格似的"[2]，主观性和客观性原本是可以相互转化的。因此，正如列宁在第二版序言的摘要中指出的黑格尔的合理思想是"思维的范畴不是人的用具，而是自然的和人的规律性的表述"（第87页）一样，在这里列宁也认为黑格尔的话"极其深刻和聪明！"并把它唯物主义地改造为："逻辑规律就是客观事物在人的主观意识中的反映。"（第195页）

列宁对黑格尔关于观念是概念和客观性的同一的观点的评价也值得注意。在第207—208页，列宁摘录了黑格尔关于这个问题的一大段话，并对它进行了唯物主义的改造。黑格尔在这段话里概括了概念（主观性）通过客观性而达到观念的过程，因而观念是概念和客观性的同一。这段话无疑是唯心主义的，但也表现了丰富的辩证法思想，从列宁的改造来看，黑格尔的合理思想是：（1）观念是概念和客观性的同一；（2）这个客观性不是表面现象，而是事物的本质；（3）这个同一是一个过程。列宁在这里

---

[1] ［德］黑格尔：《小逻辑》，贺麟译，商务印书馆1980年版，第371页。
[2] ［德］黑格尔：《小逻辑》，贺麟译，商务印书馆1980年版，第371页。

改造黑格尔思想的关键就是把观念了解为认识，了解为唯物主义意义下的认识。这是列宁提供的一个唯物主义地改造黑格尔观点的范例。

黑格尔说："它"（观念）"是简单的真理，是概念和作为一般东西的客观性的同一"（第 207 页）。列宁说："观念（要读作：人的认识）是概念和客观性（'一般'）的一致（符合）。"显然，列宁是在唯物主义反映论基础上改造了黑格尔的观点，并强调了和"一般"一致，即和本质或规律性一致。黑格尔说："观念与它自身的同一是一个过程。"（第 208 页）列宁说："思想和客体的一致是一个过程。"列宁认为黑格尔所描写的观念的过程实际上就是主观和客观通过矛盾斗争而达到相对统一，又斗争又统一的无限过程，这个过程就是认识过程，就是思维反映存在的辩证过程。列宁这样描写认识过程："认识是思维对客体的永远的、没有止境的接近。自然界在人的思想中的反映，应当了解为不是'僵死的'，不是'抽象的'，不是没有运动的，不是没有矛盾的，而是处在运动的永恒过程中，处在矛盾的产生和解决的永恒过程中。"（第 208 页）这其实就是列宁对思维和存在的同一过程的总的描写。从这里可以看出，列宁从认识论角度高度评价了黑格尔关于思维和存在同一的观点，从唯物主义角度肯定了这一论点。

第三，关于思维和存在的同一性的表现，即从思维到存在的转化，在谈到《存在论》的摘录和评语时，我们已经谈到过。列宁在那里曾指出："观念的东西转化为实在的东西，这个思想是深刻的，对于历史是很重要的……观念的东西同物质的东西的区别也不是无条件的、不是过分的。"（第 117 页）我们曾指出过列宁这话包含着对思维和存在的同一性的肯定。在《概念论》中，黑格尔对于从思维到存在的转化，即实践，作了许多论述，把实践看成达到思维与存在的绝对同一的一个必要环节，列宁对这一部分作了大量摘录和评语。就思维和存在的同一性这一角度来考虑，我们可以把列宁的思想概括为：（1）实践就是使客观和主观一致："世界不会满足人，人决心以自己的行动来改变世界。"（第 229 页）（2）要改变世界，使之成为符合人的目的的东西，就"必须把认识和实践结合起来"（第 233 页）。（3）目的的实现，是一个过程，因为"在自己面前真实存在着的东西就是不以主观意见（设想）为转移的现存的现实"（第232页），"'客观世界''走着自己的道路'，人的实践面对着这个客观世界，因而在'实现'目的时就会遇到'困难'，甚至会碰到'无法解决的问题'"（第231页）。

黑格尔认为思维和存在的同一是一个过程，列宁对此颇为赞赏，于此也可看出列宁对思维与存在同一论的态度。

黑格尔很强调对立面的统一是一个过程，认识当然不能例外。黑格尔说，思维和存在、有限的东西和无限的东西等等的"统一"这个说法是谬误的，因为它表达的是"始终静止的同一"。说有限的东西简单地中和着无限的东西并且反之亦然，这是不对的。事实上我们看到的是一个过程。（第214页）这当然不是说不能使用统一这一用语，事实上，黑格尔到处都在使用，他不过是强调不能把对立面的统一了解为始终静止的统一，即把对立面的统一整体了解为一个凝固的僵化的东西。对立面的统一是一个过程，就是说：（1）对立面的统一要经过一个过程才能达到；（2）这个统一体也经历着发展的过程；（3）旧的统一会为新的统一所代替。观念就是如此的对立统一。黑格尔说："观念实质上是一个过程，观念的同一之所以是概念的绝对的和自由的同一，乃是因为它的同一是绝对的否定性，并因而是辩证的。"（第214页）这就是说，观念是概念本身之否定的否定（绝对的否定性），是经过客观性对主观性之复归，因而这个主观性和客观性的统一，即观念，是概念的绝对的和自由的同一。不仅如此，观念本身也是一个过程，它"在自己的发展中通过三个阶段。观念的第一个形式是生命……第二个形式……是作为认识的观念，这个认识又以理论观念和实践观念的双重姿态出现。认识过程的结果是恢复为差别所丰富了的统一，这便提供了第三个形式，即绝对观念的形式"（第215页）。这些形式都是思维和存在、主观和客观统一的各个阶段。黑格尔特别强调认识是主观和客观的矛盾发展过程。黑格尔说："观念与它自身的同一是一个过程……由于概念在观念中获得了自由，观念在自身中也就具有最尖锐的矛盾；观念的静止就是坚定性和自信心，由于它们，观念永远产生这种矛盾，永远克服这种矛盾，并且在矛盾中达到和自身的一致。"（第208页）

列宁把这一段晦涩的唯心主义的词句翻译、改造成为唯物主义的论断,那就是:"思想和客体的一致是一个过程……观念也包含着极强烈的矛盾,静止(对于人的思维来说)就在于坚定性和自信心,由于它们,人永远产生(思想和客体的这个矛盾)和永远克服这个矛盾。"(第208页)列宁说的就是主观和客观的矛盾。主观之所以陷于与客观的尖锐的矛盾中,是由于主观停留在原来的认识上,而不能适应客观的变化,这就引起认识的发展从而达到矛盾的克服。但客观在不断发展,又引起新的矛盾。如此往复循环,以至无穷。这就是主观与客观的矛盾发展过程,是认识的不断丰富和深化的过程。这个思想,黑格尔用唯心主义的词句是有所表露的,但黑格尔不懂得,引起主观与客观的矛盾发展过程的真实原因是实践,而且他最后以绝对观念结束了这个过程。

列宁对黑格尔把一切看作过程,特别是把观念看作过程的观点是很重视的。列宁指出,从唯物主义角度来看,观念是认识或真理,而认识、真理是过程。他写道:"真理是过程。人从主观的观念,经过'实践'(和技术),走向客观真理。"(第215页)这也可以说是列宁对黑格尔的观点加以唯物主义的改造后得出的结论。

黑格尔把观念看成主观性和客观性的统一,列宁认为这意味着黑格尔在唯心主义基础上承认认识的主观性和客观性,列宁就此发挥了关于这个问题的观点。

黑格尔在谈到逻辑观念、自然界和精神的关系时说,"精神之所以是精神,只是因为它以自然界为中介","正是精神认识到自然中的逻辑观念,所以就把自然提高到它的本质","逻辑观念是'精神的绝对实体,也是自然的绝对实体,是普遍的、贯穿一切的东西'"。(第193页)在这里,黑格尔把精神看成是逻辑观念通过自然而对自己的认识。列宁除了批评他的唯心主义和指出其中的一些合理因素之外,还指出,黑格尔在这里实质上是分析了认识过程的三个因素。列宁说:"在这里的确客观上是三项:(1)自然界;(2)人的认识=人脑(就是那同一个自然界的最高产物);(3)自然界在人的认识中的反映形式,这种形式就是概念、规律、范畴等等。"(第194页)黑格尔是把逻辑观念、规律性、普遍性神化了,列宁加以唯物主义的改造，即不是简单地抛掉黑格尔的逻辑观念，而是把它了解为自然界在人的认识中的反映形式。这样，在认识中，就有着三个因素：主体、客体以及主体和客体之间的关系——认识。从这里就产生了认识的主观性和客观性。

"黑格尔反对主观唯心主义和'实在论'"（第223页），认为它们都割裂了主观和客观，都是片面的，前者片面夸大认识的主观性而否认其客观性，后者片面夸大认识的客观性而否认其主观性。黑格尔所说的"实在论"即唯物主义。黑格尔，作为一个唯心主义者，总是先把唯物主义说成庸俗唯物主义，然后加以攻击的。在黑格尔看来，主观和客观这两个环节必须统一起来，认识既是客观的，也是主观的。他说："不能把这两个环节彼此分开；具有抽象形式的逻辑的东西（在分析中逻辑的东西以这种形式出现），当然只有在认识中才被提供出来，同样地，反过来说，它不仅是被设定的东西，而且也是自在地存在着的东西。"（第223页）这里，黑格尔把逻辑概念看成既是在认识中的主观的东西，又是自在地存在着的客观的东西，就是说，它既是认识中的抽象的东西，又是客观事物中的一般的东西。列宁对黑格尔的唯心主义观点作了唯物主义的改造，认为应该这样说："当逻辑的概念还是'抽象的'，还具有抽象形式的时候，它们是主观的，但同时它们也反映着自在之物。"（第223页）列宁接着指明出现这种情况的客观基础并发挥这个观点说："自然界既是具体的又是抽象的，既是现象又是本质，既是瞬间又是关系。人的概念就其抽象性、隔离性来说是主观的，可是就整体、过程、总和、趋势、泉源来说是客观的。"（第223页）列宁不仅是把黑格尔关于认识的主观性和客观性的观点放在辩证唯物主义的反映论基础上，而且远远超出了黑格尔原来的意思。列宁的意思是：认识或概念，作为客体的对立物来说，是主观的，作为与客体同一的东西来说，是客观的，或者说，就其形式说是主观的，就其内容说是客观的。所谓抽象性，即指认识或概念是头脑中的东西，所谓隔离性，指它与客体的隔离，因而它是主观的。然而，概念都是来自客观物质世界（泉源），又将回到或作用于物质世界（趋势），因而它是第二性的，即从属于、依赖于物质世界，也就是说，它是整个物质世界的一个环节、一个阶段、一个因素，而整个主客统一体则是整体、过程、总和，所以说，它又是客观的。列宁还解释说：主体与客体之所以成为这样的对立统一，是因为自然界本身就是具体和抽象（个别和一般）、现象和本质、瞬间和关系（部分和全体）的对立统一。

有人认为黑格尔的思维和存在同一论"是一个彻头彻尾的唯心主义的形而上学的神秘主义的理论"，"辩证唯物主义者不能加以唯物主义的改造"，这种看法，从上述列宁对黑格尔的评价来看，是站不住脚的。

无疑，黑格尔的思维和存在同一论是唯心主义的，也有形而上学的因素。这点，列宁也一再指出过。前面已提到过，列宁一再指出黑格尔是从彻底唯心主义立场来反对割裂思维和存在的，此外，列宁还在若干地方批评过黑格尔的唯心主义。如黑格尔说，从主观性到客观性的转化，是"概念沉没在外在性中"（第198页），列宁对于这种唯心主义的胡说批上"哈哈！"二字，以示反对。当黑格尔谈到"概念中对立物的绝对统一构成精神的本质"时（第219页），列宁左边批一个"神秘主义"，右边批一个"神秘主义"，表示了坚决的反对。当黑格尔说，当概念发展为合适的概念，它就成为观念时，列宁批评这是"客观主义＋神秘主义和对发展的背叛"（第186页）。问题在于：黑格尔的思维和存在同一论是否仅仅是唯心主义的形而上学的，没有任何合理的东西呢？从上述列宁的评价来看，回答应当是否定的。这一理论是黑格尔哲学的基础，它同黑格尔的整个体系一样，是唯心主义的，也是辩证的，其中充满了辩证法思想。全盘否定了这一理论也就全盘否定了黑格尔哲学，黑格尔哲学成为马克思主义的一个理论来源就不可思议了。

四、存在与思维的矛盾关系

存在和思维能不能形成一对矛盾？是否具有矛盾关系？要坚持思维和存在的同一性，这是必须解决的一个问题。作为一对矛盾，思维和存在之间不外乎有这几种关系，一是相互依存，二是相互斗争，三是相互转化。我认为这几种关系都存在于思维和存在之间。首先，它们是相互依存的。这话乍一听很荒唐。说思维依存于存在无疑是正确的，在唯物主义者中间也是没有争议的，又说存在依存于思维，这不是阿芬那留斯的"原则同格论"吗？阿芬那留斯认为，思维和存在（即"自我"和"环境"）是相互从属的、相互依存的，自我离不开环境，环境离不开自我，自我和环境具有同等地位，他把这种关系叫作"原则同格"。如果我们现在也讲思维和存在相互依存，这跟"原则同格论"如何划清界限呢？的确，如果思维和存在能够构成一对矛盾，它们就是相互依存的，否则它们就不是一对矛盾。说它们相互依存，不是说离开思维就没有存在，没有思维就没有这个地球，而是说没有作为主体的思维就没有作为客体的地球。把它们叫作主体和客体，其间的相互依存的关系就比较明显了。离开了客体，当然没有主体；离开了主体，也就无所谓客体了。从本原与产物的关系来讲，也是这样。存在，或者这个世界，是本原，是原物，思维是产物，是它的派生物。原物和产物之间也有一种相互依存的关系，离开原物当然没有产物，离开产物也就无所谓原物，正如离开双亲无所谓儿女，离开儿女无所谓双亲一样。思维和存在的相互斗争是易于理解的，因为思维和存在绝不可能完全一致，它们之间总是相互排斥、相互斗争的。有的同志反对物质变精神、精神变物质的论断，我认为既然思维和存在、精神和物质是相互依存的，当然是可以相互转化的。物质变精神就是反映的过程，精神变物质就是实践的过程。当然这两个过程是不可分的，我们是在实践中认识这个世界，以认识指导我们的实践的。但是，认识过程总是客观的东西作用于人脑，变成头脑中的东西；实践过程总是以思想指导我们的行动，把思想变为客观的东西。这就是物质和意识的相互转化。由于意识并不是物质的东西，因而物质和意识的相互转化不同于物质的东西和物质的东西的相互转化，例如鸡蛋与鸡的相互转化、无机物与有机物的相互转化，这后一类转化是我们所熟悉的。物质是实体，意识是大脑的机能，物质和意识的相互转化只能是二者的相互作用。应该承认，转化也是多种多样的。

五、思维和存在的地位和作用

思维和存在、意识和物质在矛盾关系中的地位和作用是不同的，物质、存在起基础作用，意识、思维起指导作用，或者说，物质、存在是意识、思维的基础，意识、思维是物质、存在的指导，这两种作用不能偏废，也不能混为一谈，否则就会导致思想混乱。至于哪一方面是主要的，则因条件而异。不管把主要方面和基础方面混同起来，或同指导方面混同起来，都会导致思想混乱。

为什么一方面是基础，一方面是指导呢？物质是意识的泉源，意识是物质的反映或表现，显然物质是意识的基础。意识产生之后，便具有相对独立性，能对物质产生一定的反作用，意识对物质的反作用便是指导作用。例如对这片土地的了解是这片土地的反映，然后我们就可以这种了解为指导在这片土地上种庄稼。于是我们就说，这片土地起基础作用，这种了解（思想）起指导作用。至于说，目前主要问题在土地，还是在指导思想，则视情况而定。

物质和意识的这种基础和指导的关系发生在许多类似或相应的矛盾中，例如经济和政治、社会存在和社会意识、阶级和政党、群众和领导者、军队和司令部、实践和认识等等都有基础和指导的关系。政治是指导，经济是基础。把政治的指导作用夸大、歪曲成基础作用，这显然是唯心主义的。如果否认政治、思想、意识的指导作用，也是错误的。列宁说："政治是经济的集中表现……政治同经济相比不能不占首位。"[①] 这话曾经引起争论。有的同志认为这就是政治决定经济，是以政治作为经济的基础，但联系上下文看，列宁是在指明政治对经济的指导作用。列宁在后面说："一个阶级如果不从政治上正确地看问题，就不能维持它的统治，因而也就不能完成它的生产任务。"[②] 很明显，这里谈的都是路线、方针、政策的指导作用问题，决不是说政治是基础或重点。政治只是经济的集中表现，是代表，是指导。至于哪一方面是工作重点，是另外一个问题。在某个时候，重点可能是政治，也可能是经济，也可能是别的什么，视情况而定。不能因为这个时候重点是经济问题，就否认政治的指导作用；也不能因为这个时候的重点是政治问题，就否认经济的基础作用。现在我国的主要问题是实现社会主义现代化，政治对四化建设的指导作用是很明显的。如果没有十一届三中全会以来党中央的正确的政治指导作用，就不会出现今天经济上的好形势。

---

① 《列宁选集》第 4 卷，人民出版社 1995 年版，第 407 页。
② 《列宁选集》第 4 卷，人民出版社 1995 年版，第 408 页。

认识和实践也是不能偏废的。实践是基础，认识是指导。实践产生认识，认识指导实践。如果把"实践出真知"夸大到实践可以不要认识的指导，只要实践就自然而然地会有正确的认识从中产生出来，那是要出错误的。我们必须以认识来指导实践，在实践的过程中还可以获得新的认识。实际上，实践不能脱离认识的指导，不用这种认识来指导，也一定会用那种认识来指导。我们应力图以正确的认识来指导我们的实践。

第二节 实践和认识

实践和认识以及它们之间的关系问题，特别是认识的实践标准问题，是几年来哲学界热烈讨论的问题之一。《哲学笔记》中有着关于这个问题的丰富思想，学习这些思想，对解决今天讨论的问题无疑会有很大的启发。

一、黑格尔对认识的实践标准的猜测

把实践概念引入认识论，把实践作为检验真理的标准，这是马克思主义哲学对哲学史所作的根本变革之一，从这里曾经引出一种观点，似乎马克思以前的哲学家完全没有实践观点。列宁是实事求是的，决没有因为实践观点的提出是马克思主义所作的一次革命性变革，就否认历史上哲学家对实践观点的贡献。在《唯物主义和经验批判主义》里，列宁谈到过狄德罗和费尔巴哈，认为他们都有实践观点。他认为费尔巴哈把实践的总和作为认识论的基础，这个估价恐怕也太高了，但是列宁指出费尔巴哈有实践观点，是很有意义的。列宁在《哲学笔记》里也没有抹杀黑格尔在这个问题上的贡献。当然，黑格尔没有很明确地提出这个问题，但是列宁认为黑格尔在他的范畴的安排上已猜测到了认识和实践的这种关系。下面将详细分析这个问题，这里只需指出，最初列宁并不很肯定："也就是说，人的和人类的实践是认识的客观性的验证、准绳。黑格尔的意思是这样的吗？要回过来再看。"（第227页）后来才肯定了，他认为马克思提出的实践标准思想是"直接和黑格尔接近的"（第228页），指出哲学史上的这些

事实，不仅毫不损害马克思主义对这个问题的贡献，而且可以进一步地论证实践标准观点是有它的深远的历史根源的，是有它的坚实的事实基础的。恩格斯曾经讲过：人类在发明真理标准这个困难以前，早就解决了这个困难。行动在前，也就是说，人类自从成为人类以来，从来就是用实践作为标准来检验自己的认识的。古代人类种庄稼、搞畜牧，都得有认识的指导，虽然当时没有写出什么科学著作。这些认识是怎么获得的？用什么来检查这些认识的正确性？通过实践，任何农民、任何牧羊人、任何工人，都是自发地这样做的。我们每个人吃饭穿衣，也是这样做的。所以，实践标准是个普遍的东西，并没有什么神秘。过去的优秀哲学家，不可能对这个大量出现的顽强事实毫无觉察。不仅是狄德罗、费尔巴哈、黑格尔，还有不少的哲学家，包括我国哲学家，对这个问题都有所认识。指出这个情况，对于我们肯定实践标准这个原则、论证这个原则，有很大的意义。

二、关于实践概念问题

什么是实践？当然不能要求唯心主义者黑格尔对实践这个概念有一个科学的理解，不能要求他把实践了解为人民群众的社会实践，即以生产斗争、阶级斗争和科学实验为基本内容的全部人类实践活动。在黑格尔那里，实践是一个观念，是"包含在概念中、和概念相等"（第229页）的。但是，黑格尔对实践的一般特点还是有着正确的了解，列宁肯定了这点，并对这种了解作了唯物主义的改造。

过去哲学家把实践都了解得比较狭窄，了解成道德实践，指立身处世、待人接物等伦理道德的行为，实践就是实践道德原则。因此，实践就经常同"善"这个概念联系在一起。比如在《论语》里面，孔子有很多话讲了"行"，把"行"和"言"对立起来讲。"言"是一些道德信条，"行"是一些道德实践。中国如此，西方也如此。比较典型的就是康德，康德的一部书叫《实践理性批判》，它讲的就是"善"，这就是康德的伦理学著作。总起来说，过去的哲学家所说的"实践"或者"行"，有几个特点：第一，他们讲的都是个人行为，不是阶级的、集体的、人民群众的行动。第二，他们讲的都是道德实践，不包括生产和科学实验等等。当然，什么叫道德实践，也不很清楚，有的时候，它比较宽泛，可以把吃饭穿衣全包括进去。第三，实践往往同认识是割裂的。这方面康德很典型。康德认为认识与实践是两个问题：一个是科学问题，他专门有一本书叫《纯粹理性批判》，讲他的认识论；一个是道德问题，他专门有一本书叫《实践理性批判》，讲他的实践观。所以，科学和道德、认识和实践，完全是分开的。这是个传统的观点，特别是在西方。列宁在《唯物主义和经验批判主义》里批判马赫的时候，也谈到马赫的这种做法——把认识和实践截然分开。黑格尔是不是摆脱了这个局限性呢？没有完全摆脱。黑格尔讲实践，也是跟"善"联系起来讲的。在认识这部分中讲"真"，在实践这部分中讲"善"。所以列宁说："为什么从实践、行动只向'善'转化呢？这是狭隘的，片面的！"（第227页）但是黑格尔在对"善"进行解释时，却突破了过去的框框，不把"善"仅仅解释成为一种伦理道德行为。他在解释"善"的时候，实际上是揭示了实践这个概念的一般内容。特别是黑格尔把认识和实践结合起来讲，这一点是很突出的。他先谈认识，然后谈实践，认为认识是通过实践达到绝对观念的。列宁认为这是很了不起的。

那么，合理的东西是什么呢？列宁说："然而有益的东西呢？""毫无疑问，也包括有益的东西。或者，按照黑格尔的看法，这也就是'善'？"（第227页）列宁在此没有具体讲有益的东西究竟是什么，只是说这就是黑格尔所说的"善"。很可能，列宁指的就是：黑格尔把实践等同于道德实践，虽然是片面的，但他在对"善"的了解中却道出了实践的一般特点，而不只是道出了道德实践的特点。因此，当黑格尔说，"这种包含在概念中、和概念相等并且自身包括着对个别外部现实性的要求的规定性，就是善"时，列宁在旁边写道："实质：'善'是'对外部现实性的要求'，这就是说，'善'被理解为人的实践＝要求（1）和外部现实性（2）。"（第229页）这也就是说，抛开黑格尔关于善的观点中的唯心主义的杂质，它的合理的实质就是：它描写了人的实践的一般特征：（1）实践是一种主观的要求，（2）是对主观要求之实现，即把要求变为现实。在这个概括的前后，列宁还作了一些摘录，它们除了对实践的一般特点作出规定之外，还指出这种主观目的是具有必然性、普遍性的。如"主体在其规定的自在和自为的存在中所固有的对自己的确信,就是对自己的现实性和世界的非现实性的确信"(第 229 页),就是说的这种情形。这就是说,在实践中,主观的目的是确定的、必然可以实现的目的,而外部世界却是与这一目的不一致的(非现实性),因此,只有加以改造,使之成为现实的,即合理的、合乎主观的要求的。列宁认为,黑格尔在这里,用思辨的语言说出了一个真理:"世界不会满足人,人决心以自己的行动来改变世界。"(第 229 页)又如,"实现了的善之所以是善,就是因为它已经在主观的目的中,在自己的观念中;它的实现使它具有某种外部的存在"(第 230 页),谈的也是实践的一般特点,同时还指出,这个"善"、这个主观的目的并不是任意的、随便提出来的,而是必然的、合理的,是"在自己的观念中"。黑格尔所说的"善是带着绝对东西的品格出现的,因为善是概念自己内部的整体性,是客观的东西,这种客观的东西同时具有自由统一和主观性的形式"(第 229—230 页),即是指实践的这种必然性和普遍性,实践之所以具有这种性质是因为它是由必然的普遍的认识、真的观念转化而来的。

总起来说,实践就是具有必然性和普遍性的主观要求的实现。列宁吸取了黑格尔的合理思想,用辩证唯物主义的革命的语言说明了什么是实践:"人的意识不仅反映客观世界,并且创造客观世界。"(第 228 页)当然,这个创造世界并不是上帝创造世界那种凭空创造,而是人民创造历史,是人民群众改造自然和革命地改造社会的实践活动。用毛泽东的话来说,"做或行动是主观见之于客观的东西"①。在《实践论》中,他还列举了各种实践。他说:"人类的生产活动是最基本的实践活动",除此之外,"还有多种其他的形式,阶级斗争,政治生活,科学和艺术的活动,总之社会实际生活的一切领域都是社会的人所参加的"②。

黑格尔还把实践同认识作了比较,列宁对此也作了摘录和改造,有两个地方。在一处,黑格尔说:"在理论的观念中,主观的概念是作为普遍的和自身没有规定性的东西来和客观世界相对立的,它从客观世界中为自

---

① 《毛泽东选集》第 2 卷,人民出版社 1991 年版,第 477 页。
② 《毛泽东选集》第 1 卷,人民出版社 1991 年版,第 282—283 页。

己汲取一定的内容和得到充实。"可是"在实践的观念中,这个概念是作为现实的东西来和现实的东西相对立的"(第228—229页)。列宁在右边基本上把这话又抄了一遍,并指出应把理论的观念和实践的观念理解为理论的领域和实践的领域,把第一个"现实的东西"理解为"作用着的东西"。在另一处,黑格尔说:"这种观念比上述认识的观念更高级,因为这种观念不仅具有普遍东西的品格,而且具有单纯现实东西的品格。"(第230页)列宁对此话加以唯物主义的改造,写成:"实践高于(理论的)认识,因为它不但有普遍性的品格,并且还有直接现实性的品格。"这是一个很有名的论点,毛泽东在《实践论》中曾引用过这句话。这两处的意思是一样的,但后一个更为明确。在这个比较中,黑格尔指出:认识和实践有其共同之处,即都具有普遍性;也有其不同之处,即实践具有单纯现实东西的特点,而认识则否,因此,实践高于认识。我们前已谈到,在黑格尔,实践观念是从认识观念转化而来的,是认识观念的进一步发展,因此,实践观念包含认识观念而又多于认识观念。黑格尔的推演是这样的:认识首先是有限的认识、知性的认识,即康德意义下的认识,因此,这种认识是有普遍性的主观形式,然而是没有规定的,即是抽象的和空洞的,因而必须从客观世界中汲取内容来充实自己。经过这个过程,认识观念就成为有规定的普遍的东西。但是,在黑格尔,主观形式和客观内容是同一的,因此,认识观念就成为自我规定的概念,成为积极的。这就是实践,在实践中,主体是积极的。因此,实践不仅具有普遍性,而且具有现实性,因为它具有自我规定,具有积极性、主动性。这当然是一套思辨的东西,但无论如何,黑格尔肯定了实践高于认识,实践在普遍性方面与认识相同,在单纯现实性上则与认识相异。这个观点在辩证唯物主义看来是合理的。在辩证唯物主义看来,实践要以规律性认识为指导,这是它同认识相同的,但它有着远非单纯认识所能具有的特点,即它是一种物质的力量、客观的力量、"直接的现实性"。例如氢与氧化合成水,这是一个普遍的认识,而人们把氢与氧化合成水这一实践,则不仅是普遍的(无论何时何地何人,只要具备一定条件都可把氢与氧化合成水),而且具有改变世界的实际效果。为什么这样实践就高于认识呢?因为实践是认识的基础,是主观要求和直接现实性的统一，普遍性和特殊性的统一，抽象性和具体性的统一，理性和感性的统一，是认识和实践的统一，主观和客观的统一；也就是说，认识是实践的一个环节，而实践是对立统一的整体。因此，毛泽东说："辩证唯物论的认识论把实践提到第一的地位，认为人的认识一点也不能离开实践，排斥一切否认实践重要性、使认识离开实践的错误理论。列宁这样说过：'实践高于（理论的）认识，因为它不但有普遍性的品格，而且还有直接现实性的品格'。"①

顺便谈谈一种流行的误解。有人把列宁上述的话解释成：实践既具有普遍性，也具有现实性，而认识则既不具有普遍性，也不具有现实性，因为所谓普遍性系指实践的群众性，而理论的认识则只是少数人所从事的。这种看法是错误的。第一，这种解释与黑格尔的原意是不相干的。第二，不能认为群众实践是盲目的实践，是脱离认识的。第三，有的人显然是把理论的认识和理论工作混为一谈了，这是不对的，理论工作固然只是少数人从事的工作，然而理论的认识却不是少数人之事，任何人，只要他参加实践活动，他就必须具有一定的理论的认识。

实践总是改造世界的活动，这一点是实践活动的一个本质特点，即所谓实践概念的内涵。这引起了好多讨论。一个问题是：改造世界的活动是否一定是改造世界的感性物质活动？农业劳动、工业劳动是改造世界的物质活动，即感性物质活动。改造世界的活动，其范围就更广泛一些。比如，发表一篇言论，或唱一支歌，没有改造什么物质东西，但是它改造了听众的思想，这是不是改造世界的活动呢？还有人认为不一定改造世界的活动才算实践，只要是实际活动都应该包括在实践的范围之内，因此，人们的一切活动都是实践活动，它包括人们的本能活动、散步、游山玩水等一切活动。我认为列宁在《哲学笔记》里所讲的实践概念还是比较准确的，就是改造世界的活动，这个活动包括物质活动，也包括精神活动，但首先是物质活动。毛泽东在《实践论》里没有否认人的精神活动也是一种实践活动。艺术活动、政治活动，不是物质活动，应该说还是实践活动，

---

① 《毛泽东选集》第1卷，人民出版社1991年版，第284页。

因为艺术活动、政治活动也是有意识地改造世界的活动。但是如果把这个概念讲得太宽泛,本能活动也是实践活动,恐怕就不行了,因为本能活动不是有目的的活动,而实践是有目的的活动。本能活动会达到某种目的,但是进行活动的主体却是没有目的的。如果本能活动算是一种实践活动,那么动物的活动也是实践活动了,人的活动和动物的活动就不能区别了。

比较麻烦的,主要有两个问题:观察是不是一种实践?思维能不能算是一种实践活动?一般地讲,观察不能说是实践活动,因为观察是一种认识活动,认识和实践应该有明显的区别。如果把观察说成实践活动,认识和实践就区别不开了。观察当然是一种实际活动,而且是一种感性活动,但它不是改造世界的活动。问题是天文观察是不是实践?我们知道,不仅研究天文学要观察,研究一切科学都要观察。自然科学一方面搞实验,一方面搞大量观察,特别是天文学,只能观察。观察一般讲不算实践活动,而是认识活动,但有些观察同实践、实验很难区别。天文学的观察还可以说只是观察,虽然它使用一些天文学仪器,如望远镜、射电望远镜。但是有一些观察跟实践没有区别。比如,我们用一种人为的办法制造出一些东西,然后加以观察,这跟实践就没法区别了。我们用高能加速器轰击原子核,从而观察放射出来的基本粒子,这跟实验有何区别呢?这就是实验。但不能因此把观察与实验混为一谈。有的同志之所以说观察也是实践,是因为有些真理凭观察就能够肯定;如果观察不是实践,就会影响实践作为唯一标准的地位。我认为,有许多简单的东西凭观察就能够断定,不需实验,这并不影响实践是唯一的标准这个提法,说观察也是一种实践不但没有必要,反而会混淆认识和实践的界线。

思维算不算实践?思维当然不算实践。观察还是一种感性活动,思维是一种理性活动,是一种认识活动。如果思维也算实践,认识和实践的界线就分不清了。但是,同观察一样,思维一般地不能叫实践,从某种意义来讲,也可以算作一种实践活动。观察或思维,同只是想观察或想思维比较起来,是一种实际活动。比如演算,或做算术习题,这是思维活动,你真是做了,跟你只是想做大不一样,比较起来,这种思维活动应该说是一种实践。特别是思维活动和思维理论比较起来、观察活动和观察理论比较起来，应该是一种实践活动。思维理论的基础是什么？思维理论的基础当然是这个客观世界、社会存在，思维理论要反映客观世界，要反映社会存在。但是要不要反映我们的思维活动？要不要反映我们的思维实践？逻辑学是怎么总结出来的？还不就是通过我们的思维实践总结出来的？所以，思维理论同思维活动的关系，就是认识和实践的关系。应该承认它也是一种实践（思维、观察，当然不能说是基本的实践）。但是，一般来说不能承认思维是实践。

三、关于认识的实践标准

黑格尔既然对实践缺乏科学的了解，当然不能正确地解决实践和认识的关系问题，黑格尔特别不了解认识来源于实践，但他对实践标准问题有着一些天才的猜测，这点前已谈及。那么，有些什么天才猜测呢？

首先，在从客观性到观念的过渡中，列宁已经指出过黑格尔的观点极其接近于实践标准的观点。观念是真理，如何从客观性达到真理呢？当然通过逻辑推演，但在这个推演中，黑格尔提出目的性这一范畴作为中间环节。实现了的目的是主体和客体的同一，这就是观念，而有目的的活动就是实践。因此，在这里，黑格尔是用这种安排猜测到了实践是认识的标准的真理。因此列宁说："卓越的地方是：黑格尔通过人的实践的、合目的性的活动，接近于作为概念和客体的一致的'观念'，接近于作为真理的观念。极其接近于下述这点：人以自己的实践证明自己的观念、概念、知识、科学的客观正确性。"（第 203—204 页）

其次，对于通过实践而达到绝对观念这一安排，对于把实践作为认识的一个环节这一做法，列宁的评价也是非常高的。在黑格尔看来，认识来自生命，这当然是正确的，但认识怎样起源于生命呢？黑格尔不了解劳动在从猿到人的转变过程中的决定性作用，只能求助于思辨的逻辑的推演：生命现象是把外在世界同化于己，把外部世界包括在自己之内，而认识也是把外部世界作为映像而包括在自己之内，故生命转化为认识。因而认识最初是脱离实践的抽象的空洞的认识。有意思的是，黑格尔并不满足于这种认识，他使认识转化为实践，从而使实践成为达到绝对观念即绝对真理的中间环节。列宁十分注意黑格尔的这种安排，并认为这使黑格尔的观点具有一些合理的因素，猜测到实践是认识的标准这一真理。

黑格尔《逻辑学》的目的是为了论证思维和存在、主观和客观的绝对同一，即绝对观念。观念已经是思维和存在的同一，但还不是绝对同一，其中还有差别。绝对观念才是二者的绝对同一，即二者完全合而为一、融为一体的一种神秘主义的境界。如何达到绝对同一呢？通过认识和实践。绝对观念就是认识和实践、真和善的同一或统一。

黑格尔认为观念的三个环节是生命、认识和绝对观念。生命是直接性的观念，在这里，观念以生物体的形态表现出来，仍然是潜在的。在认识中，观念就明白地表现出来了，在这里，思维和存在明白地表现为对立的统一。在认识关系中，在主体之外有一个外在世界和它对立着，但这个外在世界又以表象的形式而存在于主体之中。认识使主体和客体形成一个对立面的统一体。但是，黑格尔认为，仅仅认识是片面的，因为这里只有从客观到主观，主观仍然是被动的，因而就达不到主客的绝对同一，不能消灭主客之间的差别，而要达到这点，必须把实践作为一个环节包括在认识之中。实践是积极的活动。在实践中，主体是积极的，而不是消极的，它改造外在世界使之和主体一致。认识与实践就这样扬弃了主体与客体之间的差别与歧异，把二者合而为一，达到绝对同一，此即绝对观念。（在认识这一章中，黑格尔只提出了认识与实践两个环节，没有第三环节，其实是有的，即绝对观念，但绝对观念同时又是观念的第三环节，故黑格尔没有把它作为认识的第三个环节提出。）黑格尔说："理念深信它能实现这个客观世界和它自身之间的同一性。——理性出现在世界上，具有绝对信心去建立主观性和客观世界的同一，并能够提高这种确信使成为真理。"[①] 说的就是通过认识和实践达到主客绝对同一这一过程。

对于这种绝对同一，列宁当然是反对的，这是黑格尔的神秘主义和形而上学的具体表现。但通过认识和实践来论证思维和存在、主观和客观的同一，列宁显然是十分赞赏的。列宁说："哲学全书第225节非常好，在那里'认识'（'理论的'）和'意志'、'实践活动'被描述为既消灭主

---

① ［德］黑格尔：《小逻辑》，贺麟译，商务印书馆1980年版，第410页。

观性的'片面性',又消灭客观性的'片面性'的两个方面、两个方法、两个手段。"(第224页)在这一节里,黑格尔谈的就是思维和存在的同一性的两个方面:从客观到主观和从主观到客观,即认识和实践;认识消灭主观性的片面性,实践消灭客观性的片面性,从而达到主观和客观的同一。列宁对黑格尔的这一天才猜测的高度评价还表现在这一评语中:"毫无疑问,在黑格尔那里,在分析认识过程中,实践是一个环节,并且也是向客观的(在黑格尔看来是'绝对的')真理的过渡。因此,当马克思把实践的标准列入认识论时,他的观点是直接和黑格尔接近的。"(第228页)

第三,黑格尔不仅在范畴的安排中,在有的地方他还直接透露了实践标准的观点。列宁在几个地方提到这个思想,这几处谈的都是:没有通过实践的认识是片面的,因而其真理性是不可靠的,只有经过实践,认识才能成为真理性的认识。一处黑格尔谈到综合的认识(用综合方法,即几何学从一般的定义、公理推出特殊原理的方法,求得的知识),认为这种认识是不完全的,因为这种认识的对象还处于主体之外而与主体相对立,这种认识,还达不到真理,达不到必然性。真理、必然性要求主客同一,黑格尔认为这种同一就使观念成为实践的观念。(第226—227页)对于这一番议论,列宁写道:"理论的认识应当提供在必然性中、在全面关系中、在自在自为的矛盾运动中的客体。但是,只有当概念成为在实践意义上的'自为存在'的时候,人的概念才能'最终地'把握、抓住、通晓认识的这个客观真理。也就是说,人的和人类的实践是认识的客观性的验证、准绳。黑格尔的意思是这样吗?"(第227页)列宁对这种了解是否最后肯定了呢?他最后是肯定了的。在后面,当黑格尔说在实践中对象最初是虚无的、混乱的、肤浅的,实践扬弃了这些特点,从而也就扬弃了主体与客体的对立,达到主客同一、达到真理的时候,列宁写道:"行动的结果是对主观认识的检验和真实存在着的客观性的标准。"(第235页)这就是列宁对他自己所提问题的回答。在另外一处,列宁还指出:实践是"主体和客体的一致,对主观观念的检验,客观真理的标准"(第234页)。

黑格尔对于认识来源问题,没有科学的了解,但也不是毫无所知。列宁认为黑格尔把实践列入逻辑范畴之中就说明他用唯心主义形式猜测到了认识来源于实践。列宁说:"如果黑格尔力求——有时甚至极力和竭尽全力——把人的合目的性的活动纳入逻辑的范畴,说这种活动是'推理',说'主体'(人)在逻辑的'推理'的'格'中起着某一'项'的作用等等,——那么这不全是牵强附会,不全是游戏。这里有非常深刻的、纯粹唯物主义的内容。要倒过来说:人的实践活动必须亿万次地使人的意识去重复各种不同的逻辑的格,以便这些格能获得公理的意义。"(第203页)在后面,列宁又谈到完全相同的思想。(第233页)

黑格尔在他这一套思辨哲学中也透露了必须把认识和实践结合起来的思想。黑格尔认为在单纯的认识中,主体是空洞的、抽象的,客体是充实的,而在单纯的实践中,则恰恰相反,主体是自我规定的概念,而客体却是虚无的假象,是非存在。"这里仍有两个对立着的世界:一个是纯粹的清澈思想领域中的主观性的王国,另一个是外表多样化的现实领域中的客观性的王国,这个外表多样化的现实性是一个未开发的黑暗王国。"(第231页)这个黑暗王国,如果实践同认识分离,就会成为实现善的不可克服的障碍,但如果和认识结合起来,仍然可以通过目的的实现"去获得自己的真实规定和唯一的价值"。"因此,"黑格尔说,"意志本身之所以会阻碍自己目的的达到,就是因为意志把自己和认识分隔开来,因为外部现实对意志来说,不保持真实存在着的东西的形式;所以,善的观念只能在真理的观念中得到补充。"(第232页)

列宁认为黑格尔在此是以唯心主义的形式说出了一个极其重要的辩证唯物主义原理:"必须把认识和实践结合起来。"列宁说:"人的意志、人的实践,本身之所以会妨碍自己目的的达到……就是因为把自己和认识分隔开来,并且不承认外部现实是真实存在着的东西(是客观真理)。必须把认识和实践结合起来。"(第232—233页)

在《目的性》这一章中,黑格尔也提到过这一思想。在这里,黑格尔谈到了机械性、化学性和目的性三者之间的关系,列宁肯定了其中的合理因素,并把它改造为辩证唯物主义的观点,与黑格尔的唯心主义观点相对立。列宁说:"人在自己的实践活动中面向着客观世界,以它为转移,以它来规定自己的活动。"（第 200 页）列宁这里要求的也是实践和认识的一致。把认识和实践结合起来的过程，也就是使主观与客观一致的过程，这就是列宁描述认识全部过程的有名的公式。"从生动的直观到抽象的思维，并从抽象的思维到实践，这就是认识真理、认识客观实在的辩证的途径。"（第 181 页）为什么主观与客观的矛盾要通过实践和认识的矛盾来表现呢？因为没有实践就没有主观与客观的矛盾，没有实践的发展就没有主观与客观的矛盾的发展。在社会领域中，认识的对象就是实践，即社会实践活动，即人类社会历史，因此，在这里，主观与客观的矛盾本身就是认识和实践的矛盾。如我国旧民主主义时代的革命实践和人民群众的认识的矛盾，既是实践与认识的矛盾，也是认识对象和主观的矛盾。因此，实践发展了，认识对象也就发展了，主观就得相应地发展。在自然领域中，情形不一样，认识的对象不等于实践，但是，在这里，主客观矛盾的发展，不通过实践的发展也是不能实现的。如宇宙中的天体，当然不会随人类实践的发展而改变，但人们对天体的认识却依赖于实践，这种认识在人类只能使用肉眼观察时是一个样子，在人类使用望远镜和光谱分析法时则是另一个样子，而在地球卫星、宇宙火箭出现之后又将是另一个样子，因此，在这里，主观和天体的矛盾的发展，仍然要依赖于实践和认识的矛盾的发展。

根据列宁的这些论述来研究一下真理标准讨论中的一些问题，也许是有益的。

在实践是检验真理的唯一标准这个论断中，标准一词的含义是什么？这是一个颇有争论的问题。标准一词是翻译过来的，它在西文里的确是标准的意思。但这个词原是从希腊字演变而来的，原意为"判决"、"检验"，同普通所说"标准"不是一回事。普通所说的标准很多，如区别香花和毒草的标准、区别人民内部矛盾和敌我矛盾的标准，这种标准往往是一些规定、定义、条文（有些法律条文是量刑标准）。我们说的检验真理的标准不是这种标准，不是指真理的定义或真理应与之一致的东西，而是检验我们的认识是否与客观世界一致，是不是真理的方法或手段。但也没有必要把这个词改过来，因为这个词在西方哲学史上已沿用多年，许多古代、近代和现代的哲学家都用这个词，马克思和恩格斯没有用过，但列宁用得很多。在我国哲学著作中，标准一词也是常用的。在西方哲学著作中，这个词专用于真理的标准，通常所说标准另有一词，不会产生歧义。我国读者注意到这种情况就行了，改译可能引起更多混乱。

为什么说实践是检验真理的唯一标准？如果把唯一标准理解为唯一的根本标准或最后标准，我认为这一论断是确切的，如果说实践以外没有任何别的东西可以起到检验真理的作用，那就不很确切了。比如前面已经谈到的观察，在一定条件下，对于那些比较简单的真理就能起检验的作用。例如我们说这堵墙是白的，怎么检验呢？看一看就行了。当然，这不是最后的，因为如果进一步问：为什么这个观察是正确的？为什么大家的感觉都是相同的？这个问题仅靠观察就解决不了，而得诉诸科学、诉诸实践了。

逻辑证明能不能起到检验的作用？能够起到，特别是对数学。如果不承认这一点，许多事情都难于解释。数学原理是靠逻辑证明成立的。一个原理从逻辑上证明了，它就成立了。没有证明，哪怕实践了千百万次，也不算数。比如三角形三内角之和等于两直角，不是量一下证明的。几何学的定理，只有根据一些定义、公理或者其他简单的定理来加以证明，证明了，这个命题就成立了。哥德巴赫猜想直到目前为止还是猜想。据说已经有人用实践检验到了三亿多都是对的，但是没法无限地做下去，三亿多以前是如此，三亿多以后呢？四亿多又怎么样呢？还有五亿多、六亿多……那怎么办呢？还是要从逻辑上证明。中外许多数学家做的就是这个证明工作，他们已取得很大成绩，但还差一步。所以，如果否认逻辑证明有检验一个认识是否正确的作用，这是说不过去的。但是有的同志认为，逻辑证明只能证明前提和结论之间的关系，不能证明它同客观世界的一致，要证明同客观世界是否一致，还是要实践。这个说法抽象地说来当然是对的，逻辑本身也解决不了前提和推理形式从何而来的问题，所以，最后还要实践。逻辑证明只能解决前提和结论之间的关系问题。但是现在要问：如果前提是同客观世界一致的，推理又是正确的，结论同客观世界一致不一致？我们可以肯定地回答：一致。只要这个前提能够保证一定是正确的，推理又是对的，结论就一定是正确的。数学就是这样。为什么数学能够做到"闭门造车，出门合辙"？因为它的前提是正确的，只要推理正确，结论就一定正确。所以，不能否认逻辑证明有这样的作用。当然，这种证明还主要限于数学。对于自然科学，这种做法就不很可靠。自然科学原理必须经过实践检验才能成立。为什么？因为自然科学前提可靠性不是那么大。数学是比较单纯的，它只是涉及事物的数量关系——一个比较抽象的方面，所以它的变动性比较小，可靠性比较大。当然也不是绝对可靠。但是自然科学由于直接涉及自然界里复杂的东西，单靠推理就很危险。不是不用推理，但必须同实践检验结合起来，有许多科学发现就是先用推理然后再加以实践检验才得到的。社会科学，当然更离不开实践的检验。不管怎样，不能完全否认逻辑证明在检验真理方面的作用。但是归根到底，最后的标准还是实践，或者讲得更确切一点，是人类实践的总和。特别是对于哲学，对于具有无限性的问题，只有人类实践的总和才能解决。人类实践的总和包括科学，也包括推理，实践是个整体。实际上，我们的科学，我们的认识，都是实践（或者实践的总和）的一个组成部分。只有人类实践的总和才能够解决这些问题，所以实践是唯一的最后的标准。

第三节　感性认识和理性认识

人类认识过程，单从认识这一角度来说，又是感性认识和理性认识的矛盾发展过程。实践—认识—实践这一公式是和感性认识—理性认识—感性认识这一公式相应的。关于这个问题，黑格尔有很多言论，列宁作了不少摘录和评语。

黑格尔认为感性认识是对现象的认识，理性认识是对本质的认识。他说："在思维中是怎样的，那它起先在自在和自为中也就是怎样的，它在直观或表象中是怎样的，那它就是现象。"（第178页）这个观点是正确的。

黑格尔还认为理性认识优于感性认识，列宁很赞许黑格尔的这个观点，并作了许多发挥。黑格尔反对康德降低理性力量的观点，认为"理性概念中有更高的力量（唯心主义的词句！——列宁评语）和更深刻的（对!!——列宁评语）内容"（第182页），认为"不能以为哲学只是因为理性本质没有空间的和时间的感性材料，就会去否定理性本质的真理"（第183页）。列宁除了批评黑格尔在这里所表现的唯心主义观点而外，一再指出黑格尔实质上是正确的。列宁进一步指出："当思维从具体的东西上升到抽象的东西时，它不是离开——如果它是正确的（注意）（而康德和所有的哲学家都在谈论正确的思维）——真理，而是接近真理。物质的抽象，自然规律的抽象，价值的抽象等等，一句话，那一切科学的（正确的、郑重的、不是荒唐的）抽象，都更深刻、更正确、更完全地反映着自然。"（第181页）"价值是没有感性材料的范畴，可是它比供求规律更具有真理性。"（第183页）为什么？因为感性认识是表面的、片面的、零碎的知识，而理性认识是本质的、全面的、系统的认识。列宁在另一个地方生动地比较了二者的优劣："思维应当把握住运动着的全部'表象'，为此，思维就必须是辩证的。表象比思维更接近于实在吗？又是又不是。表象不能把握整个运动，例如它不能把握秒速为30万公里的运动，而思维则能够把握而且应当把握。"（第245—246页）固然，理性认识并不能把握事物的一切细节，但由于它能把握本质、把握规律，它就基本上把整个事物把握起来了。

理性认识高于感性认识，二者有本质区别，但前者来自后者，二者之间并无一条不可逾越的鸿沟。这点，黑格尔是承认的。他说："不应把抽象的思维简单地看成感性材料的被弃置一旁，而感性材料的实在性却又不会因而遭受任何损失，抽象着的思维是扬弃了感性材料并把它这种简单现象归结为只在概念中显现的本质的东西。"（第181页）从这个观点出发，他反对怀疑论割裂本质和现象，从而否认理性认识的客观性，把理性认识看成单纯主观东西的观点。黑格尔说，康德"简单地仿效休谟的怀疑论的方式，即牢牢抓住自我意识中的自我，丢掉自我中一切经验的东西，因为应当把自我作为本质，作为自在之物来认识"（第220页）。康德认为人们要认识自在之物或现象的本质，但经验的东西只是本质的表现，而不是本质本身，因此，本质是不可认识的，而人们得到的理论认识原来是主观的，来自自我。列宁认为："大概黑格尔在这里看出怀疑论是在于：休谟和康德没有把'现象'看作显现着的自在之物，把现象和客观真理割裂开来，怀疑认识的客观性，把一切经验的东西和自在之物割裂开来。"（第220页）在这里，关键的问题在于，黑格尔承认现象和自在之物之间的同一性，认为现象就是显现着的自在之物，因而从感性认识可以上升到理性认识。但是，正如列宁指出的，"黑格尔推崇知识，硬说知识是关于神的知识"（第181页），因而黑格尔虽然承认感性知识可以上升为理性知识，但他对于感性认识毕竟是轻视的，他并不依靠对具体知识的概括与总结来建立自己的哲学体系，而是依靠他的思辨的逻辑方法——唯心主义的辩证的方法来建立自己的体系。黑格尔的根本立场是和科学的认识论——能动的革命的反映论的立场根本对立的。

在这个问题上，应该特别提出列宁的这个论点："为了要理解，必须从经验上开始理解、研究，从经验上升到一般。要学会游泳，就必须下水。"（第221页）在水中学习游泳，这是黑格尔喜欢的一个比喻，列宁借用这一比喻说明感性认识和理性认识、实践和认识的辩证关系。从列宁的话可以看出，从感性认识到理性认识的过程是和从实践到认识的过程一致的。

第八章 列宁论黑格尔《哲学史讲演录》中的辩证法思想

黑格尔在他的《逻辑学》和《哲学史讲演录》中都一再提到，哲学范畴的历史发展是和它们的逻辑发展是一致的，列宁很重视黑格尔的这个观点，在不少地方作了摘录。黑格尔说："哲学在历史中的发展应当符合于逻辑哲学的发展，但在逻辑哲学中，一定有一些地方是历史的发展中所没有的。"（第292页）又说："我认为哲学体系在历史中的次序同观念的逻辑规定在推演中的次序是一样的。我认为，如果从出现在哲学史中的各个体系的基本概念身上清除掉属于其外在形式、属于其局部应用范围等等的东西，那么就会得出观念自身在其逻辑概念中的规定的不同阶段。"（第271—272页）显然，黑格尔承认历史（范畴发展史）和逻辑之间是存在着差异的，历史包含一些偶然的因素，也可能缺乏一些必要的环节，而逻辑则摆脱了偶然的因素，而且是完美无缺的。但是，二者基本上是一致的，或者说在本质上是一致的。在黑格尔看来，逻辑具有优越性，历史应该与逻辑一致，而不是逻辑应该与历史一致。在这里，黑格尔的唯心主义表现得十分明显：历史是由逻辑决定的。

列宁唯物主义地改造了黑格尔这个思想，抽取了其中的合理因素。在上述第一个引文下面，列宁批道："这里有一个非常深刻、正确、实质上是唯物主义的思想（现实的历史是意识所追随的基础、根据、存在）。"（第292页）这就是说，逻辑应该与历史一致，逻辑来自历史，我们应该根据人类认识发展的历史来建立逻辑。这同黑格尔的唯心主义观点是根本对立的。

在这种历史与逻辑一致的观点的指导下，黑格尔在他的《逻辑学》中经常以哲学史的范畴来印证他的逻辑范畴，而在他的《哲学史讲演录》中则着重在哲学史中寻求逻辑的东西，"在历史形式所包含的东西里面认出这些纯粹概念来"（第272页）。但是，由于黑格尔是唯心主义地理解历史与逻辑的一致的，由于他拒绝从历史中去引出逻辑（尽管他在事实上不能不以哲学史为依据来建立他的逻辑学），他既未能建立起科学的逻辑学，也未能从历史中揭示出概念的逻辑发展，而是把他的逻辑学建立在纯粹思辨概念的推演上面，并把这样的逻辑强加于历史。因此，尽管黑格尔宣称自己要坚持哲学史中的严格的历史性，反对"妄加一些结论和论断给过去的哲学家，这些结论和论断他们从没有做过，也从没有想到过，虽说我们可以很正确地从他们的哲学思想里面推演出来"[①]。（列宁对黑格尔的这一思想是很赞赏的），但是，作为一个唯心主义者，他的哲学的党性仍然使他粗暴地歪曲了哲学史的真相。一方面，他极力吹捧和渲染唯心主义哲

[①] ［德］黑格尔：《哲学史讲演录》第1卷，贺麟、王太庆译，商务印书馆1959年版，第46页。

学，特别是客观唯心主义，另一方面大肆攻击唯物主义哲学，极尽歪曲、伪造、诽谤、谩骂之能事。黑格尔的《哲学史讲演录》是为黑格尔的唯心主义哲学体系服务的，是黑格尔的《逻辑学》的历史的表演，其中充满了唯心主义者的顽固的偏见，表现了鲜明的唯心主义哲学党性。

但黑格尔毕竟在他的《哲学史讲演录》中贯彻了历史与逻辑一致的观点，着重去发掘哲学范畴的辩证的发展，从而也对他的辩证法作了许多补充说明，提出了许多合理的思想，这些也是不能一笔抹杀的。《逻辑学》和《哲学史讲演录》在黑格尔那里彼此印证，相得益彰。

对于这样一部哲学史著作，列宁采取了同对待黑格尔《逻辑学》一样的态度，一方面，无情地揭露他的唯心主义偏见，一方面，肯定他的合理思想，并加以唯物主义的改造。列宁说："不能原封不动地应用黑格尔的逻辑；不能把它现成地搬来。要挑选出其中逻辑的（认识论的）成分，清除掉它的神秘观念，这还是一项巨大的工作。"（第293页）这话不仅适用于他的《逻辑学》，也适用于他的《哲学史讲演录》，即适用于他所揭示出来的哲学范畴在历史中的辩证发展。

同时，在批判和改造黑格尔的观点的过程中，列宁也发挥了许多辩证唯物主义的观点。

第一节　列宁对黑格尔的唯心主义哲学党性的揭露

列宁对黑格尔的《哲学史讲演录》第三卷摘录和评语极少，但对第一、二卷作了较详细的摘录和评语。在这些摘录和评语中，列宁主要就黑格尔对留基伯、德谟克利特、柏拉图、亚里士多德和伊壁鸠鲁几个哲学家思想的评述，揭露了他对唯物主义的攻击和对唯心主义的赞扬。大家知道，这些人都是西方古代哲学史中的重要人物。留基伯、德谟克利特和伊壁鸠鲁是古代唯物主义哲学主要流派——原子论的主要代表，柏拉图是古代唯心主义哲学的主要流派——柏拉图主义的代表，而亚里士多德是动摇于唯物主义和唯心主义之间的、也是最负盛名的哲学家。黑格尔的唯心主义党性会在评述这些思想家时充分暴露出来是毫不为奇的。

从列宁所揭露的来看,黑格尔攻击唯物主义的手法是:首先加以歪曲,歪曲不成则加以抹杀,抹杀不成则加以诽谤、诋毁,甚至破口大骂。

黑格尔把原子论创始人留基伯歪曲成为一个唯心主义者。留基伯是个唯物主义者,认为一切物体都是原子构成的,原子在虚空中的运动、原子的集合和分解就是物体的产生和消灭。原子是物质实体,但肉眼看不见,留基伯解释说,这是由于原子的体积太小的缘故。黑格尔认为原子之所以看不见,并不是由于体积太小,而是因为原子根本没有体积,原子是观念性的东西。因而,黑格尔得出结论说,留基伯不是"经验论者",即唯物主义者,而是唯心主义者。他还硬说留基伯的原子就是他的《逻辑学》的自为的存在或一。对于黑格尔的这种做法,列宁批判道,这是"唯心主义者黑格尔的牵强附会,当然是牵强附会"。"黑格尔硬把自己的逻辑套在留基伯身上,侈谈自为存在这个原则的重要、'伟大',说在留基伯那里已有这个原则。这多少有些牵强附会。"(第292页)

对于古希腊唯物主义流派的最大代表德谟克利特,黑格尔则采取了有意藐视、抹杀的手法。黑格尔用了一百多页篇幅来叙述最大唯心主义者柏拉图的观点,而对最大唯物主义者德谟克利特的思想只用了两页多的篇幅。对于这种不公平待遇,列宁说:"黑格尔完全像后母那样对待德谟克利特","唯心主义者忍受不了唯物主义的精神!!"(第294页)

对于德谟克利特以后的最大的原子论者伊壁鸠鲁,黑格尔发觉歪曲和抹杀都不行,于是就展开了公开的攻击,指摘、诽谤以至漫骂,当然同时也极力加以歪曲。

列宁指出:"讲到伊壁鸠鲁时,黑格尔立刻(在叙述他的观点之前)就采取反对唯物主义的战斗立场"。黑格尔宣称:"自然(!!)很明显(!!),如果认为被感觉的存在是真的,那么概念的必要性就会一概被取消,一切都因为没有任何思辨的兴趣而趋于瓦解……这样就一点也不会超越普通常识的观点……"(第323页)引文中括号内的双重惊叹号是列宁加的,因为黑格尔说的这种情况完全是对唯物主义的捏造,从唯物主义观点来看，一点也不自然，一点也不明显。伊壁鸠鲁并没有由于承认被感觉的存在的真实性而取消概念的必要性。辩证唯物主义认为被感觉的存在，即客观物质世界，是真实存在着的，即"在人的意识之外而且不依赖于人的意识而存在的"（第326页），我们在实践过程中从这个世界获得感性认识，并把感性认识提高为理性认识，因此，承认外在世界的客观存在，承认它是认识的来源，一点也不会取消概念的必要性，反而正是使概念具有真实的基础。因此，列宁说：这是"对唯物主义的诽谤！！'概念的必要性'一点也不会被认识的和概念的来源的学说所'取消'！！不与'常识'一致，那是唯心主义者的腐朽的怪想"（第323页）。

黑格尔对伊壁鸠鲁的原子论进行了放肆的攻击。在这里，他仍然坚持认为原子是观念性的东西，他说，伊壁鸠鲁的原子"本身正具有思想的这种本性"（第328页），是"思想的产物"。列宁认为这是"唯心主义者歪曲和诽谤唯物主义的一个典型例子"（第328页）。

黑格尔还攻击伊壁鸠鲁的原子自动偏离说。伊壁鸠鲁认为原子在不断运动着，有的由于重量而作直线运动，有的则离开这条直线而作曲线运动，有的前进，有的后退，直到由于偶然的机会而与其他原子碰在一起，还有的原子为其他原子所包围。黑格尔认为，这是伊壁鸠鲁的"武断和无聊"（第327页）。列宁认为这是毫无根据的谩骂。固然，伊壁鸠鲁的原子论仍然是一种素朴的猜测，但却是一种"天才的猜测，是为科学而不是为僧侣主义指示途径的路标"。（第327页）现代原子论正是沿着古代原子论的道路前进而达到的成果，而伊壁鸠鲁的原子论则是古代原子论的一个新阶段，它比起德谟克利特的原子论来就向现代原子论接近了一步。曲线运动正是它的优点之一，使它具有更多的辩证的性质（其中包含直线和曲线、前进和后退、必然和偶然等对立统一）。列宁指出，原子的曲线运动同电子包围原子核的运动很相似，这是一个天才的猜测，怎能说是"武断和无聊"呢？如果这算"武断和无聊"，那么，"唯心主义者的'神'呢？？？"（第327页）黑格尔的"神"难道不是"武断和无聊"吗？

黑格尔还认为，伊壁鸠鲁把灵魂看成原子的某种集合，"这都是些空话"（第327页）。列宁认为这也是对原子论的谩骂。伊壁鸠鲁还没达到否认灵魂存在的地步，但他把灵魂解释成物质性的东西，从而狠狠打击了灵魂不灭的宗教唯心主义观点，也为后来科学地解释人的意识活动开辟了道路。从物质方面来解释灵魂，这自然是唯心主义者黑格尔所不喜欢的。

黑格尔对伊壁鸠鲁的唯物主义认识论观点也大加讨伐。伊壁鸠鲁坚持德谟克利特的"影像"说，认为人的感觉是物发射出来的某种连续不断的流投入人的感官中的结果。他说："这种有规定性的东西存在于对象中，并通过这样的方式流进到我们里面来。"（第325页）这是一种素朴的唯物主义的认识论。列宁认为，在这里，最主要之点就在于他承认认识对象的客观存在，承认认识是客观作用于主观的结果，而"黑格尔完全掩藏了（注意）主要的东西，（注意）即事物是在人的意识之外而且不依赖于人的意识而存在的"（第326页）。黑格尔认为"这样地理解感觉是极其庸俗的"（第326页）。这表现了黑格尔的顽固的唯心主义偏见。

伊壁鸠鲁把感觉看作真理的标准。他认为理性认识是建立在感觉经验基础上的，理性不能作为真理的标准，不能推翻感觉所肯定的东西，理性认识要接受感觉的检验。这是感觉主义，然而是唯物主义的感觉主义。我们认为真理的标准是实践，其中也包含感觉的因素，实践就是感性的实践，因此，这种感觉主义是有一定合理之处的。但是，在黑格尔看来，"它是这样简单，再没有比它更简单的了……这大体上是正确的，但完全是肤浅的；这只是最初的开端，是关于最初知觉的表象的结构"（第324页）。列宁尖锐地指出，问题正是在于"'这最初的开端'被唯心主义忘记并歪曲了。而只有辩证唯物主义把'开端'同延续和终点联结起来"（第324页）。这就是说，唯物主义的认识论坚持认识从感觉经验开始，然后从感觉提高到理性认识，而唯心主义者或者撇开感性而直达理性，或者否认感觉的客观内容，认为它是完全主观的。辩证唯物主义在实践基础上把二者统一起来，把认识过程了解为从感性到理性又回到感性的螺旋式上升过程。黑格尔轻视经验，推崇理性，沉溺于纯粹的思辨，完全把这个感觉的开端忘记了。

伊壁鸠鲁从他的认识论出发解释错误产生的原因，认为错误是由于我们内部的运动与对象投来的影像联系起来但不一致而产生的。黑格尔加以歪曲，说伊壁鸠鲁认为错误产生于影像运动的中断，从而下结论说："不可能再有更贫乏的（认识论）了。"（第327页）这是一种不正派的论战手法：把别人的观点先加以歪曲然后攻击之。列宁说："一切都会是贫乏的，如果加以歪曲和剽窃的话。"（第327页）①

此外，列宁还揭露黑格尔攻击伊壁鸠鲁的类比法，结果反而搬起石头砸了自己的脚，使自己同现代自然科学对立起来。总之，从上述情况，我们可以看出，黑格尔对唯物主义的攻击是非常坚决的，真是无所不用其极！

但是，对于古代唯心主义的最大代表柏拉图，黑格尔的态度就完全不同了。黑格尔大力吹捧柏拉图的哲学，说什么"哲学之作为科学是从柏拉图开始"，他和亚里士多德"比起所有别的哲学家来，应该可以叫作人类的导师"②。黑格尔按照自己体系的规模，把柏拉图的哲学分为辩证法、自然哲学和精神哲学三部分加以细致的介绍，甚至不厌其详地叙述柏拉图的一些荒谬绝伦的观点。列宁写了一个总评，严厉地谴责了黑格尔的这种做法："黑格尔细致地渲染柏拉图的'自然哲学'，渲染荒谬透顶的理念的神秘主义，例如：'感性事物的本质是三角形'，以及诸如此类的神秘主义的胡说。这是非常典型的！神秘主义者——唯心主义者——唯灵论者黑格尔（也像我们这时代的一切御用的、僧侣主义——唯心主义的哲学一样）吹捧和咀嚼哲学史中的神秘主义——唯心主义，抹杀和鄙视唯物主义。参看黑格尔论德谟克利特——什么也没有讲!!而关于柏拉图则讲了一大堆神秘主义的陈词滥调。"（第312页）黑格尔这样做绝不是偶然的，而是他的哲学党性决定的。

黑格尔的唯心主义偏见，在他对亚里士多德的论述中，也是表现得极为鲜明和具体的。亚里士多德是动摇于唯物主义和唯心主义之间而最后陷入唯心主义的一个哲学家，他承认一个最后的不被推动的推动者，即神，"这是唯心主义，但比起柏拉图的唯心主义来，它客观一些，离得远一些，

---

① "剽窃"一词译为"夺取"、"抽走"等较确切，列宁在这里并不是说黑格尔把伊壁鸠鲁的思想窃为己有。——引者
② [德]黑格尔：《哲学史讲演录》第2卷，贺麟、王太庆译，商务印书馆1960年版，第151页。

一般化一些,因而在自然哲学中就比较经常地=唯物主义"(第313页)。这正是一个便于黑格尔上下其手、改装伪造的哲学家。黑格尔当然抓紧机会,大施其技,一方面抹杀、掩盖、歪曲其唯物主义方面,一方面渲染、夸大其唯心主义,把亚里士多德说成一个"在思辨的深度上超过柏拉图"、"熟识最深刻的思辨、唯心论"、"建立在广博的经验材料上"的唯心主义者,总之,一个地道的彻底的纯粹的唯心主义者。列宁从一些方面揭露了黑格尔的这种伪造。

黑格尔在第二卷叙述了亚里士多德的形而上学。① 亚里士多德的形而上学的重大成果之一就是对柏拉图的唯心主义的批判。柏拉图在现实世界之外去设想一个理念世界,理念世界不是现实世界的反映,现实世界倒是理念世界的"影子",现实世界"分有"理念世界。亚里士多德反对柏拉图的理念世界,认为他割裂了一般和个别,认为一般只能存在于个别之中,不能在现实世界之外去设想一般的东西的独立存在。尽管归根到底,亚里士多德没有摆脱掉唯心主义,最后仍然承认了脱离具体事物的形式之形式的存在,但他对柏拉图的批评却是击中了柏拉图的要害,不仅如此,它也击中了一般客观唯心主义的要害,因为所有客观唯心主义哲学莫不是割裂一般与个别,把一般夸大成为离开个别而独立存在的神秘东西。因此,列宁说:"亚里士多德对柏拉图的'理念'的批判,是对唯心主义,即一般唯心主义的批判。"(第313页)在批判过程中,亚里士多德常常站在唯物主义立场上,肯定自然界的客观存在,主张从自然界来说明自然界,反对在它之外设想一个理念世界来说明它。

但是,黑格尔却把这些都掩盖起来了。列宁揭露说:"第318—337页尽是关于亚里士多德的形而上学!!而实质上反对柏拉图唯心主义的一切地方却被掩盖起来了!!特别是关于人和人类以外的存在的问题!!!=关于唯物主义的问题被掩盖起来了!"(第316页)又说:"唯心主义者黑格尔对亚里士多德(在其对柏拉图的理念的批判中)破坏唯心主义基础这一点胆怯地避而不谈。"(第313页)

---

① [德]黑格尔:《哲学史讲演录》第2卷,贺麟、王太庆译,商务印书馆1960年版,第288—304页。

而亚里士多德的唯心主义方面,黑格尔则大肆渲染。列宁除了上面所谈到的关于神的观点而外,还揭露黑格尔大肆渲染亚里士多德关于灵魂的唯心主义观点。亚里士多德认为,生物是灵魂和肉体的统一,灵魂是生物的"隐德来希",是它的实质,是它的活动的形式,而肉体是质料,是空名。"因此灵魂作为运动的原理,作为生物的目的和存在(实质),乃是原因',乃是产生者;——目的因,即是自己规定自己的普遍性。"① 黑格尔详细介绍了这种唯心主义观点,并大加赞赏说:"实质是活动的形式;νλη(质料)只按照可能性才是实质,并不是真正的实质。这是一个真正思辨的概念。"② 对于这些,列宁批评说:"黑格尔因亚里士多德的'真正思辨的概念'(第373页关于'灵魂'和其他许多东西)而对他大肆吹捧,并渲染明显的唯心主义的(=神秘主义的)胡说八道,读到这里实在令人厌恶。"(第317页)

尤其恶劣的是黑格尔想尽办法抹杀亚里士多德的唯物主义观点,硬要把亚里士多德的唯物主义色彩"洗刷"掉。对于这些,列宁进行了具体的揭露。

亚里士多德的感觉论,在列宁看来,是"紧密地接近唯物主义"(第318页),因为亚里士多德认为"那引起感觉的东西是外在的……要感觉,就必须有被感觉的东西"(第318页)。列宁说:"这里的关键是'外在'——在人之外,不以人为转移。这就是唯物主义。"(第318页)而黑格尔却以"被动性"来偷换"外在性"这一概念,以便使亚里士多德的观点唯心主义化。黑格尔认为亚里士多德的感觉论的主要之点是感觉的被动性,至于说感觉是主观的还是客观的,那是无关紧要的,"不论是主观地或是客观地,都是一样,——在这两种情况下都有着被动性这个因素……"(第318页)"感觉在我之外或在我之中,那都是一样……"(第319页)他认为,如果像主观唯心主义那样断言感觉既然是主观的,它也就是主动的、自由的,而一旦承认它的被动性,就得承认它的外在性,那才是糟糕的。在他看来,主动性和自由只属于思想、概念的领域,而感觉

---

① [德]黑格尔:《哲学史讲演录》第2卷,贺麟、王太庆译,商务印书馆1960年版,第338页。
② [德]黑格尔:《哲学史讲演录》第2卷,贺麟、王太庆译,商务印书馆1960年版,第338页。

属于被动的局限性的领域。对于黑格尔这种做法，列宁一针见血地指出："这位唯心主义者堵塞了通往唯物主义的空隙。不，外在或内在不是无所谓的。关键就在这里！'外在'就是唯物主义。'内在'=唯心主义。黑格尔不提亚里士多德的那个字眼（'外在'），而用'被动性'这个字眼来把那同一个外在描写得不同。被动性也就是外在！！黑格尔用思想的唯心主义来代替感觉的唯心主义，但仍然是用唯心主义。"（第319页）

在亚里士多德的两个比喻上，黑格尔极力抹杀亚里士多德的唯物主义因素也是表现得很明显的。一个是把灵魂比作蜡块，一个是把理性比作白板。

亚里士多德把感觉比作印鉴图纹印在蜡块上，他认为蜡块接受的只是印鉴的形式，而不是它的质料——黄金。这个比喻有着素朴唯物主义性质，因为它承认感觉是外在事物作用的结果。但是黑格尔不这样看，认为这个比喻的意义只在于它承认感觉的被动性只是相对于纯形式而言，不涉及质料，如果有谁把它了解为接受外界事物的作用，那就是"异常笨拙地抓住比喻中粗糙的方面"（第320页），在他看来，"无论如何灵魂不应当是消极的蜡块，并从外界接受规定"（第320页）。但是，要抹杀这个比喻的唯物主义性质是太困难了，黑格尔于是大叫大嚷这个比喻"常常引起误解"（第319页）。

对于另一个比喻，黑格尔也大发雷霆说：这是"另一个臭名昭著的例子"（第321页）。

列宁尖锐地指出："这一切都是为了要证明：'亚里士多德因此不是实在论者'"（第321页），认为这是"一个唯心主义者唯心的牵强附会之说的典型例子！！把亚里士多德伪造成为一个18—19世纪的唯心主义者！！"（第322页）

总之，黑格尔的《哲学史讲演录》典型地表现了一个唯心主义者的鲜明的党性，列宁对于黑格尔强加给哲学史的唯心主义的伪造、附会，作了坚决的驳斥，对于黑格尔对唯物主义的攻击，作了坚决的回击，捍卫了哲学史上的唯物主义路线。

第二节 黑格尔哲学与辩证唯物主义

尽管黑格尔从坚定的彻底的唯心主义立场出发，肆无忌惮地篡改、伪造哲学史，但由于他也着意从哲学史中去寻求辩证法，因而也表露了丰富的辩证法思想。对于这些，列宁也决不忽视，而且给予很高的评价，甚至在若干地方说他的哲学接近辩证唯物主义。对于资产阶级的唯心主义哲学，不可能有更高的评价了。有人抓住这种评价，硬说黑格尔哲学和马克思主义哲学之间没有本质差别，企图把这两种根本对立的世界观混淆起来。因此，有必要研究一下，这种评价究竟意味着什么，能否从这种评价导出否认黑格尔哲学和马克思主义哲学之间的本质差别的结论。

列宁在摘录了黑格尔谈到苏格拉底时的一段话后说："聪明的唯心主义比愚蠢的唯物主义更接近于聪明的唯物主义。聪明的唯心主义这个词可以用辩证的唯心主义这个词来代替，愚蠢的这个词可以用形而上学的、不发展的、僵死的、粗糙的、不动的这些词来代替。"（第305页）列宁又在摘录了黑格尔谈到苏格拉底派时的几段话后说："黑格尔以此打击辩证唯物主义以外的一切唯物主义。"（第307页）又说："黑格尔认真地'相信'、认为：唯物主义是不可能作为哲学的，因为哲学是关于思维的科学，关于一般的科学，而一般就是思想……客观（尤其是绝对）唯心主义转弯抹角地（而且还翻筋斗式地）紧密地接近了唯物主义，甚至部分地变成了唯物主义。"（第308页）列宁也在摘录了黑格尔谈到伊壁鸠鲁时的一段话后说："这几乎十分接近辩证唯物主义。"（第329页）这些摘录都是黑格尔对自己思想的发挥，谈的基本上是一个问题，即黑格尔反对把哲学停留在对表面现象的了解上面，不管是像主观唯心主义者那样停留在主观的感觉上，还是像直观唯物主义者那样停留在客观的现象上，强调哲学要追求普遍的必然的本质的东西，要透过现象去掌握概念、真理、绝对观念，而这种东西就是矛盾的辩证发展着的东西。黑格尔的《逻辑学》就是对这种东西的描写。

黑格尔在谈到苏格拉底时认为，苏格拉底断言"善不是从外面来的；善是不能教的，而是包含在精神的本性之中"①，这种善就是概念，它既是主观的，也是客观的，既是主观世界中最本质的东西，也是现实世界中最本质的东西。黑格尔认为，真理和正义就是这种普遍的东西，它们是我的主观精神中的客观精神，或者说，是从作为普遍者而活动的精神中产生出来的。这些东西才是人的本性，至于欲望、兴趣等等乃是存在于人身上的自然属性。（第305页）黑格尔强调人的理性（而不是欲望、兴趣等感性的东西）是和客观概念一致的，主观和客观是同一的，但这个一致、同一是通过感性活动而在理性中达到的，单纯的感性活动是自然的，谈不到这种一致、同一。用辩证唯物主义的话来说，主观和客观的同一就在于对现实世界的内在规律之掌握。因此，尽管黑格尔在这里的观点是彻底唯心主义的，列宁仍然认为他"说得很好！！"并认为与辩证唯物主义有所接近。

黑格尔在谈到苏格拉底派之一——麦加拉派时，发挥了自己关于一般和个别的观点。列宁作了一些摘录。（第307—308页）黑格尔说："常识，或者近代的怀疑论，或者一般哲学，主张感性的确认（或感觉的确实性——引者）有真理性，或者主张在我们之外确有感性事物存在，以及凡是自己看到、听到是如此的东西每一个人也都认为是真的。"②黑格尔说他们忽视一般的本质的东西，而只停留在现象的表面，而对哲学来说，最有意义的是普遍的东西。列宁认为黑格尔指的就是康德主义等近代怀疑论和辩证唯物主义以外的唯物主义。但是，黑格尔的批评却无损于辩证唯物主义，因为辩证唯物主义不仅肯定感性存在的真实性，而且肯定现实世界中一般东西的真实性，强调通过现象而掌握一般规律。

在谈到伊壁鸠鲁时，黑格尔更加明白地谈到相同的思想，列宁作了长段摘录，并给予很高评价。

辩证唯物主义所追求的是透过现象而揭露出来的一般的东西，即自然、社会和思维的一般规律，黑格尔硬把这些规律说成是概念、绝对概念的各个环节。但是辩证唯物主义可以唯物主义地改造黑格尔哲学并从中汲

---

① ［德］黑格尔：《哲学史讲演录》第2卷，贺麟、王太庆译，商务印书馆1960年版，第66页。
② ［德］黑格尔：《哲学史讲演录》第2卷，贺麟、王太庆译，商务印书馆1960年版，第128页。

取很多有益的东西。从这个意义来说，辩证唯物主义可以从黑格尔那里汲取的东西，多于可以从形而上学唯物主义那里汲取的东西。因此列宁认为黑格尔哲学比形而上学唯物主义更接近辩证唯物主义。这就是说，即使是一个唯心主义者，如果自觉地坚持了辩证法，他的思想中也可以有丰富的内容，而即使是一个唯物主义者，如果离开辩证法，也会陷于贫乏、抽象、空洞。恩格斯在比较黑格尔和费尔巴哈时，也提出过类似的看法："他没有批判地克服黑格尔，而是简单地把黑格尔当作无用的东西抛在一边，同时，与黑格尔体系的百科全书式的丰富内容相比，他本人除了矫揉造作的爱的宗教和贫乏无力的道德以外，与黑格尔体系的百科全书式的丰富内容相比，拿不出什么积极的东西来。"①

但是，决不能因此忽视黑格尔哲学的根本立场——唯心主义，从而抹杀辩证唯物主义和黑格尔哲学的根本对立。列宁说黑格尔哲学"转弯抹角地（而且还翻筋斗式地）"接近辩证唯物主义，就是指黑格尔的唯心主义立场说的，也就是说，黑格尔哲学中和辩证唯物主义接近的东西是头脚倒置着的（翻筋斗式的），要把这些东西汲取出来还要经过细致的艰巨的工作，其原来的形式是完全不适用的。在这里，列宁对黑格尔的评价，同在《黑格尔〈逻辑学〉一书摘要》中的评价是完全一致的。

第三节 辩证法的三种形式

黑格尔在谈到古代辩证法的历史时，区别了辩证法的三种形式，他说："辩证法是（α）外在的辩证法，即达不到事物内在本质的反复推论，（β）对象的内在的辩证法，但却属于主体的考察方式。（γ）赫拉克利特的客观性，即本身被了解为原则的辩证法。"（第287页）这三种形式也是辩证法发展的三个阶段，关于辩证法的三种观点，或三种思维方式。

第一种辩证法，即外在的辩证法，又称主观辩证法，它把矛盾看作外

---

① 《马克思恩格斯选集》第4卷，人民出版社1995年版，第241页。

在的或主观的，而不是属于事物或概念内部的东西，因此，这种辩证法是脱离事物或概念的内容的。在另一处，黑格尔说对于这种辩证法"运动的过程〔内容〕与对于这个运动过程的整个掌握〔形式〕是区别开的"①（《列宁全集》俄文第三十八卷第279页译作"这是与这种运动的全部掌握有区别的运动"）。它"是这样一种考察对象的方法，它指出对象中的各种根据和各个方面，从而使通常认为确定不移的一切都动摇了。这些根据可能是完全外在的根据，我们谈到诡辩学派时将更多地谈到这种辩证法"（第279页）。黑格尔指的就是埃利亚派的塞诺芬尼、巴门尼德和以后的诡辩学派。例如巴门尼德认为"只有有存在"而否认"非有存在"，诡辩学派的方法也是根据自己主观需要而抓住事物的任何一个规定来肯定或否定一个论断，从而肯定一切或否认一切。

列宁对于黑格尔对诡辩论的批评相当重视，作了一些摘录。关于诡辩论，列宁在《黑格尔〈逻辑学〉一书摘要》中也作了不少摘录。在这里，我们只谈谈列宁很重视的黑格尔的一个观点，即诡辩论实质上是一种形而上学的思维方式。

列宁说："谈到诡辩学派时，黑格尔极其细致地反复咀嚼这样一个思想：诡辩包含着一切教育——我们的教育也在内——所共有的因素，即提出论据和反证——'反思的论证'。"（第299页）在列宁所谈到的这里，黑格尔说："……如果凭一些理由来决定，就能用理由来证明一切，那么对于任何事物都可以找到理由和反面的理由的；智者们教人去证明人所意欲的一切，不管对别人有利的或对自己有利的，这一点也曾被看作智者们的罪过。其实这不是智者们的特点，而是反思推理的特点。"②反思推理（或反思的论证）即以某些规定作为根据或理由来论证自己的论断，或作为反面的理由来反驳别人的论断。黑格尔举例说，只要需要，可以把临阵脱逃说成是尽量保全生命的义务，把谋杀说成是正当的。这种以理由或反面理由来支持或反对某一论断的反思论证，就是为一切教养所共有的，这是人们起码的思维能力。这种思维能力只停留在对象的外部规定上，是外

---

① 〔德〕黑格尔：《哲学史讲演录》第1卷，贺麟、王太庆译，商务印书馆1959年版，第279页。
② 〔德〕黑格尔：《哲学史讲演录》第2卷，贺麟、王太庆译，商务印书馆1960年版，第22页。

在的反思，因而它无法掌握事物的本质和全局。

应该说，说诡辩论本质上是形而上学的，这一分析是深刻的。诡辩论表面上貌似辩证法，其实是形而上学的。

第二种辩证法也许可以叫作现象的辩证法。黑格尔指的是芝诺的辩证法。芝诺揭露了对象中的内在矛盾，如连续性和中断性、有限和无限、存在和非存在的矛盾，但是他认为这些矛盾属于现象，即属于主观方面，而不属于对象的本质，对象的本质是不矛盾的。这种辩证法，就其揭露了对象的矛盾而言，可以说是客观辩证法，因此黑格尔说："在芝诺那里我们同样也找得到真正客观的辩证法"（第279页），"芝诺主要是客观地辩证地考察了运动。"（第281页）但这种辩证法归根到底还是主观的，因为它还只停留在现象的表面而没有深入对象的内在本质，因此黑格尔说这种辩证法"也可称为主观的辩证法，因为它属于考察的主体"（第286页）。康德的辩证法也属于这种类型。

第三种辩证法，即客观辩证法，也是概念辩证法。黑格尔说，这种"辩证法是对于对象的内在的考察：只就对象本身来考察对象，没有任何前提、观念、应有性，不按照外在的关系、规律、根据。人们完全进入到事物的本质，就对象自身来考察它，依据它所具有的规定来考察它"（第279页）。赫拉克利特就是这种辩证法的代表之一，柏拉图的概念的辩证法也是属于这种客观辩证法，因为在黑格尔那里，事物的本质就是事物的概念。在现代，这种辩证法的代表是黑格尔自己。

概念辩证法和客观辩证法一致，这是黑格尔的一个很重要的思想，列宁很重视，在《黑格尔〈哲学史讲演录〉一书摘要》中作了摘要，并特别作了发挥。

黑格尔在讲到埃利亚学派时谈到辩证法。"我们在这里（在埃利亚学派中）发现了辩证法的开端，即纯粹的思维在概念的运动中的开端，同时还发现思维与现象或感性存在之间的对立，——自在之物与这自在之物的为他存在之间的对立，并且在对象的本质中发现本质自身所具有的矛盾（本来意义上的辩证法）。"（第276页）

黑格尔的意思是，埃利亚派是辩证法、逻辑、哲学的真正的开端，因为从此开始了逻辑范畴的自我运动,即纯粹思辨运动,换言之,之前还没有出现真正的逻辑范畴。最初出现的范畴就是"存在",这是和逻辑学的开端一致的,而埃利亚派所用方法也是思辨的逻辑推演的方法。当然,埃利亚派的思辨方法还只是辩证法的初级阶段,它在客观上也揭露了本质和现象的对立,特别是揭露了对象本质中所包含的矛盾。

列宁认为黑格尔这一段话虽然是对埃利亚派谈的,但具有一般意义,认为这段话道出了辩证法的"两个标志"、"两种特征",说:

> 这里实质上有辩证法的两种规定(规定而非定义):
> (α)"思维在概念中的纯粹运动";
> (β)"在对象的本质(自身)中(揭露)(发现)它(这本质)自身所具有的矛盾(本来意义上的辩证法)"。(第277页)

如果对黑格尔的观点加以唯物主义地改造,抛开他的唯心主义体系,那么,我们就能把他的合理思想汲取出来:辩证法既是概念的辩证法,也是客观的辩证法,二者是一致的。列宁比较具体地说明了二者的内容:

> 黑格尔的这个"片段"应当表达如下:
> 辩证法一般地就是"思维在概念中的纯粹运动"(不带唯心主义的神秘意味来说就是:人的概念并不是不动的,而是永恒运动的,相互转化的,往返流动的,否则,它们就不能反映活生生的生活。对概念的分析、研究,"运用概念的艺术"[恩格斯],始终要求研究概念的运动,它们的联系、它们的相互转化)。
> 辩证法特别是研究自在之物、本质、基质,实体跟现象,"为他存在"之间的对立的。(在这里我们也看到相互转化、往返流动:本质在表现出来,现象是本质的。)人的思想由现象到本质,由所谓初级的本质到二级的本质,这样不断地加深下去,以至于无穷。
> 就本来的意义说,辩证法就是研究对象的本质自身中的矛盾"不但现象是短暂的、运动的、流逝的、只是被假定的界限所划分的,而

且事物的本质也是如此。"（第277—278页）

这段话的内容很丰富，这里我们只指出：（1）首先，辩证法就是研究本质和现象的矛盾以及对象的本质自身中的矛盾的，这就是说，不仅现象和本质是矛盾着的，本质也充满着矛盾，对客观的矛盾运动的研究就是辩证法的任务。这是客观辩证法。（2）辩证法也是研究概念的矛盾运动和认识的矛盾运动的，黑格尔唯心主义地称之为"纯粹运动"，其实，概念的和认识的矛盾运动正是客观矛盾运动的反映，这是概念辩证法和认识辩证法。（3）因此，概念的辩证法、认识辩证法和客观辩证法是一致的，而一致的基础是客观辩证法，列宁说"人的思想由现象到本质，由所谓初级的本质到二级的本质，这样不断加深下去，以至于无穷"，正是说明概念和认识的矛盾运动怎样为客观的矛盾运动所决定。关于辩证法、认识论和逻辑学三者一致这一思想，列宁在另一处谈得更清楚："如果一切都发展着，那么这点是否也同思维的最一般的概念和范畴有关？如果无关，那就是说，思维和存在不相联系。如果有关，那就是说，存在着具有客观意义的概念的辩证法和认识的辩证法。"（第280页）列宁在方框中转述了黑格尔关于辩证法三种形式的区分，并对第二种辩证法作了解释：

（α）主观的辩证法。
（β）对象中有辩证法，但我不知道，也许这是假象，仅仅是现象等等。
（γ）完全客观的辩证法，即一切存在物的原则。（第287页）

列宁没有提出自己的评价，看来列宁对黑格尔的意见还是有所肯定的。当然，黑格尔是以唯心辩证法作为标准来进行分类的，他把自己的辩证法看作辩证法发展的最高峰，把辩证法发展的这几个阶段看作纯粹概念的发展，并把赫拉克利特的辩证法看作唯心主义辩证法。但是，黑格尔对辩证法的发展过程的描写，也确实反映了人们认识能力的发展，思维能力的发展。《黑格尔〈逻辑学〉一书摘要》中，列宁也摘录了人们处理矛盾的三种方式并作了转述，这两个地方的思想极其接近。

第四节 关于对立统一规律

在《黑格尔〈哲学史讲演录〉一书摘要》中，有许多地方涉及辩证法的具体内容，列宁提出了许多观点。他明确提出了辩证法的两个原则：发展原则和统一原则（第280页），谈到辩证的转化与非辩证的转化的区别在于飞跃，在于矛盾性（第314页），谈到了发展的圆圈，即否定之否定规律（第217、297页），等等，这里我们只谈对立统一规律问题。

列宁在两个问题上较详细地论述了对立面的统一，一是运动的矛盾，一是生成的矛盾。

埃利亚派的芝诺为了论证运动是不可能的，分析了运动的矛盾，并得出结论，因运动是矛盾的，故是不真实的。他提出了四个论证，这些论证在哲学史上是很有名的。黑格尔分析了这些论证，指出运动就是矛盾的，它是间断性和连续性的统一："运动作为概念、作为思想来说，表现为否定性和不间断性的统一，但是不论不间断性或点截性，都不能单独地当作本质。"（第283页）列宁还转述了黑格尔的这一观点："运动是时间和空间的本质。表达这个本质的基本概念有两个：（无限的）不间断性和'点截性'（＝不间断性的否定，即间断性）。运动是（时间和空间的）不间断性与（时间和空间的）间断性的统一。运动是矛盾，是矛盾的统一。"（第283页）列宁对这部分的摘录较详细，看来列宁对黑格尔的分析基本上是同意的。下面谈谈第一和第二论证。

芝诺的第一个论证是：一人从A到B，先要走AB的二分之一；要走AB的二分之一，先要走AB的四分之一；以此类推，以至无穷。第二个论证是：阿基里斯（古希腊著名大力士，善走）在乌龟后面一段距离追赶乌龟，阿基里斯赶上这段距离时，乌龟已走了一新的距离，等阿基里斯赶上这一新距离时，乌龟又走了一段距离，以此类推，以至无穷。结论是：这个人永远走不完这段距离AB，阿基里斯追不上乌龟，故运动是不可能的。

事实上,只要走过一定距离,阿基里斯当然赶上了乌龟,这点芝诺完全不否认,但芝诺认为,运动只是在现象中存在,但不可理解,不能论证,因为运动是矛盾的。此矛盾,从上二例可明显看出,即连续性与间断性的矛盾。运动是连续性和间断性的统一,一个物体在运动中要通过无限多的点,这就是间断性,但点与点之间又是连续的,否则任何两点之间都有一个不可逾越的鸿沟。芝诺正是把连续性看作现象,而把间断性看作本质,在本质上,一个物体并没有运动,因为在第一论证中一个人要从起点迈出一步达到第二点就不可能,在第二个论证中阿基里斯始终还差一步才能赶上乌龟,而阿基里斯却不可能迈出这一步。因此,芝诺是抓住了间断性这一方面,把它从它和连续性的统一中割裂出来,从而否认运动的。

黑格尔谈到了亚里士多德对芝诺的批评。黑格尔不同意他对第一论证的批评,但同意他对第二论证的批评。对第一论证,亚里士多德说:空间和时间是可以无限地划分的,但并没有无限地划分开来。这就是说,从理论上说,一段距离是可以无限分割的,但事实上,分割总是有限的,因而芝诺的论证不能成立。黑格尔认为,芝诺所揭露的运动的矛盾,是不能用经验来证明或反驳的。第欧根尼用步行来反驳芝诺,一个学生满足于这个反驳时,第欧根尼就打了他一下,指出还必须用心理解。亚里士多德就还停留在经验内,因此,这个回答是无力的。

对第二个论证,亚里士多德说:只要准许阿基里斯"越过界限",他就可以追上乌龟。黑格尔认为这个回答是正确的。此界限即点与点之间的间断性,间断性离开连续性就成为不可越过的界限,芝诺正是设定了这样一个界限。只要把间断性和连续性统一起来,运动就是可理解的,点与点之间的距离就是可以超越的,阿基里斯就可以赶上乌龟。

运动的矛盾,用另一种方式来表述,就是:当一个物体在一瞬间通过一点时,这个物体在那一瞬间在这个点上,也不在这个点上。黑格尔认为,不能说运动中的物体在一个瞬间仅仅在一个地方或另一个地方,或在两个地方之间,"而运动则意味着物体在一个地方同时又不在一个地方,这就是空间和时间的不间断性,——正是它才使运动成为可能"(第284页)。

列宁完全赞同黑格尔的这个观点,恩格斯也是赞同的,他说:"运动本身就是矛盾;甚至简单的机械的位移之所以能够实现,也只是因为物体在同一瞬间既在一个地方又在另一个地方,既在同一个地方又不在同一个地方。这种矛盾的连续产生和同时解决正好就是运动。"[1] 切尔诺夫(1876—1952)在其著作《哲学和社会学论文集》(1907 年)中反对黑格尔和恩格斯的观点,认为运动就是物体在某个瞬间在一个地方,在下一个瞬间在下一个地方。列宁指出这是典型的形而上学观点。列宁分析说:"(1)它描述的是运动的结果,而不是运动自身;(2)它没有指出运动的可能性,它自身没有包含运动的可能性;(3)它把运动描写成为一些静止状态的总和、联结,就是说,那种(辩证的)矛盾没有被消除,而只是被掩盖、推开、隐藏、搁置起来。"(第 284—285 页)很明显,如果物体在那一瞬间仅仅在这一点上,它就没有运动,如果物体在那一瞬间仅仅不在这一点上,它就没有通过这点。离开这个对立面的统一,运动便是不可理解的。按照切尔诺夫的理解,那就只有静止,而没有运动,因为静止的点的总和还是静止,而不是运动。芝诺的第三个论证——"飞矢不动"正是这样得出来的。

生成的矛盾是赫拉克利特提出来的。赫拉克利特反对埃利亚派肯定存在(存在是存在的)而否认非存在(非存在是不存在的)的观点,认为二者是统一的,不可分的。一切都是生成,生成就是存在与非存在的统一,不能认为存在比非存在真实。他认为,要真实都真实,要虚假都虚假,"存在和非存在是同样的少"(第 287 页)。

黑格尔对这一观点评价很高,他说:"存在和非存在只是没有真理的抽象,只有生成是第一个真理,认识到这点,乃是一个大的收获。理智认为两方各自都是真理的、有意义的,理性则相反,它在一方中认识到另一方,认识到一方中包含着它的另一方。"(第 287—288 页)列宁没有作什么评语,看来列宁对黑格尔的观点是赞同的。存在—无—生成,这是黑格尔《逻辑学》的第一个三段式,把生成或变化理解为存在和无的统一,这

---

[1] 《马克思恩格斯选集》第 3 卷,人民出版社 1995 年版,第 462 页。

是辩证的、唯一正确的理解，割裂这个统一，变化就是不可理解的，因为仅仅存在，谈不上变化，仅仅无，变化更无从谈起。

第五节　关于感觉和概念

在《哲学史讲演录》中，一般与个别的关系问题，是黑格尔经常谈论的问题之一，特别是从苏格拉底哲学到亚里士多德哲学谈得尤多。而同这一问题密切相关的就是本质和现象、感觉和概念的关系问题。对于这些，列宁作了不少摘录，而且作了很多评语。

前面已谈到过，黑格尔认为哲学的任务就是要透过个别的东西去掌握一般的东西。但一般的东西不是事物的任何共同的规定，而是共同的本质，是概念。黑格尔说："一般乃是一个贫乏的规定，每个人都知道一般，但却不知道作为本质的一般。"（第297页）列宁把黑格尔关于一般的观点转述如下："存在和概念在黑格尔那里大概是这样区分的：从联系中分割出来的单独的事实（存在），以及联系（概念）、相互关系、联结、规律、必然性。"（第297页）换言之，一般就是事物的本质、内在矛盾、规律。这种东西，黑格尔叫作客观的概念。黑格尔因此强调客观性的含义是"自在和自为的普遍性，而不是外在的客观性"，即现象。（第304页）

因此，认识的任务也就是透过对现象的认识来获得对本质的认识，对一般东西的认识。黑格尔并不否认通过感觉经验来掌握概念，他说亚里士多德是一个经验论者，然而是一个有思想的经验论者，他说："通过综合而把握住了的经验的东西，就是思辨的概念。"（第316页）但是，我们决不能从此得出结论，认为黑格尔是一个唯物主义者。列宁指出："概念与经验的、感觉的'综合'、总括、总结之间的一致，在各派哲学家看来都是毫无疑问的。这种一致是从哪里来的呢？是从神（自我、观念、思想等等）那里来的，还是从（由）自然界那里来的？恩格斯在问题提法上是正确的。"（第316页）列宁所说各派哲学家指的就是亚里士多德、黑格尔和费尔巴哈。问题在于二者一致的基础是什么，这里有着原则性分歧。

在辩证唯物主义看来，一致的基础就是物质世界，就是实践，就是在实践中获得的感性经验。这里存在着在实践基础上从物质世界向意识的飞跃或辩证的转化，从感性认识到理性认识的飞跃或辩证的转化。但是在黑格尔就不是这样了。在黑格尔看来，在自然界中就存在着概念，即事物的本质，它是事物的灵魂，而事物是它的血肉或躯壳，自然界对概念是一种束缚、限制。因此，人们通过经验获得概念不过是以自然界或感性认识作为媒介而自己认识自己而已。概念之所以同经验的总结一致，不过因为经验、自然界是概念之表现罢了。其实，我同表象是不一致的，但同思维是一致的，他说："我有屋子、木材的表象，但我自己并不就是它们，——我和屋子的表象乃是两回事。只是在思维中才有客观和主观的真正一致。"（第315页）

因此，列宁说："辩证法的拥护者黑格尔不能理解从物质到运动、从物质到意识的辩证的转化——尤其不能理解后一种转化。马克思纠正了这个神秘主义者的错误（或弱点？）。"（第314页）认真说来，黑格尔也不了解从感觉到思想的辩证的转化。因为，尽管他对这些问题在唯心主义形式下多少有所猜测，但由于唯心主义的限制，归根到底，黑格尔所说的运动只是思维的运动、精神的运动，他所说的认识只是精神的自我认识而不是从物质向意识的辩证的转化。只有马克思才纠正了他的错误，把运动首先看作物质的运动，认识是物质向意识的转化。

恩格斯同马克思是完全一致的，他说："原则不是研究的出发点，而是它的最终结果；这些原则不是被应用于自然界和人类历史，而是从它们中抽象出来的；不是自然界和人类去适应原则，而是原则只有在适合于自然界和历史的情况下才是正确的。这是对事物的唯一唯物主义的观点。"[①] 显然，恩格斯也认为原则是和经验的综合一致的，但恩格斯同黑格尔之间，却有着唯物主义和唯心主义的根本对立。

列宁坚持认识对象的一般规律的唯物主义路线，与此同时，提出了认识的辩证法的公式。他说："一般的含义是矛盾的：它是僵死的，它是不

---

① 《马克思恩格斯选集》第3卷，人民出版社1995年版，第374页。

纯粹的、不完全的等等,而且它也只是认识具体事物的一个阶段,因为我们永远不会完全认识具体事物。一般概念、规律等等的无限总和才提供完全的具体事物。"(第309—310页)这就是说,人们认识规律的过程是一个从相对真理到绝对真理的过程,其中,对每一规律的认识都是相对的。这个过程是怎样的呢?列宁概括说:"认识向客体的运动从来只能是辩证地进行的,为了更准确地前进而后退——为了更好的跃进(认识?)而后退。相合线和相离线:彼此相接触的圆圈。交错点=人和人类历史的实践。"(第310页)什么是后退?后退指离开对象,即科学的抽象活动,即理性认识,此即相离线。这就是列宁所说的"自在世界离现象世界愈来愈远的移动"(第161页),"表象比思维更接近于实在"(第246页),前进或相合线则是回到实在、回到现实物质世界的过程,即回到实践的过程。因此,相离线和相合线、后退和前进就形成一个圆圈。这个过程是一个反复的过程,即是一串相互接触的圆圈。这就是否定之否定的过程,螺旋式上升过程,波浪式前进过程。在哪儿接触呢?在实践。也就是说,这是一个从实践开始经过认识或理性认识而回到实践,然后又从实践开始而回到实践,循环往复,以至无穷,并进而从相对真理接近绝对真理的过程。这个过程也就是毛泽东所概括的,实践、认识、再实践、再认识,这种形式,循环往复,以致无穷,而实践和认识之每一循环的内容,都比较地进到了高一级的程度。

第九章 列宁对黑格尔辩证法的批判、继承和改造

《哲学笔记》在如何批判地继承人类优秀文化遗产方面,特别是批判地继承黑格尔哲学遗产方面,是一个卓越的榜样。

列宁不止一次提到恩格斯的说法,黑格尔学说是倒立的唯物主义(第104、252页)。这绝不是说,唯心主义就是倒立的唯物主义,也不是说,黑格尔学说是倒立着的现成的唯物主义,只要把它扶正过来就行了。而是

说，黑格尔颠倒了物质和意识的关系，把意识说成是客观的东西，并把这种客观的观念说成客观事物的基础，但他同时实际上用这种客观观念的发展、运动、联系反映了客观世界和认识的辩证法，反映了科学和工业的日益强大的发展。恩格斯的原话是这样的："……在从笛卡儿到黑格尔和从霍布斯到费尔巴哈这一长时期内，推动哲学家前进的，决不像他们所想象的那样，只是纯粹思想的力量。恰恰相反，真正推动他们前进的，主要是自然科学和工业的强大而日益迅猛的进步……黑格尔的体系只是一种就方法和内容来说唯心主义地倒置过来的唯物主义。"① 黑格尔对于这一点当然是坚决不承认的。他坚持说他的体系是纯粹观念的独立发展的产物，这个发展不但不是人类实践的反映，人类历史反而是这个发展的表现。但是这一点是掩盖不住的，黑格尔著作的一个显著的特点就是：在纯粹思辨地抽象地进行论述的过程中，他往往加进去一些自然科学的事例来说明他的观点，提供了许多说明辩证法的观点的恰当的例子。列宁指出黑格尔著作中的一个有趣的现象，就是黑格尔在逻辑学的正文中只谈抽象的理论，而把事实、实例、具体的东西放到注释中去，费尔巴哈曾嘲笑黑格尔把自然界放逐到注释中去了。这反映了黑格尔一方面不愿意承认人类实践和科学对哲学发展的决定性的作用，而事实上又不能不低头的矛盾心情。因此，倒立的唯物主义说的就是倒立的辩证法，被扭曲的辩证法，即用唯心主义形式表述出来的辩证法，被唯心主义歪曲了的神秘化了的辩证法。这同马克思的名言：在黑格尔那里，"辩证法是倒立着的"②，是一个意思。用列宁的话来说，就是："在黑格尔这部最唯心的著作中，唯心主义最少，唯物主义最多。"（第253页）

在这里，我们要强调指出马克思主义的一个根本观点，即辩证法必须和唯物主义相结合，只有唯物辩证法才能够是真正科学的辩证法。列宁说："事物的辩证法创造观念的辩证法，而不是相反。"（第210页）黑格尔本来是从人类实践的成果中，人类认识世界的历史中，提取出了丰富的辩证法思想，但他并没有意识到这点，反而硬要把辩证法看成是什么绝对

---

① 《马克思恩格斯选集》第4卷，人民出版社1995年版，第226页。
② 《马克思恩格斯选集》第4卷，人民出版社1995年版，第289页。

观念的运动，硬要把辩证法思想塞进一个思辨的神秘主义的体系中去，其结果就是一个充满了许多牵强附会、荒唐可笑、神秘莫测的观点的黑格尔哲学。但毕竟他的体系中还包含了丰富的辩证的内容，我们还有可能加以批判地继承。

列宁对黑格尔的态度可以概括为三点：

（一）实事求是地肯定黑格尔哲学中的合理思想。列宁对黑格尔哲学中特别是《逻辑学》中的合理思想作了细致的鉴定工作，一段话一句话地鉴定。只要是合理的因素，列宁就毫不迟疑地加以肯定。在这些地方列宁对于这个绝对唯心主义大师从不吝惜自己的赞美之词，"深刻"、"卓绝"，甚至"纯粹唯物主义"等词句，屡见不鲜。

（二）列宁对黑格尔的态度也是坚持马克思主义哲学党性原则的典范。列宁对黑格尔的唯心主义采取了毫不妥协的立场。列宁决没有因为黑格尔是马克思主义产生以前最大的辩证法大师而放弃对他的唯心主义的揭露和指责。列宁坚定地认为黑格尔哲学的根本立场是唯心主义，并不因为黑格尔说出了一些具有唯物主义内容的论断就认为在他的哲学中既有唯心主义，也有唯物主义。因为这些唯物主义论断只有从黑格尔体系中割裂出来，才是唯物主义的，而在黑格尔体系中则是作为唯心主义体系的构成部分存在的。客观唯心主义、绝对唯心主义、更彻底的唯心主义、神秘主义，这些就是列宁对黑格尔哲学体系的称呼。在若干地方，列宁一方面肯定黑格尔的合理思想，一方面又明确指责他的唯心主义的根本立场。例如，康德降低理性的力量，否认人类理性能够认识自在之物，黑格尔反对康德，认为人类的抽象思维能力能够把握真理，对此，列宁一方面说："实质上，黑格尔反对康德是完全正确的。"一方面又指出："黑格尔推崇知识，硬说知识是关于神的知识。""更彻底的唯心主义者抓住了神！"（第181页）一方面说："在这里黑格尔实质上也是正确的。价值是没有感性材料的范畴，可是它比供求规律更具有真理性。"同时又指出："不过黑格尔是个唯心主义者，所以就有'构成性的'之类的胡说。"（第183页）这样的地方是很多的。因此，黑格尔的《逻辑学》中明显的唯心主义胡说，列宁常常加以无情的揭露，如黑格尔认为，《逻辑学》的第一个范畴纯存在是绝对的第一个或最纯粹的最抽象的规定。以后黑格尔经常提到这个或那个范畴是绝对的定义。绝对是纯存在，绝对是本质，绝对是概念，等等。这个"绝对"即是绝对观念，即是神，每一范畴都是绝对观念的一个发展阶段。这一套唯心主义的胡说，列宁指出是"关于绝对的呓语"（第104页）。黑格尔把机械性看成是精神、概念的异在，列宁指出"这是空洞的类比的游戏！"（第198页）黑格尔说，"精神不仅比自然界无限地丰富，而且……概念中对立物的绝对统一构成精神的本质"。列宁在摘录了这段话后左面批一个"神秘主义！"，右面批一个"神秘主义！"（第219页）。黑格尔在《哲学史讲演录》中大肆吹捧唯心主义者而极力贬低唯物主义者，甚至把唯物主义者歪曲成唯心主义者，对于黑格尔这种唯心主义偏见，列宁也一一加以揭露。例如列宁指出："黑格尔细致地渲染柏拉图的'自然哲学'，渲染荒谬透顶的理念的神秘主义……这是非常典型的！神秘主义者——唯心主义者——唯灵论者黑格尔（也像我们这时代的一切御用的、僧侣主义唯心主义的哲学一样）吹捧和咀嚼哲学史中的神秘主义——唯心主义，抹杀和鄙视唯物主义。参看黑格尔论德谟克利特——什么也没有讲！！而关于柏拉图则讲了一大堆神秘主义的陈词滥调。"（第312页）前面我们已经详细谈到这种情况，这里从略。所有这些例子都说明，列宁是如何毫不留情地斥责黑格尔的唯心主义观点。

（三）既然黑格尔的哲学是辩证法和唯心主义的统一整体，那么，简单地继承或抛弃的做法都是错误的。对黑格尔哲学，同对任何人类优秀文化遗产一样，马克思主义的态度是：批判地继承。具体点说，唯物主义地改造黑格尔的辩证法。用列宁的话来说，就是"用唯物主义观点来读黑格尔的著作"（第104页），就是"揭发、理解、拯救、解脱、清洗"黑格尔的辩证法（第147页）。如果在黑格尔著作中，唯心主义和辩证法是截然分开了的，这个改造的工作将变得简单轻易，但事实上二者在黑格尔哲学中是完全纠结在一起的，改造绝不是像剥掉花生皮取出花生仁，或把一张倒立着的书桌颠倒一下那样简单的机械动作。那么，究竟怎样才是对黑格尔辩证法的唯物主义的改造或颠倒呢？马克思和恩格斯作过一般的指示并提供过一些具体的例子，列宁在《哲学笔记》中更提供了大量具体的例子。具体地全面地研究《哲学笔记》中的有关材料，将使我们对于如何唯物主义地改造黑格尔哲学获得一个正确的了解。根据初步的研究，列宁对黑格尔辩证法的唯物主义改造，有以下几种情况。

第一，黑格尔有些论断，虽然完全是在他的绝对唯心主义基础上讲的，但如果砍头去尾地从其体系中割裂出来，则是完全正确的。在《哲学笔记》中，列宁提供了相当数量的这一类的例子。例如黑格尔说："正像同一句格言，从年轻人（即使他对这句格言理解得完全正确）的口中说出来时，总是没有那种在饱经风霜的成年人的智慧中所具有的意义和广袤性，后者能够表达出这句格言所包含的内容的全部力量。"（第98页）列宁摘录了这个论断，并认为这个论断是"唯物主义的"。

第二，黑格尔的某些论断中包含着合理的因素，但黑格尔唯心主义地颠倒了这种合理的因素，因而还须加以唯物主义地颠倒，才能为我们所汲取。例如黑格尔说："被生物所征服的无机界之所以被征服，就是因为自在的无机界和自为的生命是一样的东西。"（第217页）这里，黑格尔认为有机界和无机界是同一的，因为它们都是绝对观念的不同环节。因此，生物能征服、同化无机界，把无机界作为它发育成长的场所。黑格尔肯定无机界和有机界的同一性是正确的，但他把同一性的基础看作绝对观念，因此，应该颠倒过来，把同一性的基础看作客观物质世界，而无机界和有机界是它在发展过程中的不同环节或阶段。因此，列宁说："倒转过来＝纯粹的唯物主义。卓绝、深刻、正确！！"（第217页）这种例子，在《哲学笔记》中很多，有的列宁明确指出要颠倒，有的没有明确指出。其实，不仅对黑格尔的某些论断应该唯物主义地颠倒，对黑格尔的整个辩证法都须唯物主义地颠倒。

第三，黑格尔的某些论断中包含有合理的因素，但这些论断不仅是他的唯心主义体系的构成部分，而且其中就明显地包含有唯心主义的概念，在这种情况下，仅仅割裂出来就不够了，还须抛掉这些唯心主义的概念。例如黑格尔说："不论在天上，在自然界，在精神中，不论在哪个地方，没有什么东西不是同时包含着直接性和间接性的。"（第103页）列宁很重视黑格尔这句话，认为它提出了关于世界的普遍的有规律的联系的思想，但必须抛去其中明显的唯心主义概念。列宁说："（1）天—自然界—精神。打倒天。唯物主义。（2）一切都是经过中介，连成一体，通过转化而联系的。打倒天——整个世界（过程）的有规律的联系。"（第103页）列宁又说："我大抵抛弃神、绝对、纯粹观念等等。"（第104页）这是列宁对这类论断的一般态度。但是，在许多地方，唯物地改造黑格尔的辩证法要比上面提到的复杂一些。在上面提到的几种情况下，黑格尔的论断经过改造以后还在不同程度上保存着原来的表述形式，而在有的地方，黑格尔的论断中虽然有着合理的因素，但他使用了纯粹思辨的抽象的晦涩的语言，这些论断经过改造之后，就不大看得出原来的样子了。这种情况在《哲学笔记》中并不少见，而就黑格尔《大逻辑》全部著作来说，大部分恐怕都是属于这种情况。例如《概念论》第一篇的第一、二章（《概念》和《判断》），列宁没有作什么摘录，并认为这些部分"是极其抽象和'晦涩的'"，是"引起头痛的最好办法"（第187页）。但这并不是说其中没有任何合理的东西，只是这些东西被极端抽象的纯粹思辨的逻辑推演掩盖住了，只有透过这些神秘的迷雾才能把其中合理的东西揭露、解救出来。对于这些部分的合理东西，列宁写道："看起来，对黑格尔来说，这里主要的也是把转化指出来。从一定观点看来，在一定条件之下，普遍是个别，个别是普遍。不仅是（1）一切概念和判断的联系、不可分割的联系，而且是（2）一个东西向另一个东西的转化，并且不仅是转化，而且是（3）对立面的同一——这就是黑格尔的主要的东西。然而这是穿过迷雾般的极端'晦涩的'叙述才'透露出来的'。"（第188页）在《概念论》的摘录中，列宁还采取了一种新的方式来表明这种改造，即在左边摘录下黑格尔的原话，在右边相应地方写下经过改造的观点，亦即唯物主义辩证法的观点，例如列宁在左边摘录了黑格尔谈论机械性、化学性和目的性的关系的一段话，在右边一一相应地写下了经过改造的观点，亦即唯物主义辩证法关于主观与客观、认识和实践的关系的观点。比较黑格尔的话和列宁的话，可以看出，二者是大不相同的，但后者又确乎是前者中合理思想的唯物主义的表述。（见第200—201页）其他相似的例子（见第207—209、228—230页）也在不同程度上表明了这种情况。

从以上可以看出，唯物主义地改造黑格尔的辩证法，就是在有着合理因素的地方，把掩藏在黑格尔唯心主义辩证法中的客观辩证法或认识辩证法的内容挑出来，而挑选的方式则视情况而异。上面那些例子，绝大部分都是挑出客观辩证法内容，有必要指出，列宁也很强调挑出认识论内容。他说："不能原封不动地应用黑格尔的逻辑，不能把它现成地搬来。要挑选出其中逻辑的（认识论的）成分，清除掉它的神秘观念。"（第293页）例如黑格尔认为，从存在到本质的发展是一个客观的过程，是绝对观念的自我发展过程，这当然是神秘主义的。列宁认为黑格尔这里所描述的实际上是认识的过程，他说："概念（认识）在存在中（在直接的现象中）揭露本质（因果律、同一、差别等等）——整个人类认识（全部科学）的真正的一般进程就是如此。"（第355页）但是，黑格尔把这个一般进程神秘化了。又如黑格尔说，观念"是概念和客观性的同一，是一般的东西"，这个观念在黑格尔是一个客观的神秘的东西，他还描述了观念的自我同一的矛盾过程（第207—208页）。列宁加以唯物主义地改造说："观念（要读作：人的认识）是概念和客观性的一致（符合）。"（第207页）并把观念的自我同一的过程改造成为主观与客观的矛盾发展过程。黑格尔的原话是极其神秘晦涩的，经过列宁的唯物主义改造，即挑出其中的认识论成分，清除掉它的神秘观念，这段话便被改造成为描述认识的辩证过程的一段很精彩的话。这种例子在《哲学笔记》中是很多的。

总之，唯物主义地改造黑格尔的辩证法是一个复杂的工作，对黑格尔的不同论断要采取适当的不同的做法，但是，必须打碎黑格尔的整个体系，才能把其中合理的东西揭发、拯救出来。认为只要把唯心主义立场"改变"为唯物主义立场，黑格尔的体系就可以原封不动地为我们所利用的观点，是极其荒谬的。正如恩格斯所指出的，黑格尔哲学按其原来的样子是完全不适用的。

初学唯物辩证法应该
注意的几个问题[①]

在我们国家里,由于马克思主义是我们一切工作的指导思想,由于哲学学习十分普及,马克思主义辩证法,即唯物辩证法(简称辩证法),对于大家是并不陌生的。但是,熟知的东西不等于真知的东西,关于辩证法的对象、内容和作用等问题都存在着一些似是而非的模糊的看法或分歧的意见。对于初学辩证法的同志们来说,谈谈以下几个问题,我想是有益的。

一、辩证法是方法还是理论?

顾名思义,辩证法当然是方法,这是没有争议的,它是最一般的思维方法,也是最一般的工作方法,但它是否仅仅是方法而不是理论呢?辩证法这个名词来自古希腊,原指一种使对方自行暴露其思想中或论点中的逻辑矛盾的辩论方法,因而中文有辩证法这一译名。黑格尔和马克思主义经典作家在他们的著作中也经常提到辩证法这一方法如何如何。于是,逐渐形成了一种说法,马克思主义哲学的理论是唯物主义的,方法是辩证的,或者说,唯物主义是它的理论,辩证法是它的方法。那么,唯物主义是不是方法呢?辩证法是不是理论呢?唯物主义当然也是方法,党的思想路

[①] 原载《哲学刊授》1985年第3、4期。

线——实事求是就是唯物主义方法的主要表现。唯物主义首先是一种理论，用它来指导我们的认识活动和实践活动，就是思维方法和工作方法。辩证法也是这样，它首先是理论，然后才能是方法。

什么是思维方法和工作方法呢？它们就是指导我们思维和工作的有一定普遍性的原则。我们的思维和工作总是在同客观对象打交道，我们对我们的对象不可能毫无所知，我们必须遵循这些知识，思维和工作才能取得成功。例如建造高楼大厦，修筑铁路桥梁，我们首先就要勘察地基，搜集地质、气候、水文的资料，进行计算，制定蓝图，这时，数学、地质学、气象学以及其他多种科学知识，都是我们必须遵循的，这些知识都是指导我们进行这一认识活动和实践活动的方法。这些知识都是对客观对象的规律性的反映，因而成为我们成功地进行认识和实践的方法。辩证法是一种最一般的理论，因而也成为一种最一般的方法，被应用于任何认识活动和实践活动之中。

辩证法尽管最初只被理解为方法，但在它发展的过程中，也逐渐被理解为理论，作这种理解的突出代表就是黑格尔。黑格尔的代表作是《逻辑学》，这本书讲的是他的辩证法，但他在这本书中反复强调逻辑学绝不是单纯的工具，即纯粹的方法，而是关于真理的学问，也就是世界观，世界观当然是理论。马克思和恩格斯经常谈论作为方法的辩证法，也谈论作为理论的辩证法。他们谈到过辩证法在对现存事物的肯定的理解中同时包含对现存事物的否定的理解，谈到过辩证法不过是关于自然、人类社会和思维的运动和发展的普遍规律的科学，谈到过他们把黑格尔辩证法转为唯物主义的自然观。列宁也是如此，明确提到过马克思和恩格斯的这些思想，还谈到过形而上学和辩证法是历史上两种基本的发展观，辩证法是关于一切物质的、自然的和精神的事物的发展规律的学说。斯大林虽然说辩证法是方法，但他在谈到辩证法的四个特征时，仍然是把它们先作为辩证的规律，而后作为方法来谈的。毛泽东明确讲辩证法和形而上学是两种宇宙观。

总之，辩证法有两个方面，它首先是理论，然后才是方法。现在有的人为了区别这两个方面，把作为理论的辩证法叫作辩证法，而把作为方法的辩证法叫作辩证的方法。把作为理论的辩证法叫作辩证论也许更确切些，但约定俗成，勉强改变可能会引起更多混乱。把观点叫作"法"在汉语中也是常见的，例如"说法"并不是说话的方法而是论断，"想法"不是思想的方法而是思想，"看法"不是观察的方法而是观点，把辩证的理论叫作辩证法也应该是允许的。

除了辩证的理论和辩证的方法而外，辩证法一词还有第三种用法，即指客观的辩证的规律，例如恩格斯所说的支配着整个自然界的客观辩证法、列宁所说的历史的辩证法、资产阶级民主制度的内在辩证法，都不是理论或方法，而是客观地存在于自然界或人类社会中的辩证规律及其表现。正是因为客观世界里存在着客观的辩证规律，才有正确反映辩证规律的思维辩证法以及把辩证法应用于认识世界和改造世界的辩证方法。如果辩证法只是方法，如果没有辩证规律和辩证理论作为它的客观基础和理论根据，那么，这种方法就会成为主观自生的东西，用它来认识世界和改造世界也会是无效的。

二、辩证法是范畴还是规律？

关于辩证法的内容，目前存在着两种理解。广义的理解把唯物辩证法完全等同于辩证唯物主义，一般称为唯物主义的那些内容，如世界的统一性、世界的本质、物质存在的形式、物质和意识的关系等，都被包括在辩证法之中。这种理解有其优点，它有利于把辩证唯物主义了解成一个更为完整严密的思想体系。但目前一般教科书仍然按照长期以来形成的习惯，把辩证法看成辩证唯物主义的一部分，另一部分是唯物主义，这是狭义的理解。狭义的理解把辩证法又分为两个组成部分，即辩证法的三个基本规律（对立统一、量变质变和否定之否定）和辩证法的范畴（原因和结果、必然和偶然、可能和现实、内容和形式、本质和现象等）。这里往往产生一种看法，似乎辩证法的规律和范畴截然不同，规律不是范畴，范畴不是规律。这实在是一种误解。

把辩证法分为规律和范畴来叙述，始于苏联20年代的教科书，那是在唯物辩证法的完整严密的体系还未形成时的一种权宜之计，它的根据是恩格斯在《自然辩证法》中提到的辩证法的三个主要规律和经典作家经常谈到的几对范畴。后来采用这种分法的教科书中，除了三个主要规律是一致的而外（三个规律的排列顺序也不完全一致），范畴的数目和排列的顺序也不一样。其实经典作家没有作过这种划分，历史上的哲学家也没有谁作过这种划分。例如黑格尔的《逻辑学》共有一百多个范畴，他通过这些范畴论述了他的哲学思想，这些思想在他看来都是世界的普遍必然联系的反映，都是辩证法的规律。恩格斯的三个规律都是从黑格尔的《逻辑学》中抽取出来，加以改造而成的，不但黑格尔没有说过其余范畴只是范畴，不是规律，恩格斯也没有这样说过。顾名思义，这三条规律既然是主要规律，当然还存在非主要规律。

大家知道，科学是要讲规律的，而规律是普遍的必然的联系。怎样讲联系呢？通过概念，规律就是概念的联系。每一门科学的基本概念就是它的范畴，有物理学范畴、生物学范畴、社会学范畴等等。辩证法范畴就是辩证法的基本概念，我们正是通过它们来叙述辩证法的规律，即辩证法的原理的。怎么可以把范畴和规律截然分开，把有的部分叫作规律，把有的部分叫作范畴呢？离开范畴根本无法表述规律，只讲范畴而不讲规律也没有什么意义。事实上，我们在讲三条主要规律时，是通过一系列范畴来讲的，其中主要的范畴有正面和反面、统一和斗争、质与量、量变与质变、肯定和否定、反复与前进等等。我们在讲若干对范畴时，不但分别讲了这些范畴，而且讲了范畴之间的联系，即辩证思维规律。例如有因必有果、有果必有因，就是一个普遍的规律，列宁曾称之为因果律。又如偶然性是必然性的表现和补充，现象是本质的表现，一切新事物的出现都要经过从可能到现实的过程，等等，何尝不是规律呢？

因此，从规律和范畴的内容来说，其性质并没有什么区别，它们都既是范畴，又是规律，但就这些范畴或规律的相互关系或各自在辩证法中的位置来说，它们之间当然是有区别的：三条规律是主要规律，其他规律则是非主要规律，三条规律中，对立统一规律则是最主要的规律，因为它回答的是事物运动、变化、发展的根本动力问题，所以我们把它叫作辩证法的核心。

三、主观地还是客观地运用辩证法？

辩证法是科学，又是认识世界和改造世界的方法，但它并不是万应灵丹，能够药到病除，这里有一个如何运用的问题。列宁谈到对立统一规律的灵活性时说："主观地运用这种灵活性＝折中主义与诡辩。客观地运用的灵活性，即反映物质过程的全面性及其统一的灵活性，就是辩证法，就是世界的永恒发展的正确反映。"① 这话对于整个辩证法都是适用的。不仅方法本身有正确与错误之分，应用也有正确与错误之分，主观的应用就是错误的应用，客观的应用才是正确的应用。

在教条主义影响下，过去形成了一种想法，似乎只要我坚持的是真理，我执行的是正确的理论和方法，所谓"大方向不错"，我的行动就是正确的。历史经验告诉我们，事情远不是这么简单。诚然，如果我的理论和方法都是错误的，我的行动就不可能是正确的，但正确的理论和方法并不能保证行动的正确。过去我们一贯强调区分人民内部矛盾和敌我矛盾，而事实上却是严重地混淆了两类矛盾。这些错误，在"四人帮"被粉碎之后，特别是党的三中全会之后，绝大多数都纠正过来了，如果还有的话，也会被纠正过来。但是，单单要区分两类性质不同的矛盾的思想，并不能保证今后不犯混淆两类矛盾的错误，只有注意客观地应用这一思想才能不犯或少犯这类错误。对辩证法也应坚持客观的应用。那么，什么是客观的应用呢？

所谓客观的应用，就是以辩证法原理为指导来分析、研究实际材料，从这种具体分析中引出结论，而不是把原理硬套在实际材料上，或不经具体分析，而主观地引出结论，实际上是把先验的结论强加在客观对象上

---

① 《列宁全集》第55卷，人民出版社1990年版，第91页。

面。例如辩证法的对立统一规律告诉我们，矛盾是普遍的，我们要认识和改造这个事物就得对它进行矛盾分析，但是，辩证法只告诉我们它有矛盾，没有告诉我们它有多少矛盾，有些什么矛盾，它的主要矛盾是什么，怎样解决这些矛盾，而这些问题只有经过对具体材料的分析才能正确解决。许多年轻同志在学习了对立统一规律之后，往往举出一些事物出来希望教员立刻回答它们的矛盾是什么。教员并不是全知全能的，即使他精通对立统一规律，是个辩证法大师，也无法回答。勉强回答，只能提出一些非常空洞抽象甚至令人发笑的答案，那是既不能说明问题，更不能解决问题的。

《关于建国以来党的若干历史问题的决议》指出："不能把辩证法看作是可以死背硬套的公式，而必须把它同实践、同调查研究密切结合，加以灵活运用。"可以说，今天的大好形势中就包含着全国人民在党中央领导下对辩证法的灵活运用。但是，这个运用绝不是简单地从辩证法和马克思主义毛泽东思想的其他原理中引出结论，而是在一般原理的指导下具体分析具体问题，打破过去的思想框框，得出新的结论，采取新的做法的过程，其中理论和实际、认识和实践经过了多次反复。我国目前空前高涨的经济形势和即将全面展开的以城市改革为重点的经济体制改革就是理论联系实际的思想路线的伟大成果。其中的许多观点和做法确实是在马克思主义和毛泽东思想的指导下作出的，然而在马克思、列宁和毛泽东的著作中都是找不到的。党中央不愧是客观地运用辩证法及其他原理的典范。

辩证法是人类长期实践和认识的结晶，是几千年科学发展的结晶，是工人阶级和广大劳动人民一百多年来的社会主义革命和建设的结晶，我们决不能因其高度的概括性、抽象性而把它视为无用，但也不能把它看作包含一切对未来事变的现成答案的锦囊妙计。我们要运用辩证法，更要正确地运用辩证法。不运用辩证法是要受惩罚的，错误地运用辩证法也是要受惩罚的。

七对概念辨析[①]

关于人的活动的主体性问题近年来开展了广泛的争论，其中有观点之争，也是概念之争，即由于对概念的理解不同而产生的争论，表面上唇枪舌剑，十分热闹，实际上理解各异，互不交锋，这种争论很难争出结果来。令人苦恼的是，哲学上的争论很难避免这种概念之争，因为哲学概念不仅为各门学科所使用，也为各行各业的人们在日常生活中所使用，有极大的广泛性、模糊性、随意性。但仅仅苦恼是徒然的，积极的态度还是对一些概念进行适当的辨析，使之尽可能减少一些模糊性和随意性，并使观点上的分歧能够明显地呈现出来。我认为这对于主体性研究的深入是必要的。

围绕主体性问题有七对概念需要辨析，它们是：存在和思维、物质和意识、自然界和精神、主体和客体、主体性和客体性、主观和客观、主观性和客观性。除主体性和客体性这一对概念外，其他六对也是我们在经典著作和教科书中经常看见的。这七对概念确切的含义是什么？它们之间有什么联系和区别？对这个问题，我不想凭自己的想法加以武断地规定，而是努力去捕捉人们在发言和文章中对这些概念的大体一致的理解，或者说，去寻求根据一般的用法应该具有的含义。如果我们对这些概念有比较精确的共同的理解，人们就可以在讨论中少费一些唇舌和笔墨。

根据一般的理解，前三对概念主要是本体论（世界观）概念，有时也作为认识论概念来使用；后四对概念主要是认识论概念，有时也作为本体

[①] 原载《人文杂志》1993年第1期。

论概念来使用。所谓本体论概念是表明宇宙整体及其普遍性的那些概念，如宇宙、时间、空间、运动、联系等等；所谓认识论概念是表明认识现象的整体及其普遍性的那些概念，如认识、知识、真理、谬误、感性、理性等等。但整体是由部分构成的，离开部分就没有整体，特别是离不开主要部分。从人的角度来说，宇宙整体是由自然界和人类社会，或外部世界和精神世界构成的，因为人类社会、精神世界等概念也被看成本体论概念，这并不意味着精神现象存在于一切自然物之中。前三对概念之所以是本体论概念，是因为每一对概念均指现实世界中并列的两种现象、两类东西或两个领域。一种是物质现象，一种是精神现象。物质现象存在于人的主观世界之外，而精神现象也就是人的主观世界。二者统一起来，构成统一的现实世界。二者的并列是相对的，不是绝对的，因为精神现象就存在于物质现象之中，离不开物质现象，实际上是物质的机能和属性，但物质现象却可以离开精神现象而存在。唯心主义攻击唯物主义把世界二重化或二元化，就是把相对并列歪曲为绝对对立的结果。精神现象的本质特征是意识（包括显意识与潜意识），即对外部世界的反映（包括对自己的反映），意识中最根本的东西是思维，即反映外部世界的本质和规律性的能力，因而有时就以思维代表意识。物质现象的本质是物质，物质是运动、关系、属性的载体，所有这些都可用客观存在来概括，它们构成的整体就是自然界（广义的，即整个世界）。由于习惯的作用，在哲学中就形成了存在与思维、物质与意识、自然界与精神三对概念，它们常常被当作同义词使用，但严格讲，它们只是相当的，并不相等。它们的区别是：自然界是各种自然物构成的整体，物质是对各种自然物的最高概括，存在是对自然物及其属性、关系的最高概括，存在在普遍性上高于物质；意识与精神在外延上是相同的，意识偏重于活动，精神偏重于静态，而思维则包含在意识或精神之中。这三对概念被作为认识论概念使用时，其含义就是客体和主体。

一般都说客体和主体是认识论概念，这不很确切。确切说，它们是历史观概念，或者说，它们首先是历史观概念，然后才是认识论概念。主体这一概念，除了有实体、主要部分等含义而外，最主要的含义是指某种活动的主动发出者。除某些高级动物有类似活动而外，只有人有这种自觉活动。自觉活动即有意识的活动，是相对于本能活动说的，不是相对于自发活动。人的自觉活动中最根本的是实践活动，一切人的实践活动的总和就是人类的历史。因此，主体首先是实践活动的主体。人除了有实践活动外还有认识活动和评价活动，因而人也是认识的主体和评价的主体。认识活动和评价活动是从属于实践活动的，主体当然首推实践的主体。客体是某种活动的接受者，相应于三种主体也有三种客体，即实践客体、认识客体和评价客体，其中最根本的也是实践客体。主客是一对矛盾范畴，主体与客体也是一对矛盾范畴，无主体便无所谓客体，无客体也无所谓主体。从这种意义讲，主体与客体是相互依存的，不可分割的。但是，要问具体的主体和客体是什么，我们只能回答，主体归根到底是人，集体的主体如群体、阶级、民族、国家等等总是由人构成的，除人以外没有别的主体；客体只能是包含主体在其中的整个世界，或这个世界中的事物，从这种意义讲，主体是部分，客体是整体，主体依存于客体，客体不依存于主体，也就是说，它的存在是不以主体的意志为转移的。这可以说是这对概念的本体论意义。有一种观点认为，客体不是整个世界，只是进入人的实践活动或认识活动中的事物，即总是依存于主体的，从任何意义上都不能说客体不依存于主体。这种理解难于成立，何谓"进入"？只能是主体已经改造过或已经认识的东西，那么，没有改造过或没有认识的东西是否就不是客体了呢？恐怕不能这样说，因为客体只是人的实践活动或认识活动所指向的东西，不是说已经改造了或认识了，假定实践或认识失败了，客体仍然是客体，其存在不依存于主体，而且，进入了实践或认识活动的客体，它在主客关系中依存于主体，但其存在仍然不依存于主体。笼统一点说，不能否认客体就是现实世界。

主体性与客体性这对范畴是从主体与客体这对范畴引申出来的。如果主体与客体能成立，主体性与客体性也能成立。因为主体性不过是众多主体的根本共性，客体性不过是众多客体的根本共性，正如众多男人有男人性，众多女人有女人性，人有人性，党有党性一样。"性"一般指根本共性，而不是任何共性，如果把任何共性都包括在"性"中，那就太滥了。所以，问题在于根本共性是什么。而这里的问题在于主体与客体各自的根本共性是什么，主体是人，但并不等于人，人只有作为某种活动的主动的发出者才是主体。因此，主体性不等于人性，而只能是作为主体的人的根本共性，而不是人的其他共性。一个具体的人具有多层次的共性，他首先是一个自然物，具有各个层次的物性，如物质性、生物性、动物性等等，这些都不是人性，而只是他得以存在的自然属性。作为人，他有多种社会属性，即人性，如实践性、劳动的能力、会说话、能思维、能审美等等，这些都是人之所以为人而异于动物的共性，其中任何一个都可以把人和动物区别开来。人的主体性只是一种人性，而绝不是全部人性。那么，它的内容是些什么呢？我认为它就是人在自觉活动中不可缺少的自立性、自为性、自主性、能动性等，这些都是人之所以为主体的根本共性，不管他是实践主体、认识主体还是评价主体。客体是世界，但不等于世界，世界只有作为某种活动的接受者或被指向者，才是客体。因此，客体性不等于世界的共性，而只能是作为活动的接受者或被指向者的事物的根本共性，而不是事物的其他共性。那么，它的内容是些什么呢？我认为它就是事物在人的活动中的受动性、外在性、对立性，这些都是客体之所以为客体的根本共性。这也就是我们经常谈到的不以人的意识为转移的客观实在性。

主观与客观显然不同于主体与客体。主体是人，主观是主观的东西的简略语，即头脑中的心理活动，是主体的一部分。客体同客观的东西实际是一回事。因此，我们可以说客体或客观是第一性的，主观是第二性的；却不能说，客体或客观是第一性的，主体是第二性的。但是，主观与客观在一定意义上也是相互依存的，无主观，客观就没有意义；无客观，主观也没有意义。同主体与客体的关系一样，就其本体论意义来讲，主观离不开客观，而客观却可离开主观。至于主观性与客观性，它们同主体性与客体性的含义是一致的，主观性基本上就是主体性，客观性就是客体性。

在这四对概念中，主体与客体是最基本的，其余三对都是从它引申出来的。把这四对概念译成英语，它们的含义似乎更清楚一些。主体与客体是 subject 与 object，主观与客观是 the subjective 与 the objective，主体性与主观性都是 subjectivity，客体性与客观性都是 objectivity。

目前哲学界在对主体与主观、主体性与主观性、客体与客观、客体性与客观性的区别问题上分歧较大。按照上面的分析，主体不等于主观，但主体性与主观性、客体与客观、客体性与客观性是没有区别的，或者说，基本上是一致的，特别是主体性与主观性、客体性与客观性难于区别，它们都是可以作为同义词交替使用的。有的同志认为由于主体与主观有明显的区别，所以客体和客观、主体性和主观性、客体性和客观性也有明显的区别，决不能同样使用。其理由大致是：客观与主观的关系是第一性与第二性的关系，二者并不相互依存；而客体与主体没有第一性与第二性的关系，二者相互依存，同时产生，同时消失。主体是人，是有血有肉的具有实践能力的客观的东西，主观是观念性的东西；客体是依存于主体的，只是进入主体的实践和认识范围中的部分。客观是整个世界。因此，主体性即主体的主要特性是客观性、实践性；客体性即客体的主要特性是对主体的依存性，而客观性是不以人的意识为转移的实在性。这种观点不是毫无道理，但整个说来是难于成立的。它的关键问题是一方面忽视了主体之为主体在于它是某种活动的主动发出者，而把它笼统地等同于人，从而把主体性等同于人性；另一方面忽视了客体之为客体在于它是某种活动的接受者，它不一定在活动范围之中，而是为活动所指向的东西，可以在活动范围之外，倒是可以笼统地等同于客观世界。主体不能不具有主观性或主体性，客体不能不具有客观性或客体性。按照上述观点，主体的主要特性是客观性；客体的主要特性是主观性，这种"辩证法"实在令人费解。

关于唯物辩证法的核心问题[①]

辩证法的核心是不是对立统一规律或矛盾规律，本来一直存在着意见分歧，由于现代系统论的出现，近年来，关于这个问题的意见分歧更加突出了，并展开了热烈的讨论。这是一个重要的理论问题，进一步讨论一下十分必要。本文试图阐明一下这一命题的确切含义，然后考察一下几种不同看法。

一、"对立统一规律是辩证法的核心"的确切含义

需要首先明确的是：何谓"辩证法的核心"？"辩证法"（dialectics）作为世界观有广义与狭义之分，广义的唯物辩证法就是辩证唯物主义，是全部世界观；狭义的唯物辩证法是关于发展的科学，是世界观的一部分，即传统教科书中的辩证法的规律和范畴部分，或称发展观。辩证法的核心不是指全部世界观的基本问题或核心部分，而是指作为发展观的辩证法的核心。那么，何谓核心？这得从黑格尔谈起。

黑格尔辩证法关注的是事物的发展或自己运动，在他看来，发展的动力问题最关键，因此，他认为"一切活动的，即生命的和精神的自己运动的最内在的泉源，是辩证法的灵魂"[②]，在这里他具体指的是正反合三段式

[①] 原载《社会科学战线》1993年第2期。
[②] 转引自《列宁全集》第38卷，人民出版社1990年版，第197页。

或否定之否定。列宁对此加了一个批语:"辩证法的精华"。黑格尔的这一观点是他在总结他的《逻辑学》的基本方法时谈到的,他认为辩证法的方法即哲学范畴自己发展的根源,也就是构成他的《逻辑学》体系的方法或基本原则。后来马克思、恩格斯、列宁、毛泽东都是如此理解"辩证法的核心"的含义的。马克思在《哲学的贫困》中说:"两个相互矛盾方面的共存、斗争以及融合成一个新范畴,就是辩证运动。"① 恩格斯也说过,"按本性说是对抗的、包含着矛盾的过程,每个极端向它的反面的转化,最后,作为整个过程的核心的否定之否定"是马克思的辩证法观点。关于这种理解,讲得最清楚的是列宁,他说:"可以把辩证法简要地规定为关于对立面统一的学说。这样就会抓住辩证法的核心。"② 又说"统一物之分为两个部分以及对它的矛盾着的部分的认识……是辩证法的实质"③,紧接着列宁就进一步阐述了辩证的发展观与形而上学的发展观的根本对立之点在于是否承认发展是对立面的统一和斗争,或者说,是否承认对立面的统一和斗争是事物自己运动的泉源。这些思想有一个共同之处,即承认辩证法的灵魂、精华、核心或实质(这些名词都是同义的)指的是事物自己运动的内在泉源或动力,但具体说来,这个动力是什么,他们的回答是不完全相同的。

　　从上述引文可以看出,黑格尔、马克思和恩格斯都认为否定之否定是辩证法的核心,即事物自己运动是由否定之否定规律推动的。列宁没有明确这样讲,但"对立面的统一"也可以理解为否定之否定。黑格尔认为否定之否定是肯定和否定的统一,即对立面的统一,很难说列宁完全否定了这种理解,但也很难说他完全同意这种理解。这就涉及否定之否定和对立面的统一的联系和区别的问题。在黑格尔那里,二者是同义的,在后来的发展中,对立面的统一逐渐成了对立统一规律的简称。在《哲学笔记》中列宁对这个问题的看法是有变化的,这里没有篇幅详述这一过程,总之,在列宁写《谈谈辩证法问题》时,否定之否定和对立面的统一已作为两个

---

① 《马克思恩格斯选集》第1卷,人民出版社1995年版,第144页。
② 《列宁全集》第55卷,人民出版社1990年版,第192页。
③ 《列宁全集》第55卷,人民出版社1990年版,第305页。

不同的规律明确区别开来了。

应该说，实际上首先作这种区分的是马克思和恩格斯。恩格斯在《自然辩证法》中从黑格尔的《逻辑学》概括出辩证法的三个主要规律："量和质的转化——两极对立的相互渗透和它们达到极端时的相互转化——由矛盾所引起的发展或否定之否定——发展的螺旋形式。"① 这里他已经把对立统一规律看成动力，把否定之否定的过程看成它的表现。而马克思和恩格斯在许多著作中谈到否定之否定的具体例证时都突破了正反合的机械公式，实质上把它理解为发展过程的前进性和重复性（反复性、循环性）的统一，已经开始把否定之否定和对立面的统一分开了，但对否定之否定作出明确概括的还是列宁："在高级阶段重复低级阶段的某些特征、特性，并且仿佛是向旧东西的复归（否定之否定）。"② 列宁喜欢把它比作螺旋式上升或一串圆圈，毛泽东喜欢把它比作波浪式前进。这样，否定之否定规律的作用限于一组矛盾的解决过程之中，即矛盾双方在相互依存和斗争中反复较量，相互消长，或反复协调，相互让步，最终达到矛盾的解决。它的公式是 A—B—A，而不是 A—B—C，前者具有普遍性，后者没有普遍性，因为前者是矛盾双方的反复过程（三阶段只是代表），后者所涉及的超出了一组矛盾。至于对立统一规律，它所揭示的是事物自己运动的内部机制，其内容同否定之否定的区别是十分明显的。

对对立统一规律即矛盾规律的表述，应以列宁的《谈谈辩证法问题》中的表述最为确切。他谈到了事物都是一分为二的（矛盾），对立面之间的统一和斗争导致发展（质变）。后来毛泽东作了简洁而完整的概括："有条件的相对的同一性和无条件的绝对的斗争性相结合，构成了一切事物的矛盾运动。"③ "矛盾着的对立面又统一，又斗争，由此推动事物的运动和变化。"④ 这一规律的内容可以分解为四点：（1）任何事物或任何现象内部都存在着矛盾；（2）矛盾双方是统一的，即相互依存的；（3）矛

---

① 《马克思恩格斯选集》第4卷，人民出版社1995年版，第259页。
② 《列宁全集》第55卷，人民出版社1990年版，第191页。
③ 《毛泽东著作选读》上册，人民出版社1986年版，第175页。
④ 《毛泽东著作选读》下册，人民出版社1986年版，第766页。

盾双方是斗争的，即相互排斥的；（4）矛盾通过统一和斗争达到解决，即发展。这样，我们就可把辩证法的三个主要规律联系起来：对立面的统一和斗争导致发展；发展就是质变，于是事物的变化就呈现出从量变到质变的过程；量变和质变的过程，不是笔直的，而是在矛盾双方的反复作用中前进的。这三个规律分别揭示了：（1）事物发展的内部动力；（2）事物发展的宏观过程；（3）事物发展的微观过程。三个规律结合起来完整地深刻地揭示了事物发展的基本面貌。恩格斯称之为辩证法的三个主要规律是十分确切的。按照这种理解，辩证法的核心显然是对立统一规律，而不是否定之否定规律。

以上是哲学史上的问题，下面谈一谈当代的问题。

二、辩证法的核心是矛盾还是系统？

现代系统论在我国流传以来，理论界出现了一种观点，认为辩证法的核心不是对立统一规律而是系统。有人作了形象的比较：矛盾学说（一分为二论）是黑白论，一分为三论是灰色论（黑、白、灰三色），一分为多论（系统论）才是彩色论。一分为二论主张非此即彼，是19世纪的两极思维方式；一分为多论是20世纪的现代科学的多极思维方式。这种观点是把系统与矛盾绝对地对立起来了，从而把系统论与矛盾论绝对对立起来了。

首先应该澄清一个对"一分为二"的天大的误解。"一分为二"本来是对事物的矛盾性的通俗表述，即认为任何事物都有内部矛盾，不但有正面，而且有反面，正反是相互依存的，也是相互排斥的，也就是两点论。它绝不是说，一个事物都会分成两个事物，世界的多样性是分化而成的。不需要多少聪明，就会知道许多新事物是整合出来的，分子是整合出来的，细胞是整合出来的，新家庭是整合出来的，分与合是同时存在的，不可分割的，辩证法怎会愚蠢到只承认分，不承认合呢？"非此即彼"的观点是典型的形而上学观点，即一点论，不是两点论，恩格斯早就批判过，他说:"辩证的思维方法同样不知道什么严格的界限,不知道什么普遍绝对有效的'非此即彼!'它使固定的形而上学的差异互相转移,除了'非此即彼!'又在适当的地方承认'亦此亦彼!'并使对立通过中介相联系。"① 在生死存亡的紧要关头,确实存在非此即彼,例如在日本帝国主义者大举入侵之时,不抗战就只能做亡国奴,没有第三条道路可走,但在许多场合是亦此亦彼。说一分为二是非此即彼,如果不是有意的歪曲,也是无意的误解。我们经常强调对人对事要一分为二,绝不是说,人们只能分成好人和坏人,任何一个人只能或者是好人,或者是坏人,而只是说,我们要注意避免把人或物片面化、简单化、绝对化。

一分为三或一分为多,绝不是什么20世纪新思想。一与多是一对古老的辩证法范畴,也就是整体与部分。古希腊的原子论就是一分为多论,康德把一、多、全看作一组范畴,黑格尔也把一与多看作一对辩证法范畴。毛泽东对全局与局部、整体与部分有许多精彩的论述,这是大家都知道的。

系统论的哲学基础,即普遍联系或相互作用的思想,也是非常古老的,甚至系统论的整体性思想也非常古老。亚里士多德已懂得整体大于部分之和,他认为把手砍下来就不再是手了。黑格尔也说过把碳、氢、氧等元素加起来,也得不出肉。至于马克思和恩格斯,他们的系统论思想更是非常丰富的,他们创立的唯物史观从某种意义上说就是一种社会系统论。他们把人类社会看成一个有机体,唯物史观正是对社会各个构成要素及其联系、功能的系统论述。恩格斯还把辩证法定义为关于普遍联系的科学,辩证法从某种意义上说就是一般系统论。那么,这是不是说系统论古已有之,完全不是什么20世纪的新成果呢?当然不是,过去只是有许许多多系统思想,作为科学体系的系统论完全是现代社会的产物。这不仅是说,系统论把零散的系统思想系统化了,而且是说,它把古已有之的系统思想在现代科学的基础上在量上扩展了,在质上深化和具体化了,而且,把它规范化、数量化、模式化、工程化,形成了一个包括多种学科,从理论到

---

① 《马克思恩格斯选集》第4卷,人民出版社1995年版,第318页。

应用的科学群，人们称之为系统科学，其中一般系统论正是唯物辩证法与系统科学的桥梁。把系统思维理解为多极思维并不确切，系统论讲的不仅是多，而且是一，系统是一中有多，多中有一。

按照这种理解，能否说系统是辩证法的核心呢？我认为不能。前面已谈到，辩证法的核心指的是事物自己运动的内在动力，也可以说是系统自己运动的内在动力。我们说系统是系统自己运动的动力，这显然是等于什么也没有说，即所谓同义反复。如果对系统内部作一番考察和研究，结论正是：系统的对立统一规律是它的自己运动的动力。不但矛盾是系统的，系统也是矛盾的，系统性与矛盾性不是绝对对立的，而是互补的。系统内部、系统与环境、系统与系统、系统与要素、要素内部、要素与要素之间都有矛盾，都有对立统一关系。一个系统是由多层次多种类的要素构成的，就是一个诸种矛盾的统一体。正是系统的各式各样矛盾的对立和统一推动了系统的运动。唯物辩证法关于矛盾的那些原理如基本矛盾、主要矛盾等等对于系统都是完全适用的。例如人类社会是一个巨系统，无疑应该用系统论的原理来分析它，弄清社会要素之间的相互作用，但如果不去分析它的基本矛盾和主要矛盾，不管矛盾的主要方面和非主要方面，把政治、经济、文化诸要素等量齐观，那么，这种社会系统论就不是唯物史观，而是多元决定论，即无决定论或非决定论，这种观点是片面的。系统论有一个最优化原理，如何达到最优化？这当然有待于对各种要素妥善处理，求得它们之间的最合理结构，但也有待于对许多矛盾的妥善解决。举一个简单的例子。在飞机研制的过程中曾碰到一个关键性的矛盾，即材料的坚固性和重量的矛盾。材料越坚固就越重，而越轻的材料又越脆，找到了又坚固又轻的材料才解决了这个矛盾。一架飞机必须解决许多矛盾才能成为一架优良的飞机——最优化的系统。

有人认为对系统要作动态的理解，动态的系统就是相互作用，相互作用包括矛盾双方的相互作用，是一个立体网络，它是事物发展的最后动力，如果只讲矛盾的相互作用，就把动力简单化、片面化了，因此，辩证法的核心是系统，系统包含矛盾。这种观点显然比前述把矛盾与系统绝对对立起来的观点前进了一步，但以此否定矛盾是辩证法的核心的观点，那就把辩证法的核心表面化了。普遍联系、相互作用或曰系统性,是世界事物的最一般的属性之一,具体的联系、作用是多种多样的,各种系统科学就是对各种联系、作用的专门研究。如果要问在多种联系、作用中何者是最根本的,那就是矛盾,即对立统一规律。也就是说,普遍联系、相互作用与矛盾不是同一层次的东西,矛盾是深一层次的东西。因此,分析一个系统就要分析它的种种矛盾;优化一个系统也要解决它的种种矛盾。

辩证法作为关于事物自己运动的科学,其核心是对立统一规律;辩证法作为关于普遍联系的科学,其核心也应该是对立统一规律。对立统一规律不但说明了事物自己运动的根源,也提供了普遍联系的硬核,对立面的统一和斗争是一切联系中最根本的联系。过去我们多从自己运动方面研究对立统一规律,很少从普遍联系方面去研究对立统一规律,普遍联系与对立统一规律的关系,或者说,系统与矛盾的关系,是过去哲学研究的薄弱环节。在现代系统论出现之后,我们更有条件,也更有必要专门研究一下这个问题,可以形成一个新的哲学领域,名曰系统矛盾论,或曰矛盾系统论。这方面的研究深入了,把系统和矛盾绝对地对立起来的弊病就可以避免了。

还有一种观点,认为辩证法的核心是共性个性、绝对相对,而不是对立统一规律,根据是毛泽东的话:"这一共性个性、绝对相对的道理,是关于事物矛盾的问题的精髓,不懂得它,就等于抛弃了辩证法。"[①] 这就是说共性个性、绝对相对是辩证法的精髓的精髓、核心的核心。这种理解并不符合毛泽东的原意。毛泽东在《矛盾论》的开头就说:"事物的矛盾法则,即对立统一的法则,是唯物辩证法的最根本的法则。""列宁常称这个法则为辩证法的本质,又称之为辩证法的核心。"[②] 如果毛泽东在后面又说共性个性、绝对相对更根本,岂不自相矛盾?前面已谈过,辩证法的核心指的是发展动力问题,共性个性、绝对相对的道理不能说明事物自我运动的动力,不能成为辩证法的核心。毛泽东之所以这样讲,我认为不过是为了强调共性个性、绝对相对的道理对于人们掌握矛盾问题的重要意义。任

---

① 《毛泽东著作选读》上册,人民出版社1986年版,第137页。
② 《毛泽东著作选读》上册,人民出版社1986年版,第160页。

何矛盾都是共性与个性、绝对与相对的统一，离开了这个统一，只抓住共性、绝对性，或只抓住个性、相对性，矛盾都会成为一句空话，辩证法就会被歪曲。

三、社会实践是辩证法的试金石

同任何真理必须经得起社会实践的检验一样，对立统一规律是辩证法的核心这一真理也必须经得起社会实践的检验。十多年来我国关于社会主义辩证法的大量论著就用丰富的实践经验和矛盾分析论证了对立统一规律是辩证法的核心。邓小平同志提出的建设有中国特色的社会主义理论以唯物辩证法作为它的指导思想，在实践中已获得巨大的成功，这不仅是对这个理论的验证，也是对唯物辩证法及其核心的理论的验证。

这个理论无疑是充满了系统论思想的，它把处于社会主义初级阶段的中国社会看成一个巨系统，把社会主义建设和改革开放事业看成一个巨大的系统工程来完成，不仅如此，它也把中国社会看成一个矛盾的巨系统，以对中国社会各种矛盾的掌握来达到对整个社会系统的掌握，以对各种矛盾的解决来完成建设和改革的系统工程。前者已提到过，党把工作重点转移到发展生产力上来，就是以主要矛盾与非主要矛盾在一定条件下相互转化的理论为指导的，实践证明这个理论是正确的，是不能忽视的。党在社会主义初级阶段的基本路线——一个中心，两个基本点也是运用矛盾学说的一个范例。基本路线为什么把经济建设作为党的工作中心呢？从指导思想看，除了主要矛盾理论而外还有社会基本矛盾理论。唯物辩证法认为人类社会有两对基本矛盾，第一对是生产力与生产关系的矛盾，第二对是经济基础与上层建筑的矛盾，第一对比第二对更基本。在这两对矛盾的复杂关系中最基本的关系就是：生产力是最后的决定因素，这就决定了经济建设这个中心的一般性和长期性。过去的"以阶级斗争为纲"的路线的根本错误就在于否定了生产力的最后决定作用，夸大了上层建筑和生产关系的作用，陷入了历史唯心主义。两个基本点——坚持四项基本原则和改革开放也是在社会基本矛盾理论的指导下规定的,其中包含了许多需要妥善处理的矛盾,例如坚持社会主义与体制改革就要辩证地结合起来,处理不好就会陷入"左"的片面性或右的片面性,不是以社会主义来排斥改革,就是以改革来排斥社会主义,前者是教条主义,后者是自由化。又如坚持马克思主义和发展马克思主义也是要辩证地统一的,但实际上做到统一并不太容易。总之,两个基本点要辩证地统一起来。

党的十四大明确提出建立社会主义市场经济体制的任务。社会主义市场经济体制无疑是一个复杂的系统,必须安排好它的要素之间的关系,它才能真正建立起来并不断完善和发展,其中关键就是要处理好各式各样的矛盾。首先要处理好的是计划和市场的关系。尽管我国自建国以来就逐渐建立了计划经济,但商品和市场从来没有绝迹过,计划与市场的关系始终是一个需要不断调整的问题。由于那时把商品与市场看成是一种消极的东西,计划与市场的关系一直没有摆好。党的十一届三中全会以来,由于解放思想、实事求是的思想路线的贯彻和社会主义改革的深入,人们逐渐认识到商品经济是我国经济发展不可能逾越的必须阶段,它的积极作用得到了肯定,但计划与市场的关系仍然是一个需要不断加以调整的问题。1982年党的十二大提出以计划经济为主、市场调节为辅的体制。1984年党的十二届三中全会确立了在公有制基础上有计划商品经济的新概念,强调把计划经济与商品经济统一起来,这就是社会主义商品经济。十四大提出的市场经济将进一步更加充分地发挥和加强商品与市场机制的作用,增强各种经济成分,特别是大中型国有企业的活力,但这并不意味着不要计划了。在现代国家中并不存在纯粹的市场经济,我国的市场经济除了要充分强化市场的作用而外,也要运用国家的计划指导和其他手段引导市场健康发展。因此,市场与计划的关系仍然是一个需要不断探索和逐步解决的重要问题。正如江泽民同志在十四大报告中指出的,"我国经济体制改革确定什么样的目标模式""这个问题的核心,是正确认识和处理计划与市场的关系"。

其次要处理好的是公有制和私有制的关系。我国的市场经济是社会主义市场经济,它之所以是社会主义的不在于它有没有计划或计划的多少,而在于它是和我国的社会主义基本制度相结合的。在所有制结构上，我国是以公有制经济（全民所有制和集体所有制）为主体，以私有制经济（个体经济、私营经济、外资经济）为补充；在分配制度上，以按劳分配为主体，以其他分配方式为补充。各种企业及其分配方式都以平等的身份进入市场，通过公平竞争，不断发展自己。公有制企业之间有竞争，私有制企业之间也有竞争，但主要的竞争存在于公有制企业与私有制企业之间，在竞争中难免有胜利者和失败者，胜利者不断发展，而失败者则会被削弱，甚至消灭。因此，在市场经济中如何处理好公有制和私有制之间的关系就成为一个重大问题。社会主义国家建立市场经济，当然不是让各种经济成分自发发展、自生自灭，而是为了发展我国经济，其中既包括发挥私有制在我国条件下的积极作用，也包括搞活公有制经济，更快地发展公有制经济，使之更加充分地发挥它的主体作用。总之，公有制与私有制在市场经济中的关系必须妥善处理。

第三要处理好社会主义与资本主义的关系。公有制与私有制的关系从实质上讲就是社会主义与资本主义的关系。在我国现代革命的整个过程中都在处理这个关系，有正确的处理，也有错误的处理，在建立和发展市场经济体制中如何正确处理社会主义和资本主义的关系当然是更加迫切的重大问题。它不仅涉及我国的现代化大业，而且涉及我国社会主义的历史命运。

除此而外，建立和发展社会主义市场经济还需处理许多其他矛盾关系问题，如国家利益、集体利益和个人利益，集中与分散，统一性与多样性，纪律与自由，等等。矛盾是客观的和普遍的，只要我们善于揭示矛盾和解决矛盾，社会主义市场经济就能作为一个健康运转的系统建立起来，并向前发展。

社会实践在发展，科学在发展，马克思主义哲学当然也要发展，但马克思主义哲学同其他科学一样，决不会在发展中把经过实践千万次检验的基本原理都否定了，对立统一规律是辩证法的核心就是这种原理之一。这一原理虽然是列宁最后明确起来的，但它并不是列宁的独创，甚至不是黑格尔、马克思和恩格斯的独创，而是两千多年来东西方哲学史的共同成就。对于这样的哲学原理，我们今天不仅要坚持它、捍卫它，而且应以新的内容来丰富它、发展它，使它成为现代辩证法的一条生动具体的原理，而不致成为贫乏空洞的教条。

唯物辩证法与市场经济①

《高校理论战线》已走过了它五周年的历程。在这风风雨雨的五年中，它努力坚持和贯彻党的"一个中心，两个基本点"的基本路线，发表了大量高水平的理论文章，产生了广泛的积极的影响。作为本刊的顾问之一，我没有为本刊做多少工作，颇以为憾。聊写数语，以资纪念。

恩格斯说过，自然界是检验辩证法的试金石。人类社会的实践活动无疑也是检验辩证法的试金石。我国社会主义市场经济概念的确立表现了辩证法的威力，我国市场经济体制的形成也有赖于辩证法的指导，而这些反过来又是对辩证法的检验，同时也会推动辩证法的发展。

从前把市场经济与资本主义混为一谈，把计划经济与社会主义混为一谈，从辩证法的角度看，这就是以特殊性否定了普遍性，即把资本主义市场经济等同于市场经济，把社会主义计划经济等同于计划经济。邓小平同志在南方谈话中指出，计划经济不等于社会主义，资本主义也有计划；市场经济不等于资本主义，社会主义也有市场。计划和市场都是经济手段。这是经济思想上的一次突破，也是辩证法思想的一次突破，即把计划与市场的普遍性从其特殊性中区别出来，并把二者结合起来了：市场经济是普遍的，社会主义市场经济和资本主义市场经济是其特殊形态。

市场经济概念的突破使我们的经济体制改革有了明确的目标，但社会主义市场经济的真正建立也要不断解决一系列的矛盾，其中最关紧要的就是计划与市场的矛盾。江泽民同志在十四大报告中曾指出，我国经济体制

---

① 原载《高校理论战线》1993 年第 1 期。

改革确定什么样的目标模式这个问题的核心，是正确认识和处理计划与市场的关系。尽管我们过去不承认市场经济，但市场一直是存在的，价值规律一直在起作用，改革开始以后，我国就在自觉地探索正确处理计划与市场的关系的经济模式。十二大提出计划经济为主、市场调节为辅，市场在我国经济体制中取得了一席之地。十二届三中全会指出我国的经济体制是公有制基础上的有计划商品经济，市场的地位显然是上升了，但是上升到什么地位则是需要在实践中继续探索的课题。在后来的几次党的重要会议上，提法有一些变化，主要是强调计划与市场要有机地结合起来，对两者地位的认识仍有待进一步深化。十四大明确提出要建立社会主义市场经济，这就确定了市场对资源配置起基础性作用的地位，市场经济不能等同于计划经济，但并不是说它没有计划。

在社会主义市场经济中，市场将对我国资源配置起基础作用，各种企业将根据市场的供求关系和价格的涨落来安排自己的生产和交换，通过公平竞争发展自己，同时社会主义国家也要在社会经济生活中起宏观调控作用，抑制市场的消极作用，推动市场经济健康成长，其中就包括国家计划的指导。可以看出，自改革开始以来，计划与市场的关系一直在不断变化，其总趋势是计划的成分不断减少，市场的成分不断增强，从计划为主演变成市场为主。那么，计划与市场的关系是否从此就完全处理好了，一劳永逸了呢？当然不是，今后仍然要根据不同时间和地点的具体情况，适当处理这个问题。过去出现过的一统就死、一放就乱的情况仍然是可能出现的。

社会主义市场经济中不仅有矛盾，而且充满了矛盾；不但有普遍性与特殊性的矛盾，而且有一与多、量与质、量变与质变的矛盾；不但有计划与市场的矛盾，而且有公有制与私有制、各种公有制企业之间、各种私有制企业之间、社会主义与资本主义、个人利益与集体利益的矛盾，等等。只有把各种矛盾处理好了，成熟的健康的社会主义市场经济才能建立起来。处理好这些矛盾的关键是找到矛盾双方的结合部位，使它们辩证地统一起来，协调起来，因而，在处理各种矛盾时一定要尽可能避免片面性。

人们在思想方法上最易犯的毛病就是片面性。与片面性相对立的是全面性，全面性当然是多面性，其中最关键的是两面性，因为人们在思想方法上的片面性总是表现为抓住一面而忘记它的反面。抓住普遍性便容易忽视特殊性，于是出现一刀切、一哄而起的现象。一统就死，是由于抓住了统一性而忽视了多样性、灵活性；一放就乱，是由于抓住了灵活性、多样性而忽视了统一性。强调建设的速度就容易忽视建设的效益，而强调建设的质量就容易忽视发展的数量。社会现象的发展过程之所以总是呈现出上下起伏的波浪式状态，就是因为它是矛盾运动过程，参与其中的人抓住一面就容易忽视其反面，但如果我们能自觉地坚持思想方法上的全面性，特别是两面性，这条曲线就可以相对地直一点，事业就会更顺利一点。如果缺乏这点自觉性，甚至有意识地追求片面性，那么，大起落、大反复就是非常可能的。邓小平同志在南方谈话中提出中国要警惕右，主要是防止"左"，其中蕴含了深刻的辩证法思想。如果我们的人民群众、干部、知识分子和企业家们真正掌握了辩证法精神，能够自觉地结合实际地运用辩证法，有中国特色的社会主义市场经济体制就可以更快地更完善地建立起来。

辩证唯物主义世界观只会被发展而不会被消解[①]

一、理论界关于马克思主义哲学的一种观点：否定或取消辩证唯物主义世界观

在这世纪之交，我国马克思主义哲学——辩证唯物主义与历史唯物主义的命运受到广泛的关注，许多哲学家或在会议上发言，或写作文章，来反思它的过去，考察它的现在，展望它的未来。人们发表了十分分歧的意见，其中不乏根本否定辩证唯物主义和历史唯物主义，特别是辩证唯物主义世界观的观点，辩证唯物主义世界观几乎成了许多观点围攻的中心。那么，他们立论的根据是什么呢？概括起来，大致有：

1. 辩证唯物主义不是马克思的哲学

马克思的确没有称自己的哲学为辩证唯物主义，有的人认为辩证唯物主义是斯大林的哲学体系，有的人承认它是恩格斯的哲学，但很多人都不承认它是马克思的哲学。那么，马克思的哲学是什么呢？有各种回答：或是实践唯物主义，或是实践哲学，或是人本主义，或是实践人本主义，或是辩证方法。现在流行着一个口号：回到马克思，或是走近马克思，其潜台词是：恩格斯以来，离马克思越来越远了。有的人说的马克思实际是青

[①] 原载《北京大学学报》社科版 2001 年第 2 期；《新华文摘》2001 年第 6 期。

年马克思,按照这种理解,《共产党宣言》发表以来,马克思离他自己越来越远了。

2. 辩证唯物主义已经远远落后于时代的发展

他们认为它是 19 世纪末期和 20 世纪初期的哲学,七八十年以来世界形势已经大大改变了。它没有反映 20 世纪,特别是"二战"以后的科技革命。现当代西方哲学也有了很大的发展,比较起来,现当代西方哲学是与同时代的发展相适应的,而辩证唯物主义是与时代的发展格格不入的。那么,有些什么地方格格不入呢?根据近期发表的文章,大致有以下几种说法,由于这些说法出自许多人之口,难免有不少重复或交叉之处。

第一,西方哲学史已经有几次形态转换,而辩证唯物主义还停留在本体论形态。关于西方哲学史有几次研究对象、研究方向、表现形态的转换的观点现在颇为流行,谈的人很多,说法各异,其中比较完整的观点认为古代的哲学是本体论,近代的哲学是认识论,现代哲学是实践论,当代哲学是人学。第二,古近代哲学的思维方式是主客二分,现当代哲学的思维方式是主客统一。辩证唯物主义的思维方式属于主客二分。第三,古近代哲学研究实体,现当代哲学研究关系。马克思的哲学属于现当代,而辩证唯物主义属于近代。第四,唯物主义见物不见人,而现当代哲学的研究对象离不开人,马克思虽然自称是唯物主义者,却不属于见物不见人的辩证唯物主义。在哲学转向的思想影响下,有不少人认为哲学的对象不再是无所不包的客观存在的作为一个整体的物质世界及其一般规律,而是人与世界的关系,有的人说哲学的对象是主体和客体的关系,或者说是知识,或者说是实践,或者说是人或属人世界,还有的人认为马克思主义哲学的对象是人类社会的历史,它只是唯物史观。有的人认为马克思主义哲学的对象是思维方式,它就是方法论,不是世界观。总之,马克思主义世界观——辩证唯物主义被取消了,这就完全与当代西方的实证主义的"拒斥形而上学"的思潮合拍了。

3. 哲学不是知识,不可能成为科学,而是个性化的思想意识

这可以说是最极端的观点。大家知道,科学是有客观标准的,因而是能达成共识的,科学家有个性,他的思想无疑也有个性,但他的科学思想

则具有高度共性，如果科学都个性化了，没有共性了，科学就不存在了。马克思主义哲学之所以获得哲学史上人数最多的共识，就是因为它的科学性，如果它日益个性化，像宗教信仰那样爱信什么信什么，作为科学的马克思主义哲学也就被消解了。

持以上观点的学者自认为是马克思主义者，有的是改革开放以来崭露头角的中青年哲学家，有的是从事马克思主义哲学的研究和教学工作数十年的资深学者、教授。这种现象在贯彻"双百方针"和开展学术研究的过程中出现是正常的，甚至可以说是不可避免的，但是，百家争鸣不等于是非不分，真假不辨。这里涉及马克思主义哲学的若干基本问题，不可不分辨清楚。

二、辩证唯物主义与马克思

马克思是马克思主义第一创始人，如果辩证唯物主义不符合马克思的思想，它就没有资格称为马克思主义哲学，所以首先应考察一下它同马克思的关系。

（一）辩证唯物主义思想体系是怎样形成的？

唯物史观的思想体系是马克思、恩格斯共同提出的，人们没有异议。有一种说法：唯物史观是辩证唯物主义在人类社会领域中的推广和运用。人们从这里推出一个结论：先有辩证唯物主义，后有唯物史观。但唯物史观出现于1845—1846年，辩证唯物主义是后来才有的。据考证，狄慈根首先于1886年在《一个社会主义者在认识领域中的漫游》中提出这个概念，后来，普列汉诺夫于1890年在《黑格尔逝世60周年》中第二次提出这个概念。他们的称呼符合恩格斯的思想。列宁对辩证唯物主义在马克思主义哲学中基础地位的确立起了决定性作用：辩证唯物主义是唯物史观的世界观基础和认识论基础。第一次以"辩证唯物主义"名称推出的是德波林的文章（1909）和书（1916）。苏联20年代末就出现了辩证唯物主义与历史唯物主义，内容大致是唯物论、辩证法、认识论和唯物史观，到30

年代不断完善。斯大林于1938年提出的《辩证唯物主义与历史唯物主义》是当时通行的哲学体系的简本。因此，说这个体系是斯大林创造的是不对的，它起源于恩格斯，完成于苏联哲学家。中华人民共和国成立前后均采用此体系，只是解放初期苏联专家采用过斯大林简化的体系。问题是：

（二）辩证唯物主义是否符合马克思的思想？

关键问题有三：（1）马克思是否同意物质本体论或自然本体论，亦即马克思讲的"唯物主义"中的"物"是否只是人类社会或实践，而不是自然物质？（2）马克思的辩证法是否只是主观的而不是客观的，只是头脑里的而不是外部世界的，只是方法论而不是世界观？（3）认识、思想是不是客观世界的反映？回答是：马克思对辩证唯物主义这些基本观点都是同意的，有两种根据：

一是文本上的根据：在《马克思恩格斯选集》第二版第一卷第67页上，马克思说："全部人类历史的第一个前提无疑是有生命的个人的存在。因此，第一个需要确认的事实就是这些个人的肉体组织以及由此产生的个人对其他自然的关系。当然，我们在这里既不能深入研究人们自身的生理特征，也不能深入研究人们所处的各种自然条件——地质条件、山岳水文地理条件、气候条件以及其他条件。任何历史记载都应当从这些自然基础以及它们在历史进程中由于人们的活动而发生的变更出发。"这完全是对物质世界观、自然本体论的肯定。第77页在谈到劳动是现存世界即地球的变化的基础后，他说："当然，在这种情况下外部自然界的优先地位仍然会保持着，而整个这一点当然不适用于原始的、通过自然发生的途径产生的人们。"这是指对于最早从自然界分化出来的人们，劳动并不是现存世界的基础。后面他指出今天的地球绝大部分已为人类的实践改变过，但也承认还有些地方完全是原来的状态。显然，他决不怀疑地球本身的客观存在、地球以外的广大宇宙的优先存在。

马克思对于辩证法的客观存在也是完全肯定的，马克思明确说："我的辩证方法，从根本上来说，不仅和黑格尔的辩证方法不同，而且和它截然相反。"黑格尔的辩证法是独立主体的思维过程，是现实事物的创造主，"我的看法则相反，观念的东西不外是移入人的头脑并在人的头脑中改造过的物质的东西而已"①。这就是说，辩证法是客观存在的东西的反映，这不仅承认了客观辩证规律，也承认了反映论。

在第一卷第76页上他也明确强调了反映论的观点。与现今一些人用实践观点来否定反映论不同，马克思强调应该客观地反映外部世界由于实践而发生的变化，费尔巴哈的缺点正是他忽视反映实践引起的变化，而不在于他承认人能正确反映外部世界。马克思说："他没有看到，他周围的感性世界决不是某种开天辟地以来就直接存在的，始终如一的东西，而是工业和社会状况的产物，是历史的产物，是世世代代活动的结果。""此外，只要这样按照事物的真实面目及其产生情况来理解事物，任何深奥的哲学问题——后面将对这一点作更清楚的说明——都可以十分简单地归结为某种经验的事实。"这种观点与《关于费尔巴哈的提纲》第一条的思想是完全一致的，他说："从前的一切唯物主义（包括费尔巴哈的唯物主义）的主要缺点是：对对象、现实、感性，只是从客体的或者直观的形式去理解，而不是把它们当作感性的人的活动，当作实践去理解，不是从主体方面去去理解。"②这句话往往被人们误解为否定认识的客观性，其实他只是认为它的缺点在于忽视实践，忽视认识的主体性，只是从客体方面去理解，不是说不应从客体方面去理解。他批评费尔巴哈看不见主体在客体中的作用，并不是批评他肯定反映论，肯定认识的客体性，肯定外部世界的客观存在。总之，从文本上认为马克思否定物质本体论、客观辩证法和反映论，是难以成立的。

二是马恩关系上的根据。恩格斯虽然没有提出"辩证唯物主义"一词，但这个称呼符合他的思想应毫无疑义。唯物论的基本观点，即唯物主义世界观来自《反杜林论》，客观辩证法来自《自然辩证法》，反映论来自《费尔巴哈论》，这三本书内容上也有很多交叉，确切点说，辩证唯物主义的基本观点就来自这三本书。现在的问题是，恩格斯在哲学上是不是离开了马克思？回答是否定的。由于马克思在50年代以后，把主要时间和精力用于研究政治经济学，形成了两人之间自然的分工，恩格斯承担了

---

① 《马克思恩格斯选集》第2卷，人民出版社1995年版，第112页。
② 《马克思恩格斯选集》第1卷，人民出版社1995年版，第54页。

哲学（世界观）的研究和建设，其成果就是《反杜林论》和《自然辩证法》。《自然辩证法》研究的目的很明确，即建设哲学。《反杜林论》虽是一本论战性著作，同时也是一本学科建设著作，马克思主义的三个组成部分的理论框架就是在这本书中建立起来的。马克思对《自然辩证法》与《反杜林论》都是支持的，而且很欣赏。马克思读1873年5月30日恩格斯谈自然辩证法纲要的信的第二天回信说"非常高兴"。《反杜林论》他逐章阅读过，其中有一章是马克思撰写的。辩证唯物主义与历史唯物主义之所以是马克思的哲学，不是由于其中句句话都是马克思说的，马克思主义哲学不等于马克思的哲学，也不等于马克思和恩格斯的哲学，它之所以被称为马克思主义哲学，是因为其基本观点是两个创始人提出来的，它是一门科学，后来的马克思主义者循其哲学思路加以建设、发展不但是可以的，而且是必要的。马克思主义哲学作为一门科学，其根据不是谁说了什么，而在于其观点经受了社会实践和科学发展的检验。

三、哲学的"转型"与哲学的对象

近年来关于哲学"转型"的言论颇为流行，但这种"转型"实际是哲学对象的转换，即哲学的分化，用哲学"转型"来取消世界观，是把两个不同的问题混为一谈了。

一般说来，所谓"转型"是一个东西的表现形态转换了，但这个东西还是这个东西。如社会转型是指社会的一种形态转换为另一种形态，但社会仍然是社会，没有变成非社会。同理，哲学转型是指哲学的一种形态转换为另一种形态，哲学仍然是哲学，没有变成非哲学。但西方哲学在形成为科学以前没有明显的对象，不是一门学科，而是多门学科的混合，古代哲学就是智慧、知识、学问，几乎包罗万象，哲学家就是有智慧的人、学问家。西方哲学史中包含着一些学科的转型或观点的转型，如古代素朴的唯物主义转化为近代形而上学唯物主义，又转化为现代辩证唯物主义。世界观有唯物主义与唯心主义两种形态的互相转化。就整个哲学而言，我们当然也可以说古代哲学形态、近代哲学形态、现代哲学形态，但其含义是十分含糊的、笼统的。前面谈到的哲学"转型"并不是真正的哲学形态的转换，实际是哲学对象的转换，确切点说，是哲学的分化过程。哲学形态的转换与哲学的分化不能混为一谈。

哲学的分化过程包括两个方面，一是学科的分化，即多门学科从哲学中不断分化出来，一是哲学学科的分化，即各种部门哲学从世界观（本体论）中分化出来，这两种分化实际上也是很难截然分开的。先是自然科学，如数学、力学、天文学、物理学、化学、生物学等先后从哲学中分化出来，后来社会科学，如社会学、经济学、政治学、法学等先后从哲学中分化出来，这些学科分化出来以后自身又在进一步分化，这个分化过程至今仍在继续，同时多种学科又在互相综合，形成许多交叉学科、横断学科、边缘学科、综合学科。这个过程就是学科的花色品种不断增多不断丰富的过程。与此同时，哲学学科也在分化，哲学学科的分化也可以说是学科分化的一个组成部分，只是这种分化不像自然科学与社会科学那样离开了哲学家的圈子，而是仍然停留在哲学家的圈子内，先是逻辑学分化出来，后来是认识论、伦理学、美学、自然哲学、社会哲学、政治哲学，后来更有实践哲学、文化哲学、科学哲学、人的哲学等等，今天部门哲学的品种之多更是难以计算。在有的人看来，哲学中的本体论的研究领域，即使没有被学科的分化分割殆尽，也被哲学学科的分化分割殆尽了，本体论没有必要存在了。但我认为事情正好相反，多门学科的建立、多门部门哲学的建立正好凸显了本体论存在的必要性，凸显了本体论与多门学科、多门部门哲学的区别，两种分化的结果都表明始终有一门学科没有分出去，也不可能分出去，那就是本体论——以作为整体的世界为研究对象的学科，即对世界的综合研究，也就是通常所说的世界观或宇宙观。其实任何一门科学和部门哲学都是一种综合研究，即对该学科的对象的整体研究，为什么要取消或否定对整个存在，即对整个客观世界的整体研究呢？

从古代哲学来看，世界观的研究并不突出。古希腊哲学之始，追求现象世界后面的根据或基础一度成为热点，但是，这种追求是很笼统的，包含了多种含义。如果追求一个脱离现象世界或在现象世界以外的世界，即所谓本体世界或形而上世界，那是根本错误的。如果追求物质的结构，那是自然科学的任务，近代自然科学已在这方面做出了显著的成就，这个工作今天仍在继续。如果追求的是客观世界的整体图景及其一般规律，那正是世界观的任务，这一点是马克思主义哲学出现以后才最终明确起来的。说本体论（世界论）在古代西方已经成为哲学研究的重点之一是可以的，说它就是古代哲学形态就过分了，因为古代西方哲学的研究领域十分广泛，几乎无所不包，政治哲学、心理学、认识论、伦理学等都曾经成为研究的热点，出现了不少百科全书式学者，如德谟克里特、亚里士多德等。至于古代中国，除了道家、《易经》，诸子百家都不大谈本体论问题。魏晋时期在佛学的影响下本体论（玄学）才成为热点。也是由于佛学和道家的影响，宋以后本体论（宋明理学）才再度成为热点。认识论在西方近代成为哲学研究的重点之一是事实，但本体论的研究也是重点。德国古典唯心主义的第一位代表康德之所以研究认识论就是为了建立他的"未来形而上学"，即本体论，但他没有完成他的这一志愿。黑格尔继承了他的事业，用自己的方式完成了这一事业，其结果就是他的绝对唯心主义——一种地地道道的本体论。本体论的研究在西方何曾停止过？西方实证主义思潮以"拒斥形而上学"为其主要特征之一，且不说他们的正面的本体论观点（他们认为现实世界是经验，就是本体论观点），他们对形而上学的拒斥就是一种本体论研究。20世纪下半叶兴起的复杂科学、系统科学就包含了对外部世界的辩证唯物主义的理解，属于物质本体论的范畴。实践论、人的哲学、文化哲学，还有古老的伦理学、美学、政治哲学以及其他，在20世纪下半叶的西方，在改革开放以后的中国，都是一些研究的重点，但这种百花齐放的局面并未降低本体论的地位，更没有取代本体论的地位，相反，它的存在与发展的必要性更加突出了。

哲学分化的历史表明，哲学研究的对象在日益明确。从目前看，哲学是一个学科群，有许多可以互相区别开来的对象。在这些学科中有一个核心，即哲学本身，其余都是部门哲学。这个核心就是哲学的哲学，简称哲学。今天的意见分歧可能就在于它是什么。中国哲学家称之为道学、玄学、理学，亚里士多德称之为形而上学、第一哲学，后来的西方哲学家称之为形而上学、本体论（存在论），马克思主义称之为世界观或宇宙观。这些称呼虽然很不相同，其理解更有分歧，但有一个共同之处，即认为哲学要研究的是最大的整体、最普遍的东西、最根本的东西。而部门哲学要研究的是某领域的最完整的东西、最普遍的东西、最根本的东西，钱学森同志的科学体系理论就包含这种思想，他把多门科学按其普遍性的高低分为若干层次，最高层次只有一门，即辩证唯物主义世界观，第二层次有十种，实即十门部门哲学，其中有自然辩证法、唯物史观、数学哲学、系统论、认识论、美学等，第三层次为十种基础科学与这十门部门哲学一一对应，其中有自然科学、社会科学、数学科学、系统科学、思维科学、文艺理论等。第二层次是不是只有十门，这十门的区分是否合适，当然都可以作进一步研究和讨论，这里暂且不谈。现在的问题是：这个思路是不是正确地反映了科学发展的历史？是否基本符合科学发展的现状？我的看法是肯定的。这个思路是与西方实证主义"拒斥形而上学"的思路针锋相对的。这两种思路的争论正是当前中国哲学的热点。这里实际是两个问题：（1）世界观（本体论）作为一门科学是否可能？（2）辩证唯物主义是不是科学的世界观？如果对第一个问题作了否定的回答，第二个问题自然就不必回答了。

前面提到的那些反对把哲学对象规定为作为整体的客观世界及其一般规律而主张把它规定为人与世界的关系，或主体与客体的关系，或认识，或实践，或思维方法，或人类社会，或人等等的观点，实际上都是取消世界观，保留某部门哲学，或者说，把哲学变为部门哲学。我认为这不是一条正确的思路。部门哲学的兴起为哲学研究开辟了一个崭新的局面，发现了许多新的生长点，为哲学与基础科学搭起了一座座互相联系的桥梁，既有利于哲学的发展，也有利于基础科学的发展。但是，哲学，即部门哲学的核心，不是任何一门部门哲学所能取代的，因为局部，不管多么重要的局部，毕竟不能取代整体；特殊的东西，不管多么重要的特殊的东西，毕竟不能取代普遍的东西。哲学被消解了，部门哲学就失去了根基。那么，科学的世界观怎么可能呢？

这是一个大题目，这里不可能详谈，只谈一点点意见。前面已谈到，应该承认哲学是一种知识。大家都说哲学有对象，就是承认了哲学是知识，因为这里的对象就是认识的对象，认识的结果就是知识，知识是对对象的认识。既然如此，知识就有是非问题，就有正确与否的问题，当然错误的认识也是一种知识。哲学曾被说成智慧、方法、信仰而不是知识，但这些东西的基础都是知识，或者说都是由知识转化而来的。实际上从古以来，哲学家都把哲学看成知识，都要宣传自己哲学的正确性，都要求别人相信他的哲学，只是事实上没有一种哲学做到这点，像许多自然科学那样得到绝大多数专业工作者的认同。历史上唯一拥有最多信奉者的就是马克思主义哲学，这当然同共产党在政治上的胜利有关，但这不是主要的原因，就我个人的哲学观念的根本转变来说，主要的原因是它的科学性。哲学的出现已经两千多年了，为什么还没有一种哲学得到绝大多数哲学家的认同，甚至出现企图从根本上取消它的思潮？我认为有两个主要的原因，一是学科性质上的原因，即由于它太抽象（范围无限大，时间无限久，最普遍，最根本等等），真假难分，是非难辨；一是意识形态上的原因，即社会制度和政治立场上的原因，只要世界上还存在着剥削制度、存在着阶级对立，哲学的意识形态性就不会消失，全世界认同的哲学就不会出现。但在社会主义的中国，全社会多数人认同的科学的哲学可能出现吗？

一门学科要成为科学有四个条件：明确的对象、实践检验证明过的一系列原理和规律、具有内在逻辑的思想体系和专业工作者的承认。第四点哲学社会科学在阶级社会中难于做到。西方哲学能做到第一、第三点，做不到第二、第四点，至今处于人人都有自己哲学的前科学阶段。辩证唯物主义与历史唯物主义曾经在社会主义国家基本上做到了这四点，但苏联、东欧社会主义失败后，马克思主义哲学的信奉者在苏联、东欧国家大大减少了。在中国它也曾经得到多数人的认同，但这个认同中有相当大的其他因素，影响了它的科学性。真正的认同应该是科学的认同，这不但在当时没有做到，今天也没有做到，改革开放以来它受到许多批评，许多人怀疑或否定它的科学性。但科学的马克思主义哲学是可能完成的，马克思主义哲学的科学的当代形态是可能出现的。

四、马克思主义哲学的当代形态如何建立？

马克思主义哲学工作者中间的意见分歧的出现有各种原因，有外部条件，也有马克思主义哲学的内部原因。外部条件有：国际形势半个世纪来的巨大变化，特别是苏东社会主义制度的失败，我国的改革开放和"双百方针"的认真贯彻，西方现当代哲学特别是西方马克思主义哲学的影响，中国传统文化特别是儒家思想的影响，内部原因主要是马克思主义哲学本身有若干基本问题至今尚未解决，它们有：如何评价辩证唯物主义和历史唯物主义这个体系的是非曲直，根据什么原则来建构马克思主义哲学的科学体系？马克思主义哲学的当代形态如何反映世界形势的变化？如何吸收科技革命的最新成果？如何吸收西方哲学的合理因素？如何继承中国传统文化的优秀成分？等等，因此，马克思主义哲学今天面临两方面的任务，一是捍卫马克思主义哲学——辩证唯物主义与历史唯物主义的基本观点，一是建构与当代社会发展水平相适应的有中国特色的马克思主义哲学的新形态，也就是振兴、弘扬和发展马克思主义哲学的任务。

应该指出，各种思潮向辩证唯物主义的挑战也是发展辩证唯物主义的极好机遇。挑战现象的出现说明哲学界不再顾虑行政干预，敢于独立思考和发表自己的见解，这就是学术自由，没有学术的自由就没有学术的繁荣，关于这个问题在中华人民共和国成立后30年是有深刻教训的。不同观点决不能凭借行政干预强求一律，而只能通过对话、互相交流、自由讨论，在互相比较与互相补充中达成对客观真理的一定程度的共识。应该相信，只要具有对马克思主义的真诚信仰，只要具有实事求是的科学态度，通过自由讨论、独立判断，客观真理是会为哲学家们所普通接受的；科学的为中国多数哲学家所认同的辩证唯物主义当代形态是会出现的。

但是这个任务绝不是一个人或几个人在短时间内所能完成的，也许需要几代学者的努力才能完成，那么，如何建构呢？我认为可以分为几个步骤：

1. 首先讨论清楚如何建构科学体系的原则问题，特别是作为科学的马克思主义哲学的原则问题，这实即科学学与哲学学的问题。

2. 根据这些原则来分析马克思主义哲学的思想体系，弄清楚它的是非曲直，哪些方面应肯定和保留，哪些应该否定和抛弃，其中包括近二十年来它已经有了哪些改进，哪些还不够。

3. 研究和总结20世纪世界形势的变化发展，弄清楚哪些变化发展应在哲学中反映出来，如何反映出来。

4. 研究和总结20世纪科技革命的最新成果中的哲学因素，并用以改进和丰富、发展马克思主义哲学的内容。

5. 研究和总结中外哲学研究的新进展，用其中的合理成分来改进和丰富、发展马克思主义哲学的内容。

6. 最后以集体的力量，经过充分的研究和讨论，建构与当代形势相适应的科学的马克思主义哲学当代形态。

附录一

黄枬森的哲学思想及其由来[①]

黄枬森教授是我国在马克思主义哲学研究方面有独到建树的哲学家之一。他在哲学的殿堂里浸润了半个多世纪,曾任中国马克思主义哲学史学会会长、中国恩格斯学会会长、中国人学学会会长;自恢复学位制度以来,他曾连任一、二、三届国务院学位委员会学科评议组成员;从80年代[②]初至今,他连续担任国家社科基金学科评议组成员。黄枬森教授在我国马克思主义哲学界有着相当的学术影响。

在黄枬森教授从事哲学工作50周年之际,笔者带着对这位八旬老人的敬意,就他的哲学思想的形成和他在80年里的漫漫心路采访了他。

走上哲学研究的道路

笔者:在采访您之前,我看过一些关于您的报道。您少年时期是在秀才出身的父亲指导下学习经史典籍,读高中时补上了现代教育课程,到毕业时,您的各科成绩尤其是理科成绩已经在全部年级名列前茅了。所以,大学时您最初学的不是哲学,而是物理学。那么,是什么促使您最终走上哲学研究的道路的?

黄枬森:我是四川富顺县人。小时候,也就是从六七岁到十四五岁,除了两年上小学以外,大部分时间都在私塾学习中国古代的典籍,16岁才

---

① 本文由金针撰写,原载《高校理论战线》2001年第7期,以及其他刊物上。
② 指20世纪80年代。——编者注

上初中，18岁才上高中。在自贡市蜀光中学上高中的时候，学校氛围比较民主，我有机会读到一些马克思主义哲学的著作，如艾思奇的《大众哲学》，潘梓年的《逻辑学与逻辑术》，还有一些苏联哲学家的著作。所以我在高中对马克思主义哲学就有了一定的兴趣。

从艾思奇、潘梓年等先生的著述中，我悟出了这样一个道理：哲学与自然科学虽然分属文、理两个天地，二者的关系却非常密切，不懂自然科学就不可能真正懂得哲学。然而，哲学可以自修，自然科学特别是有基础地位的物理学，靠自己啃书本就根本不行了。抱着为将来进一步研究哲学打下自然科学基础的目的，我于1942年考入西南联大物理系，第二年才正式转到哲学系，但仍继续选读了一些自然科学的基础课程，并坚持学完了高等微积分，在哲学系，我学的主要是西方哲学。再度接触到马克思主义哲学，是1947年北京大学复学以后。那时北京大学轰轰烈烈的民主运动是在地下党的领导下进行的，地下党通过办读书会宣传马克思主义和团结培养进步同学。我在北大的"腊月读书会"里再度学习了马克思主义哲学著作，特别是学习了马克思、恩格斯、列宁、斯大林、毛泽东的著作。《反杜林论》、《唯物论与经验批判论》都是那个时候学习的。就在那时我加入了中国共产党。中华人民共和国成立以后，我作为共产党员和哲学系研究生，被学校调去从事政治理论课的工作，开始以马克思主义理论作为自己的专业工作。1951至1952年，我在人大进修了一年，学习了很多马列著作，其中也包括哲学著作。后来做了北大苏联哲学专家的助手，帮助苏联专家培养马克思主义研究生。这样，马克思主义哲学就逐渐成了我的终身事业。

对马克思主义哲学史的研究

笔者：在过去的50年里，尤其是改革开放以前，我们国家无论是政治生活还是经济建设都历经坎坷。您在这20多年里，也是经历了无数风风雨雨；先是在反右斗争中受到错误打击，被剥夺了讲课的权利，后又在"文化大革命"中受到冲击，到"五七干校"劳动。这些年，从事马克思主义哲学研究工作一定是很艰难的吧？

黄枬森： 我从事马克思主义哲学专业工作大致可以分为两个阶段：一个阶段是1978年改革开放以前，另一个是改革开放以后。改革开放以前，我主要是向学生讲授马克思主义哲学原理和马列哲学著作，同时自己也作些研究。但这种研究现在来看是不深入的、不系统的。我真正对马克思主义哲学进行比较深入系统的研究，而且对于马列的哲学思想有所发挥，也就是说提出自己的一些观点，是1978年真理标准讨论以后的事情。

大家知道，我国在改革开放以前，除了极个别的学校开设过马克思主义哲学史这门课程以外，一般来讲是没有这个课程的。北京大学也只是苏联专家在50年代讲过一遍，以后就再没有开设过这个课程了。那时候形成了一种观念，认为马克思主义哲学就是马列原著。原著是怎么讲的，马克思主义哲学就是怎样。所以我们只有学习、领会的任务，不能加以研究，不能加以评价，当然更不能加以批评。那时的观点是，经典作家的言论句句是真理，马克思主义哲学的发展，就是真理加真理的过程，没有什么功过是非可言。

这种观念实际上本身就是违反马克思主义的。马克思主义认为，思想是存在的反映，存在发展了思想当然要发展，社会发展了哲学当然要发展，马克思主义当然不能例外。特别是哲学作为一门科学，这些哲学思想又是在一定历史条件下提出来的，所以，总有功过是非的问题，总有对还是不对、正确或者错误的问题，总有一个修正过去的观点、纠正过去的观点、丰富过去的观点的问题，也就是发展的问题。因此，应该把马克思主义哲学看作一个历史过程，马列原著是历史的产物，应该有一门科学叫作马克思主义哲学史，来清理这些思想的发展，来评价在历史上所提出来的哲学思想的功过是非。

可惜，在那个年代，对马克思主义哲学的发展，只能是革命领袖的工作，专业哲学家只能起传播的作用。所以，真正意义上的学术研究和活动是不多的。

但是，尽管当时的客观条件不利于学术研究，我仍本着对待科学的态度，思考并研究着一系列理论问题。其中下工夫最大的是对列宁《哲学笔记》的研究，并取得一些成果。

笔者：我和一些朋友在 80 年代学习《哲学笔记》时，适逢您主编的《（哲学笔记）注释》出版，它曾对我们帮助很大，后来我们又拜读了您所著的《〈哲学笔记〉与辩证法》一书，感到您对列宁《哲学笔记》的研究确实非常深入。但据说这两部书的原稿早在 60 年代就完成了，您能介绍一下您是怎样在教条主义盛行的年代开展这项研究的吗？

黄枬森：这还要从反右斗争说起。反右斗争时我在党内讨论会上一些实事求是的发言，被人认为是"右派"观点，因此被"清除"出党，调到北大哲学系资料编译室任副主任。但我没有沮丧，而是在资料工作中开始了对列宁《哲学笔记》的系统研究。

《哲学笔记》不是一本普通的著作，它是由列宁的许多笔记编纂而成的。其中大部分内容是摘录过去哲学家的言论，列宁只是在这些摘录的旁边作了些批注，多数是三言两语，但包含有很多很重要也很精彩的思想，虽然这些思想都没有展开，更没有加以系统化。因此，对列宁《哲学笔记》作研究，甚至读懂它，都是比较困难的。50 年代，这本书就已经翻译出全译本，但是大家都感到难读，主要的困难是列宁所做的大量的摘录，而这些摘录如果不懂，也很难深刻理解列宁的批注。但是苏联并没有做这样的基础性工作。

1960 年左右，我把哲学系资料编译室的一些同志组织起来，从事《哲学笔记》的注释工作，专门注释那些不容易懂的地方。我们先把列宁所摘录的原文找出来，对原文进行一番注解，然后再注释列宁的思想。60 年代初就完成了这个工作，并在内部铅印交流，80 年代初公开出版。这个注释对于哲学专业的学生和哲学工作者读懂并进一步研究列宁的《哲学笔记》，起了很好的作用。

我还想提的是，我在跟同志们一道从事《哲学笔记》注释工作的时候，对列宁所提出来的辩证法要素 16 条，提出了我自己的独特的看法。这 16 条是很著名的，过去有不少哲学家认为 16 条就是列宁的辩证法体系，并一条一条地加以发挥。我经过研究，特别是研究了 16 条的手稿，发现 16 条按照原有的形式不是一个完整的体系，只有前七条有一定的顺序，而后九条则是零散的，它们实际上是分别从属于前七条，只有分别插入前七条里边，才能形成一个体系。我把这个观点写成文章于60年代初在《北京大学学报》上发表。后来有同事告诉我，苏联的哲学家凯德罗夫在晚些时候也公开发表了类似的观点，这也从一个方面印证了我的看法。而全面反映我这一研究成果的书稿《〈哲学笔记〉与辩证法》正式与读者见面，则是在20多年后的1984年了。

关于真理标准、人道主义和实践唯物主义

笔者：改革开放，我也迎来了科学的春天，也迎来了学术的春天。在马克思主义哲学领域，结冻多年的坚冰终于开始渐渐融化，各种学术观点纷至沓来，也爆发了一场接一场影响波及社会的哲学大讨论。从70年代末至今，您一直活跃在马克思主义哲学各种观点激烈交锋的"前沿阵地"，请您谈谈对最初的两场举世瞩目的大讨论的印象。

黄枬森：1978年以后，由于改革开放，逐步贯彻"百家争鸣"方针，从政治氛围到学术领域，都开始真正把马克思主义哲学作为一门科学来对待，恢复和发展了正常的学术研究。20多年来，全国各省市的理论刊物大量涌现，公开发表的学术论著数量之多、研讨之深入、创意之新颖，实属空前。与各门哲学学科都出现繁荣景象相比，马克思主义哲学领域爆发的讨论和研究最为热烈，特别是在关于马克思主义哲学是否是一门科学、它能否现代化、实践唯物主义是什么、本体论能否成为一门相对独立的科学、何为主体性等一系列有着内在联系的问题上，都出现了影响甚至超越学术界的大规模论争。

1978年，首先爆发了关于真理的实践标准问题的大讨论，其意义可比作春天的第一声惊雷。这场大讨论首先是作为政治问题提出来的，同时也具有重要的学术价值。它最大的意义在于恢复了实事求是的马克思主义的思想路线，成为改革开放的先导。在政治目标实现以后，哲学界又深入研讨了实践标准理论本身的问题。在这场讨论中，我先后写过《实践是检验

认识的真理性的唯一标准》等四篇文章，系统地探讨了这一命题的各个理论层面，促进这一命题在理论上的完善。

80年代初，由于西方的影响，也由于改革开放，特别是对"文化大革命"中反人道行为的反思，学术界提出了重新评价人道主义的问题，批评过去对人道主义全盘否定的态度。

提出这个问题是很自然的，是应该的，应该给予人道主义一个公正的评价，不能完全否定。但是，在那个时候，也出现了一种观点，认为马克思本人是一个人道主义者，或者说马克思主义就是人道主义，就是现实的、科学的人道主义。马克思主义以人作为它的出发点、核心和归宿。这种观点的根据主要是马克思的《1844年经济学哲学手稿》，认为这部手稿是马克思的成熟的著作。理论界就此开展了一些争论。

我发表文章认为，这部手稿并不是马克思的成熟的著作，而是过渡性的，是马克思从人道主义向唯物主义者过渡的著作。它包含了人道主义的因素、空想社会主义的因素，同时也包含了唯物史观的因素、科学社会主义的因素。更确切一点说，它是马克思从空想社会主义者向科学社会主义者、从人道主义历史观向唯物主义历史观过渡的一本著作。

马克思确实在这部书里面肯定了人道主义，以人道主义来解释人类社会的历史，认为人类社会是一个人的异化和异化的扬弃的过程。在他看来，资本主义制度是人的劳动的异化，社会主义就是把这个异化加以扬弃。他用这个观点论证社会主义的历史必然性。这个观点没有摆脱空想社会主义的基本思路。在空想社会主义看来，人的本质或人性就是理性，人类社会的发展是理性异化了或丧失了又加以恢复的过程，资本主义之所以必须消灭，就因为它违反人道，即人道的异化，而社会主义是最人道的，是人道的恢复。马克思接受了这个公式。但马克思对人的本质的看法，跟空想社会主义者或人道主义者有所不同。马克思认为，人的本质不是理性，而是实践，是劳动。所以他就提出了"劳动异化理论"，认为人类社会历史是"劳动异化—消除劳动异化"的过程。马克思讲劳动，讲实践，也就是讲人的经济生活，这里面就包含了这样的思想，人的经济生活是最根本的。后来他从这个思想出发，对人的生产、人的劳动、人的实践，进行深入的研究，发现了生产运动的规律，也就是生产力和生产关系的矛盾运动的规律。于是他就彻底抛弃了人道主义的历史观，而实现了从人道主义的历史观向唯物史观的飞跃。这个飞跃是在《德意志意识形态》、《关于费尔巴哈的提纲》两个论著里面完成的。

所以我认为，不能把马克思主义归结为人道主义，人道主义作为历史观，是错误的，是一种唯心主义的历史观，同唯物史观是对立的。人道主义作为处理人与人之间关系的最基本的原则，是应该肯定的。马克思并没有抛弃作为处理人与人之间关系的原则的人道主义思想，只是抛弃了人道主义历史观。

笔者： 学术思想活跃了，学派就出现了。一般人们总爱把学者们分为"激进派"、"保守派"或"中间派"。在马克思主义哲学研究领域，人们则更容易冠以"左派"、"右派"的称谓。在60年代初和改革开放之初，您都曾被一些人追着声讨为"右派"、"离经叛道"。然而现在又反过来了，相当一些人视您为"左派"、"保守派"，这是为什么呢？您能否以关于实践唯物主义的讨论为例，谈一谈您在学术争论中的立场？

黄枬森： 过去，马克思主义哲学的学术研究，与政治紧密相连，人们习惯以政治眼光来评价学术问题，因此，有什么"左派"、"右派"之说不足为奇。

学术的生命在于创新，但我始终反对为求新而求新的本末倒置的做法。无论是在我年轻的时候，还是到了老年，我都坚持马克思主义哲学最基本、最核心的观点，也就是马克思主义的灵魂——辩证唯物主义。在过去的年代，我的一些实事求是的看法不为一些人所接受，在时尚渐成风气的年代，我不肯丢弃辩证唯物主义的内核，又不为另一些人所接受，所以，"左派"也好，"右派"也好，是站在两个不同的立场上来看我的观点，并不是我的观点本身发生了什么重大变化。或许，我今天的被指责正是因为我没有随波逐流，站在我自己的立场上看，我所坚持的，不过是学术的良心。我所追求的，不过是科学的精神。这里，我就近20年来关于实践唯物主义的讨论进一步说明我的态度。近些年，以实践唯物主义的称呼来取代辩证唯物主义和历史唯物主义的称呼这一观点在我国颇为流行，持这种观点的人甚至占到多数。我却不同意这种观点。很多人都说这是马克思和恩格斯自己提出的，其根据是马恩说过"实践的唯物主义者即共产主义者"①的话。实践的唯物主义者并不等于实践的唯物主义，只是由之可以引申出实践的唯物主义。我没有查找过是谁作这种引申并认为应该以之取代辩证唯物主义与历史唯物主义的，我想不会早于 30 年代。其实，谁这样命名并不重要，重要的是这样命名是否妥当。

我认为，问题在于"实践"是指特征还是指对象。马克思主义哲学的基本特征之一无疑是实践性，实践性使马克思主义唯物主义与旧唯物主义，特别是直观唯物主义区别开来，甚至同一切旧哲学区别开来，但马克思主义唯物主义的基本特征不只是实践性，还有科学性、辩证性、革命性等等，而独以实践冠于其上，是因为在这些学者看来，实践的观点是马克思主义哲学的首要的基本的观点。这个观点是似是而非的，下面再说。如果实践指的是对象，则可能出现两种结果，一是马克思主义哲学被局限于实践哲学，即仅有实践论一个部分，另两个部分即世界观和历史观都被抹杀了；另一种结果是，如果实践是指对象，实践唯物主义又是世界观，换言之，唯物主义中的"物"就是实践，那么，实践唯物主义实质上就是实践本体论或实践一元论了，结果唯物主义成了唯心主义。

现在来说"实践观点是马克思主义哲学的首要的基本的观点"这一流行说法，这一观点目前在哲学界似乎已得到公认，许多马克思主义哲学原理教科书都把它列为全书的最根本的指导思想，但是，只要认真推敲一下就可发现这个观点是似是而非的，不是对马克思主义实践观点的真正贯彻，而是对实践观念的夸大。

请问，如果实践观点是首要观点，唯物观点、辩证观点算是什么观点呢？有的教科书一方面讲实践观点是首要观点，另一方面又讲物质与意识的关系问题是哲学最高问题，这是不是自相矛盾呢？说实践观点是首要观点，是不是承认先有实践，后有外部世界，物质世界是实践的产物呢？就我所读到的文章来看，这种观点大致有以下一些理由，但我认为这些理由

---

① 《马克思恩格斯选集》第 1 卷，人民出版社 1995 年版，第 75 页。

都是难以成立的。

一个理由是：马克思主义哲学的根据是全部人类的实践活动，其真理性、科学性是经过人类实践检验的，并在实践中发展；它又是人类一切实践活动的指导思想，这就是它的实践性。这些论断本身都是正确的，但是以这些论断来作为这种观点的根据则不充分，因为这些论断对于一切科学都是适用的，例如物理学、天文学等自然科学都是在实践基础上产生和发展的，难道能说实践观点是物理学、天文学的首要的基本的观点吗？

另一个理由是：实践观点是马克思主义哲学与直观唯物主义以及旧唯物主义的根本区别所在。这个论断也是正确的，但也不能成为这种观点的根据，因为这里所涉及的问题不是就马克思主义哲学与旧唯物主义的比较而言，而是一般地说实践观点是不是马克思主义哲学的首要的观点。唯物观点作为唯物主义的一般观点当然为旧唯物主义所有，但不能因此就说唯物观点不是马克思主义哲学的首要观点。承认外部世界的优先存在，即先于人类社会的客观存在是马克思主义哲学一切观点的前提。马克思从来没有批评过旧唯物主义的唯物观点，而只是批评旧唯物主义仅仅有这个观点，例如他说："从前的一切唯物主义（包括费尔巴哈的唯物主义）的主要缺点是：对对象、现实、感性，只是从客体的或者直观的形式去理解，而不是把它们当作感性的人的活动，当作实践去理解，不是从主体方面去理解。"① 他批评的不是旧唯物主义的一般观点，而是它"只是从客体的或直观的形式去理解"；马克思要求新唯物主义不仅从客体，而且从主体方面去理解。有的人把马克思的这句名言理解为马克思完全否定直观唯物主义，认为直观唯物主义同新唯物主义完全对立，显然是夸大的、片面的。

第三个理由是：实践唯物主义的"物"就是实践，也就是世界，或者说外部世界就是以实践为基础、依赖于实践的世界。这种说法是赤裸裸的实践本体论或实践一元论。有人说这才是马克思的哲学。在我看来，这是唯心主义，根本不是唯物主义。这种观点本身就是错误的。已经有不少文

---

① 《马克思恩格斯选集》第1卷，人民出版社1995年版，第54页。

章对这种观点作了有力的反驳,我这里就不赘述了。

还有一个问题,列宁曾说过:"生活、实践的观点,应该是认识论的首要的和基本的观点。"① 我国理论界都认可这个观点,问题是这个观点是否可以拔高呢？我认为应该拔高为历史观的首要的基本的观点。原体系只把实践概念看作认识论范畴,是一个缺点,它应该是一个历史观范畴,实践论应该是历史观中的首要组成部分,因为人类社会的历史不外是人类实践的总和,实践是一切社会现象之源,社会的本质是实践的；所以,列宁这个观点可以拔高为"实践观点是历史观的首要的基本的观点",但是拔高为"马克思主义哲学的首要的基本的观点"就过分了,因为这个提法包含了"实践观点是马克思主义世界观的首要的基本的观点",这就夸大了。

马克思主义哲学是一个以世界观为核心的科学群。"实践"不是世界观范畴,但具有世界观意义。世界观范畴是指那些表征在整个宇宙中普遍存在物的范畴,如存在、物质、时间、空间、联系、运动、规律等等,社会、人、人的实践等等在宇宙中不是普遍存在物,据今所知只存在于小小的太阳系中小小的地球上,但是要完整地系统地说明世界,描绘整个世界的现代图景,却不能不涉及人类社会及其主要组成部分,特别是实践,因此,实践显然不是世界观范畴,却对说明世界有重要意义。由于实践是一切社会现象之源,没有实践或者说没有最根本的生产实践,就没有人类社会及其一切,在人类社会范围内谈"实践观点是首要的基本的观点",是必要的,科学的,在整个马克思主义哲学范围内,实践观点无疑是基本观点之一,至于说到首要观点,那就要让位于唯物观点和辩证观点。

还有一些问题,如近年来有的学者为回答辩证唯物主义与历史唯物主义是两个板块结构的指责,想更充分地表现马克思主义哲学的一元结构,主张以"辩证的历史的唯物主义"来取代"辩证唯物主义与历史唯物主义"的称呼；有的学者更进一步主张把马克思主义哲学称作"辩证的历史的实践的唯物主义",我都不赞成。辩证唯物主义是辩证唯物主义世界观和认识论,历史唯物主义是辩证唯物主义历史观,硬把二者合起来显得不

---

① 《列宁选集》第2卷,人民出版社1995版,第103页。

协调，因为"辩证的历史的唯物主义"中的"辩证的"指特征，"历史的"指对象，辩证的历史的唯物主义就只剩下历史观，世界观却被消解了。至于"辩证的历史的实践的唯物主义"的提法，不仅存在上述问题，还更加复杂化了。

在我看来，辩证唯物主义与历史唯物主义既是一个两块结构，又是一个一元结构，因为这两块是一个有机整体，马克思主义哲学是一个以辩证唯物主义世界观为核心，以辩证唯物主义历史观、认识论、价值论、方法论等为具体部门哲学的科学群，它的最根本的思想就是辩证唯物主义。辩证唯物主义就其本来的含义讲就是世界观，即关于作为整体的世界的最一般的观点，它回答了世界是什么和世界是怎样的等根本问题，包括了世界的本质和一般特征、世界的主要构成部分和世界的变化发展及其规律。所以说，辩证唯物主义就是辩证唯物主义世界观。正因为如此，历史观、认识论、价值论、方法论等也都是辩证唯物主义的。

至于辩证唯物主义历史观被并列称为历史唯物主义与辩证唯物主义，有历史上的原因，但更主要的原因是由于它的重要地位，即它是辩证唯物主义与政治经济学、科学社会主义的桥梁，而科学社会主义是马克思主义整个理论的出发点、核心和归宿。因此，这种形式上的两块结构是没有什么可以指责的。

总之，我不在乎人们说我"左"还是"右"，我只坚持我所追求的真理。

关于马克思主义哲学体系

笔者：现在，对马克思主义哲学，人们谈得很多的一个问题是，时代进步了，国际社会和科学技术与马克思恩格斯生活的年代相比都发生了巨变，马克思主义是不是过时了？马克思主义如何跟上时代的步伐？马克思主义能不能实现现代化？您怎么理解马克思主义现代化这个问题？

黄枬森：回答这个问题，首先要弄清马克思主义哲学是什么。西方以及中国古代形形色色的哲学派别可以说都是个人的哲学，几乎一个人一个哲学体系，倡导一种自圆其说的、甚至是体系严密的信念或思维方法。然而马克思主义哲学却同西方哲学和传统的中国哲学有着本质的区别。马克思主义哲学诚然是一种信念，一种思维方法，但关键在于它是对客观规律的正确反映，所以它是一门科学，一门科学的信念和科学的方法。

我这么说是有根据的。因为马克思主义哲学有着每一门科学都必须具备的三个基本条件：第一，作为一门科学，它具有明确的研究对象。就像天文学研究宇宙天体、地理学研究地貌一样，马克思主义哲学也有自己的研究对象。世界观的对象是作为整体的世界及其一般规律，历史观的对象是社会历史及其一般规律，认识论的对象是人类认识现象及其一般规律。连接在一起就是辩证唯物主义与历史唯物主义。第二，作为一门科学，它所包含的原理是以自然科学和社会科学为根据的，经过实践检验最终证明是与客观实际及其规律相一致的。第三，作为一门科学，它是一个相对独立的思想体系。物理学、生物学、数学、医学等等是科学，马克思主义哲学也是一门科学。它们从不同的侧面反映着世界这个完整的大系统。把各门科学统一起来，就形成了一个完整的科学体系。马克思主义哲学与其他科学之间所不同的，只是由于它研究的对象的区别，使得它成为了一门抽象程度最高、涉及范围最广的科学。

正由于马克思主义哲学是一门科学，所以它也和任何其他科学一样，是要随着社会的进步不断发展的。

马克思主义哲学有一个科学体系，但还不够完整和严密，而且至今这一工作仍未完成。马克思主义哲学原理在经典作家那儿并没有形成一个完整的体系。第一个完整体系是苏联专业哲学家在20世纪二三十年代提出来的，在30年代初传到中国，即辩证唯物主义和历史唯物主义。辩证唯物主义主要是三个部分：唯物主义、辩证法和认识论。历史唯物主义即历史观。这个体系一直是世界公认的马克思主义哲学体系。中国出版的马克思主义哲学教材，在这个体系里面贯穿了一些毛泽东的哲学思想，但是框架仍然没有变，20多年来这个体系受到许多人的批评，许多人也努力想突破这个框架，上面谈到的用实践唯物主义来取代辩证唯物主义和历史唯物主义，就是尝试之一，不过我认为这是一种不能成立的"突破"。

对马克思主义哲学体系，我有几点看法：第一，对现有的马克思主义哲学体系，不能根本否定，而应该抱一种坚持和发展的态度。具体讲来，现有的马克思主义哲学体系有几点是科学的，是应该肯定的：一是马克思主义哲学是把哲学作为一门科学来研究和建设，坚持哲学知识应该是一种客观的知识，应该力求同客观世界相一致；二是它认为哲学应该随着社会实践和自然科学、社会科学的发展而发展；三是它主张应该按照一定的原则来建构哲学体系，这个原则最主要的就是从抽象到具体、从简单到复杂；四是应肯定现有的哲学体系里那些经过实践的无数次检验而被证明是正确的内容；五是现有的哲学体系强调哲学的应用价值，认为哲学应该指导我们认识世界和改造世界的活动。

第二，现有的体系也有它的局限性，其缺陷大致有三点：一是从内容上讲，现有的哲学体系有许多空白，或者说薄弱环节。譬如人的问题、主体性的问题、价值的问题等；二是它没有充分吸收20世纪以来时代的发展、自然科学和社会科学发展所提供的新的内容；三是现有的体系自身也没能充分贯彻它原来提出的建构体系的原则，许多问题没有讲清楚。

所以我认为，对马克思主义哲学现有的体系应坚持它的基本的、正确的东西，而对它的失误和不足的地方，则加以修正、丰富和发展。这也是任何一门科学发展所走的道路。物理学近百年来有了巨大的发展，如相对论、量子力学等理论的出现，使物理学发生了很大的改观，但物理学本身没有"过时"，也永不会"过时"，只会随着科技的进步和人类认识的深化而不断发展，这种不断的发展也许就是人们喜欢说的不断"现代化"的过程吧！

其实，马克思主义哲学作为一门科学，其发展规律也与其他科学一样。建立现代马克思主义哲学体系是一项细致而严密的学术工作，需要从事这项科学研究的专业哲学工作者像其他科学的专业工作者一样去建设和发展它。当然，吸收大量的现代科学技术成果和总结社会发展的新的动向，继承和发展马克思主义哲学最基本最核心的科学思想，构造和建立起一个完整的具有现代形态的马克思主义哲学体系，不是某一个哲学家就能完成的工作，它需要哲学家们甚至有自然科学家和社会科学家参加的群体的持续的共同努力。

笔者：那么，这个新的马克思主义哲学体系应该沿着一条什么样的思路来建设呢？您有没有一些具体的构想？

黄枬森：我认为应该首先明确马克思主义哲学研究的对象究竟是什么，然后根据对象来确定马克思主义哲学的内容以及它的体系。

马克思主义哲学的对象有三个基本组成部分，构成三个层次，或者说是有三个具有一定重叠性的对象。

最大的、最高层次的对象，是作为整体的客观世界，包括它的过去与将来，包括那些看不见、摸不着的部分。因此，哲学的第一部分就是宇宙观，也叫世界观。它所研究的是这个世界的整体，是这个世界的最一般的东西，即对这个世界的任何一个领域都起作用的普遍的东西。世界观里面应该包括自然观，自然界是无所不包的，社会也包括在内。

第二个层次的对象是人类社会历史，因而哲学的第二部分是历史观，也就是唯物史观。人类社会历史观也就是一般的社会论，或叫作一般社会学。实践论是其中的一个小部分。因为实践是一种人类社会的现象，是人类社会的基础，但它不等于整个人类社会，更不等于整个宇宙。现有的体系对实践没有作专门的研究是不对的，但是把实践论摆在历史观以外，甚至用它来代替整个马克思主义哲学，这就过分了。

第三个层次的对象是意识，因而哲学的第三部分就是意识论，或者叫作精神论。精神、意识都是一种社会意识，意识论应该包含在历史观里边，但由于意识的相对独立性和重要性，意识论可以作为单独一部分加以论述。意识论里还包含几个小部分，即意识论、认识论、评价论、方法论。认识论过去是包含在辩证唯物主义世界观里边的，这是不妥当的，认识是一种社会现象，应该是讲清楚了历史观以后再来讲认识论，认识是意识的一部分，而且是基础性的一部分；价值论在现有的体系里面没有，虽然谈到许多价值问题，但是对价值没有进行专门的研究，近 20 年来哲学界开展了这方面的研究；方法论应该是以方法为对象来进行研究的一门学问，可以作为一个组成部分包含在意识论或者精神论里边。过去认为马克思主义哲学就是方法论，常说马克思主义哲学既是世界观，也是方法论。这样不确切。准确地讲，应该是马克思主义哲学既是世界观，又是方法。方法不等于方法论。

马克思主义哲学体系就是由世界观、历史观、意识论三部分组成，即辩证唯物主义世界观、辩证唯物主义历史观、辩证唯物主义意识论。所以辩证唯物主义是它们的总的称呼。而由于世界观在这里面居于最高的地位，所以可以用辩证唯物主义来指称辩证唯物主义世界观。

对象明确了，马克思主义哲学的新的体系的建构，也就是对于具体的哲学问题、哲学原理或范畴的安排，还应该按照一定的原则来进行，这个原则最主要的就是从抽象到具体、从简单到复杂。根据矛盾规律是辩证法的核心的原理，哲学范畴应该是成对的，这一点过去没有做到。哲学体系应该从存在开始，存在是最抽象的、最一般的。整个体系应按照从抽象逐步走向具体的原则来安排。这个原则包含从简单到复杂、从静到动、从表到里、从客观的东西到主观的东西等内容。这样就可形成一个对立统一的哲学范畴体系。我从前曾经根据列宁《哲学笔记》关于构造体系的思想，构造了一个马克思主义哲学体系，提出了 36 对范畴。但这仅仅是一个尝试，而且没有包括 20 世纪以来世界形势的发展、科学研究的成果和世界哲学新的进展，所以还不能用这个体系来取代旧的马克思主义哲学体系。

关于人学和文化研究

笔者：对马克思主义哲学的发展，一个很重要的工作是填补过去研究中未曾涉及或研究不够的空白。这几年来这方面工作影响最大、成绩最明显的就是人学的建立。据我所知，这十多年来您对人学学科的建立付出了极大的心血。在国际反华势力大肆挥舞人权大棒时，马克思主义人学理论的建立成为我们抵御西方资产阶级人权思想的一个重要的思想武器。但人学究竟是一门怎样的科学？它同哲学以及各种社会科学的关系怎样？它的体系是怎样的？很多人还弄不大清楚。作为人学学科的主要创建人之一，您能对这些问题做一下介绍吗？

黄枬森："人"是一个非常明确、非常清楚的研究对象，但是奇怪，我们过去没有建立起一门学科来对人作整体的研究。现实生活对人学也非常需要，因为现实生活接触到人、人的学科、人的知识、人的理论、人的观点太多了，例如我们谈要提高人的素质，要发挥人才的作用，要教育人、培养人，发挥人的积极性、主动性、创造性等等。所有这些，都需要由一门学科来对人进行整体的研究。特别是西方马克思主义对马克思主义提出了挑战，认为传统的马克思主义缺乏人学，是忽视人、不要人甚至是敌视人的，认为唯物主义就是不要人的哲学，忽视人的哲学，而真正的马克思主义是人道主义。这种对马克思主义的挑战，要求马克思主义对究竟什么是人、什么是人学，作出正面的回答。我认为人学具备学科建设的所有必备条件。人学有明确的对象，就是把"人"作为一个整体来研究，不是研究人的某一个方面。有人认为哲学就是人学，这个观点不正确。哲学虽然也研究人，但哲学不是人学，哲学实际上是一个科学群，含有多门科学，包括宇宙观、历史观、意识论等等。宇宙观的研究对象是作为整体的宇宙，宇宙不能等同于人。如果说宇宙观研究的宇宙是人的宇宙，同理，物理学就是研究人的物理世界，这样一来，宇宙观和物理学的客观性就被取消了，那还有什么科学？人学和哲学的研究对象是不同的，把它们混为一谈，不是妨碍了哲学的发展，就是妨碍了人学的发展，研究整体的人，就必须了解人的属性。人的属性包括人的任何属性在内，即人的自然属性、社会属性和精神属性。在人的属性里边，有个区域可以叫作人性。人性是人同动物相区别的那些属性。有很多属性都可以把人同动物区别开来，如西方历史上说人是"政治的动物"、"社会的动物"、"能够制造工具的动物"、"有理性的动物"，中国哲学家喜欢讲"人性善"、"人性恶"。现代人爱讲思维是人性、审美是人性，等等。其实这些都是能把人和动物区别开来的人性。但是，在所有能把人和动物区别开来的、带有根本性的属性里面，有一个是最根本的，这就是人的本质，即劳动、生产活动，宽泛一点讲就是实践活动。人的实践活动是离不开社会的实践活动，所以人的本质就是人的社会实践活动。于是就产生了三个层次：最深一层是人的本质。人的本质产生了人性，决定了人性，这就是第二个层次，它比人的本质更宽泛。最宽的是人的属性，包括人的动物性等一切属性，这是第三个层次。

人学研究的不仅仅是作为整体的人，而且还要研究作为整体的人的发展规律。任何一门科学都不能停留在对于事实的叙述上，而必须深入它的本质，去挖掘它的发展规律。人学也应该如此。我在一篇文章里边曾经提到了7条人的发展的规律。这里就不详细说明了，你可以看一看我的论文专辑《人学的足迹》，主要观点上面都有详细的论述。

笔者：谈到您主编和撰写的专著，我知道除前面您提到过的以外，还有《马克思主义哲学史》三卷本教材，得到了国家教委的优秀教材奖；有《马克思主义哲学史》八卷本，获得了"五个一工程"奖、吴玉章奖、首届国家社会科学基金项目优秀成果一等奖等重要奖项；还有另外两本论文专辑等。您最近主编的一本专著是《有中国特色社会主义文化研究》，这本书获得了去年北京市优秀成果一等奖，您是怎样又开始研究起文化问题的呢？

黄枬森：文化问题一直是一个热门问题。中西文化的关系怎样？传统文化与现代文化的关系怎样？马克思主义与中国文化的关系怎样？怎样进行社会主义文化建设？这些都是大家关注的问题。不仅如此，文化界关于文化的理解也有很多分歧：文化是什么？文化与经济、政治的关系怎样？文化在整个社会生活中占据什么地位？理论上有分歧，现实问题上分歧就更大了。江泽民同志在党的十五大报告中把建设有中国特色社会主义区分为经济、政治和文化三个方面，明确把建设有中国特色的社会主义文化作为整个社会主义建设的重要组成部分。所以，对文化问题作一个哲学层面的思考，是很必要的。

文化的概念一般认为有三种理解，一种是广义的，无所不包，人类社会里的一切东西都是文化；一种是狭义的，专指精神文化，确切说就是精神活动及其产品；一种是更狭义的，指文化部所管辖的文化，如文学艺术等。还有就是一般而言的文化水平的文化。我认为，作为一个科学概念，对文化应作第二种理解，即精神文化。因为这种理解把文化同经济、政治并列起来，三者包括了全部社会现象，这种使用方式几乎已经在全世界得到了公认。

究竟文化包括哪些组成部分呢？我认为应该包括12个方向：（1）科学技术；（2）经济思想和经济理论；（3）政治法律思想和理论；（4）语言文字；（5）道德伦理观念、善恶标准、道德伦理理论；（6）宗教现象；（7）文学艺术；（8）哲学和社会学说；（9）教育和教育思想；（10）新闻出版事业；（11）公共文化设施及其活动；（12）民间文化。另外还有两个部门，一个是卫生，一个是体育，是综合性的，是不是属于文化还可以研究，因为它们包含文化的方面，把它们摆在文化范围内是可以的。

文化同经济、政治的关系应按照唯物史观的观点来理解，就是毛泽东所说的文化是经济、政治的反映，具有相对的独立性，对经济、政治具有强大的反作用。这样理解的文化就不仅仅是观念上层建筑，而是包括许多非上层建筑的东西，包括了生产活动，如科学技术；包括了在各方面都起作用的东西，如语言、思维形式。总而言之，整个精神领域以及精神产品，都属于文化范围。

用空间或时间来给文化分类，如东方文化、亚洲文化、古代文化、现代文化等等，说不清楚文化的性质。根据文化同经济、政治的关系，我认为要弄清楚一种文化的本质和它的特点，要从它的经济、政治状况来定性。如欧美当代的工业资本主义文化，中国传统的农业封建主义文化。至于中国当前的文化性质是什么，这个问题比较复杂。我国自辛亥革命以来，经济、政治一直处在不断的变化发展当中，文化也在不断变化发展。简言之，中国现代文化实际是一种正在向有中国特色的工业社会主义文化过渡的过渡性文化。

这里有一个中国传统文化与现代文化的关系问题。我认为中国传统文化是农业封建主义文化。随着中国经济和政治革命的发展，传统文化已经土崩瓦解，而在中国土地上逐渐形成了一种新的文化。中国传统文化作为一个整体，已经成为历史，但是它的许多因素保留下来了。中国现代文化除传统文化因素外，还包括五四运动以来科学技术的发展和从国外传入的文化因素，特别是中国人民在反对半封建半殖民地经济政治制度的斗争中创造的各种文化因素。当然，中国现阶段的文化还绝不是高水平的工业文化，因此，不存在中国传统文化的现代化问题，只存在中国现代文化的现代化问题，这就是要使它真正形成一个高水平的工业社会主义文化。

笔者：哲学在一般人的眼里，是高深莫测的。可是聆听了您对这么多哲学问题的深入浅出的讲述，使我获益很大。许多哲学家一生孜孜以求的就是建立个人的哲学学说，您既然已经表达了这么多独立的见解，您可不可以对您的哲学思想体系作一个大体归纳呢？

黄枬森：我认为我自己并没有自己的什么哲学思想体系。这不是自谦，更不是自卑。我认为马克思主义哲学同西方哲学和传统的中国哲学，都是很不相同的。那些哲学可以说都是个人的哲学，几乎一个人一个哲学体系，而马克思主义哲学是一门科学，它和任何其他科学一样，是集体的事业，是全人类的事业。因此我根本不想提出我自己的什么哲学思想，我是把哲学作为一门科学来研究、来讨论、来建设，而在这个事业里面作出我个人的贡献。我的一些哲学思想，也就是我对马克思主义哲学的一些理解，或者说我所理解的马克思主义哲学。

目前，马克思主义哲学，作为一门科学还没有得到全世界的认同，但是我认为终究会有那一天的。在那个时候，可以把马克思主义这五个字取消，正如我们不把生物学叫作达尔文主义或其他主义一样，达尔文和其他生物学家的观点已经融入到生物学这一门科学之中。马克思主义哲学，当哲学形成一门世界公认的科学的时候，也就融入到科学的哲学里面了，因此"马克思主义"这样的称号也就不必要了，那时得到世界公认的、真正科学的哲学，也就形成了。我相信这一天终究会到来的。

然而现在关于马克思主义哲学还有许多争论，这是来自研究者对于马克思主义哲学的对象和组成部分的不同理解。这个现象也是同样存在于中外多种哲学中。这是一个两千多年来或者说自有哲学以来就存在的现象。马克思主义哲学的出现使它有了获得解决的可能。但150年以来，由于一些外部的和内部的原因，这个问题仍未解决。来自外部原因有国际形势的巨变，有来自西方现当代哲学特别是西方马克思主义哲学的影响，有中国传统文化特别是儒家思想的影响，等等；来自内部原因主要是前面所述的马克思主义哲学本身若干基本问题至今尚未解决。

不同观点以及由这些观点形成的不同流派通过对话，互相交流，自由讨论，是可以在相互比较与相互补充中达成对客观真理的一定程度的共识的。应该相信，只要具有对马克思主义的真诚信仰，只要具有实事求是的科学态度，通过自由讨论，独立判断，客观真理是会为哲学家们所普遍接受的。但是，如果马克思主义哲学家们不是循着哲学应该成为科学这样途径前进，不是在求真中求新，而是为求新而求新，全无真假是非可言，那么，任何争论都是多余的了。

附录二

恭祭马克思主义哲学家黄枬森先生

朱传棨

黄枬森老师虽然离开我们多日了，但在我心中仍觉得他还在家中等候着我，期待我向他汇报关于整理我研究恩格斯哲学思想资料的情况。记得2011年11月29日学界代表祝贺他90周岁生日时，我向他谈了我当时正在做整理研究恩格斯哲学思想资料的工作，他听后以非常关心和鼓励的口气说："对恩格斯哲学思想做专题研究很有价值，尽快整理出来寄给我看看。"我听后倍感鼓舞。经过一年多的时光，把研究资料整理好时，他却因过度劳累而住进了医院，我当然就不会烦劳他予以审正指导了，只好期待他早日康复之后再汇报有关情况。可是，令大家始料未及料的是，黄老师却没有走出医院，在2013年年初北京的第一场雾霾中和我们永别了。

恩师教诲　难以忘怀

我和黄枬森老师的关系，完全可以说，是近60年间没有中断的教与学的密切关系。可是在多次学术研讨会上，当我说到他是"我的老师，但看起来，他比我个这老学生还年青"时，他总是立即说："我不是你的老师，我只是苏联专家和他们研究生之间的'联络员'。"他那谦逊精神和真诚的口气，给与会者很大的感动和敬仰。但是在实际上，他确实是我们的老师,他曾经根据我们研究生的要求,为全体研究生系统讲授了康德的《纯粹理性批判》,对大家加深认识论、本体论和主体论等问题的学习,给予很大的指导。就我个人说,黄枬森先生是我最亲切的恩师。这主要体现在以下两个方面。

首先,黄老师的每一部研究成果,我都是最早的读者之一,包括《〈哲学笔记〉注释》初稿在内,他所研究的成果总是寄给我研读,而且总是在每一部著作中,亲笔署上"朱传棨同志指正,黄枬森×年×月×日",这在他寄赠的《〈哲学笔记〉与辩证法》、《人学词典》、《马克思主义哲学史》、《列宁传》、《哲学的足迹》、《人学的足迹》、《黄枬森自选集》、《哲学的科学化》等,以及于2011年推出的三卷本重要成果《马克思主义哲学创新研究》上,都是如此署上他的亲笔签名。每收读他的著述,总令我深切感受到恩师的谆谆教诲。

其次,自从1979年"中国马克思主义哲学史(以下简称"马哲史")学会"成立之后,在每年举行的学术研讨会期间,黄老师与我总是在一起交谈一些哲学研究方面的问题,并教导我要坚持马克思主义哲学的基本观点,把握住基本理论的原则,不要进行所谓的"求新"。例如,1981年在浙江省委党校举行的马哲史学术研讨会上,对讨论唯物史观的逻辑起点问题,有人不同意逻辑起点是实践,认为是现实的人。在热烈的争论中,有部分学人提出马克思主义哲学应当是人学。对此,黄老师会下对我说,马克思主义哲学是关心人的,是为人类发展服务的,但不能把马克思主义哲学归结为人学。又如,1986年,在贵州省委党校举办马哲史学术研讨会间,要进行理事会换届,选举新的理事会,其中有人为本单位争当会长而形成不团结的气氛,我当时被推选为换届改选新理事会的领导组组长。黄老师非常关心学会的健康发展,在午餐后特地嘱咐我会上要多讲讲团结对学会发展的重要性,做理事会领导是没有任何报酬的义务性工作……由此说明,黄老师为中国马克思主义哲学史的研究,不仅他本人作出了突出贡献,还想通过学会的形式团结引导更多的人进行研究。黄老师在马哲史学会之所以享有崇高的威望,是与他对学会和会员的关心和提携分不开的。再如,2003年11月在武汉举行第十次"全国应用哲学"研讨会后,我陪他乘船去三峡途中，因同住一个船舱，不仅聆听黄老师关于如何科学地应用哲学理论的问题，还为我细讲了如何培养研究生思维创新能力的问题，并嘱咐我在引导研究生阅读原著的过程中，多注意指导研究生如何从研读原著中学到方法论和提高思维能力的问题。这完全可以说，一如师父手把手地传授和指导徒弟如何做好具体工作，我们是真正的师生关系，因而我终生难以忘怀的最亲切的恩师是——黄枬森先生。

要坚定理论信念，要开拓创新研究

1987年，在我申请主持国家社科基金项目《马克思恩格斯哲学思想比较研究》前向黄老师致函，请他予以指导，并请他为课题组成员，他不仅对屈身为课题组一般成员表示同意，而且以谦详和谐的语气复信，并强调指出：要坚定马克思主义理论信仰；马克思和恩格斯的关系绝不是对立的，但也不是绝对的一致，要进行新研究，研究要开拓创新是对的，但必须坚定理论原则。当时，这对于我说来不仅是巨大的鼓舞，而且坚定了此项理论的研究信心。待该项目获准之后，课题组每次开会，黄老师均及时出席，并以他的深厚学养和丰富治学经验，始终影响着课题组研讨的水平：不论在庐山研讨中的分工查阅有关资料、撰写提纲，还是在牡丹江课题组讨论撰写提纲定稿工作，他都以极为谦和的态度，积极指导大家如何撰写，并具体指出，在将论点和论据有机结合中，要在论证上多下功夫。完全可以说，课题组每举行一次研讨会，大家就得到黄老师一次专题性的指导，数年中使大家不仅提高了理论水平，也获得了丰厚的治学理念和科学研究方法。最后，在课题最终成果以专著《马克思恩格斯哲学思想比较研究》的形式定稿，并获入选由中央编译局已故副局长林基洲主编的《马克思主义研究丛书》时，黄老师又为该著撰写了"序"。

黄老师在"序"中明确指出："任何两个东西、两个人、两种思想总是既有同也有异的。""不存在绝对的同或绝对的异的问题，问题总是有多大的同或多大的异，就某一层次而言是大同小异还是小同大异。我认为本书作者就是按照同与异的辩证关系来比较马克思和恩格斯的哲学思想的。作者的结论是，马克思和恩格斯的哲学思想是大同小异，即在基本观点上是相同的，在有些观点上、在侧重点上、在论证方法上、在风格上是有差别的。这个结论是符合实际的。"黄老师为肯定这个结论的正确性，他进一步作了深刻论证："这个结论原本是人们的一种共识，因为马克思和恩格斯两人不仅在革命事业上志同道合，共同从事各种革命活动，而且在理论事业上自青年以来进行多项合作，合著了多种著作，即使那些各自单独撰写的著作和文章不少也是经过他们之间的互相讨论完成的，以致他们的全集无法分开，而不得不编在一起。不知从什么时候开始，马克思和恩格斯的思想被说成完全一致的，这当然是不对的……科学的马克思主义史或马克思主义哲学史显然不能停留在这种'完全一致'的观念上。为了弄清楚马克思主义创始人思想发展的轨迹，不但需要研究他们在思想上的共同之处和差异，也需要研究他们各自在不同时期的思想变化。"

黄老师在"序"中，还针对"对立论"的错误观点，以较长的段落就客观存在的"物质世界问题"、"自然辩证法问题"、"人类社会发展的客观规律问题"和"反映论"等原则问题，批判了"对立论"观点的谬误性。其中黄老师还着重就《反杜林论》的写作和内容，阐明了马克思和恩格斯在理论原则上的一致性，并引证马克思1878年10月10日致摩·考夫曼的信，深刻论证了马克思和恩格斯在哲学观点上没有原则性的分歧，《反杜林论》和《资本论》在根本观点上也不是对立的。最后，黄老师明确指出："'对立论'者之所以要把恩格斯和马克思对立起来，是因为他们根本反对恩格斯的观点而又不愿意把自己摆到马克思的对立面，最妙的办法就是曲解马克思和恩格斯的思想了……那就是把马克思的哲学思想歪曲为唯心主义，把恩格斯的哲学思想歪曲为旧唯物主义，其'对立'自然就非常鲜明了。"并进一步告诫我们说："当前我国马克思主义哲学的发展，既不能退回到唯心主义，也不能退回到旧唯物主义，而要在坚持其基本观点的前提下以人类实践和科学新成就为根据把马克思主义哲学发展到一个新阶段。"黄老师的这个"序"是1993年春写的，其中提出的根本观点和研究思路，不仅使我受益终身，也使当时"中国恩格斯思想研究会"核心成员和多数会员获益匪浅，成为大家深化恩格斯哲学思想研究的指导原则和基本方法。这充分表明，黄老师为提携后学成长、为推动马克思主义哲学的新发展，确实是费尽心思。正如"中国马克思恩格斯研究会"的唁信《沉痛悼念黄枬森同志》中所说："黄枬森同志特别重视培养人才。他积极带领研究会的同仁申报各类社会科学基金项目，深入开展课题研究，组织编写各类著作和教材，带领大家一起审稿，出版了不少学术著作，发表了一系列学术论文，有力配合了马克思主义经典著作的教学、研究和普及工作。他特别注重青年人才的培养，与他们进行思想交流，为他们的学术著作写序言，鼓励和帮助青年学者茁壮成长。许多学界才俊的成长都与黄枬森同志的培养分不开。"这是千真万确的事实。

终生遗憾，万世难补

黄枬森老师于1月24日病逝的噩耗传来时，我的心情非常悲痛，数日寝食不安。因当时我住医院检查两次发生晕厥摔倒的病因，既不能去北京向黄老师遗体送别，更不能最后见他一面，心情万分不安，遗憾多多，万世难补。在心情十分矛盾和难过的情况下，只好电话请聂锦芳、丰子义两位学人转达向黄老师送别的意愿。同时也嘱托我们武汉大学马哲学科点、哲学学院代表李佃来副院长向黄老师遗体告别时，代我鞠躬致哀，以聊慰思念之情。

我和黄老师近60年的关系从未中断过，在他受磨难和开始"文革"的非正常时期，在北大，我拜见过他。"文革"之后，1979年"中国马克思主义哲学史学会"正式成立之后，几乎每年我们都能相会交谈，特别是在20世纪90年代初期和中期，他偕夫人刘苏同志来武汉，然后我们一同去庐山出席学术研讨会。数年后，在哈尔滨相会后一同去五大连池和黑河市，在五大连池我还为黄老师夫妇拍了风景照。其实20世纪50年代初，在北大我和刘苏同志是同一个共青团支部的成员，1954年冬团支部书记晏成书同志还组织我们骑自行车去卧佛寺做团日活动。这种种往事，就像是眼前发生的，却不料黄老师已离开了我们。不仅在他生病前后未去看望，而且也未向他的遗体鞠躬送别，实为我的终生憾事，永世难平。今天是清明节，特草此恭祭！

黄老师安息吧！

时年 85 周岁的弟子朱传棨顿首

癸巳清明节于武汉

索 引

外国人名

阿芬那留斯　173，264，265
阿基里斯　299，300
奥斯特瓦尔德　173
巴门尼德　116，235，295
柏拉图　5，284，285，288，289，296，307
波格丹诺夫　87
布哈林　72，109，125，144，155，237
达尔文　229，366
德谟克利特　5，223，284，285，286，287，288，307
狄慈根　86，104，119，120，338
笛卡儿　2，147，305
第欧根尼　300
杜林　21，41，44，51，52，54，70，87，104，109，118，121，153，166，176，193，194，195，197，198，240，244，245，254，340，341，349
恩格斯　2，3，5，8，16，19，21，22，25，31，35，40，41，44，45，50，51，52，54，56，67，69，70，71，73，74，86，87，96，99，100，101，104，107，109，116，117，118，119，120，121，131，132，133，135，136，146，152，153，155，163，164，166，170，172，173，181，182，194，195，197，198，208，219，220，223，224，225，229，230，240，243，244，245，246，250，251，253，254，255，256，268，279，294，297，301，302，303，304，305，307，310，312，313，314，323，324，325，326，331，333，336，338，339，340，341，348，349，355，356，358
费尔巴哈　2，3，70，86，87，104，117，120，224，250，251，267，268，294，302，305，340，354，356

索 引

福尔克曼 59，248

赫拉克利特 35，36，87，214，294，296，298，301

黑格尔 1，2，3，4，5，6，7，8，9，10，11，12，13，14，15，19，21，22，23，24，29，31，33，34，35，36，37，40，41，58，59，62，67，74，75，76，77，85，86，87，88，91，95，96，103，104，105，108，109，110，111，112，113，114，115，116，117，118，119，120，121，122，123，125，126，127，128，129，130，134，135，136，137，138，139，141，142，143，147，148，149，150，151，152，153，154，155，156，162，163，164，165，166，168，169，170，171，172，174，175，176，177，178，179，180，181，182，183，184，185，186，187，188，189，190，191，192，193，194，195，196，197，199，200，201，208，209，210，211，212，213，214，215，216，217，218，219，222，223，224，225，227，228，229，231，233，234，235，236，238，239，240，241，242，243，244，245，246，248，249，250，251，252，253，254，255，256，257，258，259，260，261，262，263，264，267，268，269，270，271，272，274，275，276，277，280，281，282，283，284，285，286，287，288，289，290，291，292，293，294，295，296，297，298，299，300，301，302，303，304，305，306，307，308，309，310，311，312，314，322，323，324，326，331，338，339，343

霍布斯 2，305

康德 4，86，87，108，110，111，150，151，172，185，186，190，191，192，193，215，216，223，233，235，237，251，252，258，259，268，269，271，281，282，293，296，306，326，343

凯德罗夫 352

考茨基 24，31，34，39，54，89，93，94，95，96，98，99，102，213

克拉底鲁 35，36

克劳塞维茨 96

克鲁普斯卡娅 87，88

莱布尼茨 87

连金加 86

列宁 1，2，3，4，5，6，7，8，9，10，11，12，13，14，15，16，17，18，19，20，21，22，23，24，25，26，27，28，29，30，31，32，33，34，35，36，37，38，39，40，41，42，43，44，45，46，47，49，50，51，52，53，54，55，56，57，58，59，60，62，63，64，65，66，67，68，70，71，72，73，74，75，76，77，78，81，83，84，85，86，87，

88，89，90，91，92，93，94，95，96，97，98，99，100，101，102，103，104，105，106，107，108，109，110，111，112，113，114，115，116，117，120，121，122，123，124，125，126，127，128，129，130，132，133，134，135，136，137，138，139，140，141，142，143，144，146，147，149，151，152，153，154，155，156，157，160，161，162，163，164，165，166，167，168，169，170，173，174，176，177，178，180，181，182，183，184，185，186，187，188，189，190，191，192，194，195，196，197，199，200，201，207，208，209，210，211，212，213，214，215，216，217，219，220，221，222，223，224，225，226，227，228，229，230，231，233，234，235，236，237，239，240，241，242，243，244，245，246，248，250，251，254，255，256，257，258，259，260，261，262，263，264，266，267，268，269，270，271，272，274，275，276，277，278，279，280，281，282，283，284，285，286，287，288，289，290，291，292，293，294，295，296，297，298，299，301，302，303，304，305，306，307，308，309，310，312，313，314，315，316，322，323，324，328，331，338，349，350，351，357，362

留基伯 5，284，285

罗莎·卢森堡 96

洛克 9，136

马赫 55，56，86，87，173，174，186，237，269

马克思 1，2，3，5，18，19，20，21，22，24，26，27，28，30，31，35，38，39，40，41，44，45，46，49，50，51，54，56，57，58，59，60，66，67，68，72，73，84，85，86，87，88，90，91，94，96，97，98，99，100，101，102，103，104，105，106，107，116，117，118，119，120，122，123，127，133，146，152，153，155，163，164，166，172，181，182，195，197，208，219，224，225，229，230，243，244，251，256，264，267，268，276，279，292，294，301，303，305，306，307，311，312，316，323，324，326，330，331，336，337，338，339，340，341，343，344，345，346，347，348，349，350，352，353，354，355，356，357，358，359，360，361，362，363，364，366，367

蒲鲁东 21，22，28，152

摩·考夫曼 371

普列汉诺夫 24，31，52，58，86，89，

94，95，96，99，102，104，120，338
切尔诺夫　301
斯宾诺莎　10，86，137，147，169，171，172，215，216，235
斯大林　25，27，67，73，134，145，182，230，231，312，336，339，349
苏格拉底　179，292，293，302
泰勒斯　116，165
图加林诺夫　156
托洛茨基　72，125，144，155，237
休谟　185，237，281，282
亚里士多德　87，284，288，289，290，291，300，302，326，343
伊壁鸠鲁　284，285，286，287，288，292，293
尤尼乌斯　90，96，97，98，100，236
芝诺　198，296，299，300，301

中国人名

艾思奇　349
曹葆华　86
陈子昂　193
池超波　18
丰子义　372
贺麟　9，10，115，136，137，150，163，165，209，213，225，250，256，259，275，283，288，289，290，293，295
黄枬森（黄楠森）　18，29，62，84，348，350，351，352，354，358，361，363，364，366
李季　104
刘苏　372
毛泽东　18，24，25，27，44，45，47，55，59，60，70，85，132，182，200，204，205，206，208，219，230，232，247，248，249，270，271，272，304，312，316，323，324，326，328，349，359，365
聂锦芳　372
潘梓年　349
王太庆　115，165，250，283，288，289，290，293，295
杨东莼　119，120
晏成书　373
夏明翰　199
杨一之　179，183，193，194，211，216
朱传棨　368，369，373

专业词汇

《谈谈辩证法问题》 37，49，50，51，56，75，85，86，87，92，105，128，147，153，214，236，239，323，324

《哲学笔记》 1，5，6，7，8，22，23，29，30，31，32，33，34，35，36，37，38，40，41，42，47，49，50，51，52，53，55，56，57，58，59，60，66，67，68，75，78，84，85，86，90，91，92，103，105，106，107，111，112，115，121，123，125，134，135，140，147，153，154，155，156，162，165，168，174，176，181，185，189，190，199，207，208，214，215，222，238，245，246，256，267，272，304，307，308，309，310，323，351，362

辩证法

辩证法的核心 11，15，16，30，49，50，51，54，62，63，65，77，78，138，142，144，152，153，154，208，226，239，315，322，323，325，327，328，329，331，362

辩证法的客观性 11，16，17，20，28，29，30，31，32，138

辩证法的内容 8，51，74，104，133，134，135，144，310，313

辩证法的体系（辩证法体系） 16，62，64，65，66，77，143，144，147，151，152，154，351

辩证法的要素 10，11，23，29，62，63，72，75，77，83，86，105，128，134，136，137，138，144，147，153，161，167，191，226，245

辩证法要素十六条 29，45，50，59，63，138，143

辩证方法 19，31，93，94，130，151，313，336，339

唯物辩证法 3，9，15，17，18，19，21，23，25，26，27，28，31，34，66，72，77，80，86，87，91，93，96，98，101，102，103，104，105，106，129，130，133，136，143，144，154，155，156，158，162，165，166，167，170，175，176，208，222，228，229，233，235，305，311，313，314，322，327，328，329，333

事物的辩证法 31，122，305

主观辩证法（辩证的思维） 19，56，80，118，159，294，326

客观辩证法 8，19，30，56，62，80，118，121，122，159，296，

298，310，313，340

观念的辩证法 30，56，122，305

认识的辩证法 2，11，13，30，45，49，128，138，140，298，303，305

范畴

实体范畴 157

属性范畴 157

关系范畴 157

整体范畴 78，81，157，159，162，175

并存范畴 78，81，157，176，178，182

层次范畴 79，81，82，157，159，160，182

过程范畴 79，81，157，159，199

社会范畴 79，81，83，158，159，162

认识范畴 79，81，83，158，159，162，249

唯物辩证法体系的草图

存在和无 72，78，83，134，157，161，165，168，169，170，171，175，216，218，222，301

物质实体和属性 78，81，157，160，171，175

关系者和关系 78，157，175

空间和时间 78，156，157，158，176，300

中断和连续 78，81，157，160，176

独立和联系 78，81，83，157，160，161，176

直接和间接 78，157，176

部分和全体 79，82，157，160，176，264

质和量 40，65，77，79，82，135，143，157，160，176，178，179，181，182

外和内 79，82，157，160，201，203

现象和本质 46，79，82，157，160，182，183，189，190，264，298

现象和规律 79，157，186

形式和内容 42，43，79，125，142，157

个别和一般 58，60，61，79，122，157，264

特殊和普遍 60，61，79，157

具体和抽象 79，157，264

偶然和必然 79，122，157

相对和绝对 55，79，157，220，231

有限和无限 55，79，157，191，192，193，194，195，196，197，198，203，215，231，296

静止和运动、变化、发展 79，157

原因和结果 48，72，74，79，112，134，135，157，313

条件和根据 79，158，199

外因和内因 158，201，203

同一和差异 79，158，208

统一和斗争 16，27，42，49，50，51，52，54，55，60，79，82，83，124，134，158，160，161，208，214，221，222，228，230，241，246，314，323，324，325，328

重复和前进（否定之否定） 15，21，65，74，75，77，79，82，83，142，143，149，150，151，152，153，158，162，176，238，239，241，242，243，244，245，246，247，248，249，299，304，313，323，324，325

可能和现实 79，158，313

自然界和人类社会 19，33，79，82，158，161，202，318

存在和意识 79，158

社会存在和社会意识 79，158，266

生产力和生产关系 79，158，175，202，203，205，206，354

经济基础和上层建筑 79，158，205，206

个人和人民群众 79，158

客体和主体 79，83，158，161，318

实践和认识 60，77，78，79，83，113，144，158，161，197，248，266，267，274，278，282，304，316，321

感性和理性 79，158

归纳和演绎 80，83，130，158，161

分析和综合（分析与综合） 10，11，12，13，14，14，14，16，30，43，43，44，45，45，45，64，65，65，72，77，80，83，130，137，138，139，140，141，141，141，142，143，144，158，161

概念和判断 7，80，158，309

判断和推理 80，118，119，158

谬误和真理 80，83，158，161

相对真理和绝对真理 80，83，158，161

手段和目的 80，158

逻辑

客观逻辑 156，171

主观逻辑 156

先验逻辑 108，110，111，125，150

形式逻辑 69，77，107，108，109，110，111，112，118，119，120，125，126，127，129，130，131，148，200，209，217，258

辩证逻辑 19，49，72，107，109，118，119，121，125，127，129，130，144，147，148

应用逻辑 127

矛盾

内在矛盾 11，23，30，36，53，64，93，117，138，139，154，170，182，188，198，201，202，203，204，206，208，212，213，214，217，218，226，234，235，236，241，296，302

客观矛盾 10，50，154，212，213，278，298

对立面的斗争 12，16，27，28，30，54，55，64，139，220，244

相互依存 12，13，16，23，30，36，37，38，39，46，53，139，140，169，170，171，176，183，186，193，195，209，210，211，215，217，218，219，221，226，227，

234，264，265，319，320，321，324，325

相互转化　12，15，16，23，24，30，36，37，38，39，40，52，53，59，62，63，64，97，139，142，170，190，191，193，198，203，204，220，222，223，224，225，226，227，228，234，235，236，237，258，259，264，265，297，324，329

对抗性矛盾　232

非对抗性矛盾　232

体系

科学体系　66，67，68，103，104，105，106，135，326，344，346，347，359

哲学体系　4，10，67，68，73，74，75，76，77，104，105，116，134，137，145，147，148，150，151，163，176，177，241，243，244，282，284，306，336，339，358，359，360，361，362，366

否定之否定

辩证的否定　41，240

内在的否定性　36，219，240，241

（本索引词条由杜永明编制）